LexisNexis®

# 并购之道

THE WAY TO M&A SUCCESS

赢家的65个商业逻辑与实战

张伟华 著

法律出版社 LAW PRESS · CHINA

作者简介

## 张伟华 uncleleslie

知名跨境并购专家，国际油气实务专家，现任香港上市公司联合能源集团总法律顾问兼副总经理，曾任中国海洋石油总公司法律部项目管理处处长，曾参与过诸多世界级跨境并购交易。国务院国资委特聘“海外并购法律专家”，2015年入选Legal 500亚太地区最佳公司律师之一，2017年入选Legal 500中国大陆及香港地区最佳总法律顾问之一，2018年获得Legal 500中国大陆地区最佳总法律顾问之一称号，国际石油者谈判协会(AIPN)全球董事会成员及标准合同起草委员会委员。

著有《海外并购交易全程实务指南与案例评析》《并购大时代：资本的谋略与实战》等多本畅销书。

曾多次应邀为北大光华管理学院、中国人民大学律师学院、复旦大学律师学院、清华大学法学院、上海交大法学院、浙江大学管理学院、对外经贸大学国际商学院、中国政法大学、北京外国语大学等教育机构，以及多家大型央企、证券公司、金融企业、律所、专业机构、A股上市公司做海外并购实务及大型项目风险管理系列实务培训，讲课风格生动幽默、深入浅出，深得学员喜爱与好评。

易比例不断上升，股东积极主义呈全球蔓延态势，发展中经济体在跨境交易中日益活跃，这些构成了全球第七次并购浪潮的特点。尽管理论和实务界对于这一波并购是否可以被称为并购第七次浪潮存在争论，但从2015年史上最高全球并购交易额（史上全球并购交易额首次超过5万亿美元），2016年全球史上第三高并购交易额（超过4万亿美元），2017年、2018年到2019年上半年全球并购交易继续保持活跃的态势，从美国蔓延至欧洲、亚洲的股东积极主义，跨境并购交易比例接近全球并购交易40%等实证角度进行观察的话，笔者认为全球第七次并购浪潮当下正在发生且尚未结束。从实证数据的角度上看，截至2019年6月30日，全球并购交易这一波浪潮仍然没有退潮的迹象。虽然不同的统计机构统计的数据不同，但2019年上半年全球并购交易额仍然在历史数据中可以排得上前几位。Dealogic和REFINITIV的数据均超过2万亿美元；Mergermarket的数据超过1.8万亿美元。值得一提的是，在Dealogic的数据中，全球巨型并购交易（超过百亿美元）的数据达到了所有并购交易统计年份中上半年的新高，为近9000亿美元。因此，从指标上看，全球第七次并购浪潮仍在持续。

这一波并购浪潮是如何起来的呢？第七次的全球并购浪潮是在多方驱动力导向下形成的。

**第一，企业内生发展动力不足。**内生式的发展，是指靠企业自己扩大市场、扩大产品销量、进行产品研发等方式来进行发展。企业发展到一定阶段后，完全靠自己的内生性发展并不现实，这就需要通过外生性发展的方式，如收购、买别人新的技术、买市场、买客户等方式去实现发展。

**第二，公司所面临的、来自股东短期回报的压力。**全球并购交易活跃的一个重要的原因是积极股东的压迫，积极股东买了公司股份后就开始向公司董事会和管理层指手画脚。现在很多私募基金、对冲基金的股东越来越多地要求公司短期的回报。所以你会看到很多公司进行资产剥离、分拆的交易，其中不少都是来自股东追求更高回报的压力。

**第三，资金成本比较低，股票市场尚佳。**这一轮全球量化宽松，使市场上并不缺钱，所以公司可以用较低的成本获得收购资金。另外，股票市场的较好表现，也使公司能够采用自己的股票作为交易支付对价来完成收购交易。

**第四，政府管制放松。**这是个一体两面的问题，全球化的趋势是你中有我、我中有你。中国这几年对外商投资的负面清单里，很多以往禁止的行业或者必须要合资的行业，现在外资都可以独自投，这就是管制放松。这会促进交易的发展，当然，在涉及国家安全和利益的行业里，全球对并购交易的监管审批趋势是收紧的。

**第五，行业整合的需求。**这几年中，全球行业整合浪潮此起彼伏。如能源业、医药行业、TMT（科技、媒体、通信）、科技金融业、消费业、农化行业等，大型交易都非常多。为什么中国化工花费 430 亿美元收购先正达公司？这是全球农化行业整合的缩影，同行业里陶氏和杜邦合并了，拜耳也把孟山都买了。

**第六，私募基金募资强劲，“dry power”（干火药）充足。**全球私募基金的募资火热，2016 年全球私募基金募资 4236 亿美元，在 2016 年年底，全球 PE 手里有 8600 亿美元可投资金；到了 2017 年年底，全球的 PE 私募基金手里有 10，000 亿美元可投资金；而贝恩咨询的数据则更为激进，在贝恩 2019 年 7 月发布的全球私募基金报告中显示，2018 年年底全球私募基金手里所持有的可投资金高达 20,0000 亿美元。私募基金手中银钱充足，并购交易、私有化等参与很多。在 2018 年，私募基金做了超过 5000 亿美元的并购交易。

**第七，发展中经济体的崛起。**中国、巴西、印度在这一波全球并购浪潮中表现令人瞩目。尤其是中国在全球并购的舞台上，已经成为非常重要、令人不可忽视的一股重要力量。所有全球性的并购交易，不考虑中国买家几乎是不可能的。而发展中国家被西方所诟病的“国家战略买家”（National Strategic Buyer），更体现了发展中经济体崛起背后的国家政策的推动力。

**第八，从事并购交易的专家顾问越来越多。**20 世纪 80 年代，华尔街做投行顾问的人大概也就几万人，但是到现在，和并购相关的专业人士几十万人都不止了，这些人也促进了交易的活跃，而且也使更多的、复杂的交易能够被设计出来。

交易理论研究者和实务者口中所提到的所谓全球前六次并购浪潮，无疑是从西方视角来观察的。而正在发生的第七次并购浪潮，中国买方成为跨境并购交易的主力军之一是其中的一个重要事件，中国买方的参与给全球并购带来了多样化的特征。中国企业在这一波并购浪潮中有着鲜明的交易特点：独特的交易逻辑；中国溢价的估值逻辑；特点鲜明的交易风险分配；中国买家创造的交易新惯例；中国外汇管制带来的交易确定性问题等。这些都是中国在这一正在进行的并购浪潮过程中做出的有意义的实践，值得长期跟踪和观察。在这一波中国企业海外并购交易的浪潮中，笔者也观察到中国企业海外投资具有以下特点：

**第一，新买家。**以往投资海外并购交易的以中国的国有企业为主，而这一波浪潮里面，投资海外的中国买家类型开始多元化，主要有国有企业、民营企业、上市公司、PE 和高净值人士等。

**第二，新范围。**以往中国买家在海外的收购范围比较窄，早些年主要做资产类收购，包括资源类的收购。而近来中国买家的收购较以往更为广泛，金融企业、TMT（科技、媒体、通信）、娱乐、大健康等，不一而足。比如，复星在海外收购奢侈品品牌，就是为了中产阶级的健康富足快乐的新需求。欧洲好的内衣品牌、美妆品牌、服装品牌成了不少中国买家的收购对象。甚至还有中国企业在海外收购美国的同性恋交友软件，这些都充分体现了中国企业“走出去”收购的范围、对象显著扩大。

**第三，新量级。**这几年里，中国企业做了5个百亿美元以上的成功交易，甚至有“国家冠军”收购出现（像收购瑞士的先正达以及其他行业领先公司的收购）。这些比起早年中国企业收购的量级来说，已经有了明显增长。

**第四，新逻辑。**中国企业的海外收购不再是以往所说的“国有企业为了做大”，更多地围绕产业整合、市场整合、需求满足等进行，在交易中有自己独特的市场逻辑和估值逻辑。尤其是中国市场和国外产品、服务能够对接的标的，中国买家敢于出价，敢于支付“中国溢价”。

**第五，新风格。**中国企业开始更多地尝试、发起带有恶意性质的收购，总体的收购策略更为激进。中国买家在全球市场上和竞争对手进行了竞购战，同时在交易中，为了获取标的，更为激进地接受交易中的风险分配（在2015~2016年尤其明显）。中国企业在全球竞购战中，采用了“熊抱函”“股东代理投票权争夺战”“不请自来的报价”等多种方式，与全球竞争对手在竞购战中各有胜负。

**第六，新惯例。**随着中国企业海外并购交易的增多，在交易的实务上开始形成中国买家特有的灵活机制，如分层反向分手费、国内银行托管账户安排、重大不利变化定量，以及针对中国买家的CFIUS（美国外商投资审查委员会）反向分手费保险等。

**第七，新形势。**中国企业在海外收购过程中，也要应对全球并购浪潮中出现的新问题，如应对积极股东的挑战。万达、海航等中国企业，都曾经在海外收购过程中遭遇到积极股东的挑战。

**第八，新动向。**过去中国企业海外收购几乎只买不卖，现在开始有买有卖，不少企业已经在全球范围内考虑资产的收购、整合以及合理化。可以预见的是随着中国企业全球运营的增多，有买有卖将成为常态。

**第九，新平台。**新平台主要是两个层面的事情，一个是海外平台的建立；另一个是海外平台试图掩饰身份的努力。中国企业海外收购和海外发展平台建立。同时通过海外平台也涌现了一些新的交易模式。这和监管也有一定的关系，比如，以往自然人去海外开公司只要你的钱不走出境程序也不回来，好像是政府管不着你，但现在发改委的11号令把这些都纳入监管范围了，要求做一个信息告知的工作。同时，中国公司也试图隐藏身份，采取扮成美国公司或者到国外设立基金的方式，但国外政府也出台了相关穿透测试的应对措施。

**第十，新障碍。**随着中国企业海外收购日益增多，越来越多的域外监管机构提出了对等的概念：如果中国的监管法规不允许外资收购，那么也不应当允许中国企业进行收购。比如，有些美国议员就提出，中国企业有权在美国100%收购金融机构，但中国政策却不允许，所以美国应当不允许中国企业100%控股美国的金融机构。同时，域外监管机构不仅对中国企业海外收购敏感行业、敏感资产设置障碍，现在也开始注意到中国企业购买国外很多高科技的start-up（初创公司），这些涉及先进技术的初创公司在未来也会变成收购中非常困难的标的。

**第十一，新政策。**中国政府在中国企业海外并购中不单纯强调“鼓励”，而是更为注重“鼓励走出去和关注投资风险的平衡”。这一新政策对中国企业海外收购带来的影响是多方面的，首先，中国企业进行海外收购的时候，需要考虑收购标的的类别，是否是“鼓励类、限制类、禁止类”。即使是国家鼓励收购的海外能源，也加上了“盈利性”的前提。其次，新政策也使外国卖方更为关注中国政府审批风险和“change of law in China”（中国法律变化）给交易带来的风险分配。

**第十二，新教训。**已经有前两年大肆海外收购的中国企业陷入破产、退市等困境的案例。中国企业的海外并购已经出现了更多让人值得反省的失败案例。这些教训，可以为后来者提供一些可资借鉴的注意事项，如交易的合理性、战略目标、是否有能力实现交易所预想的协同效应、交易中风险控制、利益相关方的应对、政府审批风险、如何良好地整合等。

**第十三，新整合。**中国企业的整合方式和西方整合方式并不完全相同。中国企业并购后的整合更多和东方文化中的"和为贵"有关，交易的整合节奏、整合方式更加人性化。西方式的疾风骤雨裁员、组织架构大调整、换班子等整合方式在中国式整合中不那么多见，留任管理层、激励、和谐、共赢，可能是更多中国企业践行的整合方式。

**第十四，新灵活。**中国企业的海外并购灵活性越来越多地体现在交易对价、交易架构设计、交易融资、交易中监管机构的审批获取以及对交易中惯例的改变。比如，过去中国企业海外并购要用国内公司的股票进行交易对价支付是很困难的，现在开始有人在监管体系下试图采用股票进行支付；很多企业在交易中为了应对未来的不确定性，采用了中国特色的对赌机制和外国卖方进行交易；甚至在投资目的国对所投行业有限制的情况下，采取让被投企业到中国来进行反向投资的交易模式。

**第十五，新未来。**中国企业的并购所占 GDP 的比例，尤其是海外并购占 GDP 的比例仅为 0.6%，而美欧都在 2% 左右，日本也为 1.2%。因此，中国企业的海外并购方兴未艾。未来还有极大的发展空间。

并购交易在商业史上已经有超过一百年的历史了，其内容之博大、专业之精深、变化之多，让人叹为观止。"并购是商业交易中的皇冠"这句话不是白说的，我们正好处在这一波全球并购交易第七次浪潮的过程之中，兼之中国在全球并购交易中地位持续上升，中国企业的海外并购实践也处在高位，这些都为专栏文章的写作提供了源源不断的话题。很多时候，我们处在大时代阶段而不自知，当我们回首这几年历史的时候，并购是其中一抹耀眼的亮色。从2013年发端，到2019年仍然延续的这一波全球并购浪潮，已经在并购史上创造了多个第一：并购史上全球最高并购交易额年份、并购史上全球最多举行并购交易年份、并购史上全球跨境并购比例最高年份、并购史上全球恶意收购占比最高年份、中国第一次成为全球跨境并购交易额最高国的年份、中国企业最高海外并购交易额出现的年份、中国企业在并购交易中开始树立“中国特色”实践惯例的年份……这一波并购潮已经在并购史上写下了浓墨重彩的一笔，作为并购交易实务从业者，有责任，也有义务将交易的实务发展、商业模式的发展、精彩案例等内容书写、记录下来。

本书是我两年多来在律商联讯写作交易观澜专栏文章的集结。当时律商联讯给我定下的专栏主旨是：“全球并购交易市场波澜壮阔，中国买家海外投资方兴未艾。本专栏从不同的角度，以幽默、轻松的笔触，为您揭开交易浪潮中的云谲波诡、项目背后的商业逻辑、法律角度的纵横捭阖。”现在回头去看，写下的这六十多篇文章还算达到了最初专栏预想的主旨，也是对中国企业“走出去”过程中的实例及经验的持续总结之作。对并购交易、商业技巧及资本运营感兴趣的读者朋友，会发现本书涵盖了国际并购交易实务方方面面的内容，从交易的架构、对价到实务中的诸多重要条款及内容，还包括了上市公司收购、并购融资、积极股东、并购责任、并购谈判及并购得失经验等内容，尤其是包含了近年来国际并购交易实务中的发展，也包括影响力大的一些交易案例、司法判例以及立法发展。本书对从事资本市场实务的各位专业人士和对并购交易感兴趣的朋友会有一定的借鉴与启发意义，囿于笔者的水平，还请方家不吝指正。

在中国企业持续全球化经营的当下，在中国企业开始涌现出世界级优秀企业的当下，在中国企业开始持续不断进行世界级并购交易的当下，交易观澜正当时。

是为序。

张伟华

2019 年 7 月

# 目录

# Contents

## 第一编 并购交易观察

## 第二编 并购交易实务

## 第三编　并购交易文件条款的艺术

## 第四编 并购交易实践案例及发展

第一编

# Part 1

# 并购交易观察

# 01 并购估值：不是科学是艺术



在做并购这一行之前，就总是听人说："并购估值是一门艺术。"以前一直对这个估值是艺术的说法不太了解，进了这一行之后，才发现并购估值的确是一门艺术。

所谓艺术，就是有自由发挥空间的，并不是单纯能从数字算账中得出来的。先举个例子，为什么海尔并购通用电气的家电业务能出54亿美元，而伊莱克斯只能出30多亿美元？纯粹从算账的角度来看很难理解，但是海尔要做全球白色家电老大，必须在世界上最大的两个市场（亚太地区和北美地区）称王。而在并购通用电气的家电业务之前，海尔在亚洲市场上仅仅算得上领先，在北美市场上根本就是无足轻重的选手。因此，如果纯粹要使用评估中的现金流折现法来算，可能数字不一定真能算得出50多亿美元。不过，海尔在交易公告里的由于"目标公司无法提供相关材料，因而无法用现金流折现法进行计算"的说法也不禁让人会心一笑。不是无法计算，而是采用可比交易和倍数计算的方式，可以做出更有说服力的数据。尤其是在国内上市公司对某些资产估值的倍数远超成熟市场的倍数的情况下，在某些逻辑上还是能够支持相关交易中更高的溢价报价的。从“并购估值是一门艺术”说开去，笔者想到了如下几点：

第一，估值是一门艺术，而不是科学。之所以如此说，其意是指，估值从方法上来说看上去比较简单，无非就是这几种：现金流折现、可比交易、倍数等，但无论采用哪种方法进行估值，得出来的数据实际上是和买方的判断息息相关的。大家知道，真正考验能力的是关于估值的 Assumptions（假设）的设置和定量。1 股是报价 100 美元还是 120 美元，可能调整一个经济模型假设中的参数、控制可比交易做类比的公司，或让目标公司调一调 EBIT/EBITDA 配合一下等就可以做到。假设油价 2019 年年底就能升到 80 美元，现在市面上几乎所有在售的油气资产都是可以下手的，但关键是买方能在参数里或敢在参数里做这样的假设吗？！在壳牌收购 BG 的交易中，壳牌就对 2016 年布伦特油价做出了超过 60 美元的假设。现在看来，即使是壳牌这样的世界级大公司，也在油价预测上翻了跟头。为什么并购之后成功率低？在并购交易估值中的假设过于乐观而无法实现当初所预想的所谓协同效应、预想的成本降低、行业前景等，都是原因。当然，对于这种估值的算账，投资银行最为拿手，连并购交易给买方每股能带来的影响都能直接算到小数点之后好几位！

第二，关于对上市公司的报价。其惯例是在根据公开资料进行示意性报价后，如果目标公司董事会认为报价有诚意，则双方签署保密协议，然后由买方进行尽职调查。买方做完尽职调查之后，提高 / 降低示意性报价，然后双方达成交易，满足交易先决条件之后进行交割。这看起来是个很顺畅的流程，在中间如果有第三方跳出来要“抢亲”而提出更高报价的话，那么你要赢标，就必须再提高报价。这种互相抬高出价往往预示着一场并购大战即将来临，除非你能像 Carl Icahn 那样，在和普利司通争夺 Pep Boys 中，豪气冲天地说出“报价将永远比你多 × 块”，直接干翻对手。

当然，在恶意收购的情况下，因为得不到目标公司董事会的配合，恶意收购方无法对目标公司进行尽职调查，那么报价所基于的材料，就是目标公司的公开信息。当然，在金钱永不眠的世界里，恶意收购也经常转变为善意收购。有时候目标公司董事会的拒绝，很大的可能性是为了让恶意收购方报出更高价格，虽然有时候是其真心认为目标公司自己干肯定会比恶意收购方买过去强。其实，如果出价足够高，能吸引到大部分股东的话，不考虑“毒丸”、分级董事会等抵抗性措施，要约收购基本上就能解决问题。

第三，并购交易的出价能不能赢标，主要还要看和竞争对手比价。并购上市公司的溢价，至少需要在以下几个方面进行分析：首先是有没有可能的竞标对手以及其能出的价；其次是报价对于目标公司股东的吸引力；再次是目标公司董事会评判目标公司自行经营的发展前景和买方并购出价的对比；最后是对比市场上同类可比交易的溢价。只有在前述几个条件满足的情况下，这样的溢价才有可能并购成功。近来中国公司走向海外的并购中，20%~50% 的溢价区间比较多见。最近微软每股 196 美元的全现金 100% 收购领英的交易，微软最后之所以出那么高的价格，主要原因还是在于竞争对手一直对其并购交易施加压力。

第四，竞购中溢价的吸引力。最近的一个例子是：赛诺菲征集 Medivation 股东投票，要将 Medivation 公司董事会成员全部换掉，从而完成对 Medivation 的收购意图。在本案中，赛诺菲报价溢价 50%，但 Medivation 董事会置之不理，所以赛诺菲只好绕过 Medivation 公司的董事会，直接向全体股东征集投票推荐自己的八名独立董事，意图在换掉现任董事会后再来考虑其向 Medivation 的报价。那么，为什么 Medivation 公司的董事会要拒绝赛诺菲报价？其原因在于，Medivation 公司在被报价之前，其股价正好因为政府挑战其生产的药品价格而处于低点。但是，Medivation 公司凭着自身领先的前列腺抗癌药和正在研发的潜力药，认为自身价值远远超出赛诺菲提出的价格。果不其然，在赛诺菲和 Medivation 双方热闹地打了一段时间的仗后，Medivation 董事会同意：行，咱们可以聊聊，其他竞争者也入场。参与竞购者不仅包括赛诺菲，还有默克制药、辉瑞制药等。最终，辉瑞豪爽宣布以每股 81.5 美元共计约 140 亿美元的代价，收购 Medivation 公司。这个最终被 Medivation 公司董事会所接受的价格，让赛诺菲的 58 美元 / 股 + 3 美元的 CVR（潜在价值权）的报价看起来没有任何的吸引力。所以，竞购战中，赢标的关键要素之一在于溢价。

第五，目标公司的股价。目标公司交易宣布日前“未受影响”股价、交易宣布日前收盘价、交易宣布日前 30 个交易日收盘算术平均价、交易宣布日前 60 个交易日收盘算术平均价、交易宣布日前 52 周内最高 / 最低价等都是有意义的比照股价。所以你会见到：在交易宣布之后（目标公司董事会支持交易的情况下），买卖双方的董事会都会将上述几个股价指标拿出来和达成交易的价格进行一番对比，强调在不同的指标下的溢价率。在恶意收购的情况下，恶意收购方当然也会选择对自己有利的股价指标来比照自己的报价，显示溢价比例对目标公司股东的吸引力。从买方比照目标公司股价的比例和对目标公司股价对照指标的选取，可以看出买方的特有心思。

第六，对买方的第一个示意性报价就欣然接受的目标公司很少。上市公司的董事会都有 Fiduciary Duty（信义责任）。在目标公司决定将自己售卖的情况下，将公司卖个最高价是董事会信义责任的要求，必须遵守。因此，交易双方对于价格的讨论进行多个回合是常见的。目标公司在有意向出售的情况下，董事会往往对收到的第一个示意性报价要回应“此报价严重低估我司价值，我公司无意在此价格下进行售卖”。这些都是国际并购交易中的套路。比如，在中国化工 430 亿美元并购先正达公司的交易中，在先正达公司接受中国化工的报价之前，中国化工向先正达公司报过很多次价格，但都被先正达公司董事会拒绝了。要在市场上买到好公司并不总是一件那么容易的事儿，尤其是在竞争对手众多的情况下，能不能买到目标公司并不是你出价多少能赢的问题，而是你的竞争对手愿意出价多少的问题。否则，中国化工怎么能够击败美国孟山都最终胜出？否则，怎么会有今天拜尔和孟山都公司的交易？“舍不得孩子套不住狼，套不住狼被别人盯上”的故事就在孟山都公司的身上上演了。

第七，中国企业的海外并购交易中的基础数据研究工作还应当加强。国外的投行中的研究部门和某些从事并购交易的咨询公司，对行业中的惯常交易溢价区间，有长期跟踪和研究，它们数据很多。在中国企业大规模走向海外的形势下，中国的咨询机构如能将中国公司分行业走向海外的交易溢价、交易特点、交易文件条件趋势等问题做个总结，是件很有意义的事情。应当有更多的中国咨询公司多做一些这样的研究工作，这对中国公司“走出去”非常有借鉴意义。

第八，对海外并购交易中的所谓“中国溢价”不要给予太过负面评价。在很多情况下，买方支付溢价的比例和其交易逻辑息息相关。有些中国公司的交易逻辑并不一定是传统的产业型买家的交易逻辑，单纯的算账不一定适用。无论溢价的高低如何，能够在自洽的交易逻辑中报出高溢价，其实也是理性的商业行为。

第九，在估值是一门艺术的情况下，有些中国公司的老板错误地认为，估值仅仅是个“拍脑袋”就能出来一个报价数字的工作，因而不重视外部财务顾问的使用。这样的认识其实是不正确的。财务顾问的作用不仅仅在于为估值提供数据和分析的支持，同时其出具的财务公允性意见（Fairness Opinion）也是买方和卖方董事会能够做出交易判断的重要依据之一。

第十，并购交易失败的重要原因之一是向目标公司支付了过高的价格。从行为金融学的角度解读，并购的高溢价往往来自买方管理层的自信和自大。而过高的支付价格将会给买方带来极大的压力。价格测算中一个过于乐观的因素被证明不可实现后，就可能将一笔“看上去很美”

的交易变得没有经济性。谨慎的出价、审慎的判断对于所有买方都是必要的。

第十一，“估值是门艺术，而不是科学”并不是说估值本身不是一门严肃的工作。估值也有其自身的科学性，在于其必须建立在严谨的分析、数据模型、参数输入之上；其艺术性体现在无论是数据、参数或者预期的选择，都建立在参与人的经验和判断之上。从这个角度看估值的艺术性，其实也和不同的项目参与人的判断力相关。

最后举个例子，在一个卖方所披露的交易细节中，最近在海外市场上买得很猛的某中国公司的老板在饭桌上和对方高管聊天之后，直接将交易的初始报价每股提高了10美元，这就是“估值是一门艺术，而不是科学”的生动注解。

# 02 国际油气勘探权益售卖交易的特点及特色概念介绍



笔者过去十几年的职业生涯，主要集中在海外并购及运营、投融资及重大项目风险控制等方面的法律实务上，尤其在油气业领域里做的交易最多。尽管并购交易在流程、风险点和重要交易条款等各方面都有类似之处，但在不同行业做收购，不可避免地带有相关的行业特点。作为并购交易专业人士，对行业的了解是非常重要的。比如在油气业内做收购的律师，如果不明白勘探、开发、生产的基本流程和油气业的基础知识，那么就很难能做好产品分成合同（Production Sharing Contract）、联合作业协议（Joint Operating Agreement）、提油协议（Lifting Agreement）、提气协议（Gas Balancing Agreement）、一体化开发协议（Unitization Agreement）、共同利益区协议（AMI Agreement）等专业性很强的油气类合同。而对于这些专业合同不了解或者了解不深，也很难做好油气业的收购交易。

今天我们就和各位读者来聊聊油气业里面的售卖交易，尤其是勘探权益的收购/售卖的特殊要点。

在国际油气并购界中，有一类特殊的协议，叫勘探权购买/出让协议。勘探权购买/出让协议的实质是探矿权或者与探矿权有关的合同权益的转让，本质上是资产的买卖协议。对勘探权购买/出让协议，国际油气行业内有一个特别的名称，叫 Farm-out/Farm-in Agreement（FOA 或 FIA）。从勘探权出让方（Farmor）的角度来说，叫 Farm-out Agreement，从勘探权购买方（Farmee）的角度来说，叫 Farm-in Agreement。

为什么国际油气界的卖方要在勘探期就出让勘探权？从勘探权出让方的角度来看，一般有以下几种原因：（1）勘探风险投资太大，需要引入合作伙伴分担勘探的资金风险；（2）勘探的技术风险大，需要引入合作伙伴分担勘探的技术风险；（3）取得勘探权时对政府承诺了最低义务工作量，需要引入合作伙伴一起承担义务工作量；（4）勘探权出卖方资本开支有调整，需要引入合作伙伴；（5）勘探期快要到期，需要满足承诺的工作量来保留合同区；（6）通过购买/出让勘探权获得工作业务承诺，从而取得潜在发现商业性储量的可能。

从勘探权购买方的角度来看，买入勘探权益，主要有如下原因：（1）快速获得勘探矿区或者商业发现储量的机会；（2）获得热点地区或者新兴地区相关的地震及钻井实际资料，了解地质盆地或者潜在构造；（3）分散勘探风险，优化全球勘探资产组合；（4）采取跟随战略，跟随国际性大石油公司获取勘探机会。

一般勘探权出让，主要是对探矿权或者与探矿权有关的合同权益的转让，很少有勘探权出让方将作业者地位一并转让的情况，除非是勘探权出让方100%的转让权益。在国际油气业，有所谓的 Operatorship Premium（作业者地位溢价）的说法，如果在转让部分勘探权益的同时一并转让作业者地位，则勘探权购买方需要付出更高的对价。

储量落实有了商业发现的油气资产买卖，通常是通过常规的资产买卖协议形式来进行的，为何国际油气界对于勘探权的购买会采用 Farm-out/Farm-in 这样的方式来进行？

这需要从勘探权出让买卖交易和其他类型的交易的特点入手。比较来看，Farm-in/Farm-out Agreement 的特点主要有如下几点：

第一，勘探权购买 / 出让协议的标的特殊。勘探权购买 / 出让协议的标的是处于勘探期阶段的赋权文件（矿证、石油合同）的参与权益。或者勘探权购买 / 出让协议的标的往往是某些合同区面积或者合同区内某些地质层位一定深度的参与权益。除此之外，勘探权的出让方仍然保留着其他面积或者其他地质层位原始的参与权益比例。除开勘探权购买之外，国际油气界的并购，主要集中在开发资产（有商业发现的资产），在产油气资产，或者勘探、开发生产均有的资产，或者拥有前述几类资产的公司。

第二，勘探权购买 / 出让协议的形式特别。如果相应的石油资产已经有商业性发现，预计将要进入到开发阶段，则国际油气并购市场的惯例是使用资产买卖协议（Sales and Purchase Agreement，SPA）。之所以勘探权购买 / 出让协议采用 Farm-in/Farm-out 的形式，笔者认为，这是因为该交易的本质还是购买一个未来有商业发现的可能性，而并非有实际商业发现的石油资产。

第三，勘探权购买 / 出让协议的对价支付方式具有特殊性。一般的油气资产买卖，主要以现金交易为主。在交易交割的时候，买家一般需要向卖方支付现金，获得相关油气资产。而勘探权购买的对价支付，往往带有很少的现金因素，而主要以工作量承诺对应费用为主。在交易成功的时候，并不马上支付现金，费用的支出是随着石油作业的进行在联合作业协议下用 Cash Call（筹款）的方式进行的。简言之，勘探权购买方所支付的对价主要以工作量承诺对应的费用为主，在石油作业过程中，按照联合作业协议的运行机制进行支付。在某些勘探权购买 / 出让协议中，对价的支付往往还存在 Mandatory

（确定性）和Optional（选择性）之分，意即勘探权购买方或者勘探权出让方在某些条件下可以选择增加对价，也即所谓的Obligation to Drill和Option to Drill。对勘探权出让方来说，Obligation to Drill自然比Option to Drill更佳；反之，对勘探权购买方来说，Option to Drill比Obligation to Drill更佳。比如，勘探权购买方购买30%的产品分成合同下参与权益，承诺打两口探井，其中一口是Mandatory的，另一口探井由勘探权购买方选择是否继续，如果勘探权购买方选择不打第二口探井，则勘探权购买方的参与权益可能只能获得20%。

第四，勘探权购买/出让协议中标的获取方式有多样性。由于勘探权购买/出让协议的标的是勘探期的赋权文件（矿证、石油合同）的参与权益，该参与权益在何时转让给勘探权购买方，具有灵活性。一种安排是勘探权购买/出让协议满足Conditions Precedent（先决条件）后，在交割日，参与权益转到勘探权购买方。还有的安排是只有在将勘探权购买/出让协议安排下的工作完成后，才能获得参与权益。比如，在钻井获得权益（Drill to Earn）方式安排下，勘探权购买方在未完成承诺的钻井义务或者钻井义务花费前，不能获得参与权益。这种安排的好处是，如果钻井后未有商业性发现，勘探权购买方不愿意再行投入工作量且对勘探后续潜力不抱希望，则勘探权购买方可以选择：（1）获得参与权益；（2）放弃获得参与权益。还有一种安排叫见产获得权益（Produce to Earn），即在勘探权购买方完成相应钻井义务或者钻井义务花费后，只有在有商业性发现或者足以有Paying Quantity（支付完地租或者开发生产成本后仍有剩余油气量）的条件下，勘探权购买方才能获得相关的参与权益。这些标的的获取方式，和一般的“对价——标的物/标的公司”的并购交易并不相同。

第五，尽管不少国际组织都对勘探权购买/出让协议进行了标准化的努力，但勘探权购买 / 出让协议的形式仍呈现多样。笔者在不同的勘探权购买 / 出让交易里，曾见过从几页到上百页的勘探权购买合同。在北美，由于油气市场极端成熟，油气业专门人才技术化程度非常高，其勘探权购买 / 出让协议的形式更是五花八门，各式各样。如果读者有兴趣看一看 Landman Lease and Title Manual 中关于北美地区的 FOA 的例子，可以发现，Farm-out Agreement 的模式众多，形式灵活。这与一般形式和内容比较格式化的其他类资产售卖交易形成了较为鲜明的对比。

第六，总体来看，跨国性的勘探权购买 / 出让协议的复杂度日益向 SPA 靠拢。在笔者海外并购工作的实践中，笔者发现，在合规风险的日益增大和买卖双方对风险分担争斗日益激烈的背景下，跨国性勘探权购买 / 出让协议出现了复杂化的趋势。另举一例，国际石油谈判者协会（Association of International Petroleum Negotiators，AIPN）现时正在对其 Farmout 协议进行修改，笔者作为 AIPN Farm-out Agreement 标准合同修订委员会的成员之一，参与了该协议的修订工作，现在版本的基本架构，几乎和复杂的资产购买协议类似。这表明了整个行业对勘探权购买 / 出让实行较为简化的文本模式的改动意愿。

勘探权购买 / 出让协议中，有一些较为特殊的概念与其他买卖交易所不同，现介绍如下：

第一，溢价（Promote）。对于勘探权出让方来说，持有勘探权本身占据了先发优势，勘探权购买方往往需要付出比获得的参与权益更高比例的支出才能得到参与权益。比如勘探权购买方支付 35% 的钻井费用，获得 15% 的参与权益，其中的 20% 属于 Promote 的部分。注意 Promote 与 Premium 的区别。Premium 一般是指勘探权购买方从勘探权出让方获得权益时所付出的高出勘探权出让方获得该部分权益时所支出费用的部分，Premium 和 Promote 均是对勘探权出让方先行者的一种利益补偿机制。在一般的并购交易中，更为常见的是 Premium 的方式，而较少见到 Promote 的支付方式。

第二，共同利益区（Area of Mutual Interest, AMI）。在勘探权协议中，勘探权出让方往往要求勘探权购买方在勘探权益资产所在国或者其他资源国划定一个区域，如果勘探权购买方在区域内获得潜在项目机会时，则需要给勘探权出让方提供优先参与合作的机会。当然，从勘探权购买方的角度来看，AMI 如果能谈成双向的最为理想。意即，如果勘探权出让方在划定区域内有了潜在项目机会，也应优先提供给勘探权购买方。在国际油气并购实践中，因为共同利益区条款而引发的争议并不少见。这个概念之所以区别于其他类型的并购交易，本质上来说其实是和油气业分散风险安排的特点相对应的：油气业的合作双方在某些情况下需要依靠绑定的方式进行风险分散。但这样的绑定方式可能会给后来进入的勘探权益购买方带来不便的限制。

第三，Drill to Earn 也叫 Earn in（钻井换权益），是勘探权购买的一种形式。意即勘探权购买方在完成一定的钻井义务（如钻遇特定的地质目标层位和完成相关的测井实验）后，获得相应的授权文件下的参与权。Drill to Earn 体现的概念是 Work-based Consideration（以工作量为准的对价），常见于北美的勘探权转入 / 转出情况或者政府在勘探期义务工作量完成前不予审批转让的情况。在 Drill to Earn 情况下，如果勘探权购买方已经开始工作，但政府最后未批准该等转让，在买卖双方均未违反获取政府审批的相关陈述、保证及承诺的前提下，则购买方可以要求出卖方返还相应的投资或部分投资。对于勘探权购买方来说，Drill to Earn 比起下面第四点的 Produce to Earn 更为有利；而对于勘探权出卖方来说，Produce to Earn 比 Drill to Earn 更为有利。

第四，见产换权益（Produce to Earn），是勘探权购买的另一种形式。意即在勘探权购买方钻完井并有了商业性产量(Commercially Viable Production 或者是 in Paying Quantity)的条件下，才能获得勘探权出让方在授权文件下的相关权益。此种条款也多见于北美的勘探权转入/转出情况。

第五，不可分割权益(Undivided Interest)。勘探权转让的性质之一。如果转让的是 Undivided Interest，则在勘探权出让方所有矿区或者面积上，勘探权购买方均有相同比例的权益。如果是 Divided Interest，则勘探权出让方和勘探权购买方在不同的土地上各自拥有权益。在传统的国际油气界，Divided Interest 并不多见，北美的勘探权转让中有这样的例子。当然，也有 Divided Interest 和 Undivided Interest 合在一起，分别转让不同土地上的权益的例子。

第六，回收完毕(Payout)。这个概念在北美油气勘探权转让用的比较多，意味着勘探、开发及作业成本从某口油井产出的油气产品回收完毕的时点。和 Payout 有关的两个概念是 Before-payout (BPO)和 After-payout(APO)。在 BPO 的时期内，勘探权购买方可以拥有更高的参与权益，以便加速其投入的回收；一旦回收完成，在 APO 期间内，勘探权出让方则回复到一定比例的权益，参与油气产品的分享。

第七，转让(Assignment)。Assignment 一词，从普通法角度严格讲，仅仅意味着权利的转让。权利义务的继承者转让，需要用 Novation 的形式。在勘探权权益转让后，要对授权文件做相关的 Novation，其中部分也蕴含了这个道理，即勘探权转让是权利义务的继承转让。勘探权协议中的对价(Consideration)，对应的即是 Assignment of Participating Right。何时发生 Assignment 的效果，情形不一，一般来说，有交易双方的签字即发生，有待政府审批后发生，也有待义务履行完毕后发生。

第八，转让契据(Deed of Assignment)。一般勘探权购买/出让协议签署后，买卖双方会签署 Deed of Assignment，并提交资源国政府批准。在资源国政府不要求勘探权购买 / 出让协议的情况下，买卖双方一般不会把协议提交政府，因为政府批准的仅仅是权益转让而不是勘探权购买 / 出让协议。

第九，上级 / 上家矿权使用费（Overriding Royalty）。原始的矿权上有 Royalty，这个 Royalty 往往是上家支付给原始土地所有者的矿费。如果上家转手给下家的时候，要再获取一道 Royalty，这个增加的比例往往被叫作 Overriding Royalty。从勘探权购买方的角度来看，在购买勘探权益的时候，要弄清楚所有购入权益上的负担，原始的矿费是多少，原始矿费上的 Overriding Royalty 是多少，都需要放入勘探权价值计算的模型中去。

第十，担保权益（Security Interest）。在 Drill to Earn 的情况下，勘探权权益出让方往往会要求在权益购买方未支付完承诺的工作量投资之前，将权益购买方购入的权益抵押给权益出让方，以担保义务的履行。

第十一，垫资（Carry）。前面说过，勘探权权益出让方要求勘探权购买方在一定承诺工作范围内付出比获得的参与权益更高比例的支出，高出的比例叫作 Promote；如果勘探权权益出让方不出资，而在一定额度内由勘探权购买方全部支出，此时，可以叫作 Carry。当然，Carry 可以计息，也可以不计息，需要根据双方谈判确认。

正是由于油气业自身运营、作业的特点，给国际油气的勘探权资产出让带来了区别于其他并购资产交易的特点及特色概念。一个对于油气业不熟的并购专业人士，如果拿到这样的合约，内心应该是崩溃的。而对于一个从事油气业并购的专业人士来说，至少需要对如下的一些行业类合同吃透：产品分成合同（Production Sharing Contract）及其他类型的石油合同（矿证合同、服务合同、回购合同等）、联合作业协议（Joint Operating Agreement）、非常规油气作业协议（Unconventional Resources Operating Agreement）、勘探权购买/出让协议（Farm-in/Farm-out Agreement）、研究与投标集团协议（Study and Bid Group Agreement）、联合开发协议（Unitiztion and Unit Operating Agreement）、会计程序（Accounting Procedure）、提油协议（Lifting Agreement）、提气协议（Gas Balancing Agreement）、共同利益区协议（AMI Agreement）等。吃透这些协议，不仅仅有助于并购尽职调查，也会给油气资产并购交易文件的起草、审查、谈判带来便利。举个例子，如果一个并购人员不懂这些行业类合同，很难想象他会在油气并购交易中谈好历史费用回收的赔偿问题。因为在油气业里，卖方已经投入的历史费用回收往往和资源国政府的审计权及"允许可回收费用"概念相挂钩，买方如果不熟悉这些概念，未能在交易中要求卖方就投入历史费用做出可回收的陈述与保证，那么买方就有可能在交易后面临这样的尴尬局面：对已经补偿了卖方的历史发生费用未来无法从油气产量中得到回收的风险并未得到良好的控制。因此，推延开来说，所有特定行业的收购，都需要了解该行业的特点，才能真正地做好该行业的并购交易。

# 03 从 GDPR 谈并购交易中的个人数据转移的风险控制问题

与西方公司做过并购交易、打过交道的并购从业者都知道，在并购交易中，不少西方公司对于在交易中提供涉及员工、高管等个人数据的时候，都是非常谨慎的。笔者最近曾经参与过两起涉及欧洲公司的收购交易，均是通过公开招标的方式进行的。在招标的第一阶段，卖方几乎不向潜在买方提供任何与私人信息相关的资料；只有进入招标第二阶段才会选择性地进行信息披露。

欧盟在 2018 年 5 月 25 日正式实施的《通用数据保护条例》（General Data Protection Regulation，GDPR），将为从事并购交易的买卖双方带来更多交易中的合规要求。而根据 GDPR 的规定，所有企业在收集、存储、使用个人信息时要取得用户的同意，用户对自己的个人数据将有绝对的权利。因此，从事涉欧并购交易的双方需要注意这个条例可能对交易带来的影响。在并购交易中，至少需要保证两个方面的事项：一是收购方在交易中遵守 GDPR 中的合规事项；二是收购方需要确保被收购方的营运过程中没有违反 GDPR，以免收购后发生可能的损害。

因此，如何在并购交易中控制个人数据转移的风险，如何保证交易的合规？至少需要在如下方面进行考虑：

第一，由于 GDPR 适用于所有持有位于欧盟的个人信息的公司，因此是否受到 GDPR 管辖和公司是否在欧盟有实体存在无关，只和公司是否持有数据相关。因此，并购交易从业者需要注意到 GDPR 的域外适用性问题。说个和此事相关的花絮，笔者自己运营一个和跨境并购交易实务相关的微信公众号 Unclehome，前段时间收到了微信团队的中英文双语来信。打开一看，是微信关于 GDPR 的通知，通知中非常明确地表明：

"欧盟《通用数据保护条例》(General Data Protection Regulation，GDPR)于 2018 年 5 月 25 日生效，微信公众平台为遵守 GDPR 的相关要求，当欧盟地区微信用户撤销授权该公众号获取其个人信息(主要包括该微信用户取消关注公众号或其自行注销微信个人账号)时，会以邮件形式告知公众号的注册邮箱删除欧盟用户的信息。

提醒时间：每周一 00:00(每周一次)。

用户范围：欧盟地区注册的微信用户。

删除方法：如果公众号运营者在自己的服务器中存储了以上范围内的用户信息，需要在三周内，从自己的服务器中删除该用户相关的所有信息，包括用户的昵称、头像、openid 以及与该用户关联的服务信息。"

这个通知，非常形象地说明了一个欧洲出台的法令是如何影响一家在中国的公司，又是如何影响笔者的。因此，对于从事并购交易的双方来说，需要关注的第一个事项就是 GDPR 的域外管辖性。

第二，注意无论在何种收购交易框架下，买方均需要注意 GDPR 的可能适用。无论是资产购买交易，还是股权购买交易，抑或是恶意收购。需要注意的是：在恶意收购的情况下，如何确定目标公司日常生产经营中对数据保护、隐私信息处理的合规性是一个相对困难的问题，毕竟在缺少目标公司董事会的配合的情况之下，对于目标公司的数据保护合规性识别，尤其是内部体系是否有效地控制了合规风险是比较困难得到确定性结论的。

第三，注意在并购交易战略考量阶段就应当将数据保护、隐私信息的可获得性纳入考量之中。如果并购交易的目的就是获取相关数据，但相关的数据保护条例并不允许数据存储的转移或者进行其他目的的使用，此时交易是否能够继续进行就需要考虑了。除了数据保护之外，很多国家的外商投资保护法令中也将大数据视为和国家安全相关的要素。比如蚂蚁金服收购美国的MoneyGram公司被美国外商投资审查委员会所阻止，就是因为MoneyGram持有了非常多的美国消费者个人数据。近来在德国也有一个例子。德国的数据保护机构不允许买方使用卖方顾客的电子邮件和手机来进行营销，除非买方事先得到顾客的同意。因此，在数据成为交易的核心考量要素的情况下，合法性、交易目的是否能够实现、数据能否进行转移、数据的定价等因素都需要在进行交易之前进行仔细的考量。

第四，在交易的尽职调查阶段，交易双方均需要做好数据安全和个人隐私的管理。从卖方角度来说，从设立网络资料室开始，就应该关注合规事项。比如在网络资料室中避免放入详细的员工私人信息，在提供相关管理人员、关键雇员的私人信息之前，需要事先获得其同意和认可（当然，此时还需要考虑交易本身的敏感性、保密性，以及这些管理人员和关键雇员是否是交易项下所签署保密协议所允许的第三方披露方）对于一些私人信息，应当采用“遮掩”或者技术化的处理方式，尤其涉及私人的种族、信仰、政治立场、健康情况等信息时，更需要谨慎地对待。另外，选用可信赖的网络资料室服务商，确保网络资料的安全，也是卖方要考虑的因素。对于买方来说，在不同的司法领域下进行收购，除了考虑当地法律对于数据安全及私人信息的要求之外，还需要考虑诸如 GDPR 的适用性。在笔者从事的一起并购交易中，卖方提供的雇员合同就是模板合同，而不是所有的具体雇员合同，这也是出于合规的意图。另外，买方在尽职调查过程中，最主要的还是需要对目标公司或者目标资产可能涉及的违反数据安全及隐私信息保护可能带来的责任进行定性定量。并购交易的买方需要对于卖方如何收集、处理、存储、使用、转让个人信息进行深入地了解，尤其对其合规性的深入发掘。违反相关法律法规带来的损害是很严重的，比如对 GDPR 的每次违反就可能导致 2000 万欧元或者违反者全球营业收入 4% 孰高数的罚款。因此，总体来说，更多对于数据保护的法规的出台，使并购交易中的尽职调查环节又新增了内容。以往大多数的尽调和技术、财务、税务、法律、人力等相关，而现在还会加入网络安全、数据保护、个人隐私等尽调内容。比如，在 GDPR 下，个人信息就包含了个人所在地的信息和网络浏览信息等，确保该等信息在目标公司得到了适当的保护就是尽职调查中需要做到的。

第五，在交易文件中对于网络安全、数据保护、个人隐私信息的合规性进行适当的风险分配。买方至少应当考虑陈述与保证、交易先决条件、索赔、承诺等几点来进行可能的合规风险分配。尤其在交易的过渡期，传统上并购律师可能对于签字后交割前对于个人信息的披露风险重视程度不够。对于交易双方来说，在交易的过渡期，提供相关人员的信息是非常必要的，尤其是为了日后整合的需要。从卖方的角度来说，控制此种风险，很重要的一点在于明确表明，任何应买方提供数据的要求不应当违反相关适用的法律。对于买方来说，如果卖方内部的相关隐私信息政策中包含有在收购的情况下（特别是在收购交易完成之前），相关公司员工私人信息可以进行转移的规定，则可以减少很多合规风险。曾经有实务研究者认为：未来的并购交易中，单独出现“数据保护协议”来对交易双方所转移的数据进行约定和风险分配，可能将成为交易中的常见选项。

第六，在交易完成后，买方对卖方的网络安全、数据保护及个人隐私信息需要进行系统地清理和整合。双方采取的政策、系统、保护方式等如何进行合适的适配，是交易双方应当提前进行准备的事项。笔者就曾经在一个交易中看到由于买方事先未能做好对卖方 IT 系统的尽职调查，从而在交易整合期花费了极大的努力才弥补未能提前准备 IT 系统适配的疏忽。

因为网络安全、数据泄露而引发问题的并购交易不在少数。最近的一个例子就是 Verizon 收购雅虎的交易：在 Verizon 和雅虎达成收购交易之后，雅虎爆出了两次重大用户数据泄露的问题。其中 2016 年 9 月曝光的数据泄露事件中约 5 亿用户的账户受到影响，而在 2016 年 12 月的事件中约 10 亿用户的账户受到影响。Verizon 就此事与雅虎展开了交易条款的重新谈判，最终从原有的 48.3 亿美元交易价金减少到 44.8 亿美元，比最初达成的收购价少了 3.5 亿美元；同时还对数据协议后产生的法律责任进行了划分，雅虎同意承担针对数据泄露有关的非 SEC 政府调查和第三方诉讼结束后所产生的 50% 的赔偿，同时因数据泄露而受到的雅虎股东诉讼和 SEC 调查产生的全部责任继续由雅虎承担。

对于中国的收购者来说，在监管机构日益强调网络安全、数据保护、隐私信息等合规的大环境下，在并购交易的全流程环节中做好相关的合规准备、尽职调查和风险分配以及整合是非常有必要的。

# 04 国际油气并购交易中的优先购买权浅析



国际油气并购交易中，优先购买权是一个非常重要的实务题目，往往影响并购交易的结果。本文将从优先购买权的含义出发，考虑在不同交易架构下的优先购买权问题，并对油气交易中优先购买权的常见实务问题进行梳理，最后用实际案例说明在交易中对优先购买权的实务处理方式。

## 一、国际油气并购中的几个专有名词

在国际油气并购交易里经常有缩写的专用名词，比如ROFR（优先购买权）、ROFL（优先交易权）、ROFO（优先机会权）、ROLR（最终交易权），这些专业词汇有其自身的含义，有时候还能在某种程度上决定交易的成败。ROFR（优先购买权）、ROFL（优先交易权）、ROFO（优先机会权）、ROLR（最终交易权）这几种权利，主要在国际油气的赋权文件（矿权合同、产品分成合同等）和/或联合作业协议中出现，对于油气交易的进行有重要意义。本文首先将对这几个词汇的简单含义进行说明，再对国际油气并购交易中的优先购买权进行深度分析。

ROFR 是英文 Right of First Refusal 的缩写，也就是我们所说的优先购买权。在国际油气交易中，它主要指油气项目的合作伙伴在将项目或者项目相关权益售卖的情况下，其他合作伙伴对于权益售卖方的售卖权益享有同等条件优先受让的权利。

ROFL 是英文 Right of First Look 的缩写，意为优先交易权。在国际油气交易中主要指油气项目的合作伙伴在将项目或者项目相关权益售卖的情况下，应当优先向项目其他合作伙伴提供该等售卖机会。

ROFO 是英文 Right of First Offer 的缩写，意为优先机会权，ROFO 和上述的 ROFL 基本意思是差不多的，都是指油气项目的合作伙伴在卖项目权益之前，首先应给予其他合作伙伴购买机会，如果该卖方拒绝其他合作伙伴报价的话，则卖方在后续交易过程中找到的第三方报价不能低于合作伙伴的报价。

ROLR 是英文 Right of Last Refusal 的缩写，意为最终交易权。Right of Last Refusal 是在 Right of First Refusal 之上的第二次机会，如果合作伙伴在卖方售卖资产的时候第一次未行使或者未能在规定时间行使 Right of First Refusal 的情况之下，在卖方和第三方买方缔结相关合约之前，合作伙伴对交易还具有最终选择匹配的权利。一般来说，油气交易中的合作方在交易中拿到 ROFO（FOFL）和 / 或 ROFR 比较常见，但能够拿到 ROLR 的情况很少，毕竟这给卖方和第三方潜在买方带来更大的负担和交易的不确定性。

在本文中，优先购买权（ROFR）的说法还包括 Right of Preemption，Preemptive Right，Preferential Right，这些词汇在国际油气实务界基本上被作为同义语进行使用。

## 二、不同交易架构下的优先购买权

国际油气并购交易中，需要考虑在不同交易架构下的优先购买权问题。

一是资产购买交易。在资产购买交易下，交易的架构往往被组织为购买卖方赋权文件下权益的方式（加上可能的卖方在联合作业协议项下的权益）。在这样的交易架构下，赋权文件和联合作业项下的合作伙伴往往对交易享有优先购买权，国家公司（National Oil Company，NOC）和卖方的合作伙伴亦可视为享有优先购买权的第三方。

一般情况下，在资产交易架构下，第三方有优先购买权。当然，这个第三方的优先购买权还需要去查明：在赋权文件下的优先购买权和联合作业下的优先购买权之间的关系，是并行还是互斥的；是国家公司优先还是合作伙伴与国家公司的优先购买权不冲突；行使优先购买权的方式与程序等。

二是公司购买交易。在此交易框架下，需要明确，卖方将持有赋权文件（矿权合同、产品分成合同等）权益的公司股权的转让是否触发油气项目合作方的优先购买权？

转让持有赋权文件权益公司股权的情况被称为 Change of Control（控制权变更，简写为 COC）。在 COC 发生时，油气项目的合作伙伴是否拥有优先购买权，需要在赋权文件和联合作业协议中查明。

国际油气交易在公司购买交易中，很容易出现问题，原因在于：许多国家在过去签署的赋权文件中对此约定不明，属于合同中的漏洞。在不少以往年代的赋权文件或者联合作业协议中，对于公司交易是否触发国家石油公司在赋权文件下或者联合作业项下的优先购买权，往往语焉不详。因此，买卖双方往往会在此产生争议：第三方放弃优先购买权或者第三方不行使优先购买权是否应当成为交易的先决条件？从卖方的角度来看，此时不存在第三方优先购买权，交易不应当考虑第三方优先购买权的问题；从买方的角度出发，应当审慎地考量国家石油公司有可能提出的优先购买权主张，或者卖方合作伙伴有可能提出的优先购买权主张。以中国油气业为例，以往签署的对外合作产品分成合同并未明确规定COC发生时,国家石油公司是否有优先购买权。而这一合同漏洞,让民营企业通过购买外国卖方持有产品分成合同下权益的离岸公司,从而间接进入了中国的上游油气业。在中国上游油气业中的产品分成合同中,老合同对外国合同者发生COC时国家公司是否有优先购买权(包括同意权)未涉及,而在外国投资者不是直接出让产品分成合同项下权益的时候,国有石油公司是否有优先购买权(包括同意权)也没有规定。民营企业复星和光汇,就是通过购买外国投资者在海外的离岸公司,避开了中国国有石油公司的同意权与优先购买权,从而间接持有了中国海上的石油资产。不过,近来的新产品分成合同,已经将此漏洞堵上。新的产品分成合同中明确规定,无论外国投资者在何种层面上处置涉及产品分成合同所涉及的权益,国家公司均有同意权及优先购买权。

中国企业在出海投资并购过程中,也因为控制权变更问题未能在赋权文件中明确约定而吃过亏。比如,中国三大国有石油公司之一的中石油曾经在哈萨克斯坦从事某并购交易,欲通过购买加拿大上市公司的Petro Kazakhstan公司交易的方式,从而间接持有哈萨克斯坦的油气资产。按照当时哈萨克斯坦的法律,对于这样的公司控制权变更的交易,哈萨克斯坦政府并无优先购买权,但哈萨克斯坦议会通过立法,赋予了哈萨克斯坦政府在公司交易情况下涉及哈国油气资产的优先购买权,同时还赋予该法案追溯效力,使优先购买权对中石油的并购交易有溯及力。最后中石油通过转让部分权益给哈萨克斯坦国有石油公司的方式才完成了该交易。无独有偶,在非洲的利比亚47区块,资源国政府对公司交易涉及该国油气资产的行为表示了反对,中石油采取并购加拿大Verenex公司的方式,意图绕过资源国政府,但利比亚国家石油公司不支持交易的态度仍然使该交易胎死腹中。因此,在油气交易中,如果遇到赋权文件下对于控制权变更约定不明的情况,需要高度注意政府或者国家石油公司行使优先购买权的风险。

在公司购买交易中还有一个特殊的情况，就是在最终母公司合并的情况下，是否仍然构成COC下的控制权变更，油气合作项目的其他方是否仍然享有优先购买权？有经验的油气并购交易者往往会在谈判赋权文件或者联合作业协议过程中，将最终母公司合并从油气合作的合作方享有优先购买权的情况中排除出去。尽管从扩张解释的角度看，最终母公司合并也属于COC的一种，但为了最终母公司合并这种情况不被其下属公司签署的赋权文件或者联合作业协议所束缚，将其剔除出去是很有必要的。

三是所谓的“一揽子”交易（Package Deal）的情况下，如何处理油气合作项目下合作各方的优先购买权问题。在油气合作项目下，如果卖方和第三方，买方达成的“一揽子”交易中包括了该油气项目和其他在油气项目之外的资产，在此种情况下，对于油气合作项目的合作方是否享有优先购买权，需要在赋权文件或者联合作业协议中进行明确约定。



## 三、油气交易中优先购买权的实务问题

在国际油气交易过程中，关于优先购买权需要考虑如下的实务问题：

第一，在交易之初，根据赋权文件及联合作业协议项下关于优先购买权的规定，确认好交易可能受到的限制和障碍。尤其在采取公司购买交易的情况下，如果赋权文件中未明确规定资源国政府或者国家石油公司的优先购买权，最好采取比较谨慎的态度去获取政府审批。最近的一个例子是雪佛龙公司采用出售公司的方式售卖其在孟加拉国的油气资产。在雪佛龙和中国某油气公司达成交易之后，孟加拉国有石油公司主张，在其出价前，任何交易不能完成。最终，

雪佛龙公司放弃了该资产的出售交易。[1]

第二，如试图采取公司购买交易方式避开资源国政府审批或者国家石油公司优先购买权，作为买方，需要认真考虑潜在的风险。许多例子表明：公司交易的方式并不能避开资源国政府审批或者国家石油公司优先购买权。

第三，在所谓的"一揽子"交易的情况下，如何处理在油气项目中合作伙伴的优先购买权是实务中的一个难题。举个"一揽子"交易引发优先购买权争议的例子。Navasota 与 First Source 公司为联合作业协议项下的合作伙伴。联合作业协议管辖的资产区域为 Hilltop Prospect，其中 Navasota 持有 55% 的权益，First Source 持有另外 45% 的权益。联合作业协议中规定，当有一方出售权益时，另一方享有优先购买权。First Source 的母公司 Gastar 公司与另一家公司 Chesapeake 签署了"一揽子"交易的买卖协议，规定：

（1）Chesapeake 购买 19.9% 的 Gastar 股票；

（2）Chesapeake 从 First Source 购买 33.33% 的 Hilltop Prospect 权益；

（3）Chesapeake 和 Gastar 将在西德克萨斯 13 个县建立共同利益区（Area of Mutual Interest）。

可以见到，上述的"一揽子"交易中，涉及优先购买权的 Hilltop Prospect 仅仅是其中的一部分。而 Navasota 与 First Source 公司在联合作业协议下并未对"一揽子"交易的情况进行约定。在此种情况下，需要解决的问题是石油项目的合作方是否有同意权或优先购买权。最终，法院支持了 First Source 及其母公司，认为在缺乏明确

[1] 参见雪佛龙公司网站新闻稿：https://www.chevron.com/-/media/chevron/stories/documents/3Q17-earnings-press-release.pdf，最后访问日期：2019 年 3 月 5 日。

的规定下，联合作业的优先购买权并不及于“一揽子”交易。[1]

一般来说，在此种情况之下，有经验的合作双方会根据涉及Package Deal中资产所占“一揽子”交易中价值的比例（X%）来决定合作方是否行使优先购买权：如果涉及的资产价值不超过“一揽子”交易总价值的（X%），则该资产的合作方有权行使该资产的同意权或优先购买权；如果涉及的资产价值超过“一揽子”交易总价值的（X%），则该资产的合作方无权行使对该资产的同意权或优先购买权。该种规定的商业逻辑性在于，如果X%定得过低，则对未来有交易意愿的合作方形成不当限制；反之，X%定得过高，则不利于合作另一方同意权及优先购买权的行使。

第四，行使优先购买权中的“同等条件”问题。在优先购买权行使过程中，油气项目的合作伙伴要以“同等”条件来匹配行使买卖双方的交易条款。在买卖双方直接从事单一交易时，“同等条件”判断较为简单，但在“一揽子”交易之下，如果卖方的合作伙伴享有优先购买权，此时该如何确定所涉及的资产的“同等条件”？常见的处理方式是，买卖双方需要对在“一揽子”交易中涉及优先购买权部分的资产价格单独进行约定，并将该等价格向卖方的合伙伙伴进行披露。如果卖方合作伙伴对该等优先购买权资产的价值有争议，则将启动合作协议之下的价值判定程序。

第五，优先购买权的行使时间。一般来说，在赋权文件下，行使优先购买权的规定相对比较粗糙，对资源国政府或者国家石油公司有利；而联合作业协议中的优先购买权行使时间则比较详细。惯常处理方式会将优先购买权的行使时间提前进行明确，未在规定时间内行使的，视为放弃。有经验的石油项目合作方往往会在优先购买权的行使过程中明确约定，因优先购买权未能行使而使得卖方与第



[1] 具体判决信息，参见 http://caselaw.findlaw.com/tx-court-of-appeals/1149630.html，最后访问日期：2019年3月5日。

三方进行交易时，如果卖方在一定期限内未能完成交易，则视为合作方优先购买权重新恢复。

第六，重叠优先购买权的问题。如果在赋权文件下，资源国政府或者国家石油公司对石油项目权益拥有优先购买权，同时，在联合作业协议项下，石油项目的其他合作伙伴也拥有优先购买权，应如何处理？一般来说，赋权文件下的优先购买权要优位于联合作业协议项下的优先购买权。当然，如果国家石油公司同时也是联合作业协议项下的伙伴，则石油项目的合作伙伴之间可能有平等的优先购买权。在交易实务中，需要对此进行查明。

## 四、近来国际油气业关于优先购买权的实务案例及处理方式

中石化在 2017 年 3 月与雪佛龙宣布达成交易，约定使用 9 亿美元现金并购其南非、博茨瓦纳下游资产。

在签署了这笔交易之后，嘉能可公司利用雪佛龙当地伙伴的优先购买权，获得该笔资产。

嘉能可采取的手段看起来并不复杂：雪佛龙在南非的当地合作伙伴持有 25% 的出售项目权益，因此这家当地伙伴对中石化和雪佛龙之间达成的交易享有优先购买权。嘉能可和这家南非的当地公司达成协议，让其出面行使优先购买权，买下雪佛龙售予中石化交易中的项目权益。当然，嘉能可给予雪佛龙这家合作伙伴的交易对价为 9.73 亿美元，比中石化和雪佛龙交易价值 9 亿美元多出 7300 万美元。这就是一起典型的使用优先购买权“抢走”交易的例子。

从这个例子可以看出，在国际油气并购交易中，对于赋权文件和联合作业协议下的优先购买权，千万不能忽视以下几点：

首先，作为买方，需要提前想好应对优先购买权的方法。与享有优先购买权的第三方在适当时候进行沟通很有必要。

其次，第三方的优先购买权可能成为竞争性交易的另一个突破

口。在中石化与雪佛龙达成交易之前，嘉能可曾经参与过雪佛龙这个资产的公开竞购。在中石化赢标达成交易后，嘉能可并未放弃项目机会，最终将第三方的优先购买权作为突破口达成了交易。

最后，有些时候，并购交易的价格谈得不错其实是把“双刃剑”，尤其在卖方存在与合作伙伴的优先购买权安排的情况下。当年笔者曾经参与过的一个油气项目，就是因为价格谈得不错，最后被卖方的合作伙伴行使了优先购买权。

对于优先购买权，在并购交易中一般有如下处理方式：

（1）对于交易的买方来说，如果能够获得卖方合作方的事先放弃（Waiver）相关优先购买权，则最为理想，这样可以将交易的不确定性消除在交易之初。当然，在实践中，极少有卖方的合作方会同意事先放弃，一般会在交易买卖双方达成一致后再视交易条款具体情况而决定是否行使优先购买权。

（2）在交易文件中，将放弃/未进行优先购买权的行使放入交易的先决条件（Conditions Precedent）。待先决条件满足后再行交易交割，这是油气项目并购交易中对于卖方合作方优先购买权最为常见的处理方式。交易双方也可以视具体情况，在交易过程中，将优先购买权的先决条件进行免除。对于交易双方来说，解决因先决条件长久无法满足使交易无法进行的常规方式，是要求享有优先购买权的第三方事先对优先购买权的放弃。如果将优先购买权作为交易的先决条件，则对交易的最终完成日（Long Stop Date）进行灵活性的延期规定也是一个促成交易的较好方式。[1]

[1] 对于交易最终完成日的时间长度，应当根据交易的具体情况、卖方的合作方行使同意权或优先购买权时间长度的规定来进行决定。对于交易的买卖双方来说，是否在交易最终完成日到来时，一方或者双方各有延长交易最终完成日一段期间的权利，应协商确定。延期权对于并购交易双方来说，是一个有利也有弊的条款，其中的有利点在于交易双方延续了交易继续进行的可能性；不利点在于交易双方需要花费更长的时间来面对交易的不确定性。因此，卖方往往会在买方单方行使延期权的时候要求 Ticking Fee（计时费）：在买方行使延期权过程中，对买方另行收取费用；如果在延期内交易完成，则计时费计入交易价金；如果在延期内交易未能完成，则计时费作为罚金支付给卖方（在有反向分手费的情况下，加计入反向分手费）。

（3）在交易中，将优先购买权放入交易的后决条件（Conditions Subsequent）。在并购交易中，如果获取卖方合作方行使优先购买权的时间过长，交易双方可决定先行交割再等待优先购买权的行使/被放弃。如果在交割后未能在规定时间内获得相关方放弃行使优先购买权的同意，则交易回复原状。将放弃行使优先购买权放入交易后决条件，对于交易双方来说，是风险比较大的行为。交易双方应当谨慎采取此种方式。

优先购买权是国际油气交易中的常见问题，也是交易能否完成的一个重要因素。国际油气交易的买卖双方都应当对其进行认真识别，并在处理时采取审慎的态度。

# 05 并购交易实务新动向：总结与分析



随着政治、经济、法律法规等变化，并购交易实务也会出现新的发展动向。对于这些发展动向，并购交易实务从业者应当时刻保持关注。本文将就近来并购交易实务中出现的一些新问题、新动向作一些总结分析。

## 一、党委写入公司章程是否会对企业的海外并购交易产生影响

近来，有不少公司将党委领导写入了公司章程。对于海外并购交易实务界人员来说，这个行为是否会对企业未来的海外并购交易产生影响？

笔者查看了一汽将党委领导写入章程的情况。从章程来看，党委的职权不少，其中可能涉及海外并购交易的内容包括：党委要参与企业重大问题的决策，对董事会、经管会拟决策的重大问题进行讨论研究，提出意见和建议；研究决定公司重大人事任免；讨论审议其他“三重一大”事项。

在理论上，党委领导写入公司章程，外国卖方有可能在交易中做出如下要求：

（1）外国卖方要求在交易先决条件里加入党委对交易的批准；

（2）外国卖方要求中国买方承诺采用最大努力或者“Hell or High Water”（排除万难）义务获得党委对交易的批准；

（3）外国卖方要求中国买方在签署交易时提供党委不可撤销的承诺支持交易；

（4）外国卖方要求中国买方支付和党委批准交易相关的反向分手费；

（5）外国卖方要求中国买方做出更多和国外外商投资审批、国家安全审批有关的陈述与保证及承诺。

从实际的角度考虑，党委领导入章程这件事，对于中国买家的海外并购应该不会带来太大的影响。因为企业在党委的领导下，如果相关并购交易提交到MOFCOM（商务部）、NDRC（发改委）、SAFE（外汇管理局）、SASAC（国资委）等政府机构去审批，那么至少企业的党委是要事先同意了的，否则应该是递不上去进行政府的行政审批的。所以，在实际上，党委批准写入企业章程不会对中国企业的海外并购带来太多实务上的影响。

那么，对于中国企业来说，在海外并购交易过程中，应该如何应对外国卖方针对党委领导写入企业章程提出的问题？

如果是关于企业独立性问题的话，其实这个问题外国卖方已经问了很多年了，一些经验丰富的外国卖方对于中国企业独有的公司治理模式是熟悉和认可的。这类企业只要走到了提交中国政府审批同意这一步，那么理论上企业党委应已事先同意。因此，在交易中设置和中国政府审批相关的反向分手费安排，就足以解决外国卖方的问题。对于中国企业将党委领导写入企业章程，如何处理外国监管机构审批的可能态度？对此，更重要的在于说明中国企业在党委领导写入章程后企业商业决策的独立性。在说服外国监管机构方面，中国买方在党委领导写入章程后仍然保持商业独立性与以往中国企业商业决策独立于中国政府可能会有一些不同，因为企业章程中有明确表明：党委要参与企业重大问题的决策。

尽管有上述这种可能，但在很大程度上外国监管机构对于“中国共产党代表工人阶级领导工农联盟和统一战线，中国工人阶级的先锋队，中国社会主义事业的领导核心，中国各族人民利益的代表者。中国共产党以马克思列宁主义、毛泽东思想、邓小平理论、‘三个代表’重要思想和科学发展观作为自己的行动指南，最终目的是实现共产主义的社会制度”是了解的。因此，在党委领导写入中国企业章程后，外国监管机构对于交易审批的态度，应该不会有太大的变化。

总体来说，尽管中国企业将党委领导写入了章程，但其对于中国企业的海外并购交易，现在看来，不会有太大影响，因为现有并购交易中的风险分配机制已经足以解决这一问题。

## 二、反向分手费的实务发展变化

一旦涉及多个司法辖区的重大并购，反垄断、外商投资审查或国家安全审查可能成为影响交易是否成功的重要因素。为了寻求交易的相对确定性，并购交易双方通常会约定一系列保护条款，如做出分手费和反向分手费安排等，以防更高报价第三方出现、政府审查不批准、买方股东大会不通过、买方未能获得融资等情况导致交易流产。其中，反向分手费对于并购交易双方是非常重要的谈判点。交易双方经常在是否需要支付反向分手费、反向分手费的触发事件、反向分手费的比例、反向分手费支付的担保形式、反向分手费的托管安排、反向分手费的币种等要点上进行谈判。笔者将在下文结合几个案例分析一下近来反向分手费实务的发展情况。

### （一）分层反向分手费

2016~2018年，分层反向分手费的概念日益得到发展。中国公司也在不少的跨境并购交易中使用了分层反向分手费。比如，海尔在购买通用电气的白色家电业务的交易中，就约定：未通过反垄断审批，海尔支付反向分手费为2亿美元；未完成中国监管机构备案，或者未完成海尔股东大会批准，海尔支付反向分手费为4亿美元。这种按照不同监管审批机构未通过交易而支付不同的反向分手费，叫"分层监管反向分手费"。而另外一种分层反向分手费则与违反合约中的承诺相关，这个可以用2017年8月初KKR和PharMerica签署的合并协议中的例子来进行说明。KKR在这个交易中将PharMerica公司私有化，9.09亿美元全现金的交易价格，加上债务为14亿美元交易价值。

在这笔交易中的反向分手费，分为两层级：

第一层级是5660万美元，在如下情况发生时支付：（1）在KKR违反陈述与保证，导致交易先决条件在交易最终完成日不能满足且未能补正时支付；（2）违反反垄断审批支持义务承诺导致无法获得反垄断审批时支付；（3）交易先决条件均满足但拒绝交割时进行支付；（4）未能在交易最终完成日获得反垄断审批支付。

第二层级是1.133亿美元，在如下情况发生时支付：（1）KKR故意违反"合理最大努力"获取反垄断审批义务导致交易未成时支付；（2）KKR故意违反陈述与保证导致交易先决条件无法满足且未能及时补正时支付。

读者可以看到，在同一个违反反垄断审批支持义务下，有两个层级的反向分手费，一个是"违反反垄断审批支持义务承诺导致无法获得反垄断审批时支付"时，KKR向PharMerica公司支付5660万美元的反向分手费；另一个是"故意违反'合理最大努力'获取反垄断审批义务导致交易未成时”，KKR 应向 PharMerica 公司支付 1.133 亿美元的反向分手费。从违反义务而未能获得同一监管审批来对反向分手费的支付进行分层，叫作“分层义务反向分手费”。

另外，为 KKR 收购 PharMerica 公司支付的分手费和反向分手费算个账，卖方分手费 3300 万美元，买方反向分手费 5660 万美元、1.133 亿美元，分别占到股权价值的 3.3%、6.23%、12.5%。这可以看出反向分手费在并购交易中比例增高的趋势，没有减少。

### （二）中国买方支付反向分手费近来的发展

随着中国企业海外投资的日益增长，中国政府开始强调对海外投资的引导与规范，对于海外投资的不同类型交易采取“鼓励”“限制”“禁止”等做法。国务院办公厅近日转发四部委下达的一系列指导意见，控制海外投资并购，就是政府对中国企业海外投资规范引导态度的具体体现。其中有四个坚持、三个类别和四项保障措施。而四个坚持是：企业主体、深化改革、互利共赢、防范风险，体现了政府支持中国企业走向海外的大方向未变，但更加强调海外投资的风险控制。鉴于此，对于中国政府近来对外投资的加强引导与监管态势及加强外汇管控的措施，外国卖方开始在交易中寻求创新条款来进行交易风险的分配。

在反向分手费方面，主要有如下一些实务上的发展：

（1）在境外收购中，中国买方向外国卖方支付了更高的反向分手费

中国买方来近来所接受的反向分手费区间和额度加大。根据 Cleary 国际律师事务所的实证统计，中国买方接受的反向分手费在 3%~15%，超越 3%~9% 的常规区间。

（2）中国买方支付反向分手费作为担保的提供时间为签署交易文件时

中国买方在签署并购交易文件时，和反向分手费数额相等的押

金需存入托管账户或者相关金融机构出具支付保障。

在交易中存在分层反向分手费安排的情况下，最高额的反向分手费需要在签署交易文件时存入托管账户。同时，在实务中，以往卖方允许中国买方分步存入反向分手费的情况在减少（以往的交易中，一些中国买方曾通过成功的沟通，从而实现在签署交易文件后分几步在托管账户中存入反向分手费）。

（3）反向分手费的币种及托管安排地域

并购交易中反向分手费存入托管账户的币种以美元、欧元、英镑等西方货币为主，反向分手费存入的托管账户以放入西方银行机构或者中资银行海外分行为主。值得注意的是，在以往一段时间内，部分中国买方沟通成功，使海外卖方同意反向分手费押金采用人民币形式，反向分手费存入托管账户放在中资银行国内分行作为克服外汇问题的解决方法。但随着外汇管控加强，外国卖方接受反向分手费采取人民币形式存入中资银行国内分行的方式变得愈加困难。

（4）反向分手费支付的触发事件

根据交易双方的谈判地位与交易竞争情况，以下一个或者多个事件将触发中国买方支付反向分手费：

交易未能获得域外监管审批；

交易未能获得中国监管审批；

交易未能获得中国证监会、证券交易所审批；

交易未能获得A股上市公司股东大会批准；

买方拒绝交割；

中国政府法律变化导致交易无法交割；

中国政府监管机构阻止交易；等等。

而随着外国卖方对中国政府对外管控制加剧的担忧，在近来的交易中，外国卖方还进一步提出如下要求：中国买方在签署并购交易文件时,确定性融资必须到位;甚至要求签署交易文件后一段时间内,交易价金的大部分或者全部需要存入相关托管账户。另一个值得注意的问题是,鉴于中国政府对外汇管控的持续加强波及对银行合规性的控制,外国卖方对于中资银行在并购交易中所出具的融资承诺也变得越来越警惕。

## 三、交易文件中对中国政府法律政策变化风险的控制

由于外国卖方对中国政府近来对海外投资政策变化的担忧,外国卖方近来日益在交易文件中重视对中国政府法律政策变化风险的控制。

在 2017 年联想控股收购卢森堡国际银行的并购交易中(该交易已于 2018 年 7 月 2 日完成),中国政府政策变化风险和联想控制承诺的近 4500 万欧元反向分手费安排联系了起来:"交易交割前,中国或香港政府颁布任何限制、阻止或禁止交易完成的限制性或永久性的政府命令,且该等政府命令在交割前持续有效。"这样的条款是在最近交易中才出现的,在早几年中国企业海外并购的时候,交易中并不会特别提中国政府政策风险。现在看来,在交易文件中特别指明中国政府法律及政策变化风险的情况在一段时间内会成为市场惯例了。

另外,在联想控股的这个收购交易中,交易的先决条件条款也体现了外国卖方对于中国政府对外投资法律政策变化风险的担忧。

"紧邻交割前,不存在任何永久的政府命令限制本交易,以及中国或香港政府未就本项目发出任何限制本项目的命令,且在本项目交割前,任何政府机关并未制定、订立、执行、颁布或存在现行有效的可能限制、阻止或禁止本交易按照买卖协议的约定交割的情况。"和反向分手费支付的触发事件一样,过去在交易文本的先决条件中,极少见到有单独的中国政府限制命令被单独拎出来作为一项。但

是，在近来的交易环境中，外国卖方对中国买方在交易文本中提出此等要求的并不少见。

## 四、近来CFIUS对中国企业并购审批的动向

中国企业尚有数桩交易在等待美国外商投资审查委员会（CFIUS）的审批，比如蚂蚁金服收购Moneygram，泛海控股收购Genworth Financial等交易仍然在排队等候。近来中国私募基金Canyon Bridge收购Lattice的交易，在交易结构上、美国国家安全风险减轻措施上，作出了极大的努力与让步，但也被CFIUS推荐的美国总统特朗普进行了否决。此次交易的失败，证明了中国企业在敏感行业内的收购，仍然是为美国政府所高度警惕的。

尽管Canyon Bridge采用了在美国设立基金、中国投资人作为LP的架构试图减少美国政府对中国投资人控制涉及“国家安全”行业或公司的担忧，但此种尝试未能成功。

Canyon Bridge基金的背后支持者是中国风险投资有限公司。而中国风险投资有限公司是由民建中央所设立的投资平台。从此次Lattice并购交易被阻可以看出：西方国家的监管机构对带有中国政府支持背景基金的投资视为中国政府意志的体现，尤其是对敏感行业的投资。

近年来政府所设立的各种半导体产业基金所支持的海外投资，被阻止的并不少。前有金沙江创投收购Lumileds股权被否决，后有宏兴基金收购艾思强亦被阻，现有Canyon Bridge私有化Lattice失败。总体来看，在西方国家进行投资并购交易，无论投资者在形式上做出何等灵活性的安排，政府背景基金支持的敏感行业投资受到严格监管审查的可能性是极大的。

针对近来中国企业投资CFIUS审批的问题，有如下几点值得注意：

（1）敏感行业的交易在CFIUS审批中，近来Withdraw and Refile（撤回申报再提交）[1]的交易不少。但是Withdraw and Refile只能是延长审批时间，最终问题的解决还是落脚到有效打消美国政府的国家安全担忧上面。

（2）CFIUS审查申报本就是自愿，不是所有的对美交易都必须去主动申报CFIUS审查。美国政府对于这个审查：一是看行业；二是看比例。如果收购对象落在媒体、金融、能源、基础设施、国防、高科技等敏感行业，那么主动申报可能是更为稳妥的方式。当然，目标资产周围是否靠近军事基地，也是值得考量的因素。另外，小比例收购比大比例收购相对来说审批风险小一些。但鉴于CFIUS对于"控制"并无定义，收购15%股权也有申报的先例。因此，如果中国买方认为其对美国的收购并不满足上述两个标准的情况下的交易，在审慎分析、做好风险控制的情况下，交易双方可以考虑不作出主动申报。当然，如果决定不寻求CFIUS审查，则对后续风险控制需要做好安排。Rewind交易的后果可能是不得不Fire Sale。

（3）对于设立海外基金方式并购的中国买方来说，政府基金作为LP（有限合伙人）被CFIUS挑战的可能性仍然存在。CFIUS审查还是更重于实质而非形式。上文中Canyon Bridge私有化Lattice失败交易就是明证。

（4）虽然CFIUS审查重要，但中国买方被CFIUS所阻止的并购交易，屈指可数。只要不是在非常敏感的行业进行收购，CFIUS审批风险对于大多数交易来说，只是理论上的。因此，对于中国买方是否需要购买和CFIUS有关的反向分手费支付保险，需要中国买方自行判断风险，并结合保险公司提供的产品来进行选择。



[1] 撤回申报再提交审批的目的是重新计算监管机构的审查时间，以便为外国投资者赢得更多和政府进行沟通谈判的时间。

# 06 并购交易是如何变得更加复杂的？

2016 年左右，哈佛大学法学院的一名教授做了一个有趣的实证研究。这个实证研究对过去 20 年内并购交易文件的正文进行了研究分析（不包括附件或其他交易文件，仅仅是正文），试图发现造成交易文件日益复杂与冗长的原因。

这个研究有了一些有趣的发现：在过去的十几年内，并购交易文本正文的程度和语义难度都得到了提升。十几年中，并购交易正文文本的平均字数从之前的约为 17,000 字、长度大概平均为 33 页发展到现在正文平均 40,000 多字、近 90 页的长度。我知道很多学校对硕士研究生论文的要求是 3 万字到 4 万字，一个并购交易正文的文本是比硕士研究生论文要求的长度要长的。至于交易文本的语义难度，研究揭示：并购交易的文本已经从十几年前的硕士生阅读难度进化到了博士后的难度水平。

那么，是什么原因导致并购交易的文本变得日益冗长复杂呢？

有一种解释是：并购交易越来越复杂，是律师造成的。十几年前笔者入行刚从事跨境交易的时候，国际顶尖的并购交易律师收费可以达到 1000 美元 / 小时；到现在，最为顶尖的并购交易律师可以达到 2000 美元 / 小时。当然，这些在华尔街上适用的收费在中国客户身上是不太适用的。并购交易律师收费为什么这么贵？当然是因为交易的复杂。那交易的复杂是谁引起来的？根据律师—客户的代理理论，有人认为律师是造成并购交易复杂的主要原因，因为为了正当化自身的高价收费，所以律师有动力将并购交易、交易文件变得冗长且复杂。

为了证明这个论断，有人经常以并购交易中保密协议的一个条款作为例子。这个条款英文叫 Mental Impression，中文翻译为大脑印象条款。众所周知，在并购交易双方交换保密信息的时候，一方只能将保密信息用于评价双方潜在交易的目的。在一些技术行业或者油气领域，技术人员在看完保密信息之后，在大脑中不由自主留下了印象。而在日后做别的交易时或者处理其他事务的时候，这些大脑里留有的保密信息印象不由自主地跑出来并被使用的话，其不能被视为违反保密信息。这个条款充分地体现了律师逻辑性和抽象化能力，当然，也是把交易搞复杂的能力。而披露保密信息一方的律师还会进一步地把这个事情搞得更为复杂：他会接着说，如果这个技术人员在以后看其他项目的时候，他主动地把大脑里留下的关于保密信息的印象进行了使用，那么这个时候就应当视为对保密协议的违反。并购律师这种高度逻辑化的方式，在某种程度上来说，确实使并购交易变得复杂了。

但是，笔者认为，律师并不是把并购交易搞得复杂的主要因素。把并购交易搞得更为复杂的因素主要是商业需求和外部环境的发展变化，这可以从如下几个方面得到解释：

第一，是并购交易双方众多的商业目的让交易变得复杂。

交易双方在并购交易中，需要实现各种目的。比如，交易能够达到税务的最优；交易的确定性，在签署交易合约之后，能尽可能地锁定交易，不让新出现的更高报价第三方抢走交易；交易设计能绕过政府的审批、第三方的同意权；等等。这些目的，会让交易的框架、步骤变得复杂。在很多情况下，并购交易双方的商业目的甚至是互相冲突的，因此，交易双方会在交易中设置很多平衡双方利益的机制，这样也会使交易变得冗长和复杂。

第二，是并购交易的诸多利益相关方让交易变得更为复杂。

并购交易的参与方，除买卖双方之外，还可能有交易双方的股东、交易双方董事会、管理层、交易双方的各类顾问（财务顾问、法律顾问、税务顾问、政府公关顾问、媒体顾问、人力资源顾问、情报顾问等）、工会、政府机构等诸多利益相关方，这些利益相关方都可能在交易中提出自己的主张和诉求。仅以目标公司的股东来说，目标公司的股东可能在并购交易的过程中提起诉讼，声称卖方公司董事会没有遵守其信义责任，把公司贱卖了；卖方公司中的激进股东有可能反对交易，号召所有股东不将手里的股票卖给买方；买方也可能事先锁定目标公司的大股东，获得其对交易的支持；而目标公司的股东也可能行使异议权，不将手中的股份卖给买方，转而要求法院判定其持有股份的公平价值权。因此，应对交易中的诸多利益相关方也会使交易变得更为复杂。

第三，全球不断更新的立法和合规要求让并购交易变得更为复杂。

过去的十几年里，有关反腐败、反洗钱、个人隐私和数据安全、出口管制、税务、环保等方面的法律法规层出不穷。这些新的立法和合规要求使交易双方需要花费大量的时间来确认对方的合规，以及在交易后不给自己带来麻烦。所以，这使尽职调查、交易谈判、交易文本都变得更为复杂。十年前的交易文本里，涉及反腐败、反洗钱、个人隐私和数据安全的内容和长度都是不多的，而如今的交易中，这些都是重点谈判和风险分配的领域。

第四，新的并购交易条款的出现与创造使交易更为复杂。

举个例子，2004年，笔者入行不久，交易中的反向分手费还不是市场惯例，只有当私募买家未能获得融资从交易中撤出的时候，需要向卖方支付反向分手费。而如今，和政府相关的、和交易先决条件满足后拒绝交割相关的反向分手费已经成了市场惯例。中国买家成为并购市场上的主力买方之后，分层的反向分手费又开始出现。如果中国政府不批交易，则中国买家支付较高的反向分手费；如果欧盟或者美国反垄断审批未通过，则支付稍低的反向分手费；如果美国CFIUS不批交易，那么支付较低的反向分手费或者不支付反向分手费；交易条款的使用者从少到多，交易条款的逐步进化，都使交易变得更为冗长和复杂。

随着交易的发展，一些新的交易条款也被创造出来，比如2013年在3G资本和巴菲特收购亨氏公司的交易中，就创造了一个叫番茄酱的条款（亨氏公司几乎就是番茄酱的代名词，这个条款第一次在这个交易中用，所以被称为番茄酱条款；再如施乐条款，也是在施乐公司的并购交易中被发明后被业内这么命名的）。这个番茄酱条款简单说就是：如果3G资本和巴菲特未能及时获得融资，则不立即触发向亨氏公司支付反向分手费，而是另行获得四个月在市场上寻找替代融资的权利。与此同时，3G资本和巴菲特还应当以诉讼的方式来寻求原有融资方履行融资义务。这个番茄酱条款被发明之后，也开始在市场上进行使用，从而进一步使并购交易变得更加冗长和复杂了。

第五，司法判例的发展也使并购交易变得更加复杂。

一个乌干达法院关于油气合同有效性的判决可能会影响收购方在当地油气并购交易，使后续的交易变得更为复杂。一个美国法院关于MAC（重大不利变化）条款争议的判决，使交易双方在未来除谈判MAC条款传统中的事项之外（比如交易过程中的世界经济变化不能构成重大不利事件，买方不能从交易中撤出），还需要谈判新出现的可能风险点,比如谁应当对MAC发生举证、对MAC的知情是否妨碍主张权利、MAC是否应当约定期限、已经判断MAC发生应当采取什么样的财务指标等。这些由司法判决所带来的新问题,使交易更为冗长和复杂。

英国最高法院的判决也可能使交易变得更为复杂,前两年英国最高院关于违约金/罚金的判断新标准的判决出来之后,采用英国法作为并购交易管辖法的文本立即就有了变化,以往将分手费定性为违约金的时候,都要写上"是交易双方事先对损失的真实估计",现在需要加入判决带来新的判断标准,如"等比例的正当利益"。

因此,不断发展的司法实践和判例也将交易、交易文本搞得更为复杂。

第六,近年来全球并购浪潮使并购交易的监管收紧,令交易更为复杂。

2015年全球并购交易额达5万亿美元,为并购史上最高,2016年全球并购交易额达到3.7万亿美元,为并购史上第三高。2017年全球并购交易势头仍然不减,3月就已经达到了7000多亿美元。在这一波汹涌的并购浪潮之下,全球的监管机构加强了对并购交易的审查。并购交易审查一般包括三种类型:外商投资、反垄断和行业审查。三类审查都有收紧的趋势,审查的时间也变得越来越长,从以往平均的6~7个月,到如今的10个月左右。监管机构的要求也越来越高。以反垄断审批为例:监管机构不仅要求符合其要求的资产剥离,还需要交易双方提供其满意的剥离资产的买方,以便其对交易带来的竞争减弱的补救措施实际效果满意。这些监管收紧的趋势,使交易双方花费更多时间在政府风险审批、更多与监管机构沟通以及更艰难的谈判中,这些都使交易变得更为复杂。

所以,尽管律师在把交易搞复杂的过程中出了力,但并不是将交易搞复杂的最主要的原因。

另外，交易文本的局限性也可能会带来问题。一个保密协议，仅仅因为一个对一个"A"和 Between 两个词的解释，就引发了是否可以从善意收购到恶意收购的争议。发起收购方认为，一个 A 可以解释成善意，也可以解释成恶意；而另一方认为 Between 只能是双方配合才能叫 Between。这种案例如果不发生，大家可能都不会认为会有问题，甚至法院也用了 73 页来进行分析解释这两个看上去如此简单的单词背后的真实含义和隐含的权利义务分配。而我们日常生活中习以为常的词汇也往往并不是我们想象中的明确的解释。曾经一家商场和一家三明治餐厅签署协议，协议规定不得再将商场其他部分租给另外的三明治餐厅，后来这家商场又租给了卖一家墨西哥卷饼的餐厅。这个时候，三明治这个词儿就出现争议了。墨西哥卷饼是三明治吗？还是三明治只是指涂了黄油的两张薄面包片中间塞肉、芝士或者其他东西？这样的事情出来之后，律师可能会在以后文本的定义中，把三明治定义为"包括但不限于，两片儿薄面包片夹肉、两片厚面包片夹肉，开口的面包片夹东西、闭口的面包片夹东西"。

所以你看，不是说律师矫情或者故意要把交易或者合约写得那么复杂，复杂的商业、复杂的生活、复杂的需求把交易搞得复杂，而律师更多的时候并不是主动把交易搞复杂，仅仅是为了应对交易发展、商业的需求和外部环境变化的需求。交易的复杂，来自交易各方商业目的的复杂、交易环境的复杂，本质上对应的是生活的复杂。

当然，作为法律工作者，我们欢迎这样的复杂，这样才使我们的律师朋友有机会收客户 2000 美元 / 小时的费用。

# 07 低油价下，上游油气并购交易对价支付的趋势

并购交易中的买方支付对价的方式多种多样，有现金、股票、现金加股票或者买方发行的票据、资产置换、或有支付、后续支付等。

在低油价环境下，石油公司减少成本支出与保留足够现金是明智之举。近来的一些油气公司上游并购交易中，采取多种手段、灵活进行交易对价支付成为交易市场上的常见举动。本文将对近来一些国际油气上游并购市场上的交易案例的对价情况进行总结，希望能给“走出去”的中国买家在考虑交易的对价支付方面带来一些新的思路和手段。

## 一、Kosmos 能源公司与 BP 就毛里塔尼亚与塞内加尔资产的交易报价

在市场上公开招标之后，Kosmos 能源公司与 BP 就毛里塔尼亚和塞内加尔的勘探权益出让达成一致。

Kosmos 是国际上著名的独立石油公司，以卓越的勘探能力著称。对于 Kosmos 这样的公司来说，找到油气资产后引入有实力的大公司来投资进行开发是最佳的路径。在这笔并购交易中，Kosmos 公司所出让的勘探

区块总面积为33，000平方公里（在勘探区块中已经发现的Tortue气田预计有15个TCF），总体矿区估计有50个TCF的潜力（见表1）。

**表1 Kosmos能源公司与BP就毛里塔尼亚与塞内加尔资产的交易报价**

| 国 家 | 出让资产 | 交易条款 | 总交易对价 |
|---|---|---|---|
| 毛里塔尼亚 | 区块C6、C8、C12和C13 62%的权益作业权转让予BP，BP在开发期承担作业者，Kosmos仍保留有勘探期作业者地位 | （i）BP获得C6、C8、C12和C13 62%权益，支付68.89%的作业花费；（ii）BP支付1.2亿美元现金；（iii）BP支付自2016年7月1日起到勘探权益出让交割之间的花费；（iv）和塞内加尔勘探权益出让一起，BP支付不超过2.21亿美元的勘探及评价垫资，不超过5.334亿美元的开发垫资；（v）根据在生产期内布伦特的平均油价，BP向Kosmos Energy支付或有价款［计价公式：0.0167/桶 × 生产期内布伦特的平均油价，每桶2美元封顶，10亿桶油封顶（毛里塔尼亚加上塞内加尔）］ | 固定支付部分：9.16亿美元。其中包括：（i）1.62亿美元现金。（ii）2.21亿美元勘探和评价垫资。（iii）不超过5.334亿美元的开发垫资，包括2017年的FEED[1]和预期2018的FID[2]或有可变支付部分：在未来油气发现规模和不同油价假设下，以10亿桶油封顶，Kosmos公司每桶可从BP获得最高2美元的生产酬金支付 |
| 塞内加尔 | 持有Cayar Offshore Profound/Saint Louis Offshore 65%权益公司[3]的49.99% | （i）Kosmos Energy将其塞内加尔区块的权益转让给旗下公司；（ii）BP通过购买Kosmos旗下公司49.99%的方式间接获得Cayar Offshore Profound/Saint Louis Offshore区块权益的32.49%；（iii）BP支付4200万美元现金；（iv）BP支付自2016年7月1日起到勘探权益出让 | |

［1］ Front End Engineering and Design，前期工程设计。

［2］ Final Investment Decision，最终投资决定。

［3］ 该交易以公司股权购买方式进行，BP购买了持有65%的两个区块权益的Kosmos Energy控制的下属公司Kosmos BP Senegal Limited的49.99%股权达到间接持有32.49%区块权益。

续表

| 国　家 | 出让资产 | 交易条款 | 总交易对价 |
| --- | --- | --- | --- |
| 塞内加尔 | | 交割之间的花费BP承担;(v)和毛里塔尼亚勘探权益出让一起,BP支付不超过2.21亿美元的勘探及评价垫资,不超过5.334亿美元的开发垫资;(vi)根据在生产期内布伦特的平均油价,BP向Kosmos Energy支付或有价款[计价公式:0.0875/桶 × 生产期内布伦特的平均油价,每桶1.05美元封顶,10亿桶油封顶(毛里塔尼亚加上塞内加尔)] | |

同时,Kosmos能源与BP在毛里塔尼亚、塞内加尔和冈比亚达成了勘探新项目的独家合作[1],Kosmos将在所有勘探项目中充当勘探期作业者;BP将在开发期及其后充任作业者(见表2)。

**表2　交易前后权益情况**

| 资　产 | 交易双方 | 交易前 | 交易后 |
| --- | --- | --- | --- |
| 毛里塔尼亚(C6、C8、C12、C13区块)-BP-Kosmos Energy-毛里塔尼亚国家石油公司 | Kosmos;Mauritania;BP Exploration (West Africa) Limited | BP:0%;Kosmos Energy:90%;毛里塔尼亚国家石油公司:10% | BP:62%;Kosmos Energy:28%;毛里塔尼亚国家石油公司:10% |

[1] 以签署共同利益区协议(Areas of Mutual Interst)的形式。

续表

| 资　产 | 交易双方 | 交易前 | 交易后 |
| --- | --- | --- | --- |
| 塞内加尔(Saint Louis Offshore Profond/Cayar Offshore Profond)-BP-Kosmos Energy-Timis Corporation-塞内加尔国家石油公司 | Kosmos Senegal;<br>BP Indonesia Oil Terminal Investment Limited | BP:0%;Komos Energy:60%;Timis Corporation:30%;塞内加尔国家石油公司:10% | BP:32.49%;[1] Kosmos Energy:32.51%[2];Timis Corporation:25%;塞内加尔国家石油公司:10% |

这个交易结合了Kosmos Energy公司在油气勘探的能力和BP深水作业能力以及液化天然气(LNG)的生产和销售能力，对于双方都是利好。

## 二、道达尔与Tullow Oil乌干达油气资产的交易报价

道达尔和Tullow Oil在乌干达的油气资产交易不是一步支付到位的方式，而采用了Upfront Payment(首期支付)加上后续阶段支付的方式进行。

Tullow Oil将其在乌干达矿证EA1、EA1A、EA2和EA3A中的33.33%权益转让21.57%给道达尔公司，同时，Tullow将其在EA2矿证下的作业者地位转让给道达尔公司。道达尔公司已经是EA1、EA1A矿证下的作业者。[3]

交易的对价支付安排如下：

(1)2亿美元现金，在交易交割完成时，道达尔公司向Tullow Oil支付1亿美元现金；在项目的最终投资决定(FID)和开始产油(First Oil)时，分别支付5000万美元现金。

(2)7亿美元分阶段后续支付，在后续开发及管道建设费用发生

[1]　Kosmos Energy将行使对Timis Corporation 5%权益的购买期权。
[2]　Kosmos Energy将行使对Timis Corporation 5%权益的购买期权。
[3]　中海油是矿证EA3A的作业者。

时为 Tullow Oil 进行支付。

这个交易采取的是 Structured Payment（结构性付款）的方式，并未将交易对价一步支付到位，而是随着项目进程的推进而进行后续支付。

## 三、BP 购买阿布扎比陆上油气矿权的交易报价

在国外石油公司和中国油气公司购买阿布扎比陆上油气矿权的交易中可以看出，国外石油公司采用的支付手段更为灵活。

BP 以约 22 亿美元的对价购买了阿布扎比主要陆上油田的 10% 矿权权益[1]，通过向阿布扎比政府旗下的投资公司发行 BP 公司股票的方式来进行对价支付。BP 向阿布扎比政府发行的股票价为每股 4.47 英镑[2]，交易完成后，阿布扎比政府旗下投资公司将持有 BP 公司约 2% 的股票。

中国石油与中国华信也分别购入了阿布扎比主要陆上油田矿权权益 8% 与 4%，以及 ADCO 的股权各 8% 与 4%，分别支付现金对价 17.7 亿美元和 8.88 亿美元。

从这个交易中可以看出：由于中国企业受限与相关的政策法律法规以及股票市场的特点，在跨境并购交易中采用股票进行支付的中国企业几乎没有，现有的例子基本上都是中国企业和中国企业之间的对价，并不是真正意义上的跨境交易将股票作为支付对价的工具方式。

另外，在油气的上市公司并购交易中，无论是善意收购还是恶意收购，都出现了用买方的股票支付对价的例子。

## 四、埃克森美孚并购 Interoil 公司报价

埃克森美孚并购 Interoil 公司的故事，在本书《世界级项目、竞

[1] 同时 BP 亦成了 ADCO，即在阿布扎比主要陆上油田进行油气作业的公司 10% 的股权持有者。

[2] 英镑和美元的比价系在约定的定价期内按均价进行计算。

购战、创始人股东诉讼》一文中将进行介绍。这里从这起并购交易的对价角度来谈谈。

一开始，Interoil 公司是和 Oil Search 达成了并购交易。这笔交易的对价支付方式结合了现金、股票和或有支付方式。

（1）Oil Search 与 Interoil 公司的交易报价

持有每股 Interoil 公司股票的股东将获得 8.05 股 Oil Search 股票（Oil Search 还提供部分现金作为选择，如果选择现金的股票数超过了 7.7 亿美元，则在现金和股票之间进行相关比例的分配），如果未来 Interoil 公司在项目天然气的确认储量超过 6.2 万亿立方英尺，则每超过 1 万亿立方英尺，Interoil 每股将另行获得 6.05 美元的或有价值支付（Contingent Value Rights，CVR）[1]。

在 Oil Search 公司和 Interoil 达成交易后不久，世界上最大的石油天然气公司埃克森美孚也向 Interoil 公司提出了“不请自来”的报价。埃克森美孚的对价采用的是全股票加或有支付的方式。

（2）埃克森美孚对 Interoil 公司的报价

埃克森美孚的股票作为对价，持有 Interoil 公司股票的股东每股将获得价值 45 美元的埃克森美孚公司的股票[2]，另外在项目天然气确认资源量高于 6.2 万亿立方英尺时，每超过 1 万立方英尺，持有 Interoil 股票的股东每股将另行获得 7.07 美元的支付，该等另行支付在资源量达到 10 万亿立方英尺的情况下封顶。另行支付的方式为或有资源量支付（Contingent Resources Payment，CRP）[3]。

从 Oil Search 的报价来看，其报价中有 7 亿多美元的现金选择部分，其余是股票，其或有支付部分是 CVR，CVR 的优势是有流动



[1] 并购交易中由并购方发行的一种可流通的证券，其价值与不确定性事件 / 不确定表现的发生与否挂钩。该 CVR 具有流动性，将在相关证券交易所上市。

[2] 埃克森美孚的股票数将以 45 除以交割前第二个交易日的前 10 个连续交易日的平均股价得出。

[3] 资源型并购交易中，当潜在的资源被证实后，卖方另行支付的一笔价款。

性，而且 Oil Search 对于或有价值权这部分的资源量并没有封顶，理论上，如果资源量足够大的话，Interoil 的原有股东将获得上不封顶的潜在回报。而埃克森美孚的报价高于 Oil Search，全部是股份；同时埃克森美孚提供的或有支付部分是 CRP，不具有流动性，且对或有价值权这部分的资源量进行了封顶，最高到 10 万亿立方英尺。Interoil 公司董事会判定埃克森美孚的报价相对于 Oil Search 为"更优报价"（Superior Proposal）。

由于 Interoil 公司创始人股东的起诉与加拿大法院对埃克森美孚和 Interoil 公司在交易过程中程序上问题的意见，埃克森美孚最终和 Interoil 公司达成了如下交易：

埃克森美孚将向持有 Interoil 股票的股东每股支付价值达 45 美元的埃克森美孚股票，将或有资源价值的支付上限提高到 11 个 TCF，超过 6.2 个 TCF 的每个 TCF，持有 Interoil 股票的股东每股将另行得到 7.07 美元的支付。

## 五、Suncor 对加拿大油砂公司（Canadian Oil Sands）恶意并购的报价

Suncor 公司一开始对加拿大油砂展开恶意收购，提出使用 0.25 股换加拿大油砂 1 股，但受到了加拿大油砂董事会的拒绝，认为交易严重低估了公司价值。最终，Suncor 公司提价到 0.28 股换加拿大油砂 1 股，获得了加拿大油砂公司董事会及其大股东的支持，最终完成这笔公司价值 66 亿美元的交易。在恶意收购的背景下，对价支付的方式也是可以多样化的。

在 2017 年年初一笔价值达 27 亿美元的上游油气并购交易中，Noble Energy 公司更是在交易中综合运用了股票、股票加现金和现金三种对价相结合的方式来进行收购。

## 六、Noble Energy 公司对 Clayton Williams Energy 并购的报价

在这笔交易中，Noble Energy 公司向 Clayton Williams Energy 公司的股东提供了三种对价选项：（1）股票：持有 Clayton Williams Energy 股票股东每股获得 3.7222 股 Noble Energy 公司的股票；（2）持有 Clayton Williams Energy 股票股东每股获得 34.75 美元现金加上 2.7874 股 Noble Energy 公司的股票；（3）持有 Clayton Williams Energy 股票股东每股获得 138.39 美元现金。Clayton Williams Energy 公司的股东可以自由选择上述三种对价选项中的一种，但 Noble Energy 所支付的现金部分有上限，即不超过交易总价的 25%。如果选择现金的 Clayton Williams Energy 公司股东超过了上限，则将按照比例进行分配。

从本文所研究的案例来看，低油价环境中的上游并购交易，各大公司都采取了灵活的对价方式对卖方进行支付。采取多种灵活对价支付方式，值得从事海外并购交易的中国公司借鉴。囿于篇幅，本文并未对跨境并购交易中诸如换股中的 Collars 等技术化机制和资产置换等交易方式进行涉及，笔者将在本书后续文章中再行对跨境并购交易中的对价问题另做解读。

# 08 美国上市公司并购交易中的评估权：套利的工具

2016 年 5 月，特拉华州衡平法院就戴尔公司私有化过程中不同意私有化买方团报价股东要求评估股票公平价值一案做出判决：戴尔公司私有化交易价格 13.75 美元 / 股的价格并不是公司股票的公平价格，而公平价格应当是 17.62 美元 / 股。私有化完成后，戴尔公司应当向不同意以私有化报价售卖股票的股东支付每股 17.62 美元价款；另外，从私有化交易完成之日到支付日，在 17.62 美元 / 股的基础上，向这些股东支付美联储贴息率加上 5% 利率的利息（每季度计算复利）。这样一来，法院判定的戴尔公司私有化时股价的公平价格，比交易投赞成票股东所获得的并购交易价格高出了 1/3 还多，再加上利息，要求进行评估股票公平价值的股东简直是喜笑颜开。

传统上，大家都把达成交易并购价格作为股票公平价格的有利证据，但戴尔私有化股票公允价评估诉讼案给所有的人提了一个醒：在美国上市公司并购交易中，评估权套利仍然是一个对投资者很有吸引力的赚钱工具。

了解美国上市公司收购的读者都知道，美国上市公司并购过程中，上市公司的股东是有权不将自己的股票卖给收购方的——即使已经达到相关适用公司法（各州公司法的规定都有自身特点，以特拉华州公司法为代表，毕竟美国半数以上的上市公司都注册在特拉华州）所规定的股东投票门槛。虽然不同意出卖自己股票的股东在此时并不能阻止并购交易（包括私有化交易）的完成，但其有权获得法院对股票价值的公允性评估（Appraisal）。

这个公允性评估价格，相比收购方的报价，有可能低，也有可能更高。因此并购交易（现金交易）中股东请求评估权的存在，不仅仅给被收购的股东带来了要求评估的权利，也给某些市场上的基金带来了套利的机会。这些基金在并购交易宣布之后购入被收购公司的股票，并要求行使评估权；更有甚者，有些基金成立的目的就是在并购市场上寻找套利机会，它们可以在市场上花大笔资金购买所谓的不同意股东（Dissenting Shareholders）的股票价值公平评估权，以期获得高于并购价款的股价的机会。在遵循一套程式化的法庭程序（包括但不限于听取了专家意见、估值分析等）后，法院将对上市公司的并购价格做出是否公平的裁判。价格公平的衡量日为并购交易完成日，主要采用的估值方式是现金流折现法，当然也视情况采用可比公司或者交易法、倍数法等。

评估权套利之所以在上市公司并购交易中较为普遍，还有一个原因在于法院评估出来的股票公平价格要计算利息。由于相关的公司法（如特拉华州的公司法）规定，由法院评估出来的股票公平价格还需要像如上所述的方法计算利息，因此，市场上关于评估权套利（Appraisal Arbitrage）的行为变得日益普遍。

市场上那些专门以做评估权套利的基金对于挑选哪些并购交易作为评估权诉讼有较为严格的标准：要么上市公司的并购出售流程有缺陷；要么有较为明显的利益冲突迹象；要么是大股东的私有化交

易。其中，针对大股东私有化公司的并购交易更容易成为评估权诉讼的对象，因为在私有化的情况下，交易价格更有可能未能反映股票的公允价值。比如，在特拉华州衡平法院对戴尔私有化交易股票公允性评估一案中，法官在判决中，就提到了将股票公允价格提高的如下主要理由：

（1）私有化交易本身就具有利益冲突的可能性，因为大股东是并购交易的一方，因此是否并购交易价是公平价天然存疑。

（2）戴尔私有化交易的原因是管理层认为公司的真实价值远远超过市场所认可的股价，而在私有化之前戴尔所做的一系列投资尚未产生出预期的效果。尽管最终达成交易的并购价格相较当时的股价有一定的溢价空间，但并不意味着该价格反映了戴尔公司股票当时之公平价值。

（3）在戴尔私有化交易中，买方是大股东和财务投资者组成的杠杆收购联合体，而并不是产业投资者，财务投资者的定价模型和产业投资者的定价模型明显不同——财务投资者更加关注的是短期的内部收益率，而并非是股票价值的公允性。

（4）外部顾问所做出的不同公司股价的分析给法庭提供了采用其认为更能反映实际公司股票公允价值的依据。

（5）在戴尔签署公司私有化文件之前，在市场上寻找竞标方的行为是有限的，对股票的市场公允价格发现不足。

（6）在交易文件签署之后，Go Shop［意即在签署完交易协议后，卖方有一定的时间在市场上去找更优厚报价的机会，曾经有人打趣地说，Go Shop 机制需要让上市公司的董事会要“Shop Like Paris Hilton”（像富家女帕里斯·希尔顿一样去狂购）］机制并未产生有效的竞争。尽管戴尔公司为私有化专门组成了特别的独立委员会对交易价格进行评估；独立委员会所聘用的财务顾问也就并购交易价格提供了财务公允性意见，但法院还是认为独立委员会关注的仅仅是戴尔公司当时股票应该的市场价，而并不是股票的公允价值。

由于并购市场近两年的一直向好和市场上并购套利资金的增多，根据统计，近年来要求进行上市公司并购交易股票公平价值评估的诉讼案件一直呈增长趋势。那么，是不是这个股票公允价值评估权就得不到限制了呢？答案是否定的。立法和司法机关也在努力从保护投资者权利和限制权利滥用两个角度去努力寻找平衡点。

从上市公司的角度来看，要求限制股东任意提起评估权诉讼的呼声一直很高。立法者在一定程度上满足了上市公司的这一要求。在最近通过的特拉华州公司法修正案中，对评估权套利进行了某种程度的限制：

一是所谓的最小额（De Minimis）限制。为了避免评估权滥用成为公司的负担，修正案将有权提起评估权的条件限定为：（1）所有提起评估权的人持有所占股权应当超过1%发行在外的股份；或者（2）提起评估权的股份价值应当超过100万美元。

二是由于不少基金盯着评估权的法定利率套利，因此修正案中规定公司有权在评估过程中，随时对请求评估权股东进行部分对价的支付，法定利率只对法庭最终判定的股票评估公平价格超过已经支付对价的部分上计息。对于公司来说，这个支付部分对价的选择权在很大程度上能够减少对套利者的利息支出。

对于并购双方来说，如何减少评估权套利的风险呢？

首先，并购流程交易的姿势要摆足。尤其是在私有化交易中，报价的合理性、独立委员会的独立性、融资到位、披露的完整和详尽性、第三方搅局的可能性和风险控制等是在私有化过程中需要重点关注的事项。上述戴尔判决中法院认定股票公允价超过并购交易价格的理由值得关注。尤其是对股票公平价值的发现过程（签约前后），要准备充分。

其次，在不同财务顾问向上市公司董事会出具了不同的估值报告情况下，如何科学地选用估值报告中的数据才能足以被认定为股票的公允价值？这也需要从财务的角度进一步客观化。尽管我们常常说“估值是一门艺术而非科学”，但估值的假设、估值的合理性等需要清晰的论证。

最后，对于买方来说，在并购交易中加入一个先决条件，即异议股东比例超过多少可以从交易撤出，这也是一个较好的选择。当然，能否拿到这样的条款，需要视双方的谈判地位而定。

# 09 一起来自中国企业的恶意收购案



2015~2018 年，中国企业进行海外收购的风格有了变化：从原来的善意收购变为逐渐从事更多的恶意收购，从东方的“和为贵”哲学变为更加积极的收购策略。这个“进行带有恶意性质的收购”也是近年来中国企业从事海外收购过程中的一个值得关注的特点。

近日，一家名为中国国储能源化工集团股份公司（以下简称中国国储能源）的企业恶意收购澳洲油气公司 AWE 的案子进入了大家的视野，本文将对这起恶意收购交易进行事实及实务分析。

## 一、AWE 公司是谁？

AWE 是澳洲一家从事上游油气开采的公司，其主要持有的是澳大利亚陆上 Waitsia 项目油气矿区 50% 的权益，同时亦充当该项目的作业者。Waitsia 项目号称是澳大利亚近几十年来陆上最大的天然气发现且未来资源潜力巨大。

AWE 公司尽管持有良好的油气资产，但股价却在近两年一直处于下降的趋势。原因何在？AWE 持有的油气资产 FID（最终投资决策）推迟，Waitsia 项目所涉及的矿证延期尚未获得，与下游买方的 GSA（天然气销售协议）尚未最终锁定，还有项目上冗余的员工，使 AWE 股价一路从 2015 年的高点 1.5 澳元跌到中国国储能源交易报价时的 0.5 澳元左右。这样良好的油气资产潜力同时有低估的股价，从中国国储的眼里看来，这正是个进行“机遇性收购”的好时机。

## 二、中国国储能源是谁？

根据中国国储能源自身官方网站的介绍，中国国储能源是按照国家相关政策精神，于 2010 年重组成立的集能源勘探、开发、储备、储运、能源化工产业为一体的大型资本产业集团。中国国储能源总部位于北京，主营业务为石油、天然气、非常规能源的勘探、开发、运输及港口、码头的储备储运，新能源、再生能源、循环能源的科技研发，能源贸易、金融资本等。而根据中国国储能源在进行恶意收购 AWE 过程中向 AWE 自行披露的消息，中国国储能源成立于 1981 年，有超过 1 万名员工，年营收超过 400 亿元人民币，鉴于其政府控制的身份，其有非常多的融资渠道。油气资产包括但不限于：超过 1100 公里的天然气输气管道；300 辆液化天然气槽车；超过 100 座液化天然气和压缩天然气加气站；超过 50 个大型城市的天然气供应网络。

## 三、善意收购开始

一开始，中国国储能源是打算对 AWE 公司进行善意收购的。中国国储能源在发出报价函之前，曾经和 AWE 公司的管理层进行过收购讨论，尽管得到的回复不那么正面，但中国国储能源决定采取进一步的行动，因此在 2017 年 11 月 28 日向 AWE 公司发送了“不请自来”的报价函，宣布以每股 0.71 澳元的非约束及附条件报价（4.5 亿澳元的股权价值）提出对 AWE 公司进行全现金收购。在这封报价函中，中国国储能源明确地表明其将寻求 AWE 公司董事会推荐的友好要约收购或者采取安排计划的收购方式。[1]

同时，中国国储能源在这个报价函中向 AWE 公司提出了一些要求：

首先，中国国储能源表示，以往 AWE 收到此类并购报价后就直接向市场进行公告，因此特意要求 AWE 公司先不要直接向市场披露其收购报价函的内容，直到中国国储能源要求的尽职调查得到完成。如 AWE 公司认为根据监管要求一定要披露，也恳请 AWE 和其商量事先的披露口径。中国国储能源还希望在 AWE 公司决定披露的情况下，不要披露其身份。

其次，中国国储能源要求 AWE 公司将其报价函披露给 AWE 公司的创始人，以显示中国国储能源对其的尊敬。同时还要求 AWE 公司将报价函披露给 AWE 公司的两个最大股东，以便寻求两大股东的事先支持。

最后，中国国储能源要求 AWE 公司在接到非约束性报价函后向其披露相关信息，以便能够在 7 个工作日内做出确认性尽职调查并发出确认性报价。

另外，为了表达其善意收购的性质，中国国储能源在这封报价函中明确了意图保留 AWE 大多数管理及运营团队的意图，并作出了“中国式”的表达方式：这封报价函的意图并不是为了使 AWE 难堪。



## 四、AWE 公司的反应

AWE 公司收到中国国储能源报价后，并未和其商量披露能源口

[1] 对澳大利亚上市公司收购的主要方式有两种：一种是要约收购（Take Over Bid），另一种是安排计划（Scheme of Arrangement）。安排计划主要通过董事会召开股东大会通过法院监控审批进行，因此只能以善意收购的方式进行；而要约收购可以采取董事会配合推荐的善意收购方式，也可以由收购方采用要约收购方式发起恶意收购。

径一事，于 2017 年 11 月 30 日向市场发布公告，宣布收到中国国储能源"不请自来"的非约束性、提示性及有条件的报价。AWE 公司在公告中，将中国国储能源称为"一家中国国有企业"，并表示由于中国国储能源的报价函中含有"尽职调查""中国国储能源董事会批准""澳洲 FIRB（外商投资审查委员会）审批""签署执行协议"等前提条件，认为国储的报价不具有让 AWE 公司向中国国储能源提供相关资料供其进一步做尽职调查机会的吸引力。

AWE 公司认为，鉴于其正在向股东进行股权购买计划的融资，因此需要对中国国储能源的报价进行披露，并要求全体股东无须针对该非约束性报价采取任何行动。

## 五、中国国储能源的"感情用事"型应对

中国国储能源在 AWE 发布公告后，在 2017 年 11 月 30 日当日即通过其澳大利亚外部法律顾问向澳洲证券交易所去信向其公开对 AWE 报价函全文，并要求交易所公开该报价函。从收购的角度看，中国国储能源其实在此时采取公开报价函全文的方式并不一定合适。紧接着，中国国储能源又宣布于 2017 年 12 月 5 日撤回对 AWE 的非约束性报价。

## 六、从善意收购转向恶意收购

正当市场认为中国国储能源不再继续寻求对 AWE 公司的收购时，中国国储能源在 2017 年 12 月 8 日向市场公开发布要约收购，提议通过其在澳大利亚设立的公司为要约方，以每股 0.73 澳元（总计 4.63 亿澳元）对 AWE 展开恶意收购。

为达成收购目的，中国国储能源在要约中对 AWE 进行了攻击，认为 AWE 在过去很长一段时间内未能向股东给出满意的回报；而现有 Waitsia 油气项目风险很大。同时对中国国储能源的报价优点进

行了描述：中国国储能源报价为全现金；相比过去一段时间内的历史股价有很高溢价；交易确定性高（没有中国政府审批及融资作为交易的先决条件）。

在中国国储能源对AWE公司的恶意收购要约报价中，有几点技术化的事项值得关注：

第一，要约报价中设置了获得AWE公司50%股权的最低要约收购线。意即只要有50%的AWE公司股东愿意将股票卖给中国国储能源，就达到了收购的股权线。这个报价没有将常见的获得75%、90%股权作为最低要约收购线，明显是为了交易更可能获得成功。

第二，在要约报价中没有放入中国政府审批作为先决条件之一。中国国储能源的这个报价，额度上已经超过了海外投资向发改委进行备案的界限。从中国国储能源的角度看，中国政府审批的风险由自己承担。这也是中国国储能源所声称的“交易确定性”。

第三，要约中没有融资作为交易先决条件。中国国储能源将使用其自有的现金加上融资机构的现有承诺为交易进行融资，AWE公司股东获得全现金，免除了未来可能的项目风险。

第四，在要约中列出了AWE自己从事项目开发的风险点来说服股东进行交易的必要性，如Waitsia油气项目的生产矿证到期、AWE公司没有独立大型油气田作业经验、未来弃置费用的风险、项目合作伙伴的筹资风险等。

第五，警告如果要约收购未能成功则AWE公司股价存在滑落的风险。中国国储能源在要约收购中提示了在过去四年内AWE公司拒绝了两起非约束性报价，而该两起报价的价格都比现在AWE公司的股价更高。

虽然中国国储能源号称其正式的要约报价交易确定性强，但其要约条件还是受限于不少的先决条件：尤其是其中要求AWE为了应对中国国储能源恶意收购要约而聘用外部顾问费用不得超过400万美元，有点意思。

中国国储能源对AWE公司进行收购的过程，体现了现阶段中国企业海外收购的一些特点：既有技术化的一面，也出现了收购过程中欠缺考虑的一些问题。这说明中国企业的海外投资过程中仍然在持续的学习阶段中。

在中国国储能源发布恶意收购的要约报价后，AWE公司董事会建议股东对中国国储能源的要约不要采取任何行动，直到AWE公司董事会作出正式推荐。

## 七、AWE公司收购的后续进展

2017年12月11日，另一家澳大利亚上市公司Mineral Resources Limited（MRL）公告其已经向AWE公司提交合并提案报价，欲以全股票作为对价合并AWE公司，该股票对价为AWE每股赋值0.8澳元（总计4.84亿澳元），该报价无须进行尽职调查。

同日，AWE公司公告称，需对中国国储能源要约和MRL报价进行研究并适时向股东进行推荐，建议股东现阶段不需要采取任何行动。

需要注意的一个实务要点是：在澳洲的公众公司的监管体系下，上市公司董事会应对恶意收购时并不享有美国上市公司董事会应对恶意收购那样诸多的“抵御措施”。任何抵御恶意收购的措施（澳洲将其称为Frustrating Actions），除了要受到上市公司董事会的信义义务限制之外，还需要得到澳洲收购委员会的认可，否则监管机构有权要求上市公司撤回该等抵御措施。

## 八、MRL收购获得AWE公司董事会推荐

在MRL公司报价之后，AWE公司董事会与其进行了谈判并要求MRL公司提高报价。在MRL公司同意将其全股票的0.8澳元/

股报价提升到每股 0.83 澳元（由 0.415 澳元现金 +0.0198~0.0277[1] 股 MRL 公司股票组成）。相当于这笔收购中，现金对价部分占 50%，股票对价部分占 50%，对价总计为 5.26 亿澳元。

## 九、这起恶意收购案的启示

第一，从技术的角度来看，中国国储能源在从善意收购转到恶意收购的时候，从技术化的角度看并无太大缺陷，这表明中国企业收购的技术性得到了长足的进步。但 AWE 公司董事会不愿意与中国国储能源进行相关收购谈判，从某个角度上说，价格可能没有出到位、AWE 公司不太认可中国国储能源这个买家、中国国储能源在交易过程中没有展现出吸引 AWE 公司的特质，都可能是原因之一。

第二，交易过程中，全现金对价是否就一定比全股票或者现金加股票的报价更具有吸引力？这可能是需要一个综合评判的过程。即使中国国储能源能将报价提到全现金的 5.26 亿澳元，从 AWE 董事会的角度看，该报价也未必比 MRL 更优。更优报价还是要从价格、交易确定性和交易完成的速度等多个角度去进行评判。

第三，在并购交易过程中，从善意收购转到恶意收购，或者从恶意收购转到善意收购都是常见的情况。被收购的目标公司董事会是否与收购方进行配合，主要还是需要基于其信义责任来做出对目标公司及其股东最为有利的决定。

第四，中国企业在海外寻求收购标的能力也得到了提升。从 AWE 公司的基本面看，项目的确是好项目。如果买过来加速开发，经营得好，应该是非常不错的资产。而且中国国储能源能够利用 AWE 公司的股票处于低位的时段果断入手，在收购时机的选择上也

[1]　关于对价的 0.0198~0.0277 股 Mineral Resources Limited 股票部分，价格就是限定在价值 0.415 澳元的 Mineral Resources Limited，超过上下限股价 15~21 澳元则与 0.415 澳元所对应的股票数不再进行调整。

是很不错的。

第五，在进行并购交易过程中，中国企业还是要避免一些带有“情绪化”的决策。“情绪化”的决策对于交易的成功可能会带来负面影响。

第六，在并购交易过程中，对于中国政府风险的承担要有一个正确的认识。交易过程中的政府审批作为交易合规性的一个重要话题，并不是说愿意承担风险就可以的。

第七，在并购交易中，能否赢标并不取决于自身出价的高低，而是取决于竞标对手的出价。因此在交易中必须有报价的纪律而不能无限制地和竞标对手进行竞购战。“Winner’s Curse”（赢家的诅咒）[1]是在交易竞购战中永远要警惕的一个事项。

第八，2017~2018年以来，澳大利亚卖方对于中国买方能够获得澳洲政府审批的担忧也是一个考虑因素。在近来澳洲大环境不太有利于中国企业收购的背景下，选择卖给交易确定性更高，但报价不那么高的西方投资者，也不能不说是是澳大利亚卖方的理性选择。一个2017年的例子就是伊利和蒙牛参与竞购澳大利亚最大乳业企业迈高公司，虽然出价高于竞争对手，但迈高还是将其卖给了加拿大的乳业企业萨普托。

中国国储能源是否还会继续提高报价，继续参与这场竞购战？总体来看，在目标公司不进行配合的情况下，中国国储能源获胜的机会较小。最终，中国国储能源还是输给了出价更高的另一家竞购者——日本三井集团。

[1] 并购交易竞购战中最终获胜的中标者以高于其他竞标人的出价得到目标资产/目标公司，但实际上可能支付了超过目标资产/目标公司实际价值的金额。

# 10 中国企业海外并购：并购实务发展及未来动向



回顾2017年以来的中国企业境外并购交易的实务动向，笔者首先将对中国企业境外并购近来的一些实务动向进行总结，其次对中国企业海外并购发展的未来做出几个判断。

2016年年末，中国政府出台了一系列海外投资的监管政策，对于中国企业“走出去”投资行业的引导、风险控制进行了加强管控。政策的导向集中体现在2017年8月公开发布的国务院办公厅转发四部门《关于进一步引导和规范境外投资方向的指导意见》（以下简称《指导意见》）中，其中的核心内容为“四个坚持”、“三个分类”以及“四项保障”。“四个坚持”即“坚持企业主体、坚持深化改革、坚持互利共赢、坚持防范风险”；“三个分类”分别将中国企业海外投资分为“鼓励类、限制类、禁止类”；“四项保障”措施为“实施分类指导、完善管理机制、提高服务水平、强化安全保障”。《指导意见》将在未来一段时间内成为中国企业出海进行跨境并购的指导性文件。

尽管一系列的境外投资政策出台后，房地产、酒店、娱乐业及足球俱乐部等行业的“非理性”投资得到了控制，但总体来看，中国企业的海外投资热潮仍然方兴未艾。用彭博社的话来说，如果排除2016年中国化工收购先正达公司的巨型交易的话，2017年在中国企业的海外并购史上，仍然是一个值得拿出来说的年头：截至2017年10月，中国企业的海外并购交易金额达到了863亿美元，虽然较历史高点2016年同期下降40%，但和以往任何年度相比，均不处于下风。

在中国企业境外并购交易仍然保持热度的背景下，笔者先分享一下近来跨境并购交易实务中值得关注的一些发展。

## 一、2017年中国企业跨境并购交易实务发展

### （一）灵活的交易对价

越来越多的中国企业在交易中开始考虑采取自身股份作为对价进行支付（跨境并购换股）、Earn-out（盈利对价）支付的方式。

以往跨境并购换股的案例基本上以“左手倒右手”的情况为多，要么交易双方由同一大股东控制，要么是在中概股私有化过程中，股份“Roll-over”（上翻）安排的“假换股”。尽管跨境换股采取国内公司股票作为交易支付对价可以减少相关审批的障碍，在2017年我们仍旧可以见到一些持有境外公司股权的中国企业在进行收购的时候，将境外公司股权作为交易的对价。将买方或者买方控股公司的股权作为交易支付对价或者支付对价的一部分，将更多地促进并购交易的达成，并提高交易的灵活性。

在一些行业收购中，比如药业资产的收购，中国企业也开始熟练地使用一些成熟的或有对价支付的方式，比如以盈利支付的方式去搭建与卖方关于目标资产或者目标公司之间的价值差异关系。鉴于Earn-out机制是并购交易中较为容易引发争议的机制，因此中国企

业未来在使用这一机制的实际情况如何，尚待观察。

### （二）更为灵活的交易架构

为了获取相关域外机构的审批，更多的中国企业采取了灵活的交易方式来进行交易。比如在一起收购美国半导体企业的交易中，中国买方就采取了在国外设立私募基金，中国投资人以 LP（有限合伙人）出资的架构，来意图打消美国外商投资审查委员会关于国家安全的顾虑。尽管该笔并购交易最终未能成功，但这种灵活交易的方式值得赞许。无独有偶，一家基金控制的油气公司在收购美国资产时，在拿不到美国政府审批的情况下，果断地改换交易架构，从直接收购资产变成找了家美国风投兼私募的著名机构去购买美国油气资产。这家油气公司向该私募机构贷款，同时还承担未来资产的运营开支及资本支出，并每年向这家购入油气资产的私募机构收取 8% 的固定回报。灵活的交易方式，除了满足税务筹划、融资需求、风险隔离等商业需求之外，还被采用在获取政府审批的目的之上。

### （三）交易的风险分配

中国企业在 2017 年，对于并购交易的风险分配有了一个更为务实的态度。在 2015~2016 年中国企业“走出去”的过程中，一些中国企业敢于在交易中承担更多的风险。比如接受“排除万难”义务去获取监管机构审批；敢于承诺高额的反向分手费等。而在 2017 年中国企业的并购交易中，对于交易的风险分配有了不少的改观。比如不承担域外外商投资审查机构审批的风险，不全额要求银行信用担保反向分手费等。中国企业在海外收购中，对风险承担更多地采取了市场化的应对方式，而不是仅仅为了赢标而一味接受更高的风险。尤其一些中国的大公司，在并购交易市场上的谈判地位日益增高，甚至能拿到交易中不太容易拿到的条款，比如兖州煤业在收购力拓的澳洲联合煤炭公司的交易中，除了不承担澳洲政府的审批风险之外，还拿到了“融资无法获得从交易撤出”的先决条件（当然，和反向分手费挂钩）。

### （四）创造性的形成交易的市场惯例

中国企业近年来创设的“分层反向分手费”“重大不利变化定量”等实务惯例，在交易市场上得到一定的关注，甚至是为中国企业在海外收购确立了“先例”。这些市场先例一旦形成，就成为中国买家在市场上能够借鉴的风险分配方式。可以说，中国企业近年来海外收购交易对于全球并购交易的实务发展是有贡献的。

### （五）参与全球竞购战增多

全球竞购战中，有中国买方竞购已经签署交易文件的目标公司，也有外国竞争者在中国买方已经签署交易文件后竞购。蚂蚁金服在收购Moneygram公司过程中与Euronet公司短兵相接；兖州煤业在收购力拓澳洲煤矿公司中，和嘉能可展开竞购大战；中石化在与雪佛龙公司达成交易后，被嘉能可利用雪佛龙公司与当地合作伙伴之间的优先购买权偷走交易等案例，说明中国企业已经熟悉，在并购交易中进行竞购的竞争态势，并在不少交易中获得了竞购战的胜利。综观中国企业参与全球竞购战的案例，在全球竞购战中获胜的要点，无非是交易对价、交易中向卖方提供的确定性、交易的完成时间。

### （六）中国政府的对外投资政策变化风险日益成为外国卖方所关注的风险

在2017年的并购交易中，可以看到2016年年底中国政府出台相关管控政策对域外交易的卖方带来的影响。几乎所有的域外交易卖方，都想要求中国买方在交易中承担中国政府对外投资政策变化给交易带来的风险，并要求相关的保护机制。比如在联想控股收购卢森堡国际银行的交易中，域外卖方就明确要求，将中国政府政策变化作为交易先决条件，并将该等变化导致交易未成功作为反向分手费支付的触发条件。

## （七）域外政府机构对中国投资审批监管更为严格

欧盟与美国都在筹划加强对外商投资的审查，尤其是对政府控制的企业、金融机构或者政府背景的基金。比如欧盟就提议所有成员国在进行外商投资审批的时候，需要考虑其他成员国的意见以及欧盟委员会提出的意见；比如美国国会提议的对 CFIUS 审查规则的可能修改：虽然原则上 CFIUS 申报以自愿为原则，但是对于外国政府直接或者间接持有的外国实体，只要收购美国生意权益比例在 25% 以上的，则需要走强制的“申报”程序。中国企业“出海”，面临日益严格的外商投资审查审批。值得一提的是中国企业在面对域外政府审批的时候，往往采取不折不挠的态度。比如获取 CFIUS 审查过程中，“撤回并重新申报”的方式在以往交易中使用并不多，但中国企业在近来的一些收购中，较为大量的使用这样一种方式，甚至在和 CFIUS 无法就交易的国家安全风险减轻损害措施达成一致的情况下，将交易提交美国总统进行决定。

## （八）中国本土专业服务机构为中国企业“走出去”提供的服务范围更广、更深

不少中国的本土专业服务机构，更多地参与到中国企业走出去的专业服务当中，专业水平和经验有了长足的进步。

以上是笔者对 2017 年中国企业跨境并购交易实务发展的几点总结，未来，中国企业海外并购会有哪些可能的变化？以下为笔者的几个判断。

## 二、中国企业海外并购交易的展望

### （一）中国企业海外并购大的态势未变，仍处在方兴未艾的阶段

从2013年起，全球进入了第七次并购浪潮。第七次全球并购浪潮具体实证包括：2015年史上最高全球并购交易额（超过5万亿美元，史上第一），2016年全球史上第三高并购交易额（3.7万亿美元，史上第三），巨型并购交易不断涌现（2015年69起超过100亿美元的交易），竞购大战层出不穷，巨型交易的恶意收购（千亿美元级别的恶意收购）屡屡发生，跨境并购交易比例不断上升，跨境并购交易比例接近全球并购交易40%等。以上提到的这些特点，毫无疑问地显示第七次并购浪潮正在发生。中国企业海外并购交易起势的阶段，和全球并购第七次浪潮是相呼应的。尤其是2015年、2016年连续超过千亿美元，在全球跨境并购中的比例从4%左右到超过10%，中国企业海外并购的浪潮，正处在方兴未艾的阶段。

### （二）中国政府关于跨境并购的政策思路已定，未来将会持续一段时间

以往强调支持海外投资，现在更加重视规范海外投资、控制海外投资的风险。上文所说的《指导意见》，就是中国政府现阶段关于跨境并购的政策思路，“商业自主决策、强化风险管理”，两个因素一个也不可少。中国政府关于跨境并购的政策将会在未来持续一段时间，中国企业在海外投资的过程中，必须考虑到政府对不同产业投资的导向性问题。从发改委所发布的最新《企业境外投资管理办法》可以明确地看出，政府一方面废除“小路条”的要求，另一方面将“境内自然人通过其控制的境外企业或香港、澳门、台湾地区企业对境外开展投资的”明确纳入境外投资管理口径。这些都说明了政府对于对外投资“管放结合、加强引导”的态度。

### （三）中国政府所支持的海外投资与域外政府审批的内生冲突

中国政府所支持的高端制造业并购、高新技术的引入等导向型跨境收购政策，在中国企业不断走向海外的背景下，与境外相关政府关于国家安全的担心产生了一些可能的冲突。近两年来，奥巴马总统与特朗普总统接连否决了两家中国投资人试图购买半导体企业的交易，也从一个侧面表明了在中国政府将半导体提升为国家战略产业后，中国企业在海外获取半导体资产所遇到的阻碍。随着近来欧盟和美国纷纷推进修改外商投资法律的进程，中国政府所支持的海外投资与域外政府审批的内生冲突会持续发生。

### （四）中国中产阶级消费升级、对健康美好生活需求、中国产业升级需求、"一带一路"倡议、全球行业整合浪潮对中国企业海外并购产生重大影响

近年来的中国企业海外并购热潮，其推动力与中国中产阶级的消费升级需求、对健康美好生活的需求、中国企业发展到一定阶段后的外生性扩张需求、产业的升级需求、中国政府发起的"一带一路"倡议以及全球的产业整合热潮是密不可分的。中国企业未来并购目标资产或目标公司的方向，还将围绕这样一些主题进行。

### （五）中国企业海外并购、全球经营成为常态，全球资产配置、处置成为常态

中国经济发展的体量和实力，以及中国企业多年的积累，中国企业已经到了进行全球资产筹划、配置的阶段，未来中国企业的海外并购、全球经营将成为常态。中国企业不仅在全球进行收购，还在全球范围内对资产进行优化、处置。可以预见的是，中国企业海外并购交易继续的同时，海外资产的处置也将会日益增多。

（六）中国企业的全球竞购将会经常发生

过去几年，经常发生中国企业与外国竞争者之间的竞购战。随着中国企业海外收购的增多，这样的竞购战将会更为频繁地发生。随着交易技巧的提升，中国企业海外恶意收购的交易也将变得更为频繁。

（七）中国专业服务机构将在海外并购服务市场有更大话语权、占领更多份额

随着中国企业日益走向海外，中国的专业服务机构将在海外并购的服务市场上更有作为。中国政府已经认识到了对于中国企业海外投资服务作为国家“软实力”的重要性，因此也出台了一些相关的政策指引。在经验日益充足、人才日益到位的境况下，中国的专业服务机构将在境外投资服务上有更大话语权、占领更多份额。

（八）中国企业海外收购、运营更为熟练，将创设更多的“中国特色”交易

中国企业自身团队的实力在海外交易中风险控制、资产运营的能力在提升。相较于十几年前，懂产业、明惯例、知大势的企业越来越多。中国企业持续走向海外收购，也在并购交易市场上创设了一些带有中国特色的“交易惯例”。中国企业有望在跨境并购交易这个西方游戏规则占主导的舞台上，加入更多的中国元素。

中国企业的海外并购之路，正发生、正当时、正有趣。

# 11 谁是更为激进的中国投资者？



中国企业的海外并购步伐在2015~2016年势头凶猛，锐不可当。对于“买买买”停不下来的中国企业来说，除了考虑好交易的逻辑性之外，从交易溢价、交易文件中风险的分配中均可看出中国买方在交易中采取的态势。而海航、中国化工和安邦是在过去两年内锐意进行海外并购的几家典型企业。无论从交易的数量还是交易的价金角度，这几家企业都领先于其他“出海”的企业。

本文拟对海航、中国化工和安邦最近做的几个交易做一些粗浅的情况对比，来分析一下从交易文件中风险承担的角度看，谁是更为激进的海外投资者。

需要提请注意的是：“激进”在此处并不是贬义词。它是指在并购交易中愿意更多地承担一些理论上的风险分配，毕竟从交易的逻辑性和完成后的整合阶段来看，并购交易仅仅只是整个交易流程中的第一步而已。其实，完成交易的可能性比起运营整合好目标公司、目标资产，占更大概率的百分比。从这个意义上来说，激进指的是在对风险总体判断的基础上，基于商业决策而做出的更愿意承担交易风险的积极主动姿态。

在竞争激烈的交易中，不采取激进一些的策略，就不能赢得心仪的目标公司或者目标资产。尽管我们常说，在风险足够大的情况下，没有任何并购交易是不可以被放弃的；但是还有一句话也不要忘了，在风险可控的情况下，采取更为激进的承担交易风险的立场并不是完全不可取的。毕竟，要在并购中获得最后的赢标，除自身的实力外，你的竞争对手的实力也是重要的考量因素。同理，要赢得交易，本质上和你愿意出价多高、愿意承担多大风险并没有关系，而和你的对手愿意出多高的价格和愿意承担多大的风险息息相关。

我们从前述海航、中国化工和安邦几家中国公司的交易文件条款对比中（见表 3），来回答前面的问题。

**表 3　海航、中国化工、安邦等中国公司交易文件条款对比**

| 交　易 | 价格（股权价） | 溢　价 | 反向分手费支付条件 | 反向分手费比例（占购买股权价百分比） | 是否设立托管账户 | 托管账户安排细节 |
|---|---|---|---|---|---|---|
| 海航旗下天海投资购买英迈 | 60 亿美元，38.9 美元 / 股 | 较交易宣布日前 30 天平均价溢价 39% | 美国国家安全审查不批；<br>中国政府不批；<br>外国反垄断审批未通过；<br>未获上海证交所批准；<br>拒绝交割；<br>未能获得天海投资股东大会批准；<br>未能在规定时间内存入托管账户有关金额 | 签署后一个月内终止 –2 亿美元；<br>签署协议后两个月内终止 –3 亿美元；<br>签署协议后两个月后终止 –4 亿美元（6.67%） | 是 | 签字后一周内存入 2 亿美元；签字后一个月内共存入 3 亿美元；签字后两月内共存入 4 亿美元 |
| 海航旗下 Avolon 收购 CIT 旗下飞机租赁业务 | 100 亿美元 | 较经调整的净资产溢价约 6.70% | 中国政府不批；<br>美国国家安全审查不批；<br>未能获得渤海金控股东大会批准；<br>买方违约；<br>买方未能按时完成项目的交割；<br>未能在约定时间内支付后续保证金；<br>未通过除美国外其他国家的反垄断审查 | 在 CIT 旗下飞机租赁业务重组完成前触发反向分手费支付条件 –5 亿美元（5%）；<br>在 CIT 旗下飞机租赁业务重组完成后触发反向分手费支付条件 –6 亿美元（6%） | 是 | 签署协议当日存入 5 亿美元至第三方托管账户；在 CIT 旗下飞机租赁业务重组完成后五个工作日内，追加存入 1 亿美元 |

续表

| 交　易 | 价格（股权价） | 溢　价 | 反向分手费支付条件 | 反向分手费比例（占购买股权价百分比） | 是否设立托管账户 | 托管账户安排细节 |
|---|---|---|---|---|---|---|
| 海航旗下渤海租赁购买 Avolon | 25 亿美元，31 美元 / 股 | 交易宣布前一日[1]溢价 31% | 美国国家安全审查不批；<br>中国政府未批；<br>未获深交所批准；<br>拒绝交割；<br>违反陈述保证或者承诺且无法补正；<br>未获渤海租赁股东大会批准；<br>未能在规定时间内存入托管账户有关金额 | 3.5 亿美元（14%）；<br>如以 Enterprise Value 计算分手费比例：3.5/76 = 4.6% | 是 | 分次共计存入 3.5 亿美元 |
| 海航购买 Gategroup | 14 亿瑞士法郎，53 瑞士法郎 / 股 | 交易宣布前一日溢价 20.18%；交易宣布前 60 日均价溢价 36.99%[2] | N/A[3] | N/A | N/A | N/A |
| 中国化工购买先正达 | 430 亿美元，465 美元 / 股 +5 个瑞士法郎特别分红 | 较交易宣布前一日溢价 21%，算上分红为 25% | 中国政府审批；<br>反垄断审批 | 30 亿美元（6.97%） | 无 | 无 |
| 中国化工购买倍耐力 | 77 亿欧元，15 欧元 / 股 | 较交易宣布前 30 个交易日平均价格溢价 18% | 无[4] | 无 | 无 | 无 |

［1］　以渤海租赁最初购买 20%Avolon 公司股权的交易前一日作为计算。渤海租赁遇第三方竞购后改为 100% 收购 Avolon。

［2］　如果计算相关分红，则报价较交易宣布前 60 日均价溢价 37.8%，较交易宣布前一日溢价 20.9%。

［3］　原定于 5 月 11 日发出的要约收购文件仍未发出。

［4］　中国化工在购买倍耐力的交易中采用的是大股东购股 + 强制要约收购（米兰证券交易所）的方式。

续表

| 交易 | 价格(股权价) | 溢价 | 反向分手费支付条件 | 反向分手费比例（占购买股权价百分比） | 是否设立托管账户 | 托管账户安排细节 |
|---|---|---|---|---|---|---|
| 安邦购买美国信保人寿 | 15.7亿美元，26.8美元/股 | 较交易宣布前一日溢价 2.2%；较信保人寿宣布战略评估日溢价约 29% | 无；<br>不和任何政府审批挂钩；<br>仅有在目标公司和第三方更高报价达成交易时向安邦赔偿 5145 万美元 | 无 | 无 | 无 |
| 安邦购买喜达屋（撤回报价） | 约 142 亿美元，拟报价 82.75 美元/股 | 较喜达屋董事会第一次宣布收到安邦报价前一交易日溢价 18.1% | N/A[1] | N/A | N/A | N/A |

首先，从交易的溢价来看，海航对上市公司进行跨境并购交易的溢价基本上是在 30% 左右。交易所支付溢价往往和对目标公司的竞争性、各方估值的假设相关。而从选取的各家交易来看，海航并购所支付的溢价比例比中国化工和安邦的交易溢价略高。

其次，从政府审批风险的承担角度看，海航在跨境交易中愿意更多地承担政府审批的风险。比如，对于美国国家安全审查（CFIUS）风险的承担，海航几乎在所有涉及美国国家安全审查的跨境交易中都愿意承担其监管审批风险。尽管美国国家安全审查委员会阻止交易的比例很低，美国国家安全审查的风险在很多交易中只能算是理论风险，但愿意在交易中承担更多的政府审批风险，本身就能表明激

[1] 由于安邦撤回报价，因此与喜达屋谈判的交易文件具体细节并未披露。

进的态度。

最后，从交易支付的反向分手费触发事件和占交易价值的比例来看，海航和中国化工、安邦相比，反向分手费所挂钩的事项和比例较另外两家更多、更高。

从上面三个维度看，我们可以说海航在跨境并购交易中，总体上采取的是积极进取的态度，在风格上更多的是较为激进的姿态。当然，综观海航的海外并购交易，海航所做的并购交易有自己的逻辑，并不是盲无目的，而都是围绕自己几大块核心业务板块做文章：物流、航空、旅游、实业、资本等；买的东西以较大块头为主；买了国外公司之后倾向将其用做并购平台：海外做起融资来也更为方便。最后，为什么海航能做成这么多的交易？海航在并购交易中，愿意更多地给卖方以确定性的信心，所以，略显激进的风格也是海航持续在跨境并购交易市场上屡屡有斩获的重要支持因素。

海航 2015 年刚入选世界 500 强，在 2016 年就已经跃升到 300 多位。如果 60 亿美元并购美国英迈公司交易、10 多亿美元的瑞士 Gategroup 交易和 100 亿美元购买美国 CIT 公司旗下飞机租赁资产业务的交易都能成功的话，海航集团将毫无疑问的在世界 500 强中更进一步，直接进入前 100 强靠前的名次。2020 年实现“进入世界前十强”的目标看来并非只是期望，依仗在战略重点板块内（航空、飞机租赁、物流等）的持续并购，海航依靠并购进行外生性发展已经在规模上上了档次了。

# 12 盘点与思考："带着脚链舞蹈"的中国国有油企海外并购

中国国有油气企业在过去十余年内投资了上千亿美元进行海外并购，尽管在这两年油价低迷的情况下减慢了海外并购的步伐，站在这个时点对中国国有油气海外并购进行初步的梳理是适当的。

过去十余年中国国有油气企业的海外并购是在资源国主权意识日益觉醒、资源国政府加强对油气管制、国家与政治干预频繁、国有化征收时有发生、各国合规执法日趋严格、环保责任收紧、油价稳步上升、进入玩家日益增多、交易竞争激烈的多种背景下进行的。海外油气并购的玩家多、政治经济环境复杂、法律风险大、专业和技术性强等特点，构成了中国油气企业走向海外所面临的基本形势。

从总体情况来看，中国油气企业海外并购所面临的是资源国对油气管制加强，政治风险、系统性法律风险加大的形势。从南美某些国家对油气资产的国有化征收，到非洲国家普遍重新对油气业重新立法，再到资源国对 Local Content（本地化要求）、环境保护的收紧，再到美国、英国、欧盟等对反腐败执法及对某些油气国的制裁措施，海外并购的政治环境风险、系统性法律风险普遍较大。很多油气资源丰富的国家,国内的政治环境、法律环境的确不太理想,对中国"走出去"的石油公司来说,海外并购普遍是"带着脚链舞蹈"。

海外并购的另一个形势是国家与政治的干预普遍加强。举个例子,中石油曾经在哈萨克斯坦并购,通过一个加拿大公司以公司交易的方式间接持有了哈萨克斯坦的油气资产。按照当时哈萨克斯坦的法律,对于这样的公司交易,哈萨克斯坦政府并无优先购买权,但哈萨克斯坦议会通过立法,赋予了哈萨克斯坦政府在公司股权交易的情况下对哈国油气资产的优先购买权,同时还赋予该法案以追溯效力。因此,中石油最后通过转让部分权益给予哈国国有石油公司的方式才完成了该交易。

无独有偶,在利比亚47区块,政府依然对公司交易涉及该国油气资产的行为表示了反对。不仅传统的第三世界国家政治干预加强,在发达资本主义国家也是如此。先不用说中海油2005年对优尼科的并购被美国政府以"首先完成对中国政府能源政策的调查才考虑交易审批"的方式阻止;而在2013年中海油完成对尼克森公司的并购后,加拿大也专门出台了针对国有企业并购加拿大重要战略型资产的审查指引,对国有企业并购加拿大的油气类资产施以更加严格的审查标准,基本上关闭了国有企业并购加拿大油砂资产的大门。

评价中国油气企业海外并购的十年历程,就不能不将其放在整个发展的图景中来看。中国油企海外并购的这十余年,也是国家石油公司的地位提升、在全球并购中扮演了日益重要的角色的时期。该提升可以分为几个方面:

第一,国家石油公司的实力普遍增强。中国三大油、巴西国家石油、马来西亚国家石油、甚至连泰国国家石油公司[1]和越南国家石油公司也成为并购市场交易的活跃者,更不用说传统的中东地区的国



[1] PTTEP在2012年对Cove Energy的并购争夺战中击败传统的巨型油气公司之一的壳牌,成功购得英国上市公司Cove Energy从而获得了东非的天然气资产。

家石油公司。非洲的Sonangol（安哥拉国家石油公司）也曾在2009年伊拉克招标中赢得了合同。

第二，国家石油公司在全球油气并购交易中扮演了重要的角色，在交易的数量和金额上成为油气并购交易市场上的主要玩家之一。中国三大油气企业在市场进行了高频次、高金额的油气并购交易，成为全球油气并购交易中引人注目的角色。

第三，国家石油公司在行使优先购买权上普遍积极。中国三大油气企业在海外进行的一些并购交易受到资源国国家石油公司的狙击：在签署并购协议后，由于资源国国家石油公司行使优先购买权，从而未能实现交易的完成；甚至资源国政府或资源国国家石油公司在没有法律和合同依据的情况下要求行使优先购买权的情况也并不鲜见。

第四，国家石油公司更多地开始和国际石油公司在并购中进行合作。除了在资源国石油合同下的传统合作，国家石油公司开始更多地与国际石油公司在其他领域进行纵深合作，如中石油与壳牌就组成合资公司合作并购了澳洲煤层气上市公司Arrow Energy。和国际石油公司频繁的合作、在合作中地位的提升也彰显了国家石油公司实力的提升。

第五，国家石油公司在全球所掌控的资源量比例较高。国家石油公司不仅在本国有资源量的优势，在国际市场上的并购，也有效地补充了其自身的资源量。从储量和产量的角度看，国家石油公司对油气业的贡献巨大。

中国油企在过去十年内走向海外也历经了市场上的变化，并在对外并购过程中面临新的特点和新的形势：

第一，油气业并购的玩家开始增多。除了传统的国际油公司（International Oil Company，IOC），国家石油公司（National Oil Company，NOC），还存在私人资本及私人公司里一些身份背景特殊的特殊玩家。同时，私募（Private Equity）、信托（Trust）、主权财富基金（Sovereign Trust）和对冲基金（Hedge Funds）也开始涉足油气并购领域。当然，主力军还是 IOC 和 NOC。而在油价低迷的这两年中，IOC 和 NOC 在油气上游并购交易中并不如以往那般活跃，私募和私人公司投资油气的数量和额度比起 IOC 和 NOC 来并不逊色。

第二，油气并购的策略从机会主义开始向资源和战略导向及估值/价格导向转变。在海外并购开始之初，市场上有所谓的"China Premium"（中国溢价）的说法，意即中国企业需要花费超过市场价格才能购买到看好的资产。当时中国企业油气并购的策略主要还是所谓的机遇性收购。只要市场上有好的油气资产，就不能放过机会，就要去评价了解。但是，随着中国企业海外并购经验的增多，对海外资产、战略区了解更为详细，资源和战略、价格和价值的考量占了主要地位，更大程度上强调战略性收购。特别是国有企业资产保值增值的红线在国有企业领导及投资决策委员会上的硬约束，使海外并购的商业属性本质更多地显现出来。

第三，国家石油公司之间的合作也逐渐增多。中国的三大油企在海外并购上，既有竞争，也有合作，比如中石化与中石油在安第斯石油公司的合作，中海油与中石化在特立尼达多巴哥的合作。中国的国家石油公司也与其他国家石油公司进行合作，比如中海油与泰国国家石油公司共同在阿尔及利亚进行油气勘探开发合作并取得发现。

第四，海外并购的同时尝试海外资产的处置。过去十年，中国企业的海外并购主旋律还是"买入"，处置或者售卖资产的行为并不多见，即使处置或者售卖，也往往是勘探性的资产出让，分担风险的考虑多一些。在中国企业海外并购技巧和经验日益成熟的今天，剥离效益不高的资产、剥离非战略型资产等考量日益提上了中国国有油气企业的日程。

第五,海外并购与海外资产整合同步进行。并购是企业增长的需要,而并购以后整合的好坏与否,是能否给企业带来正向增长价值的关键因素。中国几大国有石油企业,在并购海外资产或者公司后,着力整合,以求力争实现更好的综合效益。

第六,国有石油公司海外并购活动引入其他所有制企业参与。随着混合所有制的改革及其他所有制企业不断进入油气海外并购活动中来,在可以预期的将来,国有石油公司与其他所有制企业“组团”进行海外并购的情况将会越来越多地出现。

在近两年国际油价下跌过程中,中国国有油企海外并购的势头有所减慢。而在低油价过程中,有些在高油价下购买的海外资产也被某些媒体称为“失败投资”。如何评价这样的说法?

笔者认为,任何以脱离了历史背景和发展的眼光来看待中国国有油企海外并购都是片面的:

第一,从中国油企的海外投资不能脱离中国企业所处的历史阶段来看,不少国际性的石油公司在海外投资已经超过百年。站在历史的角度上,国际石油公司“交学费”的时期已经过去,而中国油气企业不可避免地要有一个“交学费”的过程。而从油气投资的特性来看,没有任何企业能够在每一个投资决策上做到没有失误。在过去十余年的海外投资过程中,中国油气企业已经显著地缩短了学习曲线的区间,成功经验和失败教训为后续投资奠定了坚实的基础。

第二,“投资责任终身追究”的提法容易产生误导。投资责任终身追究应当分成不同的层面来看。如果说在投资决策做出的时候盲目任性、未履行科学的决策程序、没有经过商业合理考量,那么这应当在事后追究相关人员的责任;但如果在投资决策时已经经过充分的论证和调研,也履行了完整的决策程序,但的确是囿于当时认识的不到位和客观条件限制,即使事后投资出现了损失,也不应当追究相关管理人员的责任——允许企业家试错、犯错是公司经营中很重要的理念——当然企业家不能犯颠覆整个公司的大错，这需要相关的公司治理完善来进行控制。

第三，对中国油企投资的"成败"还没有到做结论的时候。油气投资时间长，动辄经营二三十年，非常规油气资产经营时间更长，买入后两三年就开始做出"失败投资"的结论是不严谨、不科学的。如果从这个角度去看，不少在高油价期间进行并购的国际大石油公司的投资也可以被认定为失败。中国油气企业海外投资的时间尚短，现在还没有到一个可以做出结论的地步，应当在一个更长的期间去看这个问题。

第四，中国油企的海外投资已经到了一个"团队成熟""经验较为丰富""战略突出"的阶段，可以预见在未来的一个时期将逐步进入收获的阶段。

第五，中国油企在海外不少项目上也取得了重大成功，经济和社会效益双重得分。比如一些项目上的勘探大发现，处于某种考虑，中国油企并未大张旗鼓的宣传。当然，在低油价持续的阶段，如何抓住有利时机，克服不利环境，大胆决策购入优质资产，也成为值得中国油企考虑的问题。

总体来说，中国油企过去十余年的海外并购，有得有失。以发展的眼光看，这些经验和教训为未来海外投资和经营的可能成绩奠定了基础。

# 13 中国企业海外并购：新形势、新问题

中国企业在 2016 年以更加迅猛的方式“走出去”：2016 年上半年所宣布的并购交易额就已经超过了 2015 年全年的额度，而“买不停手”的中国买家丝毫没有停手的态势。中国企业的海外并购活动不仅成为企业发展的需要，也正在逐渐变成为企业经营过程中的常态。在中国企业不断以刷新交易规模和交易数量的势头创造新纪录的同时，一些新问题也开始浮现，值得参与海外并购交易的中国投资者关注和应对。

## 一、上市公司并购交易面临积极股东的挑战

中国公司在近来“走出去”的并购过程中，已经有不少刚宣布的交易就面临积极股东的挑战和质疑，比如海航在 2016 年 4 月宣布的以 15 亿美元并购瑞士航空后勤服务公司 Gategroup 的交易。该笔交易向持有 Gategroup 股票的股东每股股票报价 53 瑞士法郎，报价的溢价为交易宣布前 60 日平均股价的 37.8%。就在海航宣布以 53 瑞士法郎 / 股购买 Gategroup 的消息后，持有 Gategroup 公司 11.3% 股

权的两家私募基金投资股东跳出来，反对 Gategroup 现任董事会公司发展政策，在其官方网站上公开表示："海航 53 个瑞士法郎每股的报价显然是远远低估了 Gategroup 公司的内生价值，我们在一年前就说过这家公司股票的公允价值值 100 瑞士法郎。"在这两家私募基金公司里的眼里，Gategroup 公司完全可以通过 2015 年 9 月公司所计划的流程和架构调整等变革来实现更高的价值，而不是像董事会这样通过一个匆忙的交易以不合理的低价将公司卖掉。

积极的股东投资人对 Gategroup 的公司治理、财务表现和管理层的薪酬长久以来就不满。过去七年里这家公司的净利润总共才 8700 万瑞士法郎，平均每年 1200 万瑞士法郎。2015 年该公司就在两家私募基金投资人的要求之下，选了这两只私募基金所推荐的董事进入董事会。而 2016 年在和海航的交易宣布之前，基金投资人和 Gategroup 公司董事会又开战了，起因在于 Gategroup 公司董事会不打算推荐两只私募基金所选任的其中一名董事连任。这下可激怒了积极股东投资人。他们不仅要求董事长离开公司，还要求让自己推举的两名董事进入董事会。同时，他们还对 Gategroup 公司高管的薪酬表示了不满，认为高管的高薪和公司的业绩表现明显不符，损害了公司利益。根据基金投资人的说法，在过去七年中，管理层从公司拿走了超过 9000 万瑞士法郎的薪酬（董事长一人就拿走了超过 1300 万瑞士法郎的现金和 15% 公司的净利润），和过去七年仅 8700 万瑞士法郎的净利润形成了鲜明的对比。他们还发出公开信，号召所有股东在 2016 年 4 月 14 日召开的年度股东大会上对公司高管的薪酬计划投反对票。而在 2016 年 4 月 14 日的股东大会上，持有近 60% 股权的股东支持了董事会的提案，私募基金所提议的罢免公司董事长和其推举的两名新董事的提案并未得到足够股东票数的支持；其所提议的特别审计提案也未得到足够多的股东票数支持。

当然，海航应对积极投资者反对的手段还是颇有章法的：海航宣布放弃要约中的最低收到 2/3 股份的门槛。这表明了其对反对交易的积极股东的态度：即使你能征集到相当数目的反对交易股权，那我作为大股东也和你们奉陪到底。而目标公司的董事会也一再向股东表示海航的报价是股东的最佳选择。最终，GateGroup 的股东大会以超过 95% 的股权比例支持了海航的报价。

无独有偶，万达旗下的 AMC 公司并购美国排名靠前的院线公司 Carmike Cinemas，而 Carmike Cinemas 公司的股东中不止一家基金股东跳出来反对，并购套利者也不在少数。AMC 公司最初宣布的对 Carmike Cinemas 公司 30 美元 / 股全现金报价被基金投资者认为远远不够：有认为值至少 40 美元 / 股的，也有认为值 47 美元 / 股的。被并购的目标公司已经两次推迟了召开股东大会表决的日期——明显是凑不够能批准的股东票。AMC 公司在应对积极股东的反对中，提高报价至 33.06 美元 / 股（现金总计为 70%，同时有 AMC 股权选择权），并表示这是“final and best offer”（最终及最优报价）。AMC 公司的董事会一直推荐股东投票支持该提升后的报价。在万达提高报价后，AMC 公司最终顺利并购了 Carmike Cinemas。

中国企业在全球并购中碰到此类的情况会越来越多，面临股东诉讼等，也将会成为常态。中国企业需要有足够的心理准备和相关的商业、法律技巧来应对此类情况。

## 二、面临更为广泛的监管机构审批的挑战

中国企业在海外收购所面临的一个新问题就是面临更为广泛的监管问题。在过去，中国企业海外并购所面临的主要监管问题是外商投资审批（国家安全审批）问题，而各法域下的反垄断审批并未形成实质性的障碍。其原因在于以往中国企业的海外资产少，各国反垄断审批只是个形式上的问题而已，即使达到了监管所要求的报批界限，以反垄断理由被禁止的中国企业海外并购交易似乎很少听说。

但随着日益增多的中国企业全球并购交易，各反垄断监管机构对中国企业日益增多的收购加大了警惕（之前欧盟对中央企业在能源领域的并购中需要合并计算中国国资委旗下所有中央企业在能源领域的销售额以计算是否达到欧盟反垄断申报界限可作为一个旁证），中国企业收购对象体量日益庞大，中国企业海外并购中所面临的反垄断审批将日益成为难点、风险点和关注点。可以预见的是，随着更多的中国公司开始在海外持续进行同行业公司收购，中国企业并购交易所要关注的将不仅是外资进入审批的问题，另一个大的监管难点即反垄断审批也将进入我们的视线。在与交易对手之间的反垄断审批风险的控制与分配之上，中国买方将需要花费更多的时间。

以前文所述的 AMC 公司为例，万达旗下的 AMC 公司最近做了不少同行业内大型院线公司的并购交易。因此，在 AMC 公司的交易文件中，出现了我们以前较少在交易文件中出现的反垄断审批风险的分担机制。在交易文件中做好对反垄断审批的风险分配，主要体现在如下几个方面：

一是在交易过渡期买方采取何种方式去取得监管机构的审批。是最大努力程度，还是合理努力程度，抑或是排除万难（Hell or High Water）义务。

二是在交易文件中约定好获取政府审批机构的条件。比如在反垄断机构要求剥离资产的情况下，所能忍受的剥离资产的最大限额，以及是否明确哪些资产可以剥离，哪些资产不得剥离。

三是明确约定好获取政府审批的最终完成日。如果在最终完成日之前仍未取得政府审批，买方是否有权自行决定再行延长一段时间去获取政府监管机构的审批。如果买方决定延长获取政府审批的时间，该过程中是否需要向卖方支付相关费用（Ticking Fees，计时费，意即在延长获取政府审批的时间限度内，买方需要向卖方另行支付一笔费用以补偿）。

四是为取得政府审批的情况下，买方是否需要给付卖方一笔补偿，即我们经常所说的和政府审批相关的反向分手费。

五是在交易文件中加入更多的灵活性。比如如果政府机构要求超出双方约定的剥离资产，是否进行价格调整；或者如果监管机构已经提前明确表示反对交易的时候，双方是否有权提前撤出交易和/或买方是否有权提前在市场上寻找其他第三方，相关的反向分手费是否可以进行缩减。

在过去，我们只是在世界级的巨型交易中常常见到这类对于反垄断审批监管机构风险分配的具体条款，但如今，我们在中国企业的海外并购中也见到了此类条款。中国企业的海外并购日益面临更多、更广的监管机构的挑战也会成为常例。中国企业需要提前做好交易审批计划、按照市场惯例分配审批风险、积极做好和相关政府监管机构的沟通工作等来减轻风险。

## 三、形成"不好"的市场惯例的挑战

随着中国企业海外并购交易的增多，中国企业在海外并购交易中面临的竞争开始加剧。因此，一些中国买家在市场上开始接受不是市场惯例的条款。比如，在获取政府审批风险过程中，有些中国企业开始在交易文件中承诺采取 Hell or High Water（排除万难，意即无论政府审批中要求何种条件，买方都有义务接受）的义务去获取政府审批。而此种"排除万难"去获取政府监管审批的义务，并不是国际跨境并购交易中的市场惯例，中国买方需要考虑交易的实际情况和交易双方的谈判力量，谨慎接受。再如，一些中国企业接受和政府审批风险相关的高额反向分手费，或接受卖方在签署文件之后仍然有权进行"Go-shop"（卖方在和买方签署交易文件后仍有主动寻找更高报价第三方的权利）等。这些以往并非是交易市场惯例的一些事项，现在却成了外国卖方认为中国企业理所当然应当接受的条款，值得中国企业警惕。一旦被市场上认为这是中国企业海外并购的惯例，就很难将市场上的这种观念纠正过来。对这种“不好”的市场惯例的抵制，需要中国企业的共同努力。

当然，中国企业也并不是没有创造一些“好的”的市场惯例。比如，在中国化工对瑞士先正达公司430亿美元的要约中，通过要约条件定量的方式将交易的政府审批风险控制牢牢地掌握在了自己手中：对于反垄断审批来说，如果相关政府机构审批所附条件给先正达公司或其子公司、中国化工或其子公司带来一年26.8亿美元或以上的销售额减少，则中国化工有权退出交易；对于美国国家安全审批（CFIUS）或者其他外国政府投资审批来说，如果相关政府机构审批所附条件给先正达公司或其子公司、中国化工或其子公司带来15.4亿美元或以上销售额之减少，则中国化工有权退出交易；对先正达公司发生重大不利事件采取定量的方式，如果先正达公司在要约收购期间遭受13.4亿美元损失或以上（排除常见的宏观经济和行业事件的影响），则视为重大不利事件发生，中国化工有权退出交易。这种“定量”控制风险的方式，就是中国企业开始在市场上做的一些“好的”惯例。

总体来说，中国企业在海外并购交易中，需要时刻关注市场实践和惯例的发展，以更好地管理好交易进程和控制交易风险。

# 14 并购交易取胜的战略和技巧：从几则案例说起

并购交易案例总会提醒我们，交易中的战略和实务技巧非常重要。本文就用近来的几个案例，分别说明竞购战略是如何帮助康卡斯特赢得交易、创新的抵御恶意收购手段是如何帮助目标公司抵御恶意收购以及中国企业控制的香港上市公司与中国私募基金是如何组团竞购成功 Sirtex。

## 一、康卡斯特击败 21 世纪福克斯 / 迪士尼，成功竞购 Sky

康卡斯特在和 21 世纪福克斯 / 迪士尼竞购 Sky 的过程中，成功地采取了“放弃正面战场，迂回获得胜利”的竞购方式。

一开始，康卡斯特和迪士尼在 21 世纪福克斯层面展开了竞购：默多克家族要将 21 世纪福克斯的电影及电视资产即国际资产出售，康卡斯特和迪士尼都参与了由 21 世纪福克斯控制的并购交易招标流程。根据 21 世纪福克斯在宣布与迪士尼达成交易后的文件，尽管康卡斯在招标流程中提出的报价比迪士尼更高，但迪士尼承诺为未能获得交易的反垄断审批而支付 25 亿美元反向分手费；而康卡斯特拒绝为交易失败支付反向分手费。这个做法显而易见是受到了当时正在进行的美国司法部采用诉讼手段去终止 AT&T 收购时代华纳交易的影响,因为康卡斯特收购 21 世纪福克斯的主要资产和 AT&T 收购时代华纳交易类似,都是所谓的“纵向收购”。因此,在诉讼判决出来之前,康卡斯特认为承诺较高的反向分手费风险较高。

但是,在美国法院判决 AT&T 收购时代华纳交易不违法,并驳回了美国司法部的请求之后,康卡斯特认为自己收购 21 世纪福克斯主要资产的交易风险得到了极大地降低。因此康卡斯特再度出马,宣布以 35 美元 / 股的全现金形式,共计 650 亿美元的价格竞价收购 21 世纪福克斯。迪士尼面对康卡斯特的出手,再度提高报价,把对 21 世纪福克斯公司旗下的电影和电视资产的收购报价提高至 713 亿美元。而在此时,美国司法部宣布,将对法院对 AT&T 收购时代华纳一案进行上诉——对于康卡斯特来说,司法部的这一上诉又给交易带来了不确定性。因此,经过仔细考虑之后,康卡斯特决定放弃对 21 世纪福克斯公司旗下的电影和电视资产的竞购。

但是,康卡斯特虽然放弃了和迪士尼继续在 21 世纪福克斯公司旗下的电影和电视资产层面的竞购,但却决定去收购 Sky 公司。为何这样做?其实,在迪士尼收购 21 世纪福克斯的交易中,还套着另一个未完成的交易:21 世纪福克斯对 Sky 的收购。默多克家族已经持有了 Sky 39% 的股份,一直欲将 Sky 全盘收入囊中。因此 21 世纪福克斯向 Sky 报价 141 亿美元收购 Sky 剩余的 61% 股份。各位读者也许知道,Sky 在欧洲的地位还是很有影响力的,电视台节目也非常受欢迎。21 世纪福克斯收购 Sky,这笔交易英国监管机构一直没批,因为默多克家族在传媒的势力太大,英国监管机构担心全盘收购 Sky 将给新闻的独立性等带来影响。在 21 世纪福克斯收购 Sky 这笔交易的过程中,迪士尼宣布了收购 21 世纪福克斯主要资产的交易。当然,这个交易也就包含 21 世纪福克斯收购 Sky。如果最终迪士尼收购21世纪福克斯主要资产的交易能够完成,英国监管机构就可能不会反对21世纪福克斯对Sky的收购。但当时迪士尼的收购是否能够成功,也是一个未知数;而在交易完成之前,只能先通过21世纪福克斯去完成对Sky的收购。而对于迪士尼来说,显而易见收购Sky对增强其国际业务大有裨益。这也是迪士尼收购21世纪福克斯主要资产的一个重要原因——用并购从业者的话来说,Sky是21世纪福克斯售卖资产中的"皇冠资产"。

因此,康卡斯特公司的管理层在和迪士尼的竞购战中,把战略想明白了:不再冒反垄断审批风险去和迪士尼公司死磕竞购,而用所有的资源去完成Sky的这笔竞购。

由于康卡斯特和21世纪福克斯公司对于Sky公司的报价是14.75英镑Vs.14英镑,但谁都没说是自己的Best and Final Offer。因此英国上市公司收购委员会跳出来,行使监管者的权利,要求双方进行一天的三轮报价,一决雌雄。

这三轮报价:先是报价更低的21世纪福克斯进行第一轮报价;然后报价更高的康卡斯特再进行第二轮报价;最后双方热身之后,进行最终的第三轮报价,提交给上市公司收购委员会,最终揭晓胜者。

在这一波三轮报价之后,势在必得的康卡斯特以17.28英镑/股,总价计400亿美元的报价,击败了15.67英镑/股报价的21世纪福克斯(后面则是竞购21世纪福克斯主要资产成功的迪士尼)。

从康卡斯特公司最终竞购成功Sky公司的案例中,我们可以发掘出实务中有意思且值得关注的几个点:

(1)从竞购战略的角度看:为了控制交易的风险和避免出价过高,康卡斯特没有和迪士尼在21世纪福克斯的主要资产竞购中纠缠过多,而转身去抢这笔交易中的"皇冠资产"——Sky公司。这个竞购交易的战略颇值得称道。从娱乐一点的角度看,这就是并购交易中的孙子兵法之"声东击西"。康卡斯特在和迪士尼竞购21世纪福克斯的主要资产中进行了战略放弃，而集中精力在皇冠资产竞购中一举干掉了迪士尼。这个战略的最终成功，也使康卡斯特在某种程度上减弱了迪士尼收购21世纪福克斯主要资产交易成功带来的效应。

（2）迪士尼在和康卡斯特21世纪福克斯层面的竞购，消耗了迪士尼的大量财务资源，从而在Sky的竞购上不敢像康卡斯特这么出价。

（3）这个竞购三轮战法有点意思。一般直接是封标双方直接在标内报出各自的出价，然后交由第三方打开定出胜负。而这笔交易中采取的是三轮战，先来两轮各自报价，最后一把决出胜负。

康卡斯特的竞购方式让笔者想起了在某些产业玩家充当积极股东的玩法。这些产业玩家，为了避免自己的竞争对手去收购一些战略性目标公司，就先入股这些公司，一旦自己的竞争对手有收购的苗头，要么先自己出来进行收购，要么采取激进股东的方式来阻止竞争对手的收购。因此，对于日益激烈的竞争市场来说，并购交易可能是进攻的手段，也可能是防御的手段。并购交易的推进与否，并购交易应当如何设计，其实在很大程度上是与公司自身的战略息息相关的。

总体来说，康卡斯特在与21世纪福克斯竞购Sky的过程中，体现了全球竞购战在2018年抬头的现象，也表明，竞购战的买方要想在竞购交易中取胜，策略、技巧、速度、交易支付的对价等关键要素，一个也不能少。

## 二、抵抗恶意收购的新方式——技术专家高管辞职

这个案例发生在澳大利亚两家上市公司的恶意收购中，目标公司采取了一种平时不太常用的抵抗恶意收购的方式。

各位读者知道，目标公司应对恶意收购的方式有很多，如我们经常听说的毒丸、白衣骑士、出售皇冠资产、金降落伞、帕克曼防御等，

不一而足。最近我们又在一起澳洲上市公司收购中看到了抵御恶意收购的新方式：关键技术高管辞职。

Capitol Health是一家澳洲上市的医疗成像设备公司，看上了另一家澳洲上市的医疗成像设备/服务公司Integral Diagnostics。双方曾经谈过可能的合并，但并没有达到实质性谈判的地步，也即Integral Diagnostics并未向Capitol Health开放过资料室以供双方的交易继续进行。后来Capitol Health向Integral Diagnostics发起了恶意收购，向其全体股东发出公开的要约收购，提出要用自家股票加比较少的现金来收购Integral Diagnostics。

Integral Diagnostics公司的董事会除了劝说自家股东不要理睬Capitol Health的恶意收购报价及发出声明称自己公司独立经营比卖给Integral Diagnostics有前途之外，还采取了一种在交易中不常见的“撂挑子”的抵抗手段：Integral Diagnostics公司的两位执行董事，同时也是公司的高管层和技术专家明确表示，一旦恶意收购方Capitol Health从市场上收购到的公司股份数超过了50%，那么两位执行董事将从Integral Diagnostics公司辞职并立即生效。

对于高度依赖技术专家的Integral Diagnostics公司来说，一旦这两位执行董事辞职，给Integral Diagnostics带来的影响将非常之大。毕竟人力资本和独特的技术专业诀窍才是这样的医疗服务公司的立足之本。进一步说，虽然恶意收购方提供了自己的股票作为大部分交易对价，但一旦收购成功却失去了重要技术专家，合并后公司价值是否能够得到体现，也是一个重要的考虑因素。

笔者认为对于高度依赖人才的公司或者行业来说，在收购过程中，识别关键人才、留住关键人才是非常重要的事情。如果在并购过程中能够影响公司的关键人才流失，那么是否继续进行收购、收购的目的、收购的价格等，都需要进行再考虑。

这个案例给并购交易实务者带来的启示是：(1)在收购目标公司

主要价值由人才驱动的情况下，进行恶意收购前，需要考虑留任关键人才的可能性，或者需要提前筹划留任事项；（2）目标公司在面对恶意收购的情况下，除了常规的抵抗恶意收购的方式，还可考虑以关键技术人才、高管离职的方式来进行抵御；（3）在恶意收购情况下，目标公司如果采取这种关键技术人才、高管离职的方式来进行抵御，收购方需要考虑是否仍然将收购方的股票作为交易的对价，可能需要考虑采用现金的方式，这样才能吸引更多股东投票支持。

## 三、远大医疗和鼎晖组团最后一刻成功竞购 Sirtex Medical

鼎晖和远大医疗在澳洲上市公司 Sirtex Medical 即将召开股东大会审批和美国瓦里安公司交易的前几天，向该公司发出确定性的收购要约报价，提出以 33.6 澳元 / 股，总计约 19 亿澳元收购 Sirtex Medical 100% 的股权。

Sirtex Medical 公司是一家帮助肿瘤癌症患者早日康复的医疗器械公司。亮点产品是一个专门治疗肝癌的医疗设备，名为“SIR-Spheres Y-90 Resin Microspheres”，由数个呈微粒状珠球组成的放疗设备，通过进入肝脏内部并通过血管游移到肿瘤附近对其进行靶向放射。在明显增强治疗效果的同时大幅减少了对人体健康组织的伤害，提高了患者的存活率与生存周期。由于这家公司在治疗肝癌的技术上有自己的特点，因此，在 2018 年 1 月，美国的瓦里安公司已经与其达成了收购协议：瓦里安公司对 Sirtex Medical 的报价为 28 澳元 / 股，总计约为 15.8 亿澳元。

所以，从鼎晖和远大医疗介入这个并购交易的时点来看，其时瓦里安公司收购 Sirtex Medical 公司已经走到了交易的最终阶段：已经获得澳洲相关的监管审批，只等 Sirtex Medical 公司最终股东大会进行审批即可。在鼎晖和远大医疗出来竞购的情况下，Sirtex Medical 公司的董事会将原定的股东大会往后推，以便评估鼎晖报价和瓦里安的优劣。

在鼎晖和远大医药向 Sirtex Medical 报价之后，瓦里安公司表示不准备就该报价提高自己的报价，并认为，从总交易的整体角度看，自己 28 澳元 / 股报价较鼎晖为优，因为：（1）鼎晖报价不确定性高，还没有得到任何监管机构的审批，除了澳大利亚外商投资审查委员会和美国外商投资审查委员会，同时还需要其他多个反垄断监管机构的审批。交易审批可能不会获得监管机构的支持。（2）鼎晖的融资看起来很复杂，鼎晖在报价里还给远大集团旗下的远大医药留下了 46%~49% 的参与空间。这个参与的过程可能拖延交易。（3）鼎晖提出的交易在时间上不占优势。瓦里安和 Sirtex Medical 交易，只要股东大会一批就可以完成，而鼎晖这个交易时间有可能会到 2019 年 3 月。因此，瓦里安公司对 Sirtex Medical 表示：将继续保持自己 28 澳元 / 股报价，并不会提价。

那么，鼎晖和远大医药报价的优势在什么地方？第一，付出的交易价格显著高于竞争对手——报价大概比瓦里安高 20%；第二，适当地承担域外审批监管风险——愿意为美国监管审批承担风险支付 2 亿澳元的反向分手费，承担澳洲、美国的反垄断风险，但不承担澳洲外商投资监管审批风险；第三，没有中国政府监管审批作为先决条件。为何鼎晖和远大医药要花费高出 20% 的竞价收购？按照远大医疗的说法："本次收购 Sirtex Medical 将为本集团介入肿瘤学领域带来重大良好机会。本公司及 CDH Genetech（鼎晖设立的收购实体）希望进一步深入发展 Sirtex Medical 之现有全球业务，尤其是开拓 SIR-Spheres Y-90 树脂微球产品在中国市场的巨大潜力。肝癌为中国的头号致死原因之一，而单单中国已占全球肝癌病患者的一半以上，但普遍的治疗成效有限，及中国病人较于已发展国家所得到的治疗选择较少。"因此，对于中国竞购方来说，将中国的市场和收购公司的先进技术结合，是交易能带来更高价值的根本原因。

最终，Sirtex Medical公司的董事会推荐鼎晖的交易，放弃了和瓦里安快要完成的交易。为何鼎晖与远大医疗的报价能够获得Sirtex Medical董事会的支持？主要原因在于：更高的价格加上交易的确定性。比竞争对手高出20%的报价是很有优势的。但是，这个报价优势是否足以消除交易确定性风险？针对这个担忧，鼎晖与远大医疗提供了进一步的保障机制：在交易宣布的时候就存入了2.2亿澳元作为交易的反向分手费，以便来担保交易审批风险。反向分手费的额度2亿澳元，对于19亿澳元报价来说，超过10%，是一个相当高的比例。另外，进一步地，在Sirtex Medical公司的安排计划获得法庭最终批准之前，鼎晖和远大医疗将交易的价金全部存入了托管账户，更加保证了交易的确定性。另外，从鼎晖宣布交易，到和远大医疗组团，并完成交易，仅仅花了四个月的时间，可以说交易推进得非常迅速。

从交易实务的角度看，愿意支付更高的溢价、提供了确定性、快速推进、交易时间迅速是鼎晖和远大医疗在此次交易中获胜的关键。另一个值得注意的实务看点是，虽然目标是获得项目，但鼎晖和远大医疗并不是毫无原则地去承担交易的风险：比如鼎晖只承诺在获取美国外商投资审查委员会审批的时候将Sirtex Medical在美国患者的医疗数据和相关放射性物质交由第三方处理，并且不能对Sirtex Medical的12个月营收产生5000万澳元的影响，从而对自身所承担的监管风险有了合理的限制。

# 15 国际油气并购交易中的优先购买权浅析

“合约只有在发生争议的时候有用”，这是并购交易律师经常说的一句话。虽然这句话看上去有些偏颇，但对于每个从事并购交易的人士来说却非常重要。因为只有在交易双方发生争议的时候，双方才会一个词一个词去解释、比照，力争得出对自己有利的解读。

比如，交易双方签署了一个保密协议，说卖方向买方提供的所有保密信息只能用在“一个保密协议下所规定的双方收购交易中”。双方签完协议之后，卖方向买方提供了保密信息，双方也进行了交易谈判但未能按时达成交易。买方开始对卖方采取恶意收购的方式，不再和卖方的董事会进行接触，而直接向卖方的全体股东发出了收购要约。双方最后闹到法庭上，一个很重要的争议点就是这个所谓的保密信息只能用在（一个）保密协议下所规定的双方收购交易中。卖方的解读是，这个（一个）只能是友好交易，因为“一个”双方达成的收购交易只能是友好的；而买方的解读却是，这个（一个）可以解读成友好收购交易，也可以解读成恶意收购交易，保密协议的写法并没有限定买方只能采取友好收购的方式来完成双方之间的收购。

因此，这就给我们并购交易者提出了一个问题：如果并购交易文件中的写法，解释有不同的角度，该如何来进行解释呢？笔者将以一个并购交易产生争议后的实际判例来进行说明。

交易的买卖双方因为并购交易中的赔偿（Indemnity）条款解释产生争议。买方从卖方手里购买了一家保险经纪公司，在买方购买完公司之后，保险经纪公司的雇员提出保险经纪公司一直以来销售保单的做法不合规：这家保险经纪公司在互联网上做广告招徕顾客上门购买保险，但顾客上门之后，保险经纪公司的保险经纪就开始误导这些顾客，从而收取更高的费用。保险经纪公司受到金融监管机构相关规范的管理，在发生这样的事情后需要向金融监管局主动报告。因此，买方促使已经成为自己子公司的保险经纪公司向金融监管机构汇报。金融监管局接到报告后展开了独立调查，并要求该保险经纪公司进行整改。这个过程中，买方受到了损失，因此买方根据交易文件中的特定赔偿机制向卖方进行索赔。而卖方则声称，交易文件中的索赔，只涵盖了对交割之前保险经纪公司的经营行为中由保险经纪公司的顾客提起而引发的损失，或者是保险公司的顾客向金融监管机构提起而引发的损失，并不能包含由保险经纪公司的雇员主动提起而向金融监管机构汇报后引发的损失。因为，如果是保险经纪公司的雇员或者买方主动提起而引发的任何损失或者赔偿，这个对象针对的是消费者的利益，并不能算到卖方的头上去。

交易双方在交易文件中关于赔偿的条款如下：The Sellers undertake to pay to the Buyer an amount equal to the amount which would be required to indemnify the Buyer and each member of the Buyer's Group against all actions, proceedings, losses, claims, damages, costs, charges, expenses and liabilities suffered or incurred, and all fines, compensations or remedial actions or payments imposed on or required to be made by the Company following and arising out of claims or complaints registered with FSA, the Financial Services Ombudsman or any other Authority against the Company, the Seller or any Relevant Person and which relate to the period prior to the Completion Date pertaining to any mis-selling or suspected mis-selling of any insurance or insurance related product or service。

而在交易文件的陈述与保证部分，卖方向买方做出了卖方没有意识到任何监管机构将会对所出售的保险经纪公司存在不合法、追索等相关的陈述与保证；也做出了相关已经遵守了监管义务、所有与监管机构通信都已经正当披露的陈述与保证。

而买方认为，卖方应当向买方负责的并不限于和交割之前保险经纪公司的行为而遭受的主动由顾客提出的索赔以及由监管机构提出的索赔，应当包括一切的索赔和主张。

无可置疑的是，在交易双方的交易文件的索赔条款中，买方所能索赔的范围并不是写得非常精确、一点不产生歧义。粗粗一读，买方在交割后能向卖方索赔的范围至少需要包括如下几个要素：(1)索赔覆盖了针对保险经纪公司的主张和要求；(2)索赔限于交割之前的期间；(3)和不当销售保险产品或服务相关。但是，买卖双方对于买方有权索赔的范围产生了争议，这个时候，应当如何解释？笔者在这里用几个案例来阐释一下交易中合约阐释的原则。

英国最高院曾经在 Rainy Sky v. Kookmin Bank 一案中就合同解释的原则做过阐释。该案并不复杂：Rainy Sky 是一家船运公司，向韩国的 Jinse 造船公司下订单造六艘船，一艘船价值 3300 万美元，造船价按照合约规定的时点进行分期支付。合同约定，如果在造船过程中，Jinse 造船公司破产清算，则 Rainy Sky 有权要求 Jinse 退还已经支付的货款；同时，Rainy Sky 要求 Jinse 出具银行预付款保函，以担保退还的预付货款的义务，Kookmin Bank 为此出具了保函。在合约的履行过程中，Jinse 公司进入破产清算程序，Rainy Sky 要求

Kookmin Bank 根据保函退还已经支付的货款，Kookmin Bank 以保函未约定拒付，Rainy Sky 诉 KooKmin Bank。而保函中关于付款义务的担保写法是：Pursuant to the terms of the Contract，you [ Rainy Sky ] are entitled，upon your rejection of the Vessel in accordance with the terms of the Contract，your termination，cancellation or rescission of the Contract or upon a Total Loss of the Vessel，to repayment of the pre-delivery instalments...we hereby undertake to pay to you...all such sums due to you under the Contract。Kookmin Bank 对保函的理解是：只有在 Rainy Sky 根据造船合同拒收船、合同终止、取消和解除的情况下，Kookmin Bank 才有义务按照保函给予 Rainy Sky 对其预支款项进行支付；而 Jinse 进入破产清算程序的情况并未被保函所覆盖。而 Rainy Sky 抓住了上文中的"All Such Sums"，认为只要是和在造船合同项下和预付款有关的还款义务，Kookmin Bank 均需要进行支付。在合约出现两种可能解释的情况下，如何处理？由商业主体所缔结的合约，合约解释的原则是符合商业常识及理性（Commercial Common Sense/Business Common Sense），即在缔结合约之际，一个合理的商业主体在考虑了所有相关情况合理得出的解释。因此，在解读银行保函中的"we hereby undertake to pay to you...all such sums due to you under the Contract"真实含义时，需要考虑保函的整体内容。而 Rainy Sky 对于合约的解读无疑更符合交易的商务常识：在造船方破产的情况下而产生的预付款退还责任，Kookmin Bank 的保函需要覆盖该等情况。银行的解释并没有在商业上合理地说明为什么保函单单将造船方破产的情况排除了出去。作为一个预付款的保函，尽管在保函中有"Pursuant to the terms of the Contract，you [ Rainy Sky ] are entitled，upon your rejection of the Vessel...Total Loss of the Vessel，to repayment of the pre-delivery instalments"这样的写法，但结合造船合同下的相关条款和对于不同解释的商业合

理性判断角度，法院最后还是支持了买方对于合同的解释。

值得注意的是，对于合约的解释有歧义的情况下，需要按照商业合理的角度去进行解释，但这不意味着法院有权去重写合约。法院仍然需要对于缔结合约双方在合约中使用的词汇进行真意探寻——对于交易双方选定的不具有歧义的词汇，尽管商业合理解释是一个非常重要的合约解释角度，但交易双方所使用的词汇的字面意思并不可在解释过程中被置之不理。比如在 Arnold v. Britton 一案中，合约中约定“to pay...a proportionate part of the expenses...incurred...and the yearly sum of Ninety Pounds and value added tax（if any）for the first three years of the term hereby granted increasing thereafter by Ten Pounds per Hundred for every subsequent three years period or part thereof”。按照承租方的意见，如果按照业主的解释，每年都涨 10% 的复利计算，那么租约到 2072 年，每年租金就会支付 55 万英镑，而租约第一年承租方只需要支付 90 英镑。

因此，对于并购从业者来说，合约中使用的词汇的解释，首先需要注意自然和日常中所使用该词汇的含义；需要和合约的其他部分进行结合，不要出现矛盾；同时需要考量用法的目的；交易双方签署合约的环境及事实；也要考量合理商业常识，同时摒弃任何一方主观的解读。

在讨论了对于合约不同的解释方式之后，我们再回到前面案例中交易双方在交易文件的索赔条款中来。买方认为，交易文件中对于可以索赔的损失是分为两类的，一类是所有的 Damages，Costs，Charges 这类索赔是不应当受到限制的；另一类是监管机构所施加的罚款等，只有这类才是需要由顾客向监管机构进行投诉，买方索赔才受限制。法院在判决中对索赔条款的解释有如下分析：交易双方都是经验非常充足的交易参与者，且对于保险经纪行业有充分的了解。在交易文件中，买方在交易文件中向卖方要求了大量的陈述与保证，尤其是和监管合规相关的陈述与保证，也包含了保险产品的不当销售等的陈述与保证。这些陈述与保证是受到交割后索赔的时间限制的——交易文件中规定了两年。在两年的时间内，买方作为经验丰富的交易者，应当对购买的保险经纪公司在交割之前发生问题有很好的了解。从商业合理的角度解释，交易双方会将更广阔的事项放在陈述与保证中，通过限制交割后买方索赔的时间来进行处理，而将一些更为小范围的事项放在特殊赔偿机制中，而不适用交割后索赔时间的限制。因此，买方在两年内并未通过卖方违反陈述与保证来进行索赔，而试图通过不受时间限制的赔偿机制来进行，但商业上更为合理的解释是：交易双方并未将保险经纪公司的雇员或者买方主动提起而引发的任何损失或者赔偿包含在这个特定的赔偿机制中去。

对于并购交易实务从业者来说，在交易文件谈判过程中就需要对选用的词汇或者文本中的写法进行仔细地分析，力争避免出现有不同解释的可能空间。当然，对于并购交易本身来说，绝对的避免歧义可能不是一件那么容易的事情，这就要求交易双方在交易过程中，至少需要：(1)从语义、逻辑等各个角度检查所采用的词汇和文本可能出现的问题；(2)在交易文件各部分注意商业目的的协调，明确各部分的功能；(3)采用商业常识的做法去审视交易文件中对于权利义务分配的写法；(4)对于不太确定的问题，可能引发纠纷的部分，适当的使用诉讼律师来进行把关；(5)注重词汇本身的字面意思，在交易文件中选用具体文本的时候，避免错误使用。

# 16 谈谈跨境并购交易文件模板的问题

这可能是很多做律师的读者经常会碰到的一个尴尬问题，我也经常会碰到。很多人一上来就喜欢问：张总，能给个并购交易中××协议的模板吗？一般来说，我不太推荐不太懂行的朋友使用并购交易中的模板合同，尤其是在不熟悉项目背景，没有搞清楚交易各方的商业目的的情况下，去选择自己不熟悉的模板。这种做法，可以称得上是“盲人骑瞎马，夜半临深池”。以并购交易中一开始就要签署的保密文件为例，如果没有搞清楚交易的行业、交易的目的、交易的性质、交易的要求、交易的对象，就随意选用一个并购交易保密文件模板，未来可能是要出大问题的。比如，如果交易是公开招标，如果你代表买方的话，那么签署的保密协议中最好需要加入最惠国待遇（Most Favored Nations，MFN）条款[1]，以便确保可以和其他竞标方站在同一竞争线上；如果交易是私有交易，那么就可以不用在保密

[1] 最惠国待遇条款指的是，如果公开招标的卖方在和其他潜在买方签署的保密协议中，约定了比和我方所签署的保密协议更为优惠的条款，则我方自动享受该等更为优惠的条款。这一条款可以保障作为买方和其他买方站在同一竞争线上的权利。

协议中写入 Standstill（未经允许禁止买入目标公司股票、禁止报价）条款[1]；如果交易的买方是私募基金，可能还要考虑在保密协议中放入 Doing Business（做生意）条款[2]。所以，你看，尽管只是一个看上去简单的保密协议，也不是随便用个模板就能解决问题的。一个 500 万美元交易的私有并购交易，和一个上百亿美元的上市公司收购，在保密协议上的写法、风险点，甚至是协议文本的长度上，都是大相径庭的。

那么，并购交易合同的模板化是否可能？从事并购交易实务的人士能否使用合同模板呢？尽管笔者认为不懂行的人生硬套用模板是一件比较危险的事，但毕竟文件模板还是大量的存在于实践中。从并购交易实务的角度，使用模板的主要顾虑是模板究竟能不能解决实务工作中的主要问题？比如，100 亿美元以上交易的并购，主要合同条款、谈判点、变化都包括哪些？交易中的重要条款，各种逻辑上的可能性能不能有效地概括全貌？比如常见的重大不利变化条款，可能有 30 个谈判点，模板合同能不能将其一网打尽？交易实务在不断演进和变化，模板合同能不能及时地跟上变化？比如我们常说的并购交易中的反向分手费。十几年前在并购交易中还没有这个概念，而在最近几年内，反向分手费在实务中已经得到了不断的演进——尤其是在中国企业加入到国际收购中之后，实务中对于反向分手费的处理方式已经从单一反向分手费过渡到了分层、多向的反向分手费，而且反向分手费也从一开始的与分手费等同发展到不同发展。立法、判例和司法的不断发展，使模板需要不断跟上交易实务的变化，甚至连社会运动都会深刻地影响交易文件的写法。笔者在本书《并购交易中的社会议题（Social Issues）》一文中，



[1]　Standstill 条款主要在上市公司收购过程中签署的保密协议中使用，一是为了避免买方从友好收购变为恶意收购；二是为了保证交易按照目标公司的安排有序进行。

[2]　做生意条款主要是避免产业基金在看不同目标公司的过程中，因为看了相同行业的不同公司被看过而未投资公司以违反保密协议起诉的风险。

提到了因为“Me Too”运动，并购交易文本中出现了控制高管不当行为风险的韦恩斯坦条款。这在两年之前的并购交易文本中，是从来没有人想到过的实务问题。因此，要做出好的并购交易合同化模板，必须考虑到并购交易所具有的不断演进、不断发展、不断更新的特征。

那么，什么是好的并购交易模板合同呢？

基于笔者过去十余年的工作实践，笔者认为，一个好用的、能得到专业人士认可的并购交易模板合同，至少应当满足如下几点：

第一，需要满足不同交易需求，进行科学的分类。以上面的保密协议来说，要做出好的保密协议模板，至少需要考虑如下需求：（1）交易的买方和卖方；（2）交易标的大小；（3）交易的行业性质；（4）交易本身性质是私有交易还是上市公司收购，是入股还是资产互换；（5）交易需要实现的目的。

第二，能足够覆盖不同种类交易的风险。这个可能是做并购交易的模板合同比较困难的一个目标。因为在不同的交易项目下，风险的种类可能不同，因此一个好的并购交易模板，至少需要将不同交易项目的带有共性的要点、风险点和谈判点都识别并列示出来。这个非常考验制作并购交易模板合同者的水平。

第三，需要考虑不同地域的交易习惯及惯例。北美市场的收购惯例和英国市场的收购惯例区别就很大。比如在欧洲市场上，交易双方对于Lock-the-box（锁箱计价法）的接受度就更高，对重大不利变化接受度就不高；而在北美市场上，交易双方对于Completion Accounts（交割账簿计价法）的接受度就更高，对重大不利变化接受度也很高。好的并购交易合同模板，需要对不同地域市场上的交易习惯及惯例都有所考量。

第四，考量到不同交易对手的交易习惯。比如一个私募基金买方和一个产业买方，所考虑交易风险承受度就不同，也有不同的交易文件中的惯例。比如私募买方对于收购的目标公司采取"Go Shop"(交易后有权寻找市场上更高出价方)的接受度就较高;而产业买方对于签署交易文件后所收购的目标公司仍然有权 Go Shop 的接受度就低。好的并购交易模板,就需要考虑到交易对手的特性和所能接受的市场惯例。

第五,需要有详细的使用指示及逻辑上各种变种的列举。对于一个好的并购交易标准合同来说,需有详尽的对于各种条款的变化、用法的解释和不同角度写法利弊的解释,以便使用者能够一目了然,用起来容易上手。

第六,需要适时对标准合同进行增补与修订。鉴于并购交易不断变化的特征,好的交易合同范本一定需要不时地进行增补,以便跟上交易市场的变化。

笔者认为,拥有一流的合同模板是世界级公司法律部及世界级律师事务所的一个显著特征,这也应当成为中国律所和中国公司所努力的方向。为什么国际一流律所和国际一流大公司的法律部水平那么高,在某种程度上说,其实是他们持有的各类合同模板厉害。基本上通过上百年时间沉淀的国际性大律所和大公司里,有一切你想找到的交易文件的各式模板。一个经过长期培训的律师,再加上这些沉淀下来的各种模板、工具,做起工作来相对来说是比较容易的。不开玩笑地说,中国律所和外部律所、中国企业的法律部和国际大公司的法律部,在提供境外并购/投资服务上的差距,在某种程度上可以说由国际律所和国际大公司法律部长期积淀下来的这些模板质量所决定的。笔者曾经和一些国内律所的朋友聊天,发现大家往往有一个共识,如果中国律所能拿到全球最好的前面十家律所的所有模板合同,那么中国律所的水平将会有极大的提升。模仿阿基米德那句"给我一个支点,我可以撬起地球",我们也可以说,"如果给中国律所全部 Big Law[1]的模板合同，那么可以再创设一个 Big Law”。可以说，良好的合同模板、良好的并购交易合同模板是一家律所、一家公司法律部水平的体现。以笔者所在的油气行业为例，像 BP、TOTAL 之类的大油气公司，有些模板合同甚至已经成为行业中的模板和参照。

模板合同能够取代法律人吗？一个非常好的并购交易模板合同，就可以不需要律师和法务工作者了么？更进一步地，如果人工智能可以将并购史上 100 年来的合同都总结出来，然后做出“完美”的交易合同模板，是不是就够了？笔者认为这还是远远不够的。

第一，经验和判断问题。有了完美的并购交易合同模板，如何根据并购交易的实际情况、尽职调查发现的问题、交易双方的谈判地位等，来判断如何选用不同的条款，去控制和分配交易各方的风险，需要经验和判断。而这个经验和判断，靠模板合同甚至人工智能，是不容易做到的。

第二，从公司治理角度来说，对于公司的董事会来说，如何证明其对股东和公司实现了信义责任（Fiduciary Duty）？不通过交易双方团队人和人之间的真实谈判，来回拉锯，是很难证明的——机器很难达到这样的效果。

第三，从信任的角度看，一个跨境并购交易，一个上十亿美元、百亿美元的并购交易，不通过有经验的专业人士来做，而仅仅依靠交易模板和人工智能，现阶段看还很难实现。

第四，从交易习惯的角度看，并购交易的推动主要还是需要靠各参与方的互动的。因此，即使有了好的交易合同模板、人工智能技术，在可以预见的一个相当长的时间段内，有经验的交易律师和法务

[1] Big Law 是法律市场上对于那些规模大、知名的国际化律所的称呼，这些律所不仅专业水平高、业务覆盖面广、人员多，收入高，而且对于法律服务、资本市场、商业领域有无可比拟的影响力。

工作者仍然是需要在并购交易文件起草、谈判中占据主导地位的。

中国的法律人能不能做出世界级的标准合同、世界级的并购交易标准模板合同？笔者认为是可能的。随着中国企业从事的世界级并购交易日益增多，中国企业成为世界并购交易中一个主要的玩家，更多的中国企业进入世界级企业的行列（光是看世界500强就超过100多家），打交道的对象都是世界级的企业，同时中国的法律人也在不断地走向世界，提升自身的专业水平——而中国这个世界第二大经济体，更为中国法律人做出世界级的标准模板合同提供了世界级的平台。从这些角度来看，中国的法律人是有资格、有机会、有能力制作出世界级的标准模板合同，包括世界级的并购交易标准模板合同来的。

最后，笔者给各位读者提供一些常见的提供标准合同的网站，各位可以去看看，有些是需要支付费用的，希望能为读者提供一些工作上的便利。比如LexisNexis和PLC都有很好的提供相关标准合同的付费服务。另外还有这些网站：

（1）伦敦贷款市场协会（LMA）。这个协会成立于1998年，为统一贷款合同和融资文件做了不少的标准合同。常做融资交易朋友也知道，如果是用英国法管辖的融资交易，常常逃不过这个协会的模板。

https://www.lma.eu.com.

（2）亚太区贷款市场协会（APLMA），这个协会也是1998年由15家国际银行成立，包括荷兰银行、美国银行、中国银行、三菱东京日联银行、法国巴黎银行、巴克莱银行、花旗集团、星展银行、汇丰银行、摩根大通银行、澳洲国民银行、法国兴业银行、渣打银行、三井住友银行及西德意志银行。

https://www.aplma.com.

（3）纽约的银团贷款及交易公会（LSTA），这个协会1995年成立，也制作了诸多的融资交易模板。

https://www.lsta.org/.

亚太区贷款市场协会、伦敦的贷款市场协会及纽约的银团贷款及交易公会之间彼此为姐妹组织。

（4）onecle网站，将美国证监会信息披露系统上趴下来的一些交易文本集合并进行了分类，比如你想找个贷款文件、保密协议的文件参照一下可以去看看。

https://www.onecle.com.

（5）国际石油谈判者协会（AIPN）网站，其中有AIPN所发布的国际油气标准合同，从事国际油气实务的朋友都使用过AIPN发布的标准合同。

https://www.aipn.com.

（6）美国风投协会的网站，里面有常见的风险投资法律文本。

https://nvca.org/resources/model-legal-documents.

（7）英国私募风投协会的网站，里面私募基金和风险投资常用的法律文本都有。

https://www.bvca.co.uk.

（8）美国证监会的网站，从诸多的文本都从美国证监会的披露系统里可以获得，其文件数据的积累非常强大。

https://www.sec.org.

（9）巨潮信息网，和上交所、深交所的官网一样，都是上市公司披露信息的地方。尽管中国上市公司直接披露交易文件的不多，但从各种信息披露中可以窥到不少交易文件的内容。

https://www.cninfo.com.cn.

（10）如雷贯耳的国际咨询工程师联合会的网站，提供国际工程合同的范本。

http://fidic.org/.

各个行业的专业协会也出了不少的专业文本，比如北美粮食出口协会的标准文本就提供比较专业的模板合同。

http://naega.org/.

# 17 全球第七次并购浪潮的驱动力、特点与趋势分解

2018 年中国企业的海外并购是承上启下的一年，既没有 2016 年的狂飙突进，也没有 2017 年的同比 2016 年大幅下降，整个基调是合理、适度和理性。在全球第七次并购浪潮继续动能的大背景下，2018 年中国企业的海外并购既有这一波并购浪潮的共性，也带有年度特性。

并购研究者常常把这一波从 2014 年起势而来的浪潮称作全球第七次并购浪潮。当然，这所谓的第七次浪潮，还是以西方的视角来看整个交易市场的特点和趋势的。中国企业的海外并购和这一波全球第七次并购浪潮同步，因此也带有这一波全球浪潮中的特点。要理解 2018 年中国企业海外并购交易的实务发展，首先要从这一波全球并购交易浪潮入手。2018 年的全球并购交易是一个先扬后抑的过程。在 2018 年第一季度，全球并购交易额达到了 1.2 万亿美元，而到 5 月的时候，已经突破了 2 万亿美元，9 月的时候达到 3.3 万亿美元，均达到有史以来最高交易额。目前看上去，全球并购交易的动能仍然在这一波大的势头之上。在中美贸易战及全球经济出现更多不

确定因素的影响下，2018 年第四季度，全球并购交易额尽管有了较大下滑，但全年全球并购交易额仍然在 4 万亿美元左右，在并购史上仍然排名靠前。当然，现在有人开始怀疑，是否已经处在这个并购时代的终结点了：2017 年的时候，《经济学人》的编辑就喊出了并购盛宴可能结束的预言，但从 2018 年前三季度全球并购交易的走势和全年数据来看，轻言第七次并购浪潮已经结束，恐怕为时尚早。2018 年，在美国特朗普总统税改之后，美国的并购交易额上涨非常快，所以整个态势，现在看起来，仍然还是处于这么一个大并购时代，未看到有消停的趋势。

### （一）全球并购浪潮：多方驱动力导向

这一波的并购浪潮是如何兴起的？笔者认为这一波全球并购交易的驱动力多种多样，主要有如下一些因素：

第一，企业内生发展动力不足。内生式的发展主要就是靠企业自身发展，通过扩大市场、扩大销量、进行产品研发来进行发展。外生发展主要就是通过并购，买其他公司新的技术、新的市场、新的能力等。一个公司的发展不能只靠内生发展，并购也是企业发展的重要推动力。

第二，企业短期回报的压力。全球并购交易的一个重要原因是来自积极股东对于企业回报率的压迫。积极股东拿了股份之后，就开始给公司董事会提要求：要求改变公司治理架构，要求公司进行收购或者要求公司剥离资产。现在很多私募基金股东越来越多地要求公司的短期回报，因此会有很多公司在积极股东的压力之下去做交易，或者进行资产剥离。

第三，资金成本比较低，股票市场尚佳。全球股票市场这几年不错，使并购交易较多。因为在股票市场好的情况下，很多并购交易的买方可以使用自己的股票作为交易的对价，更有利于并购交易的进行。

第四，行业整合的需求。比如这几年来在农化行业、保险行业等出现的整合。中国化工买先正达的内生原因在哪里？无非就是处在全球农化行业的这一波整合浪潮里面，陶氏跟杜邦合并了，拜耳把孟山都买了，这些行业里的玩家都在做行业里面的整合。

第五，私募基金募资强劲，“dry power”（干火药）充足。这几年PE在中国得到了大的发展。2016年全球PE募了4236亿美元，在2016年年底的时候，全球PE手里有8600亿美元可投资金；到2017年年底的时候，全球的PE私募基金募资到达1万亿美元；而到2018年年底，全球私募基金手里可供投资的钱超过了1万亿美元。

第六，专家顾问的活跃。20世纪80年代，华尔街专门干投行的顾问也就几万人，但是到现在几十万人都不止，全球做并购交易专业服务的就更多了。这些人也促进了交易的活跃，而且也使更多的复杂的交易能够被设计出来。

### （二）全球并购浪潮：交易特点及趋势

那么，这一波并购浪潮有什么特点？

第一，这波并购浪潮中巨型交易增多，跨境并购交易比例更高。

2015年，全球并购交易到达这一波浪潮的高点，为5万亿美元。2016~2018年，全球并购交易都在4万亿美元上下，均处于高位。2015~2017年，全球超过100亿美元的巨型并购交易分别为69起、45起、46起，2018年全球超过50亿美元的大型并购交易更是占到了近2万亿美元。跨境并购交易占全球并购交易的比例，也从2015年的百分之三十几增加到了2018年的45%左右。

第二，交易中监管加强。监管加强一是对外商投资审批的监管加强，二是反垄断审批监管加强。在全球并购交易活跃的大背景下，各国监管机构对外资并购和反垄断审查收得越来越紧。

很多中国公司之所以能够买到好的资产，跟商务部反垄断审批的严格也很有关系。前段时间，有一家中国 A 股上市公司天齐锂业花了 40 多亿美元，去买南美的一家大型的矿产公司 SQM 百分之二十几的股权。那为什么中国企业能买百分之二十几的股权呢？其实是商务部在加钾、加阳对等合并交易中要求的一个条件，要求双方合并后 18 个月内完成出售 SQM 股权。交易后这么一剥离，中国企业顺势买到了。值得注意的是，在天齐锂业收购 SQM 股权的过程中，智利的反垄断机构也进行了长时间的调查。

2018 年有一个交易，得到了很多人的关注，就是博通恶意收购高通的案子。这是科技史上最大的恶意收购案，超过了一千多亿美元。博通是一家新加坡的公司，高通是一家美国公司。一家新加坡的公司收美国的公司，最后被特朗普动用总统行政令阻止了。原因在于高通请了政府公关顾问去游说美国政府：博通和高通在中国都有比较大的资产，中国商务部在做审批的时候，就会要求他们做出资产剥离的承诺。如果剥离的资产一旦被中国的企业，如华为这样的公司接盘，那很有可能使中国企业能够在 5G 的研发上领先。在全球 5G 专利技术上面，华为获得的专利已经占到了 20%。

这个逻辑说服了美国政府阻止了这笔交易。博通在向高通发起恶意收购的时候，其实是做了很好的准备，拟从新加坡公司身份迁移到美国身份，把自己变成一家美国公司，但由于监管审批的原因而失败了。

第三，监管审批的时间拖长了。敏感类交易或者大型交易通常在 12 个月内无法完成，往往需要长达 12~18 个月才能获得监管机构的审批。以中国的泛海集团为例，在 2016 年 10 月就宣布了收购美国的 Genworth 公司，而截至 2019 年 3 月，尚未获得加拿大保险监管机构的批准。

第四，股东积极主义对交易的影响。现在股东积极主义有蔓延的趋势，从美国发端，蔓延到欧洲、亚洲，股东积极主义在很多时候是并购交易的重要推手之一。2018 年韩国现代集团想将旗下的两家集团公司重整。最终控制者想从一家的控股里面减少，增加在另外一个公司里面的股权结构，美国投资者直接发出股东投票权征集，号召所有的股东来阻止。

第五，恶意收购和“不请自来”交易的频率更高。恶意收购是这一波并购浪潮中非常显著的特征。2016 年全球的恶意收购将近 4000 亿美元，占到了全球并购交易额的 11%。2017 年就更高了，占全球并购交易额的 15%。近两年有两个千亿美元级别以上的恶意收购广为人知，一个是卡夫亨氏向联合利华报出了千亿美元级别以上的恶意收购，背后的支持者是 3G 资本和巴菲特，另一个就是上文提到的博通收购高通案。

第六，撤回和放弃交易的比例较大。这个特点和恶意收购与“不请自来”交易比例高相关，因为上市公司在面临恶意收购的过程中，采取很多抵抗手段。很多抵抗手段在实务上也得到了发展，比如，澳洲的一起上市公司恶意收购案中，被恶意收购的目标公司的技术专家，也是高管明确表示，如果被恶意收购成功，将辞去在公司的任职。这对高度依赖技术专家的科技公司来说，是很好的抵御手段。因此恶意收购方最后放弃了收购。

第七，股东诉讼以及评估权套利。比如，美国市场的并购收购股东诉讼是一个常态。相关的数据统计表明每一起上市公司并购案，相应的股东诉讼至少有 4 起。同时，一些对冲基金或者私募基金，在市场上做评估权套利。因为公司的股东有权不把自己手里的股票卖给收购方，即使达到了法定的股权数批准交易，反对交易的股东也有权不把股票出售，且有权要求法院判定他手里持有的股份的公平价值权。公平价值可能高于买方的报价，或者等于买方的报价或者少于买方的报价。如果当法庭判定高于或者等于买方购买价格的时候，套利的机会就出来了。

第八，搭建交易价金的灵活性。这几年市场上也出现了一些常见的融资方式之外的灵活性融资。比如，跟踪股（Tracking Stock），实际上是在 Dell 买 EMC 里面出现的，目的是搭建买卖双方关于并购目标价值的差距。此种方式中，可能就会把其中部分双方无法达成价值一致的资产单列出来，原有的股东在交割之后仍然享受这一块资产。再如，在交易中常见的盈利支付（Earn-out）机制，也是交易双方为了搭建交易的差距，从而在交割后根据目标公司或者目标资产的表现，由买方给予卖方后续或有价金的支付。

第九，私募基金对交易的破坏。这些私募基金起到破坏交易的角色，他们要求购买方提供更高的报价，鼓励第三方的竞争者破坏交易。2018 年有一个案例，就是著名的华尔街之狼卡尔·伊坎破坏富士和施乐公司的合并交易。他游说股东，说交易极大地损害了股东的利益，最后就把交易搞黄了，还把施乐原来的 CEO 给驱逐出去了。私募基金在并购交易中也是很重要的一个角色。

第十，黑天鹅和政治不确定性。黑天鹅和政治不确定性是交易的风险，但是现在看来，这几年的黑天鹅好像没给并购交易带来损害，反而极大地促进了并购交易。比如，特朗普就任美国总统后，美国的收购交易反而越来越多了。另外英国脱欧时，大家认为英国脱欧后会给英国的收购带来不利影响，结果完全不是这么一回事，相反，大家越来越积极投资英国了。所以，所谓的黑天鹅和政治不确定性，并不一定都是坏事。

# 18 中国企业海外并购交易的实务发展及展望

## 一、中国企业海外并购交易实务发展

中国企业海外并购交易实务发展和全球第七次并购浪潮息息相关。中国企业的这一波海外并购浪潮和2014年以来的全球并购交易动能同步，可以说中国企业在海外并购中的突出地位也可以归入这一波并购浪潮中的特点之一。2014年、2015年起步，2016年达到海外并购交易的顶峰，2017年、2018年在中国政府出台相关政策之后变得更加理性、务实。总体来说，2018年的中国企业海外并购实务的特点有如下值得关注的要点：

第一，中国企业海外扩张势头有所减弱，国际排名有所降低。

中国企业海外并购的顶点在2016年，虽然不同统计机构的数据有差异，但2016年无疑是所有统计数据的最高点。西方的统计数据是，所有中国企业在2016年的海外并购超过了2000亿美元，成为当年的全球跨境并购交易排名第一的国家。而在2016年年底，中国监管机构的海外并购新政出台，加强了对海外投资行业的管理与指导，中国企业的海外并购交易金额有所下降。在2018年,日本的海外并购交易金额超过了中国。

第二,中国企业开始售卖海外资产。

过去中国企业主要以收购海外资产为主,卖资产的是少数。而2018年,不少过去积极的海外资产买家,在各种原因下,开始进行海外资产的售卖。如华信、海航等企业就成为国际市场上比较积极的海外资产出售者。虽然有些中国企业的海外资产出售行为与经济环境相关,但中国企业也已经发展到了一个进行全球资产经营的阶段,因此有买有卖的行为在未来将不会少见。

第三,中美贸易战影响和外部监管环境的变化。

中国贸易战对中国企业的对美并购起到了深刻的影响。2016年,中国企业在美国的收购达到了600多亿美元,而2018年则不到100亿美元。更多的中国企业将收购的方向转向了欧洲、美洲和非洲。除对美并购的外部监管环境变化外,欧洲、澳洲等地也开始收紧对中国企业在关键技术、大数据、高科技、基础设施等领域内收购的审查。如2018年,德国政府就以“战略考虑”为理由在历史上首次否决了中国烟台台海集团对德国莱菲尔德公司的收购交易。

另外,对一些持续在相同产业内进行收购的中国公司来说,域外监管中的反垄断审批已经成为实质性的风险。如中国化工对先正达公司的收购,中国化工就向美国联邦贸易委员会和欧盟委员会作出了实质性的资产剥离承诺并执行。

第四,中国政府实行的一些产业政策和西方政府审批监管审批的内生性冲突仍然在继续。

中国政府所支持的高端制造业并购、高新技术的引入等导向型跨境收购政策,在中国企业不断走向海外的背景下,与境外相关政府关于国家安全的担心产生了一些可能的冲突。西方学界将中国企业这一波海外并购浪潮称为国家战略收购者(National Strategic Buyer,

NSB），意思是中国企业的海外收购是为了执行国家意志和国家战略，因此给西方政府造成的印象是中国收购者将给西方带来国家安全风险。这一理论完整的体现在美国贸易代表办公室所发布的针对中国的“301 报告”中，值得中国企业在“走出去”的过程中注意。西方学界甚至提出，中国企业作为收购方，尤其是国有企业作为收购方，应当有独立的公司治理架构主体来决定对外收购的商业属性，这样才能打消西方政府对于中国买家进行收购所带来对其国家安全的担心和疑虑。因此，中国政府对于产业政策的宣传口径，可能也需要作出一些调整，以应对现有的西方政府的监管审批挑战。

第五，一些盲目进行海外扩张的企业开始尝到苦果。

2018 年，我们见到一些海外并购交易理由不充分、逻辑不合理的买家尝到了盲目冲动投资的苦果。比如，A 股上市公司中宏股份在过去几年内进行了积极的高杠杆海外扩张收购，在收购完成后，目标公司无法完成预计的业绩承诺，造成了企业无法支付到期债务，最终因为股价连续 20 个交易日股票收盘价均低于股票面值而被退市。

第六，中国企业的海外恶意收购 / 不请自来交易仍在延续。

这一波中国企业的海外并购热潮中，恶意收购和“不请自来”的交易成为一个较为明显的特征，与以往中国企业海外收购“和为贵”形成了鲜明的对比。比如 2018 年，鼎晖和远大医疗在澳洲上市公司 Sirtex Medical 即将召开股东大会审批和美国瓦里安公司交易的前几天，向该公司发出确定性的收购要约报价，提出以 33.6 澳元 / 股总计约 19 亿澳元，收购 Sirtex Medical 100% 的股权。最终，由于鼎晖和远大医疗的收购价格更高，提出的保障交易确定性的机制更多，故 Sirtex Medical 公司的董事会推荐了鼎晖的交易，放弃了和瓦里安快要完成的交易。

中国的三峡集团也向葡萄牙电力提起了“不请自来”的要约收购，报价高达 100 亿美元，但被葡萄牙电力董事会以“报价不符合市场惯例”而拒绝。

第七，中国企业并购交易中的争议开始显现。

2018年中国企业也见证了一些海外并购中的争议的出现。如中粮在2018年向交易的卖方发起的索赔案。中粮在2014年和2017年，分别花费13亿美元和5亿美元收购了Nidera公司51%和49%的股权，总计18亿美元，100%控制了该公司。中粮买入Nidera公司之后，本意是将其收购的来宝农业和Nidera进行整合，成为中粮国际，并考虑上市。但中粮在全盘收购Nidera公司之后发现了不少问题，特别是公司会计的虚假记录问题，使中粮在收购过程中支付了更高的价格。因此，中粮按照合约的纠纷解决所约定的方式，开始在国际商会提起仲裁。除了要求冻结交易过程中约定的Escrow Account（托管账户）中的资金（约1.8亿美元）外，中粮也同时向荷兰的法院要求再冻结价值高达500亿美元的卖方银行账户中的资金。另外，中国石化向海外卖方因并购交易索赔55亿美元而和交易对手进行国际仲裁。这些交易后的索赔事件都提醒我们，中国企业海外并购交易的风险将会陆续暴露。如果中国企业在收购过程中不能谨慎地处理好交易的尽职调查，不做好卖方赔偿限制的谈判，不采取多种方式控制交易中的风险，不在交割后发现问题时及时进行追索，将遭受较大的并购风险。

第八，中国企业开始更为深入地探寻并购交易的灵活性。

美国政府在2018年修改了外商投资审查的相关法律，对来自中国企业的对美收购，采取了更为严格的审查手段和方式。这些审查的加强，很大程度上是由于过去几年内中国企业试图采取灵活的方式如在美国设立基金、采取派观察员入驻被收购公司董事会等方式，绕过CFIUS审批造成的，这些方式现在都被新的外商投资审查制度涵盖了。

另外，由于国外卖方经常要求中国企业承担中国政府审批风险，给付与中国政府审批相关的分手费，因此，实务中，中国企业开始通过签署确定性合同锁定交易对手，但除了规定条款外（如签署合同后中国买方申请中国监管机构审批的义务），还会通过交易双方权利义务并不发生的约定，来规避分手费给付的风险。有些中国买家也在探索不同币种作为交易支付对价的可能性，甚至在“一带一路”沿线国中收购能够接受人民币支付的卖家。

中国企业也开始更多地探索绕过域外监管审批的可能性合作方式，如要求域外拟投资的目标公司出技术，中国企业出资到中国境内来设立合资企业。

第九，中国企业在海外收购中应对积极股东及股东诉讼。

中国企业过去几年的海外并购中，也碰到不少积极股东对交易的干涉。海航和万达都曾经在海外并购交易中遇到所收购的目标公司的基金股东说其收购出价不高，需要提价。

更有甚者，中国公司在海外并购过程中，还曾经遭遇到目标公司的股东诉讼风险：双汇在并购Smithfield公司的交易中就曾经遭到Smithfield公司的股东诉讼，艾派克收购利盟的交易中，也有美国律所曾经进行股东集体诉讼的征集。另有一些在海外证券市场上私有化的中国企业遭受了股东提起的诉讼。

第十，交易中运用新的风险控制工具。

2018年中国企业更多地运用新的交易风险控制工具。如中国买方更多地开始在交易中购买陈述与保证险，反向分手费保险或者税务、环境责任险等，以便在交易交割后发现未披露的问题或者在相应监管机构审批未能获得而需要支付反向分手费的情况下，得到保险商的赔付，从而减少作为买方的风险。

第十一，更多应对大环境不确定性的机制。

由于政治经济的不确定性，中国企业在跨境并购交易中更多地考虑应对这种不确定性带来的问题。比如，现在中国公司要去购买美国的资产，就会提前去考虑交易获批的可能性。2018年中国企业做的两个收购就体现了这一点：一个是三峡集团在收购葡萄牙电力公司时，直接在要约报价文件里面非常明确地写明如果交易需要得到美国监管机构审批，而美国监管机构设定的审批条件无法接受，就有权终止交易了。另一个交易就是鼎晖收购Sirtex Medical，鼎晖在做交易的时候，也考虑到了相关的政府审批的不确定性。它在报价中明确：如果美国人对交易实施如下的条件，就有权撤出：第一，如果美国政府所施加的条件，使拟收购公司每年的营收减少5000万澳元；第二，如果说美国政府施加的条件超越了如何控制使用放射物，也有权终止。中国企业在海外收购面临不确定的大环境下，尽量设置机制来保护自己。另外，在应对这种不确定性的时候，越来越多的中国企业开始对于跨境并购交易对价的支付进行特殊的考虑，比如采用Earn-out等机制，即在交割后一定时间内，目标公司或目标资产达成某种条件后，买方才对卖方支付特定金额的价款。



第十二，更多交易对价形式的尝试。

中国企业开始在跨境并购交易中尝试采取使用自身的股票作为交易支付对价。跨境换股这件事情，很多中国企业都曾经想过，但囿于相关政策、法律法规的限制和国外卖方所担忧的锁定期、流动性问题，跨境并购交易采用中国买方的股票作为交易支付对价，在实务中一直没实质性地开展起来。以往的所谓换股交易，一般是在同一控制人下的"左手倒右手"，而在2018年上海莱士购买基立福持有的GDS股权交易中，则采取了向基立福定向发行股份的方式进行。

第十三，中国企业的收购机会部分来自监管机构要求的资产剥离。

2018年，天齐锂业以超过40亿美元的对价，收购了SQM公司23.77%股权。这起交易的由头是商务部在审批加钾、加阳对等合并交易的审批中明确提到的"对于萨钾在阿拉伯钾肥和智利化学矿业的股权，在协议转让的情形下，合并后实体将在拟议交易交割后15个月内确定一个或多个买方，合并后实体应向商务部提交买方人选并经商务部批准。在确定一个或多个买方后的3个月内达成最终协议并剥离萨钾持有阿拉伯钾肥和智利化学矿业的股权。合并后实体应向商务部提交与买方签署的出售协议并经商务部批准。商务部在审查批准过程中所用时间不计入上述期限。在通过证券二级市场承销的情形下，合并后实体将在拟议交易交割后18个月内完成二级市场销售”剥离要求而引发的。

再如，陶氏化学和杜邦达成的并购交易中，巴西反垄断审查机构要求两家公司合并必须满足出售旗下一些作物保护产品和其他资产业务的前提条件，来自中国的中信农业产业基金就对该资产进行了收购。

第十四，“一带一路”的并购交易。

2017年中国企业在“一带一路”沿线国家的并购交易金额与数量均大幅上涨，2018年中国企业在“一带一路”上的并购交易仍然保持了良好的势头。在中美贸易战中，美国政府甚至提出要主动和中国在“一带一路”沿线国家进行投资竞争。可以预见，未来中国企业在“一带一路”沿线国上的并购将持续进行。

第十五，中国专业服务机构进一步拓展中国企业海外并购的服务市场。

中国政府已经意识到了涉外服务业对于国家“软实力”的重要性，因此也推行了一系列的支持措施来鼓励、提升中国专业服务机构为中国企业海外投资并购服务的能力。也有越来越多的中国专业服务机构开始投身于中国企业海外并购的服务。以司法部为例，为了加强涉外法律服务队伍建设，培养储备一批通晓国际规则、具有世界眼光和国际视野的高素质涉外律师人才，更好地为“一带一路”建设等国家重大发展战略、为中国企业和公民“走出去”、为我国重大涉外经贸活动和外交工作大局提供法律服务，司法部在 2018 年年初启动了建立全国及各省（区、市）涉外律师人才库的工作。

## 二、中国企业海外并购交易未来展望

2018 年中国企业的海外并购交易额从总体来看，基本保持了 2017 年的水平。未来，中国企业海外并购交易会怎样？笔者认为：

第一，从大势的角度看，中国企业海外并购仍方兴未艾。

中国企业的海外并购仍然在一个方兴未艾的阶段。从海外并购占 GDP 的比例来看，中国企业的海外并购仅占 GDP 的 0.6%。这个数字是日本的一半，是美国、欧洲的 1/3 不到。2018 年中国企业海外并购的平稳，更多的是来自经济大势、政策和地缘政治关系的影响。中国企业将在更广、更深范围内“走出去”进行收购，是看得见的趋势。

第二，中国企业的海外并购已经进入了新的阶段。

中国企业海外并购进入新阶段，不单单体现在交易额度大、交易数量多、交易水平上升等方面，还体现在中国企业的海外并购已经从单纯的买产品、买市场、买技术到了一个更为丰富的阶段。用贝恩咨询的说法，叫作“赢在国内、输出海外”，意指中国企业已经建立了一套长期稳定的可复制的境外并购模式并培养了成熟的能力，在提升并购能力的同时，也在进入全球市场，面临及应对更为复杂的全球运营环境。单纯“买”的阶段已经过去，中国企业将更多地从全球资产运营的角度，来考虑收购、整合及商业利益。

第三，中国中产阶级消费升级、对健康美好生活需求、中国产业升级需求、“一带一路”倡议、全球行业整合浪潮仍将继续对中国企业海外并购产生重大影响。

近年来的中国企业海外并购热潮，与中国中产阶级的消费升级需求、对健康美好生活的需求、中国企业发展到一定阶段后的外生性扩张需求、产业的升级需求、中国政府发起的“一带一路”倡议以及全球的产业整合热潮密不可分。中国企业未来并购目标资产或目标公司的方向，还将围绕这些主题进行。

第四，中国企业海外收购的监管环境将持续紧张。

中国企业在西方学界和政府已经被贴上“国家战略买家”的标签，认为中国企业的收购本质上是实现国家战略、国家产业发展战略的工具。这种认识，使未来中国企业在科技业、高端制造业、基础设施等关系到国家安全行业的收购中，将受到更为严格的外商投资审查，这是毫无疑问的。西方的研究者也给中国企业指出了一些应对西方政府监管收紧的方式：如政府不干预国有企业商业决策；国有企业吸纳国际商业领袖作为独立董事；所有并购决策遵循事先的商业决策流程和原则等。另外，从实务角度看，不同所有制携手、遵循交易的商业性原则，可能是解决域外监管审批值得尝试的手段。

第五，中国企业全球资产收购、配置、处置成为常态。

中国经济发展的体量和实力，以及中国企业多年的积累，使中国企业已经发展到了进行全球资产收购、筹划、配置的阶段，未来中国企业的海外并购、全球经营将成为常态。中国企业将不仅在全球进行收购，还将在全球范围内对资产进行优化、处置。像西方公司那样，对全球资产进行大排队搞排名，以决定资产动态处置的方式，将成为经营的日常形态。可以预见的是，中国企业在海外并购交易继续的同时，海外资产的售卖也将会成为经营中的正常行为。给全球并购市场留下“只买不卖”印象的中国企业，在未来将成为市场上积极的卖方，成为“有买有卖”的全球经营者。

第六，民营企业海外并购的力度持续加强。

过去几年，中国企业海外并购有个较为明显的特征：金额最高的并购交易往往是国企在做，而民营企业“出海”收购的交易数超过了国有企业。2018年的趋势仍然如此。民营企业已经占据了中国企业海外并购交易数目的60%~70%，比例还有继续提高的趋势。随着中国经济的转型，民营企业天生的主动求变的精神，也是民营企业海外并购日益提高的重要原因。

第七，中国企业将从“着力并购”转向“着力整合”。

在这一波并购浪潮中，中国企业更多讨论的是如何收购海外标的，如何打造良好的收购团队，如何能买到中意的标的公司或者标的资产。在收购之后，越来越多的中国企业开始意识到，能够进行良好的整合，才是交易能否成功的根本。因此，从着力并购到着力整合，是进行海外收购的中国企业的一个必经历程。

第八，中国专业服务机构经验与水平增加，将更多地参与到中国企业海外并购服务中。

随着中国政府将涉外专业服务作为一项重要工作来对待，中国专业服务机构为中国企业海外并购交易提供更多的专业服务，是可以预见的。相比国际上大的专业服务机构，中国专业服务机构的经验和水平虽然仍待继续提升，但过去几年已经有了长足的进步。随着中国企业在全球跨境并购市场地位的进一步提升，中国企业在全球化经营中的话语权进一步加大，中国专业服务机构将在中国企业海外并购服务领域中占据更大的份额。

第九，中国企业海外并购交易成功的考虑因素。

在中国企业未来的海外并购交易中，要取得成功，更多地需要考虑政治和监管审批因素。首先要事先筹划，特别是对敏感行业以及高科技行业，要有事先打算，对政府、竞标方可能的政治游说，有灵活的方案；其次要对监管审批采取适当的保守态度，提前想好解决监管机构国家安全风险担心的方案；最后要对可能的国家安全风险减轻方案，制订可行的行动计划。另外，在交易中可能障碍的应对需要有良好的考虑，如各利益相关方，目标公司董事会与高管、股东、外部顾问、融资方、工会、社区、媒体、可能出价的第三方买方，均要一一考量到位。此外，良好的整合计划及实施，也是中国收购者应当提前考虑的问题。应尽早进行整合准备，注意合规，关注文化、语言、公司历史方面的问题。

总体来说，中国企业的海外并购仍然处在一个历史机遇期内。全球并购浪潮的持续、国家的经济发展、企业自身的需求，为中国企业海外并购提供了良好的大环境，而日益复杂的国际政治经济形势、监管机构监管的加强、新技术发展层出不穷、未来的不确定性等，又给中国企业的海外并购带来了监管、合规等方方面面的挑战。中国企业的海外并购之路，有机遇，有挑战，有困难，也会有更多成绩，越来越多的中国企业，将通过海外并购，成长为更强更大的企业。

第二编

# Part 2

# 并购交易实务

# 19 跨境并购江湖：交易赢标的十般武艺



跨境并购交易中，卖方为了能够发现市场上最优价格，往往采用公开招标售卖的方式。在存在多个潜在买方竞标的交易中，如何能够赢标成为竞买方关心的问题。从笔者多年从事海外并购交易的经验来看，中国买方在海外并购交易竞标过程中，赢标至少需要注意如下十个事项：

第一，在跨境并购交易中，想要赢标的买方要向卖方证明自己是 Serious Buyer（严肃买家）。这个 Serious Buyer 的定位非常重要。在跨境并购交易中，我们常常把一些东逛西看、没有确定性收购战略、什么交易机会都掺和一手、主要是收集资料的买方叫作“集邮者”。这种集邮者在成熟的并购交易卖方面前是没有市场的。成熟的卖方，对买方的资本实力、技术实力、行业地位、过往并购交易经历、买方可能遇到的审批风险和阻碍等都要进行详尽地考察，这些因素是判断买方是否为严肃买家的重要指标。有些中国买家在和卖方接触的时候，表现得不懂国际规则。比如，卖方为上市公司，会要求买方先提交示意性报价，再提供保密信息。这种行为符合国际惯例。

但如果买方不了解上市公司收购的惯例和流程而按照私有交易的思路，要求先提供保密信息再进行报价，就可能使卖方对买方是否为严肃买家产生疑虑。因此，买方要尽力向卖方展示自己是严肃、可信和商业合理的交易对手。对于并购交易投标的成功，这是非常重要的基础工作。

第二，买方需要了解卖方和卖方售卖的交易逻辑。比如，以油气资产的并购为例，卖方出卖资产无非有以下几种原因：减少风险，以优化自身资产组合；资产已到生产末期，涉及的弃置费用高；资本开支巨大，如一个独立的油气上游勘探生产公司深水资产太多，其打算出让部分深水开发资产以便减轻公司的资本开支负担；拟出让资产未达到卖方的预期回报；储量上升空间不大或者增产的成本高；所在资源国政治风险高，或者有恐怖袭击，或者安保成本太高；变现退出等。对买方来说，需要了解卖方，对其财务状况、售卖战略、交易特点等进行多方面的分析和了解。同时，买方还要着重分析卖方处置资产的原因，以便能跟上卖方思路，了解其在并购交易中最关心的问题：是交易价格最重要，还是交易确定性最关键，抑或是 100% 干净退出最令其关心？摸清楚卖方在交易中的逻辑偏好，能够使买方在交易中有针对性地采取策略。

第三，买方要在整个并购交易流程中遵守商业规则。比如，在公开售卖交易的过程中，卖方一般都会对交易的流程、提交报价的要求、修改交易文件的格式等作出具体规定。买方需要对这些具体规定进行仔细研究并尽可能地予以遵守，如果有疑议，应当通过正当程序向卖方询问。

第四，买方应当在尽职调查、交易文件改动等工作上采取商业合理的标准。从卖方的角度看，自然是希望尽职调查越快完成、交易文件改动越少为佳；而从买方的角度看，则是将尽职调查尽可能弄得详尽、交易文件对自身保护完全到位为佳。但是在竞争性投标的并购交易售卖流程中，买方应当商业合理地对尽职调查中发现的问题和交易文件的保护要点进行考量。尤其在买方提交报价函和交易文件修改稿的过程中，应当对此问题予以关注。哪些是真正重要的问题和风险，哪些仅仅是理论上的问题和风险，哪些问题和风险应当具体在交易文件中提出，哪些问题和风险已经在报价中进行了考虑等，都要在投标时认真考虑。我们经常说的“Real Issues”（真正的问题），必须认真对待。如在尽职调查中发现出卖资产上有抵押的情况，那么在交割之前，抵押需要得到解除或者买方认可的解决方式，但并不意味着要在关于资产的陈述与保证中，进行全方位、无死角的保护，如果在交易中采取这样的方式，在卖方进行评标的时候是非常丢分的行为。

第五，价格为王。对任何并购交易的卖方来说，价格的高低总是排在第一位的考量因素。而在实践中，能够报出最高价的买方一般来说总能赢标。但是在多轮投标过程中，是否在第一轮投标就将所有的报价上限打完，还是保留在价格区间的合理位置，以便在未来的“决战”中留有空间。毕竟对于卖方来说，无论第一轮买方报出多高的价格，卖方几乎总是会回来告诉买方：还能再提高点价格吗？因此价格在并购交易中尽管重要，但对于投标的买方来说，如何有策略地进行报价，也是投标过程中考虑的重要因素。

第六，提供交易的确定性。对交易的卖方来说，虽然价格是第一位的考虑因素，但交易的确定性也是其考虑的另一重要因素。如果一个潜在买方尽管报价很高，但交易获得政府监管的审批风险很大，且不愿意承诺在获取政府监管审批过程中采用“最大努力义务”或者“排除万难义务”，那么对于卖方来说这个高的报价很有可能是“镜中月、水中花”，最后很难拿到。因此，为了向卖方提供交易的确定性，买方需要在获取交易先决条件的努力程度、在未能满足先决条件是否愿意支付反向分手费、支付反向分手费所占交易价金的比例等方面去向卖方提供确定性的保证。一个著名的案例：中海油在2005年向优尼科发起的185亿美元全现金报价，尽管比当时的竞争对手雪佛龙高了十几亿美元，但中海油的交易被要求进行严格的政府审查而给交易的确定性带来了阴影，最后优尼科公司的董事会经过综合考量之后，决定支持雪佛龙一百七十几亿美元的报价。这个例子说明，从卖方看来，并购交易中的最优报价并不只意味着最高报价；最优报价还需要考虑交易完成的可能性、交易完成的时间和交易风险的控制等因素。

第七，向卖方提供交易方案的灵活性。对于买方来说，如果在交易中发现大的问题，是需要处理的。但对于问题处理的方式，可以向卖方提供一定的灵活性。比如，在尽职调查中发现的问题，如果卖方能够在交易文件签署之前或者交易交割之前处理，买方是否可以考虑不放入赔偿要求部分？又如，要求卖方对某些特定事项承担赔偿责任的期限需要延长，那么买方是否适当考虑提高交易价金？等等。在并购交易中，买方如果能主动替卖方考虑，为其提供交易方案的灵活性，也能在客观上起到增加投标吸引力的作用。

第八，警惕被卖方当作“掩护马”。掩护马就是我们常说的Stalking Horse，指卖方在潜在买方之间玩这种手段。卖方将潜在买方一直留在竞标名单中的目的是给其中意的买方提供压力，而并非是真心想和这些潜在买方做交易。因此，对于卖方往往要求的“买方报价应当在×天之内保持有效”，买方在投标的时候应当仔细研究和分析，独立地给出合适的时间段。

第九，关于投标竞争方的信息和情报。要想获得投标的成功，对于潜在的竞标方和竞争态势需要进行认真的分析。外聘的财务顾问很大的一个作用就是收集、分析可能竞标方和其可能的投标策略。了解竞争对手的动向，对于赢标来说，也是非常重要的。毕竟，能否赢标，除了自己能够报出合理的价格和条款外，竞争对手是否商业理性也是个关键因素。在非理性出价的竞争对手面前，赢标是件很困难的事情。

第十，投标一定要有自己的底线和原则。对于并购交易中的买方来说，投标过程中不能头脑发热地一味加价。并购交易失败的原因很多，但Overpayment（支付过高价款）是非常常见的一种。没有哪一个交易是不可放弃的，在其风险够大，或者报价的溢价已经过高，无法给买方带来合理回报的情况下，应当果断放弃。

在并购交易中，投标和报价是非常有技巧性的。对交易团队来说，在经过了辛苦的前期接触、尽职调查、文件修改等过程后，能否投出一个有竞争性、对卖方具有吸引力的标，非常关键。当然，即使对有丰富经验的并购买方来讲，在并购交易中丢标也是有可能的。从笔者个人的经验来说，并购交易的不确定性，也是并购从业者喜爱这行的原因之一。

# 20 海外并购，如何寻找项目机会？

在做海外并购交易过程中，寻找项目机会是一件非常重要的事情。并购交易的完成是从项目机会的寻找和发现开始的。缺少可靠的项目来源和项目机会，抓到大鱼、做成好交易的可能性很小。当然，对于行业内的大公司和知名公司来说，寻找项目机会的难度相对来说较小。曾经读过一个对某国际大石油公司首席财务官的访谈，其提到，对他来说，项目机会太多，问题的关键在于研究如何筛选符合公司战略和能带来协同效应的项目。而对中小型公司来说，这样的机会并不像大公司那样多，因此项目机会的寻找就变得非常重要。

在寻找并购交易项目机会的过程中，有几个问题需要注意。

首先，对中国公司来说，如果确定了并购意图，就要积极主动地寻找项目。有些中国公司对并购项目机会的态度是等，而非主动寻找项目机会。这种被动式“等货上门”的态度和方式并不可取。守株待兔，运气得有多好，才能碰上一只肥兔子。其实，此种方法中，把握项目机会的主动性并不在购买方；而且，买方团队还要在大量送上门的项目中识别和筛选，需要非常强的“去伪存优”的识别能力。此外，这些送上门来的许多项目可能是已经在市场上转了好久的。企业需要认识到：“好项目是靠找的，而不是靠等的”。

其次，作为买方，需要明确满足自身战略和商务需求的并购项目的条件，如项目地域、项目大小、财务指标等。作为买方，只是明确自己购买海外标的的意图是远远不够的，还需要深入分析自身的长处，战略发展方向，拟购入资产的范围、规模、条件等。这样才能有针对性地在市场上寻找项目、筛选项目。笔者有时会收到朋友的求助，要求帮忙介绍项目，但仔细一问，却发现朋友根本不明白所需项目的规模和条件。类似这样盲目寻找项目机会的公司不太可能得到好的结果。

最后，关于几种项目来源。项目来源，通常无非有以下几种：朋友介绍、中介、财务顾问、撮合平台等。

朋友介绍这种方式很具有中国传统。传统中国人做生意基本靠朋友和社会关系介绍。在这种方式下，朋友靠不靠谱，介绍的目标公司或者资产是否靠谱，就需要自己判断了。另外，这种方式往往绕过投行等外部中介，对一些公司来说，好像是节省了财务顾问的费用，但是项目的好坏，却非常依赖中国公司内部团队的识别能力。被朋友介绍坑过的中国公司，也不在少数。对某些性质的企业来说，朋友介绍还包括一些领导干部所批的“条子”。这些条子上的内容往往比较简单，最终落款几乎都是“请你们研究一下”。这些同样得认真对待，仔细研究。

而从中介手里拿来的项目，尤其是对资源类项目来说，往往会带来反腐合规的风险。这类中介通常号称是阿拉伯王室后裔、以色列将军的亲戚或者当地呼风唤雨人物的代理，能保证在某国给中国买方带来好项目、赚钱的项目。当然，前提总是需要中国买方支付高昂的介绍费和不菲的干股。这些中介都有些说不清道不明的“关系”，还真能介绍中国买方认识某些部长或者王子,但是项目的好坏和背后隐藏的风险,需要中国买方自己判断。花了不少钱,见了不少人,拜了不少庙,也没有弄上一个好项目,这种情况也是有的。

另一种比较商业化的项目源自财务顾问,也就是我们常说的投行。对于有点名气的中国公司来说,如果有在海外购买项目的意愿,有时会有卖方的财务顾问主动找上门来。这种情况下,潜在的中国买方就能参与到竞标程序中去。或者这些中国公司会聘用投行来推荐项目,或者在市场上寻找并购项目,这本来也是一个惯例。但是,对很多可能不那么有名的中国公司来说,主动找上门来推介项目的财务顾问并不多,而其自身也不太愿意付钱请财务顾问帮助寻找项目机会。对于这些中国公司来说,寻找合适的项目就有较大困难。而有些中国公司不愿意聘请财务顾问帮助的原因,其实是从根本上未将寻找项目机会摆在足够重要的位置,认为其不过就是介绍一个项目机会而已,起不到什么大的作用。其实,对于买方来说,找到懂行的财务顾问,并将自己的并购需求描述清楚,让他们到相关市场上为自己寻找符合自身实力的目标资产或者目标公司,这是获取项目机会的较好方式。在这种方式下,作为买方,中国公司所需要做的,就是清楚自己的需求和实力,明确自己能做什么,并将其清晰地传递给财务顾问以寻求适合的海外并购项目。曾经合作过的一位投行的总经理曾和我提道:"现在有些中国公司开始明白,找靠谱的财务顾问去寻找项目机会,是应当付出成本的,这也是一个进步。"

最近,中国还出现了撮合平台。这类平台也在做类似投行的工作,对接外国卖方和中国买家,有些同时还捎带一些交易服务性质的工作。这种撮合平台往往有自己的网站、平台或者应用程序,吸引了不少有海外并购需求的中小企业用户。在寻求交易机会的中国买方看来,这种方式比较适合中小型的中国公司,毕竟大公司不会通过这些撮合平台去寻找项目。"大公司只用 Big-name Banks(大的投行),

既是所谓的Prestige（声誉），也是风险控制的需要。但是撮合平台机制比较灵活，费用也较传统方式灵活，不失为中小企业寻找海外项目的一种方式。毕竟中小型企业（Small-Median Enterprise，SME）需要更多地去考虑控制前期项目费用支出的问题。"一位投行专业人士这样建议。

实践中还有一种方式是内部团队主动寻找项目机会。有些公司内部设置了海外业务发展（Business Development，BD）团队。这样的BD Team都会主动在市场上寻求项目机会。这应该是获得项目机会的最好的方式，因为有经验的内部项目开发团队会主动分析、寻找、评价市场上的项目机会。他们既能避免公司被忽悠，又能深入地理解公司的战略和需求。同时他们在项目进行过程中有能力控制和管理各类顾问，在使用好外部顾问的同时，又能避免过度依赖外部顾问的弊端。只是，依笔者所见，中国公司里真正有全球视角、掌握国际规则的内部项目开发团队并不多见，仍有待时间和经验的逐步积累。

对于成熟的国外买方来说，寻求项目机会是多头来源，但以内部团队牵头主动寻找、筛选项目机会为主。以Repsol并购Talisman的交易为例：在Repsol并购Talisman交易宣布的当天，Repsol的首席执行官Josu Jon Imaz曾经发表了一席话，大意如下：与Talisman的交易是Repsol在分析了全球超过100家公司和资产后的结果。从每个地区来看，Talisman都是最佳选择，无论是其分布全球的资产还是富有天赋的雇员。而Repsol拥有能够实现Talisman资产价值的必要能力和资源，交易所创造的协同效益将每年带来超过2亿美元，所以交易是双赢的选择。这段话虽然简单，但对从事海外并购交易的中国公司来说具有很大的借鉴和参考价值。

中国企业在进行海外并购时，一定要符合并购的基本规律：对目标公司或者目标资产需进行较长时间的分析、研究，并从自身的实际出发，明确对目标公司或者目标资产的并购是否符合公司的发展战略，是否能给公司带来协同效益，是否经济可行。成熟公司的并购方式，基本上都是依靠对不同来源项目机会长期的跟踪和分析，从中购买契合自身发展战略的资产。毕竟，对大多数买家来说，一个项目机会，仅仅看了几个星期就决定买，也许运气好能中奖，中枪的可能性倒是更大。

总体来说，如果一家公司仅仅孤立地分析、评价市场上出现的单个项目机会，不考虑项目机会与公司战略的合拍及公司能力，不去对市场上并购项目机会做长期跟踪和分析，是很难拿到好项目、做成好项目的。只有在公司战略明确、筛选标准清晰、长期跟踪观察、积极主动寻找、项目机会来源可信、内部团队专业有力等条件符合的情况下，中国买方才能更好地锁定项目交易机会，从而为做成一个好的并购交易打下基础。

# 21 如何应对跨境并购交易中的股东？



在跨境并购交易中买方需要应对并购交易中诸多的利益相关方：卖方、卖方的顾问、监管机构、证券交易所、工会、社区、不请自来的第三方搅局者和股东等。目标公司的股东作为并购交易中重要的利益相关方，会给并购交易的进行过程带来一定的不确定性。因此，如何处理好并购交易中的股东，提前锁定大股东及管理层股东以便增加交易的确定性，以及由股东引发的积极股东反对交易、股东诉讼等所带来的问题，是从事跨境并购交易的买方值得关注的。

第一，锁定大股东支持，为交易成功提供确定性。

在并购交易中，如何较早地提前锁定交易，减少并购交易的交割风险，是买方非常关注的一件事情。提前锁定目标公司和大股东的投票支持是减少交易风险的惯用手段，也是尽量减少并购交易宣布后出现第三方竞争性报价可能的方式之一。尽管在交易中有可能出现更高报价的第三方，但提前锁定目标公司的董事和部分股东的投票权，对交易的成功无疑具有重要意义。

事先锁定部分股东的支持也是并购交易市场上常见的手段和方

式，中国公司运用这样的手段也较为娴熟：最近海航旗下的新三板公司喜乐航在并购一家美国上市公司部分股权时就采取了这样获取大股东支持的方式。这笔并购交易中，喜乐航将以9.9美元/股首期认购Global Eagle Entertainment Inc. 9.9%的股权，并有权以9.9美元/股再行增持至不超过Global Eagle Entertainment Inc. 34.9%股权。该等增持来自从Global Eagle Entertainment Inc.公司购买不超过1.5亿美元的新增股票；向全体股东发出部分增持要约；向Global Eagle Entertainment Inc.公司现有股东购买（如果在部分增持要约中未能收到共计34.9%股权）。喜乐航公司两次购买的34.9%股权价值大概在4.16亿美元。在完成34.9%的股权收购后，喜乐航将和Global Eagle Entertainment Inc.成立合资公司（Global Eagle Entertainment Inc.将使用部分并购中获得的对价出资），向海航集团独家提供机上链接、内容及娱乐服务。

为了在交易中获得确定性，喜乐航就和Global Eagle Entertainment Inc.公司的现有第一大股东PAR Investment Partners达成了对交易支持的安排，在第二步购入Global Eagle Entertainment Inc.股权的交易中，PAR Investment Partners在要约收购中将在自己的股权份额中，按照等比例将自身的股份卖给喜乐航，如果喜乐航通过部分要约收购无法收到总计34.9%的股权，则PAR Investment Partners将用自己持有的股份作为兜底，使喜乐航能够达到最终购到34.9%股权的目的；另外，在Global Eagle Entertainment Inc.后续向喜乐航发行股票和部分要约收购中，PAR Investment Partners还承诺投票支持交易。

无独有偶，其他的中国企业在海外收购中也惯常采用这种事先获得大股东支持的手段进行并购交易，如中化集团并购Emerald Energy PLC公司的交易和中国化工并购倍耐力的交易。

在中化集团并购Emerald Energy PLC公司的交易宣布之前，中化集团就已经锁定了 Emerald Energy PLC 公司的董事和部分股东对此并购交易的支持，并获得了这些董事和股东不可撤销的在股东大会上投票支持的承诺(Irrevocable Undertaking to Vote in Favor of the Transaction)。这部分股票的比例达到了 Emerald Energy PLC 公司已经发行股份的 37.53%。

作为中国公司对欧洲并购最大交易之一，中国化工并购倍耐力交易的成功，也与倍耐力大股东的支持密不可分，甚至这笔交易的缘起和成功，都建立在中国化工和倍耐力大股东的战略合作伙伴关系之上。事实上，该并购交易是由倍耐力大股东和中国化工共同控制的合资公司对倍耐力进行并购来完成的，并且双方将在并购交易完成后继续合作经营倍耐力。

因此，这笔交易分为两步：第一步是中国化工从倍耐力大股东的手中购买倍耐力股权，而该大股东将所得资金投入到中国化工控制的合资公司；第二步是合资公司因购买倍耐力大股东股权而触发强制要约收购，从而向倍耐力所有股东发出强制收购要约。

锁定大股东支持，至少需要约定如下事项：(1)大股东需要投票支持交易；(2)大股东需要对其他交易投票反对；(3)大股东需要对目标公司任何修改公司章程以延迟或者阻止交易的内容进行投票反对。

第二，应对针对并购交易的股东诉讼。

在对上市公司的并购交易宣布之后，许多律所就会开始进行股东集体诉讼的代理投票权征集。股东对交易提起诉讼的原因无非是：(1)董事会违反信义责任，导致并购交易的对价严重低估了公司的价值；(2)公司未能全面地向股东披露相关信息，导致股东作出决定的基础不够。对于买方来说，应当认识到的一个事实是：上市公司收购引发股东诉讼的情况非常常见，一般来说并不足以对交易完成产生影响。而最终上市公司都能和集体诉讼的股东达成和解：要么以适当修改交易条款的方式，要么以增加披露内容的方式进行了结。

比如，双汇在并购Smithfield公司的交易中就曾经遭到Smithfield公司的股东诉讼，艾派克收购利盟的交易中，也有美国律所曾经进行股东集体诉讼的征集。中国公司在海外并购过程中，如果在并购交易宣布后遇到目标公司的股东提起诉讼或者律所征集股东集体诉讼，不用感到紧张。和并购交易相关的股东集体诉讼是交易的常态，尤其在美国这样股东诉讼发达的市场，平均一场并购交易案至少有四起股东集体诉讼。

第三，应对目标公司的积极股东。

在成熟的证券市场上，积极股东让上市公司的董事会很是头痛。这些以私募基金和机构投资者为主的积极股东，经常对上市公司的战略、董事会人选、高管薪酬等发表意见，并展开股东投票权征集，要求上市公司改变分红政策、进行业务拆分、并购或者将公司卖掉。

在2016年对瑞士Gategroup公司的并购中，海航就碰到了这样的积极股东并和积极股东进行了“过招”。

万达集团在海外并购中也碰到了股东的反对。

第四，应对目标公司股东起诉（非针对并购交易）。

在签署并购交易后，如果目标公司的股东起诉对目标公司以往的披露或者经营情况进行诉讼，如何保护买方的利益？

前面提到的喜乐航就遭遇了这样的情况。喜乐航所收购的Global Eagle Entertainment Inc.在交易宣布之后，目标公司遇到了股东集体诉讼的问题。而这些股东集体诉讼不是针对交易进行的，而是对Global Eagle Entertainment Inc.以前所完成的一桩并购交易、内部风控系统不完善、财务报表未能准确反映实际情况而提起的。

在这样的情况下，需要并购交易的买方可以通过交易文件中合理的风险控制条款来保护自己。笔者查阅了喜乐航和Global Eagle Entertainment Inc.所签署的投资协议，在其中，喜乐航要求Global

Eagle Entertainment Inc. 作出了常见的关于财务报表准确性、公司无重大诉讼等陈述与保证；在交易文件中放入了交割日陈述与保证违反不得导致重大不利变化（Material Adverse Change）的先决条件。在这种情况下，如果股东集体诉讼对 Global Eagle Entertainment Inc. 带来了重大不利的后果，喜乐航有权拒绝交易，从而保护自身的利益不受到损害。如果股东集体诉讼对 Global Eagle Entertainment Inc. 不会带来任何重大不利影响，则喜乐航仍然可以继续交易，完成交割。

第五，积极做好目标公司股东的沟通及投票权征集工作。

跨境并购交易中，收购方和被收购方应当采取和目标公司股东积极沟通的态度，采用公关媒体、公告、专门网站等方式进行积极沟通。在美的收购库卡的案例中，就为交易建立了专门的网站以发布相关的公告，使股东能及时地获取到相关信息。另外，在收购过程中，买方一般会聘用股东代理投票权征集机构来处理相关的征集股东投票事项。

以"双赢、积极对话、建设性沟通"的方式对待目标公司股东，能在股东有不同意见的时候采取正确的方法获得支持，从而成功地完成并购交易。

第六，注意获取大股东支持过程中的技术化事项。

买方获取大股东支持并购交易的锁定方式，主要有两种。一种叫作"硬锁定"，另一种叫作"软锁定"。所谓的"硬锁定"是指在大股东和买方签署支持协议之后，尽管有第三方更优报价出现，大股东只支持买方的交易，这种 100% 的硬锁定是很难谈下来的；所谓的"软锁定"就是在第三方提出更优报价和目标公司达成交易后，大股东有权转投支持更优交易。在硬锁定的情况下，如果买方在交易中有所谓的"强制投票权"（Force-the-vote）的权利（无论目标公司董事会是否改变对买方交易的推荐，都应当将买方的报价提交董事会进行表决)，而“硬锁定”的股东又持有目标公司的50%以上股权时，则有可能需要在后续的股东投票中采取“小股东多数”(Majority of Minority)的方式才能避免交易受到挑战。

第七，提前应对股东的异议权(评估权)。

并购交易中，股东享有一个权利叫作评估权(Appraisal Right)。这个评估权的行使是不将手中持有的股票卖给买方而要求法院对股票进行单独的公平价值权评估。要求行使评估权的股东需要对并购交易表示反对并不投票支持交易，这样的股东也被叫作异议股东(Dissenting Shareholders)。股东行使评估权在买方能获得大部分股东支持的情况下并不能阻止交易，但会给交易的买方带来风险：如果法院对行使评估权的股东持有的股票评估出来的价格高于或者等于买方的报价，则买方在完成交易后可能将向这些股东支付更高的价金。因此在近来的交易中，买方往往通过两种方式来应对股东的评估权以控制交易风险，一是在交易的先决条件中放入异议股东比例，这个比例一般在10%~15%，对于买方来说，如果行使异议权的股东超过了一定比例，则买方有权拒绝交割；二是提前锁定目标公司大股东的支持，要求其放弃行使评估权，在交易中支持买方并在目标公司的股东大会上投票对交易进行支持。

从上面的例子可以看出，在跨境并购交易中，应对好交易的利益相关方之一的股东是非常重要的。笔者认为，有如下几个方面值得考虑：

第一，在并购交易之前，应当对目标公司的股东架构进行分析，并推演在并购交易中可能出现的股东事件，提前做好交易中应对股东的预案。

第二，在交易之前，积极锁定目标公司大股东或者部分股东，保证交易的确定性，以便更加顺利地完成并购交易。

第三，如果在交易宣布之后出现了股东针对交易本身的集体诉讼，则需要积极的配合目标公司应对诉讼。

第四，在交易宣布后出现了股东对目标公司的集体诉讼（非针对交易本身），需要在交易文件中放入保护机制，以便在目标公司出现重大不利变化的情况下可以从交易中撤出或者继续交易的灵活性。

第五，在并购交易过程中，如果出现积极股东的反对，要根据并购交易的具体情况，做好和积极股东之间的交流、沟通；根据交易的具体情况，适当采取提高价格、制定应对策略、分而治之等手段来解决问题。

第六，要注意在大股东锁定的情况下，根据交易的总体情况来进行相关条款的谈判和沟通。尤其在条款的技术化比较强时，需要外部顾问的专业意见来保证控制交易无法完成或者交易受到挑战的风险。

第七，提前应对可能的股东评估权，在交易签署之前，锁定相关的股东签署不得行使异议权（评估权）的协议，进一步增大交易的确定性。

# 22 目标公司如何拒绝并购交易提议？

并购交易失败/撤回的重要原因有两种：一是监管机构的反对，二是目标公司的不配合。在2016年，全球因为监管机构反对和目标公司的不配合而导致的失败/撤回的并购交易，就达到了近1万亿美元。了解目标公司反对交易的理由，对于“走出去”并购的中国公司来说很有意义。

如在2017年2月，巴菲特/3G资本拥有控制权的卡夫－亨氏公司向联合利华发起了共计1430亿美元[30.23美元现金＋股票(0.222新公司股票)每股]的报价。在不到48小时后宣布撤回，除了联合利华公司董事会对交易的明确反对之外，坊间认为英国政府对交易的态度是巴菲特/3G资本迅速决定撤回报价的重要原因。

2017年3月22日，荷兰涂料巨头Akzo Nobel再一次拒绝了美国竞争对手PPG于2017年3月20日提出的263亿美元修改后并购报价(包括债务。对Akzo Nobel公司每股报价57.50欧元加PPG公司0.331股票，价值约90欧元/股[1])。在此次拒绝之前，PPG在

[1] 以PPG报价时PPG的股价、当日欧元/美元比例1.074计算得出。

2017 年 3 月 2 日向 Akzo Nobel 的报价已经被 Akzo Nobel 拒绝过一次了。

Akzo Nobel 为何要拒绝这笔溢价 40% 的交易？[1]理由如下：

(1) PPG 的报价并不符合 Akzo Nobel 股东的最大利益。PPG 修改后的报价仍然严重低估了 Akzo Nobel 公司的价值，没有反映出公司新战略和聚焦特种化工及涂料、涂层增长模式的潜在价值。

(2) PPG 公司修改后的报价提高了股票在对价中所占的份额，而合并后公司的高杠杆率将会给 Akzo Nobel 股东带来风险。

(3) Akzo Nobel 公司和 PPG 公司在装饰性涂料及功能性涂料业务在地域和产品门类上存在高度的重合性，反垄断机构不可避免地会要求相关业务剥离。这将带来价值上的可能减损。同时，也给交易的完成带来了不确定性。

(4) 交易完成将带来大量的裁员。合并后的公司要实现协同效应不可避免地需要裁员，PPG 并未提供实质性的关于员工保留的承诺，交易将可能带来数以千计的裁员。

(5) PPG 对交易的重要利益相关方的担忧和不确定性并未提供有效解决方案，如研发、公司年金和雇员。

(6) PPG 没有对社区贡献、可持续增长和两家公司巨大的文化差异如何协调等重要问题进行解答。

Akzo Noble 公司的董事会一致决定拒绝 PPG 的并购报价。

在 Akzo Noble 公司再次拒绝 PPG 公司的报价后，PPG 公司并未放弃，并积极地和 Akzo Nobile 公司股东、荷兰政府等利益相关方进行接触，意图表明其并购交易将带来的好处：

(1) 公司文化上合拍。两家公司都是全球经营的企业，PPG 在荷兰已经有很长的历史，了解 Akzo Noble 公司的历史和文化。Akzo

[1] PPG 的报价比起 Akzo Noble 在 3 月 8 日的收盘价溢价 40%，比 Akzo Noble 过去一年中的最高股价溢价 39%。

Noble对员工、消费者、供应商和利益相关方的看重，也是PPG看重的，PPG深刻认识到成为负责任的社会公民和利益相关方对商业成功的重要性，将以可持续和社会负责的方式进行经营。

（2）PPG过去的历史证明了其能够完成复杂的交易。在过去15年中，PPG成功地完成了50起并购交易的整合，包括Akzo Noble北美的涂料业务。PPG过去成功的经验和其精心准备的修改后报价将为交易的成功提供高度的保障。

（3）强劲的财务能力。PPG承诺在合并交易完成后保持稳健的投资级评级。向Akzo Noble的并购并无融资作为先决条件。

（4）历史表现：PPG在过去5年内，为股东带来146%的回报，超过了同行可比企业。从1899年起，PPG从未间断过对股东股息的支付，过去5年支付了19亿美元股息，连续45年增长。合并后，PPG预期将继续给股东带来回报。

（5）雇员承诺：PPG对Akzo Noble现有员工的社会福利、年金计划及承诺一并保留，包括雇员签署的劳动协议也将得到遵守。PPG希望能和Akzo Noble的工会进行沟通。

（6）对研发投入的承诺：PPG将继续支持Akzo Noble对欧洲主要大学和研究中心的长期承诺，并将继续投入大量资金进行研发。

（7）对荷兰的承诺：尽管交易后合并的公司总部将在美国匹兹堡，但Akzo Noble现有的荷兰和欧洲所在机构仍将在未来扮演重要角色。PPG承诺：合并后，公司的建筑及特种材料中心仍然将在荷兰。

（8）对社区的承诺：PPG在2016年全球25个国家支持了数百个社区，对于运营所在的社区的需求，PPG一向愿意拨付财务资金进行支持。

（9）公司治理及管理：Akzo Noble现任管理层将有很大机会在合并后的公司中继续承担重要角色，PPG计划现有Akzo Noble董事会的一名成员将加入合并后的公司董事会，管理团队将为合并后的公司作出更大贡献。PPG 现任 100 名高级管理者中，有 25 名是从以往并购中留任的。

（10）品牌：合并后的公司将继续使用双方的旗舰品牌。

（11）公司社会责任：PPG 对于可持续发展有强烈的认同和承诺，超过 30% 的销售收入来自可持续产品，同时 PPG 已经在能源消费强度和温室气体排放方面有了极大的减少。PPG 将建立由两家公司代表组成的整合委员会来实现两家公司的成功整合。

对于潜在的荷兰政府的反对态度，PPG 公司的董事长表明了态度：在全球化的今天，不能从保护主义出发来看待一起并购交易。Akzo Noble 当年对英国最大化工公司 ICI 的收购也并未带来问题。只要交易能给所有利益相关方带来好处，就应该得到支持。

最终，在 Akzo Noble 的反对下，PPG 在 2017 年 6 月 1 日宣布放弃对 Akzo Noble 的恶意收购。但交易双方在交易过程中的说理过程，是值得从事并购交易的中国公司认真分析的。这些往来的说理过程，就是并购交易双方应当在交易中去解决的重要问题，也是并购交易能够获得成功的重要因素。只有在交易中，众多的利益相关方的诉求都得到了某种程度上的照应和满足，交易完成的可能性才会增大。跨境并购交易的不确定性，在很大程度上就来自交易的利益相关方的诉求没有得到满足。

无独有偶，在 2016 年也曾经有一笔高达 900 亿美元的并购被拒绝。在这笔被拒绝的交易中，目标公司联合技术公司公布的拒绝原因，简直称得上并购交易中买方拒绝并购交易的范本，也值得“走出去”的中国公司学习和研究。

2016 年 2 月 26 日，霍尼韦尔公司公布了其对联合技术公司高达 900 亿美元报价的具体方案，并表示这笔合并交易将把两个在行业内占据领导地位的世界 500 强公司联合在一起，并带来巨大的协同效应。

霍尼韦尔的报价：联合技术公司股东每股获得 42.63 美元现金和 0.614 霍尼韦尔股票，合并后的公司年销售额将达到近 1000 亿美元 / 年，成本的协同效应将达到 35 亿美元。进一步地，合并报价将为联合技术公司的股东带来超过 390 亿美元的价值合并后每股两位数以上的增长。

在霍尼韦尔公开报价之后，联合技术公司不甘示弱，在同日发布了拒绝霍尼韦尔公司报价的声明并阐述了理由：

（1）近年来的并购浪潮使美国政府及其他司法领域对巨型交易的监管态度有了收紧。拟议的合并交易很有可能遭到监管机构的直接拒绝或者要求巨大的资产剥离计划，长时间的监管审批和资产剥离将给股东价值带来损害。

（2）用户对可能的合并的担心和反对。联合技术公司的主要用户波音、空客等都对可能的合并表达了担心，合并交易将减弱竞争，可能给客户带来损害。

（3）霍尼韦尔的报价严重地低估了联合技术公司的价值，同时过高地估计了交易可能带来的协同效应。

（4）霍尼韦尔的报价实际上是使用了联合技术公司健康的资产负债表做的一个杠杆收购，对联合技术公司的股东并无吸引力，且未反映联合技术公司长远的更佳前景。

（5）拟议合并交易所带来的资产剥离、员工离任和客户关系损害均对联合技术公司不利。

这样看来，联合技术公司董事会面对 900 亿美元的报价不动心，也是有一定道理的。

联合技术公司重点对并购交易的监管环境进行了分析，这也值得“走出去”的中国公司从反面借鉴、思考拟并购的目标公司的担心，并要在并购交易中有的放矢地提出方案予以解决。

（1）联合技术公司认为，与霍尼韦尔的合并交易将在美国、欧盟、中国、巴西、加拿大等引起监管机构的严格审查，审查有不能通过的风险；即使审查通过，由于联合技术公司和霍尼韦尔之间产品线有很大的重叠，审查所耗费的时间将会非常长、审查通过需要的资产剥离将会非常大、审查剥离资产的买方也可能受到监管机构的反对。因此，交易所带来的不确定性会摧毁股东价值。

（2）除美国外，欧盟、中国、巴西、加拿大都是主要的航空制造国家，因此监管机构的仔细审查是不可避免的，每个法域的监管机构都有权挑战合并交易，每个法域都有在自己的审查时间表下独立审查的权力。联合技术公司认为，根据近来的巨型并购交易的实践经验，监管机构的审查时间将有可能超过 18 个月。

（3）如果联合技术公司和霍尼韦尔公司合并，两者仅在航空系统领域的营业额就将超过 300 亿美元，这将是排名第二位竞争者的四倍。不言而喻，两家公司重叠的资产将会有很大程度的剥离。在安全防御系统方面，两家公司也有可观的重叠。

（4）更重要的是，四大飞机制造商——波音、空客、庞巴迪和巴航都已经表示了对两家公司可能合并交易的反对。考虑到主要客户的反对，重叠资产剥离的范围和广度可能会超过想象，从而带来未来运营的不确定性和影响交易的协同效应。

（5）监管机构要求资产剥离的情况下，客户和监管机构对剥离资产的买家也将进行严格的审视：买家购买剥离资产后是否会减弱竞争？买家是否缺少技术能力和资源来开发新产品？买家是否仅仅是购买剥离资产附带的技术但并不会开发新产品？买家是否仅仅是像私募基金那样的财务投资者？而监管机构对各自国家经济利益的考量，不一定能对买家达成一致意见。

（6）值得注意的是，联合技术公司特别提到了中国政府的反垄断审批。由于中国政府的产业政策特别强调国内航空能力建设，因此挑战可能更大——中国政府可能要求剥离资产需要转给来自中国的买家，这样，又可能在美国带来国家安全的问题和武器贸易等一系列问题——从而剥离可能很难满足各方要求。如果要通过法庭或者上诉方式解决和政府达不成一致的风险的话，则可能需要好几年。因此，接受政府任何剥离要求，以获取对交易的批准，从而严重损害股东价值不如放弃交易或者阻止交易。

（7）对霍尼韦尔过去并购交易被阻止的先例进行分析，会发现2001年霍尼韦尔和GE的合并交易被欧盟阻止后，霍尼韦尔的股价跌了近40%，因此，同意进行交易对联合技术公司来说是不负责任的。

因此，如果联合技术公司同意霍尼韦尔的合并交易要求，将给公司带来不可承受的风险和无法预测的不确定性。

联合技术公司还强调，即使在很多巨型并购交易中，外部顾问中有司法部和联邦贸易委员会的前官员帮助参与并购政府审查的工作，也不能避免被政府阻止交易或者要求剥离更多超过预期资产的情况，如伊莱克斯和GE家电的交易（最终GE家电被中国的海尔收入囊中）；西斯科公司终止35亿美元收购美国食品公司的交易；史泰博63亿美元收购欧迪办公的交易和哈里伯顿收购贝克休斯300多亿美元的交易在一年多时间里仍未获批（最终这两笔交易也因为监管机构的阻止而失败）。

联合技术公司带有深意地引用了司法部反垄断局长Bill Baer的一句话：There are some ideas that should never get out of the boardroom（有些交易的念头压根儿就不应当从董事会的会议室里出来）。

对中国公司来说，研究市场上的跨境并购交易案例，关注目标公司拒绝并购提议的理由的主要目的还是学习和预防，对买方犯过的错误应当尽量在交易中避免。

# 23 预防并购交易中的“碰瓷儿”



有些朋友常常问：并购交易过程中是否需要签备忘录？在什么时候签备忘录比较适合？

对于并购交易过程中是否需要签署备忘录以记载双方已经达成的商业共识，还是直接谈判最终交易文件，需要根据交易的具体情况来进行分析。总的原则是：如果交易双方都是私人公司，除了要小心卖方拿着备忘录去市场上找更高出价第三方外（此时如果备忘录中没有独家谈判期的规定，这种风险是有的），一般来说，在交易过程中签署备忘录问题不大。而对于和上市公司打交道的买方来说，需要警惕（尤其买方也是上市公司的情况下），尤其需要警惕“碰瓷儿”的情况。今天用国内的一个例子来说说跨境并购交易中的“碰瓷儿”现象。

万达商业就曾经在2016年的一个潜在交易中被交易对手碰过瓷。万达商业地产自2016年5月在香港市场上宣布要约私有化回归A股后，迅速在2016年9月完成了港股的私有化。回归A股，无非两种方式，一曰“借壳”，二曰IPO。现阶段搞IPO时间明显无法控制，“伟光正”的证监会实质审查不说，就那排队上会审批的名单，让人一看也会顿感人生无望，所以很多私有化回归的公司就瞄准了借壳上市这条路。A股市场上合适的“壳”资源，也凭借需求的失衡，价格水涨船高。在万达商业私有化完成后，财经媒体就一直没有停止过对其可能借壳目标上市公司的梳理。而混迹股市的芸芸众生也将猜测的能够做“壳”的上市公司当作投机目标，寄望能够赌对目标壳公司，从而发个小财。当然，借壳这条路，在证监会的新规出台的背景下，也没那么好搞了。

就在市场上对万达商业回归A股借壳公司各种猜测的时候，2016年11月21日晚，北京某投资集团股份有限公司发布公告称：由于与大连万达集团未能谈判达成其旗下的大连万达商业地产股份有限公司“借壳”交易，因此决定终止筹划本次重大资产重组事项。公告宣布开盘后，此投资公司的股票一路奔着涨停而去。而随后万达集团发布声明称：“某投资是中介机构主动推荐给万达集团的，双方仅仅进行了初步接触，并未就万达商业重组进行正式协议谈判，也未达成任何一致意向。某投资擅自发布‘终止万达商业重组’公告完全属于单方炒作行为，与万达集团无关。”明眼人一看，万达这次算是碰到市场上的“碰瓷儿”了。看某投资公司的情况，除了前10大股东加起来股权比例还算凑合、股权还算清晰之外，盘子并不适合万达商业这样的巨型体量。

当然，万达商业私有化并非是关注的重点。借着万达辟谣“借壳”一事，来聊聊跨境并购交易中上市公司的“碰瓷儿”套路和应对方式。

所谓的“碰瓷儿”，就是借着并购交易的由头，先不管三七二十一，也不论交易是否能够成功，炒作一把股价再说。笔者当年就曾经参与过一个跨境收购上市公司的交易，这笔交易的目标公司是加拿大的一家上市公司。这家境外的上市公司有一个资源类的项目待开发，由于投资巨大需要寻求合作伙伴，需要出让公司的部分股权。在和这家加拿大上市公司初步接触的过程中，对方数次提出要求在开始谈判交易文件之前，双方先签署一个交易备忘录。

大家知道，在上市公司收购中，交易双方往往是倾向于直接谈最终交易合同的。为何？因为如果在交易谈判过程中签署相关的备忘录，上市公司就可能触发披露义务，而一旦向市场披露之后，竞争对手可能出来搅局；也可能因为披露之后目标公司的股价上涨，从而给后续的购买带来“溢价不够”的风险；同时，因披露带来的上市公司合规问题也需要仔细考虑。因此，在和上市公司进行交易的过程中，对交易达成前要签署中间文件这件事，需要谨慎。

在接到这家目标公司要求签署备忘录的要求后，交易团队进行了仔细地分析：这家加拿大上市公司的股票已经是一两年不振，急需通过向市场传达潜在的交易信息来刺激股价，提振股东的信心。在交易的具体细节尚未明朗的情况下，和对方签署这样一个交易备忘录，很有可能被对方用来作为刺激股价的工具，或者作为向其他潜在竞争方“争宠”的依据，不但达不到促进交易的目的，还很有可能为交易的顺利推进制造可能的障碍和麻烦。因此，交易团队果断地向管理层建议，拒绝这家加拿大上市公司提出的先签署交易备忘录并向市场公告的要求。

那么，对于资本市场/并购交易中可能出现的这种“碰瓷儿”，应当如何处理呢？

首先，应当谨慎地选择交易对手。

在商业交易中，选择交易对手在某种程度上就意味着选择风险。和一个诚信、有良好交易历史的对手打交道，其可能的风险就显著低于和一个名声不佳、不按商业游戏规则办事的对手。按照博弈论，如果只进行一次博弈的话，任何交易方都有冲动去欺骗对手、占对方的便宜。在跨境并购交易中，往往大公司很难和小公司一起玩的原因就在于大公司往往担心小公司的信誉问题。交易对手的选择，是商业活动/跨境并购交易中首先需要考虑的问题。

其次，要准确识别对方的商业意图。

在交易中，准确地识别交易对手的商业意图，是交易启动过程中就应当做的事，也是一件容易被忽略但又非常重要的事情。跨境交易中，在交易开始的时候有一个资质审查的环节，其目的就在于交易双方都要通过这个过程去确认对方是严肃的商业对手，还是怀着别的目的。

在跨境并购交易中，有一些买方被称为“集邮者”。他们通常东逛西看，没有自己公司确定性收购战略，什么交易机会都掺和一手，主要目的就是收集资料。这种“集邮者”在成熟的并购交易对手面前是没有市场的。成熟的交易对手，会对另一方的资本实力、技术实力、行业地位、过往交易经历等都进行详尽的考察。

而上面的这些因素，构成了判断交易对手是否具有正当商业目的的重要指标。交易双方都应当在商业游戏规则的范畴内进行，交易双方都要尽力向彼此展示自己是严肃、可信和商业合理的交易对手。这是参与跨境并购交易商业活动的各方都值得注意的事项。

最后，在交易开始时即采用合约手段来控制可能的“碰瓷儿”。

之所以强调交易文件的控制手段，就在于文件能够给交易双方确定好相应的权利义务边界。交易双方一旦进入潜在商业谈判，彼此之间就具有了相应的义务，这些义务如果不用书面方式固定下来，那就很可能给交易的对方带来“碰瓷儿”的可乘之机。

那么，哪些合约手段可以采用？比如，交易双方在接触的初期就签署保密协议，就潜在交易的谈判事项、潜在交易的谈判双方、潜在交易的进行环节等，统统要求保密。当然，交易双方的保密义务可能会有一些所谓的例外情形，如法律法规要求披露、法院命令要求披露；对于上市公司来说，还会有证券监管机构、证券交易所的强制要求披露等例外。在此种情况下，更容易“被碰瓷”的一方需要警惕，如在合约中加入“监管机构的强制性披露要求”“披露仅限于法律法规或者条例要求的程度及范围”“披露所发布的任何公告内容应当得到事先认可”等限制性内容，以避免出现“被碰瓷”的风险。

从万达发布的信息来看，万达可能一直还以为双方只是进行初步接触探讨，根本没有发展到实质性谈判的地步，但不曾想，就是这样的初步接触，就给别有用心的交易对手提供了“碰瓷儿”，甚至是套利的空间。而万达在国内市场上碰到的这种情况，其实在跨境并购交易中也会常常遇到。

从事跨境并购交易的中国公司，在交易中应当保持商业灵敏度，警惕交易对方的“碰瓷儿”风险，以免被交易对手作为实现其商业目的的工具。

# 24 从并购交易中的中国黑客说工作习惯

2016 年 12 月 27 日，美国证监会在纽约南区法院起诉 3 名分别来自澳门、长沙和香港的中国黑客，指控这 3 名黑客入侵了两家知名华尔街律所的总部，窃取了有关的保密信息，包括几家上市公司正在进行的并购谈判信息。这 3 名黑客利用窃取而来的信息进行相关上市公司股票的购买，从而非法获利 300 多万美元。

根据美国证监会的起诉状，这几名黑客直接瞄准了纽约华尔街大律所中主导并购交易合伙人的邮件。这些合伙人在上市公司并购交易宣布之前，就被上市公司聘请担任外部法律顾问提供法律服务，而在合伙人的邮件中，含有特定交易的详细信息。黑客就是通过这些信息，从中窃取到了关于交易的非公开信息，从而在交易宣布之前买入被收购上市公司股票，在交易宣布公司股价上涨后再行卖出获利。

近几年来，并购交易中黑客的身影并不罕见。根据美国联邦调查局（FBI）和网络安全公司的有关资料，网络世界的黑客不仅将黑手伸向了政府、大公司、银行、金融机构窃取有关国家秘密、商业资料、用户隐私信息等，还盯上了大型国际律所、精英律师，试图从律所的网络安全漏洞中获得有关股票上市或者并购交易的信息、客户知识产权的信息等。有的黑客组织通过发送钓鱼邮件或者恶意链接，甚至冒充项目组成员发送有关征求意见的假文件等方式来获取有关数据，以便在市场上获利。这些网络“黑社会”的存在，给国际并购交易的顺利进行带来了极大的潜在风险，公司、外部顾问保护敏感信息的压力也随之越来越大。专业水平再高的法律工作者，如果因为网络安全的原因而被窃取了相关的保密信息，工作的结果也只能为零。

如何应对并购交易中的黑客？除了加强安全系统的设置，升级相关设备之外，笔者认为，还应当在工作中养成如下的小习惯：

第一，在使用工作邮件的时候，对不明来路的邮件和不明的网络链接，在确认安全以前，不能轻易打开。在很多网络黑客窃取保密信息的案例中，就是通过向相关的公司高管、外部律所的合伙人的邮箱发送有关链接诱使其点击打开从而攻破了信息网络的屏障。

第二，在交易对手发来的邮件带有附件时，首先使用安全扫描软件进行扫描。不仅要预防黑客，对交易对手发来的邮件安全性，也需要先行扫描确认。虽然网络的安全性主要依靠公司的服务器的安全设置和后台服务，但是对附件的安全性，也应当小心。

第三，在重大项目开始前，制定相关的邮件发送规则、保密规则以及敏感信息泄露后的处理预案。在并购交易中，尤其是上市公司的并购交易中，交易信息的泄露可能会带来目标公司股价上涨从而报价不再有吸引力、引发竞争对手关注搅局、触发上市公司合规披露义务等风险。

第四，对于包含敏感价格信息的法律文件或者项目文件，在发送给外部律师或者其他顾问审查之前，需要做技术处理。敏感类信息要严格控制知悉范围，越少人知道越好。项目团队的工作人员有时候会忽略保密信息对外部顾问的屏蔽问题。虽然外部顾问都有很好的职业素养，但是对于高度机密的信息，控制人员知悉范围是避免泄密的良好手段和方法。

第五，在飞机上或者公众场合不能讨论项目信息，少用或者不用手机讨论机密信息。一是在公众场合不要讨论项目信息，如果实在要讨论，也应当对相关的项目和公司使用代号而不是直呼其名；二是少用手机来传递机密信息，尤其是少用手机发送信息。在微信已经成为交流工具的今天，如何控制微信泄密的风险，也值得关注。

第六，尽量设置复杂的工作邮件登录密码最好能够不定期地修改。那些简单的密码或者是“000000、123456”等密码设置习惯，应当一律摒弃。

第七，离开工作台的时候，电脑一定是设置为锁屏状态，需要密码才能解锁。很多项目信息的泄露，就是因为项目参与人员自身没有养成良好的工作习惯而导致的。

第八，尽量少用或者不用手机收发高度敏感项目的邮件。手机的安全性在网络时代也是非常脆弱的，尤其是很多人经常使用手机联入不同的无线局域网进行上网，使手机泄密的可能性也很大。

第九，使用项目代码，甚至专门设置项目邮箱或者项目专用工作电话。在并购交易中设置项目代码、设置目标公司代号、为机密项目设置专门的项目邮箱或者项目的专用工作电话是项目保密的常见做法。

第十，每天下班的时候，将笔记本电脑锁好（笔者听说过，有一位律师在处理一桩敏感的美国证监会违规调查事件过程中，放在公司办公桌上的电脑不翼而飞，诡异的是，这位律师所在楼层里的安全监控设备竟然没有保留一丝线索）。并购项目的工作人员一定要将含有保密、敏感信息的笔记本或者是移动硬盘等存储设备保管好。

第十一，在国外谈判的时候，特别是在交易对手的办公室或者交易对手顾问的办公室谈判过程中，不要讨论己方的底限等关键内容，不要在谈判桌上用中文讨论敏感问题，即使对方谈判者全是老外。（笔者就曾经在一个并购交易谈判过程中，碰到一位全程不说话的老外，但后来得知这位老外精通中文）

第十二，发送邮件之前，仔细检查收件人。特别是使用 Outlook 收发邮件的项目人员需要注意，Outlook 中的邮件自动联想功能可能会将敏感信息发到错误的接受人邮件。笔者就曾经见到过，一位外部律师在修改完客户的合同并对谈判方案提出意见后，因为自动联想功能将邮件发给了客户的交易对手，从而将谈判的底线完全地暴露在对方面前，导致了被动的情况发生。

第十三，任何情况下，不能通过个人邮件发送敏感信息（最为有名的一个例子是 Hilary Clinton 在担任美国国务卿期间因使用个人邮箱从而惹上了大麻烦）。个人邮件如果泄密的话，那可能还会给个人带来职业上的问题。

第十四，国有企业的法律工作者和其他人员尤其要小心涉及国家保密信息的处理情况，否则会给公司和个人带来巨大的麻烦，甚至是无法想到的刑事责任。笔者就曾经参观过一次国家保密办组织的泄密展览，其中不少案例就是当事人的“无心之失”给自己带来了牢狱之灾。

第十五，发现有保密信息或者敏感信息泄露的可能时，立即上报，会同有关部门商量对策（涉及上市公司的时候，是否触发上市公司披露义务等，需要认真研究），及时地采取手段进行“亡羊补牢”，以免泄密带来更大的损失。

另外，值得一提的是在大公司选择外部律师的时候，往往是以律所的名气、相关律师的水平和价格等为最重要的考量指标。随着网络安全形势的日渐紧迫和重要性的凸显，大公司在以后招标的过程中，要求律所提供其网络安全性的证明和能有效防御外部黑客侵袭的手段，恐怕将会越来越普遍。从美国证监会起诉来自中国的3名黑客的案例中可以看到：提高网络安全警惕性、加强网络安全保护，养成良好的工作习惯，是值得每个并购交易从业者注意的事项。

# 25 并购交易中的社会议题（Social Issues）



比如，并购交易完成之后，被收购方的员工是否得到保留、保留的期限多长？收购交易的双方的管理层中，谁担任合并公司的新首席执行官？哪个管理团队将在交易后主导被收购公司的经营管理？在并购交易完成之后，是否仍然保留原有公司的名字、字号？等等。这些，都被称为并购交易的社会议题。

这些问题对于交易为何重要？例如，在西门子和阿尔斯通的并购交易中，双方为了交易的顺利获批，在交易中做出了一系列的交易安排，诸如保证在交易后 4 年内不增持合并后公司的股份，同时保证遵守合并后公司的公司治理、组织架构、员工保护承诺；合并交易后，阿尔斯通的名字将保留，合并后公司叫“西门子—阿尔斯通”等。这些交易安排一是为了获得交易的利益相关方的支持，如政府、民众、社区、媒体等，以便顺利获批；二是为了给交易后的平稳过渡打下基础，比如在交易中做出的维持总部地理位置不变、保留品牌、留任原有高管、员工福利和薪酬待遇不变等。这些“政治正确”的承诺，就是我们所说的并购交易中的部分社会议题。

提到并购交易中的社会议题，有几个问题值得并购交易的实务从业者注意：

首先是并购交易中“社会议题”的范围。并购交易中的社会议题始终是一个发展中的话题。比如，近来，关于高管的不当行为的风险控制也成了社会议题中的一个重要内容。各位读者对于哈维·韦恩斯坦这个名字可能并不陌生。这位著名的美国好莱坞制片人被揭露，在其职业生涯中他曾经性侵害了包括演员、电影工作者等在内非常多的女性。2017年10月，女星艾丽莎·米兰诺牵头开始揭露哈维·韦恩斯坦性侵多名女性的丑闻，呼吁所有曾遭受性侵犯的女性挺身说出自身的惨痛经历，并在社交媒体贴文附上“#me too”标签，借此唤起社会关注一系列女性指证韦恩斯坦过去所实施的性侵行为，并由此引发了一场席卷全球的“me too”运动，鼓励女性打破沉默，对在职场上、生活中所遭受的性侵害、性骚扰进行勇敢揭露，大声说不。

经由此事，华尔街中包括投行和律师在内的并购交易者，开始考虑在并购交易中加入相关条款，除了要求卖方/目标公司就其高管行为符合社会行为规范的陈述与保证之外，还要求卖方/目标公司对于买方因卖方高管的不良行为或者丑闻（包括性丑闻、性不当行为等）而导致的公司损失进行损害赔偿，这就是所谓并购交易中的“韦恩斯坦条款”（Weinstein Clause）。在过去几个月的并购交易中，尤其是TMT［电信、媒体及科技（互联网）］行业中的交易，已经有不少的并购文件中纳入了这个所谓的韦恩斯坦条款。韦恩斯坦条款在并购交易中关于员工、管理层保留、公司总部维持不变、公司原有名字、标志等不变之外，进一步扩展了并购交易中社会议题的范围。笔者经常强调的一点是，并购交易始终处在一个发展的态势中，鲜活的生活，动态的立法、司法判例，甚至是社会运动，都会给我们的实务带来更新。韦恩斯坦条款的出现，就是一个生动的证明。

其次是并购交易中社会议题的可执行问题。一些社会议题尽管在交易中有明确约定，但很多是属于交易后完成的事项。如在交易中约定，并购交易后目标公司的总部将得到保留，原有的雇员待遇将在一年内维持不变。但是在交易完成之后，尤其是在上市公司并购交易或者所谓的对等公司合并（Merger of Equals，MOE）交易中，交易的合约中并没有一个确定的第三方来保证该等涉及社会议题的义务得到执行。曾经，一起并购交易中就约定过：交易后目标公司的首席执行官将成为合并后公司的首席执行官。但交易完成之后仅仅数个小时之内，控制了目标公司董事会的买方就开始将原有目标公司的首席执行官免职，以买方公司的首席执行官取而代之。尽管被收购的目标公司首席执行官谴责买方违约，但是在交易文件中，原有的股东和原有目标公司董事会都没有合约上的权利来对这一违反交易中社会议题的相关安排进行权利主张。虽然这一案子最后在监管者的质询和股东诉讼下得到了解决，但是它生动地诠释了在原有的社会议题安排下，可执行问题成了交易安排中的漏洞，除非社会议题的安排是向政府做出的不可承诺安排。因此，在近来的一些交易中，已经有不少的交易卖方/目标公司开始采取措施来堵上这一交易漏洞。有的交易就指定原有卖方或者目标公司的大股东作为受益人，有权行使交易中关于社会议题的承诺：比如，如果交易完成之后，买方没有遵守保留卖方/目标公司原有的公司名字、没有保留公司总部所在地不变等承诺，则对于违反这些社会议题的行为，指定者有权提起诉讼来要求买方执行交易中的承诺。

那么，应当如何应对处理好并购交易中蕴含的社会议题呢？

要处理好并购交易中的社会议题，笔者认为，需要注意如下一些因素：

（1）识别并购交易中可能的社会议题。在不同并购交易中，社会议题并不相同。比如，在TMT行业的交易就比油气业的并购交易有更大可能性出现韦恩斯坦条款；在两家同等体量的大公司并购交易中，就可能比“大吃小”的并购交易中更有可能出现保留原有公司的名称的条款。

（2）评估社会议题对于交易的影响。对于并购交易来说，很多社会议题对获得交易的利益相关方的支持是非常重要的。交易完成后管理层席位的分配，雇员保留及收入维持的承诺，目标公司总部的保留等，在很大程度上都是为了顺利获得交易的批准，因此对此类社会议题，需要从政治影响角度、监管者角度、社会利益角度等去进行考量，谨慎地筹划。交易中的社会议题严格来说并不完全是法律问题，因此需要公司内部的交易人士、投行、其他专业人士等一起筹划。

（3）对于社会议题的处理，要从多个角度去进行考虑。以韦恩斯坦条款为例，要控制好卖方/目标公司高管行为不当而可能给公司价值、名誉所带来的损害，至少需要注意如下问题：①在并购交易一开始就注重Social Due Diligence——就是我们所说的社会议题尽职调查。在并购交易中，不仅仅需要进行法律尽职调查、财务尽职调查、税务尽职调查，还应将目标公司的创始人股东、高管是否有不当行为作为交易并购调查的内容之一。同样，如果在交易中要做出保留原有雇员的承诺，那么至少需要在交易尽职调查过程中，对于交易目标公司原有职员的情况，如费用、关键职员等做出详细的尽职调查，以便对具体的社会议题承诺打下了解情况的基础。②运用交易中的陈述与保证机制。韦恩斯坦条款就是在交易中对于目标公司高管的行为要求作出某些陈述与保证。有趣的是这些陈述与保证被并购交易从业者称为“Me Too Rep”（Me Too Representation），与前面提到的著名“Me Too”运动联系了起来。比如，在某传媒收购交易中，目标公司就向收购方明确做出了类似“在过去五年中，目标公司高管（包括集团副总裁及集团副总裁以上级别）人员中，没有任何人收到性骚扰方面的指控/控告/诉讼”的陈述与保证。当然，目标公司一般会要求对这样的陈述与保证进行 Knowledge Qualifier（知情限制），“据公司所知，这些高管没有前述性骚扰方面的不正当行为”。③在并购交易中设置相关的赔偿机制，要求目标公司对因其高管不当行为而带来的价值损害进行赔偿。一般来说，赔偿的方式选择很多，如留置部分并购交易价款、设置托管账户存入部分比例交易金额以担保目标公司陈述与保证为真等。

对于从事并购交易实务的人士来说，关注交易中社会议题的实务发展与司法判例，并将其反映到最新的交易中去进行风险考量、分配与控制，是并购交易实务不断发展的一个强劲动力，也是并购交易实务始终充满活力的重要促进因素。

# 26 谈谈并购交易中的股东评估权

在并购交易中，很多买方会遇到股东评估权行使的问题。如果应对不当，股东评估权有可能会成为并购交易中的"拦路虎"。

股东评估权（Appraisal Rights），用通俗的话来说，就是在股东有权要求司法机构判定其持有公司股票公平价值（Fair Value）的权利。无论在私有公司还是在上市公司中，股东在特定情形下均享有此等权利。鉴于不同法域下对于股东评估权的规定有其内在逻辑的相似性，方便起见，笔者将集中讨论对注册在特拉华州公司法下的目标上市公司并购过程中，股东评估权的行使可能带来的问题及应对方式。

在上市公司并购交易中，上市公司的股东有权不将手中的股票卖给董事会推荐的买方而要求法院判定其持有的股票的公平价值。为了行使这一股东评估权，一般有如下几个要求：

（1）行权的股东应在召开对并购交易投票的股东大会之前书面提出行使的要求；（2）行权的股东不能在股东大会上对交易投出赞成票；（3）行权的股东应当持有股票直到交易交割完成；（4）向法院请求

开始评估权应当在并购生效日后的一段时间内进行。

对于要求行权的股东来说，特拉华州法下并不要求并购交易宣布日甚至在股东投票权登记日持有股票。因此，这一规定给市场上的投机者也带来了股票套利的空间：对于要求行使评估权的股东来说，在法院判定其持有的上市公司股票的公平价值权在高于或者等于买方的报价的时候，均存在套利空间。由于并不要求套利者在交易宣布时或者投票权登记日时即拥有目标公司的股票，市场上有不少私募基金专门从事此种行使评估权来进行套利的活动。对于读者来说，高于买方报价是不言自明的套利。为什么法院判定股票的公平价值等于买方报价的时候也存在套利空间？因为即使判定等于买方报价，在特拉华州公司法下，对于该公平价值需要计息（利息为美联储的基息加上 5%，计息期间为自交易交割起直到清偿），这个利息就是行使评估权的套利空间。请读者注意，特拉华州法院在少数判决中，也曾判决对股东持有股票的公平价值低于买方的报价。比如，最近的 ACP Master Ltd.v.Sprint Corp. 一案中，法院就认为股东所持有的股票的公平价值远远低于买方的报价，甚至连买方报价的一半都未到。因此，股东的评估权被称为“套利”不是没有道理的。“套利”有可能成功，也有可能“被套”（从现有判决统计看，该种可能性较低）。尽管如此，评估权套利在过去几年内成为美国上市公司并购交易中的一个热点话题。原因在于在其他类型并购交易诉讼案件减少的情况下，有关行使股东评估权而诉诸法院的案件越来越多。

笔者在本书的《美国上市公司并购交易中的评估权：套利的工具》一文中介绍过戴尔私有化一案。在该案中，行使股东异议权的股东最终从法院获得了超过 17 美元 / 股的“公平价值”；较私有化交易中以 13.75 美元 / 股出售给私有化买方的股东多获得 28% 的价值。评估权套利在私有化交易中出现较多，主要原因还是发起私有化的大股东地位可能排除有意义的市场检验，因此第三方的更高报价可能会得到某种形式的排挤。而对于拥有较大股权份额股东的上市公司来说，大额股权股东要求行使评估权，是一个让买方较为忌惮的风险。毕竟如果最终法院判定的公平价值权高于买方报价的话，将对买方造成财务负担。因为对于最终公平价值权的支付是在交易交割完成之后，最终由买方埋单。

在这样的情况下，对于买方来说，在上市公司并购交易中股东行使评估权的风险尤其需要谨慎注意和控制。如果在交易中，要求行使评估权的股份过多，一旦法院判定股票公平价值较买方报价为高或相等，则买方将承担较多价金支付风险。因此，在交易实务中，买方有时候会要求在交易中放入和行使评估权股份比例有关的交易先决条件，以便保护自身的利益。从卖方需要交易确定性的角度看，放入和评估权股份比例有关的先决条件是不可接受的；如果出于谈判的考虑，即使能够以同意放入评估权股份的比例作为交易的先决条件，那比例也应当定得很高才行。

由于行使评估异议权的股东有权撤回其行使评估权的要求，因此在实务中股东行使评估权显得稍微复杂。买卖双方在交易中对于行使异议权的股份比例往往在5%~20%（最为常见的比例区间为10%~15%）容易达成一致，但对于异议权比例超过规定后，买方是否拥有、何时拥有终止交易的权利，需要进行谈判。从卖方的角度看，异议权行使比例应当是在交割时才能确定的，因为股东有权撤回评估股票公平价值的权利，即使在交割之前超过了该等比例，也并不意味着买卖双方无法通过各种方式来说服相关股东撤回评估权申请。因此，评估权作为交易的先决条件并不意味着给予了买方以单方终止合约的权利，而且买方也不能等到交割日才以行使评估权股份比例过高终止合同，因为这给了买方一个在交割日从交易中逃出的机制。买方需要在一定时间内确定是否放弃异议权行使比例的先决条件；从买方的角度看，其并不想等到交割日再去确定“行使股东评估异议权”超过一定比例才有终止的权利，因为股东异议权比例作为交易的先决条件，如果在交易签署日至交易完成日之间即已经确定了比例，那么在比例超过的情况下，买方应当有权终止合同。尤其是在交易过渡期，买方在需要进行融资、获取政府监管审批等义务比较繁重的情况下，希望能在确认评估权股份的比例已经超过的情况下即能够终止合约，以免再继续支出过高的交易成本。一般来说，在买卖双方所持立场不同的情况下，双方都能够同意对于异议权行使比例这一先决条件在规定时间段内应当由买方决定是否放弃（见表4）。

**表4　异议权行使比例先决条件可能的谈判点**

| 谈判点 | 买　方 | 卖　方 | 市场趋势 |
|---|---|---|---|
| X比例 | 越小越好 | 越高越好 | 5%~20% |
| 异议权行使比例的度量点 | 交割日 | 股东大会投票日前一日 | 股东大会投票日后一段时间，交易最终完成日前 |
| 买方放弃异议权行使比例作为先决条件 | 在交割日或者交割日之前 | 在股东大会投票日前 | 股东大会投票日后一段时间，交易最终完成日前 |
| 买方终止权 | 在异议权行使比例超过X%的情况下，在交割日或者交割日之前始终有终止权 | 在股东大会投票日前，异议权行使比例超过X%的情况下，买方有终止权 | 股东大会投票日后一段时间，交易最终完成日前，如果异议权行使比例超过X%，则买方有终止权 |
| 卖方终止权 | 卖方无终止权 | 卖方有终止权 | 股东大会投票日后一段时间，交易最终完成日前，如果异议权行使比例超过X%超过一段期间且买方未放弃异议权行使比例作为先决条件，则卖方有终止权 |

进一步地，在特拉华州公司法251(h)[1]实行后，评估异议权比例不仅在一步交易中可以作为交易的先决条件，而且在两步交易的过程中也可以作为交易的先决条件。在特拉华州公司法251(h)实行前，在要约收购完成之前，买方对于行使评估异议权的股东是无法获知具体数目的，因为在理论上，未接受买方要约的股东都有可能行使异议权。在251(h)出来后，买方就可以要求目标公司的股东在第一步要约收购期内表明是否行使异议权。但对于实行251(h)后两步法存在的问题是，由于不存在后一步的股东大会，因此理论上，直到交易完成前，股东可以持续地撤回异议权行使或者要求行使异议权。和表4一样，买卖双方对于异议权比例先决条件未能满足时在何时买方有权终止协议会产生谈判点。

值得读者关注的动向是：近来特拉华州为了避免股东滥用行使评估权而对公司法进行了修改，只有在超过1%公司股份和对价超过100万美元的情况下才能行使评估权（所谓的De Minis）。同时，为了避免套利者滥用评估权中所规定的利息，修改后的公司法也规定，如果买方事先支付行使评估权股东部分的价款，将不再计息。从特拉华州公司法中对于股东评估权的修改可以看出，立法试图在保护投资者利益和避免股东滥用评估权之间找到一个合理的平衡点。

如何在并购交易中控制股东评估权的风险？首先，买方需要在交易的计划阶段就对股东评估权的风险进行考量。从现实的考量看，尽管股东评估权的案件日益增多，但股东最终成功挑战的情况还是占小比例。买方在对股东评估权进行考量的过程中，卖方的售卖程序、交易的竞争性等因素均是值得观察的因素。

---

[1] 以往特拉华州公司法下两步交易，如果在第一步的要约收购过程中未能收到90%以上股份而只获得50%以上股份，需要再召开股东大会来进行投票通过并购交易。而实行251(h)之后，买方在第一步要约收购中如果已经超过目标公司50%股份，则无须再通过召开股东大会的方式来进行后端兼并。

其次，对于股东评估权风险较大的交易（如大股东私有化、涉及持有股份较大股东参与的对目标公司的并购交易或者带有关联性质等），需要认真考虑是否加入行使评估权股权比例等风险控制机制。

最后，对于"走出去"投资并购的中国买方来说，在支付交易溢价较高的情况下，应当实事求是地评估股东行使评估权的风险。如果卖方已经充分在市场上行使了"市场检验"（Market Check），那么中国买方也不一定非要在交易的先决条件中加入评估权行使比例这一条。对于从事并购交易实务的执业者来说，在交易中考虑各类影响因素，从而做出合乎实际和逻辑的合理商业决定，才是题中应有之义。

# 27 并购交易中的税务责任承担问题

并购交易中的税务责任承担，主要有两个大的方面：一是交易本身的税务谁来承担的问题；二是购买的目标公司/目标资产历史税务责任在交割后的赔偿问题。

第一个问题的解决有赖于交易结构设计、交易双方的商业立场与谈判地位的综合考量。从卖方的角度来看，总是希望采取自己少税或者无税的交易架构。因此，在很多情况下，卖方希望采用公司售卖而非资产售卖的交易架构。公司售卖的交易架构，尤其是海外离岸公司股权的售卖，使相关国家难以对交易征税。尽管如此，越来越多的国家已经通过立法来对涉及本国资产转让的海外离岸公司交易进行征税，这使交易卖方避税越来越难。

李嘉诚旗下的长和就曾经因2007年的一起并购交易被印度政府征税，要求支付共计约400亿港元的交易税及罚金。2007年，沃达丰收购和记黄埔（现属长和）旗下印度移动通信业务的股权交易，被印度政府认为需要纳税而产生争议。印度最高法院曾经在2012年就上述涉及Vodafone的长和收购案与印度税务局的争议作出裁决，认为收购事项无须在印度交税。但印度国会于2012年5月通过了《税收追补法例》，试图推翻该判决并认为收购事项须在印度纳税。此税务争议一直延续到现在仍未解决。

李嘉诚旗下长和的印度税务案提醒我们，在并购交易中，对于其中的税务责任，实务交易者需要关注以下几点：

（1）在并购交易达成之前，应聘用专业的税务顾问对于交易本身是否引发相关政府征税进行分析。一些看起来可以避税的并购交易，如离岸交易（Offshore Transaction）有可能受到相关税务征收机关挑战的风险是比较大的，不管当地税务法律法规是否有明确规定。这个更多的要靠对有关税务机关的征税先例、税收趋势、专家意见和了解政府态度来进行风险的认定和判断。

（2）对被并购资产在相关国家而做离岸交易希望避税的并购交易双方来说，风险需要仔细评估，并在交易文件中做好分配。因为越来越多的国家已经开始堵上离岸交易是否需要纳税这个漏洞。如中国国税总局在2015年7号公告里就明确，境外间接转让中国应税财产需缴所得税。

（3）境外并购交易的税收筹划并不是没有风险的。如在收李嘉诚的税上，印度政府就通过了具有溯及力的立法，对涉及印度国内资产的境外交易进行征税，无论该交易以何种架构进行。笔者以前在体制内企业工作，有一笔在东南亚某国的投资也碰到了类似情况：东道国的税务机构直接认定相关交易并不享受相关税务安排的优惠，要求该企业补交相关税负。

（4）对于并购交易双方来说，如果在相关国家税务法律法规有漏洞的情况下，需要谨慎考量风险。这就如同政府的审批权一样，在某些交易中，交易双方单看法律或者合同，资源国没有明确的审批权，但如果交易双方不去拿审批，最后政府就会找上门来，这样的风险时有发生。当年中石油收购一家在加拿大多伦多证券交易所上市、主要资产在哈萨克斯坦的公司时就吃过这样的亏：看上去资源国相关的法律法规对收购上市公司是否需要哈萨克斯坦政府审批没有规定，中石油认为这是一个可以利用的漏洞，结果完成交易后，政府直接找上门来，要求其提交政府审批。

（5）需要注意交易的卖方经常利用的一个条款——“Tax Gross Up”（包税）。这个条款在并购聘用顾问、并购融资文件、并购交易等文件中都广泛存在。这个所谓的“Tax Gross Up”条款，用大白话来说，就是为了实现约定交易中报酬或者对价税后净得的目的，如果有任何税务机关对于服务报酬或者对价征税（无论改税要求支付报酬方预提或者是任何税务义务），那么服务提供方将要求报酬支付方将对约定的报酬 Gross Up 征税的那一部分加上去，以便保证自己拿到合同中约定的报酬，也就是税后净得的意思。[1]

（6）交易中的税务筹划一定要注意各种税种。最近，笔者刚完成了一起海外收购交易。在交易文件的签署地与交割地均仔细地进行了选择，以免发生和交易相关的印花税事项。

（7）买方的代扣代缴税义务需要注意。在某些国家，规定了交易买方的代扣税义务。交易完成后，卖方拿钱走人，如果交易的买方未做好代扣代缴税的义务，就有可能在交易完成后面临相关的税务风险。因此，在交易中，买方首先需要明确自己是否有法定的代扣代缴税的义务，如果有，则需要在交易文件中进行明确。代扣代缴义务有可能会受到卖方的“Tax Gross Up”的要求，能否接受，需要看交易双

---

[1] 一个简单的 Tax Gross Up 条款的例子：All payments to be made by an Obligor to any Finance Party hereunder shall be made free and clear of and without deduction for or on account of Tax unless such Obligor is required to make such a payment subject to the deduction or withholding of Tax，in which case the sum payable by such Obligor（in respect of which such deduction or withholding is required to be made）shall be increased to the extent necessary to ensure that such Finance Party receives a sum net of any withholding or deduction equal to the sum which it would have received had no such deduction or withholding been made or required to be made。

方的谈判地位和商业决定。

(8)实务中,需要注意在交易文件中约定的税种问题。曾经有一个案例,并购交易的买卖双方约定,卖方将承担交易产生的资本利得税并就相关税务机关征收资本利得税向买方提供补偿。相关税务机关并未以资本利得税的名义进行收税,而是要求征收增值税。此时就出现问题了:这税务责任应当由谁承担?因此,事先将由交易引发的相关税务责任、包括税种名称都尽量的涵盖到交易文件中去,对于预防可能发生的争议是有很大益处的。

对于买方在交易完成后对于目标公司或者目标资产在交割之前发生的税务责任问题,主要可以通过如下几个方面来进行控制风险:

(1)常规尽职调查。在并购交易过程中,有一个常见的尽职调查事项,即目标公司或者目标资产的税务调查(Tax Due Diligence)。这个税务调查一般来说都是由普华永道、德勤、安永、毕马威四大全球会计事务所的税务团队进行。Tax Due Diligence 的目的,一是清理过往目标公司或者目标资产的税务合规性和潜在的税务责任;二是对交易可能引发的税务责任进行明确。税务调查一般需要对所发现的税务合规事项、税务责任进行定量,以便在交易估值的时候考虑。如果税务合规事项、税务责任无法进行定量,那就需要通过其他的方式来进行风险控制。

(2)交易的陈述与保证。买方需要卖方在交易文件中就税务的合规性、税务责任等做出陈述与保证,以便在交割后发现问题时有权进行索赔。需要注意的是,在尽职调查中发现的税务问题是否在交易完成后获得赔偿?这个问题在不同法域下可能有不同的答案。较好的解决方式是:①在交易估值中进行考虑;②将重大税务问题在交易完成前解决;或者③设置相关的交割后特定赔偿机制(Specific Indemnity),并采取扣留价款、留置等方式来控制风险。否则,交易双方就必须考虑是否要在交易文件中明确表明,尽职调查中发现的税务问题是否可以索赔，这也涉及“知情是否可以索赔”的重大问题。

（3）交易的完成将税务问题的解决设为先决条件。理论上，将税务问题解决了再行交割是控制风险的良好手段，或者将税务问题获得相关税务机构的安慰函作为交易先决条件。但是在实践中，这种方式很难实现。一是因为税务风险或者税务争议的风险往往要在一个相对较长的时间后才能最终水落石出；二是税务机构往往很不愿意就某些特定的税务问题、税务争议出具确认函。因此买方想依赖税务机构出具的确认函实现风险控制，在现实中往往无法做到。

（4）将税务问题的解决在过渡期卖方承诺中进行解决。在实务中，这个问题也会遇到和将问题解决作为交易先决条件一样的困难，因为税务问题一般来说很难在某个较短的时间内得到解决。

（5）将税务问题作为交割后的索赔事项。考虑重大税务问题一般在买方的尽职调查和卖方的披露函中均会被揭示，因此，在某些法域“知情不赔”的风险下，将税务问题进行明确的赔偿安排，有利于买方在交割之后对卖方的索赔。对于索赔的具体安排，无非：①部分价款进行留置，待解决问题后再给予卖方。②进行所谓的或有支付凭证（Contingent Payment Receipt，CPR）安排，将交割后的支付和税务问题的解决进行挂钩，在交割完成后，如果一定时间内解决了税务问题，那么买方再行向卖方进行支付；如果在交割完成后一定时间内未能解决税务问题，则买方不用向卖方进行支付。③进行付款的托管安排（Escrow Arrangement），将和税务问题相关留置价金存入第三方托管账户，待解决后进行支付由托管价金的第三方直接向卖方支付；如果未能在约定时间内解决税务问题，那么托管价金的第三方将从托管账户中向买方释放相关款项。

最后，说个关于税务责任问题承担的判例，值得从事交易实务者当心。该案中，买卖双方在交易文件之外，对于税务责任进行了单独约定，采取了 Deed of Tax Indemnity[1]的方式在买卖协议之外拿出来单独写。

这个交易中的 Tax Indemnity，卖方和卖方的担保人同意，对买方在交割前的税务责任进行赔偿。合约里面的写法是："Each of the Sellers and the Sellers' Guarantor hereby irrevocably and unconditionally undertakes, jointly and severally, to indemnify the Purchasers against the full amount (if any) payable by the Purchasers' Group under each of the Assumed Tax Matters (if adversely determined)。"另外，在买卖协议中再次约定，卖方需要对买方在交割前的税务责任进行赔付："The Sellers shall indemnify the Purchasers in relation to, and covenant to pay the Purchasers an amount equal to: 10.1.1 the amount of any Tax payable by a Group Company to the extent the Tax has not been discharged or paid on or prior to the Effective Time and it: ..."该笔交易的交割完成之后，相关政府的税务机关找上门来了，要求买方对收购的公司税务责任进行承担。税务争议开始：税务机关要求买方要么减税基，要么调减退税额度。买方根据买卖合同和税务免责契据，要求卖方承担责任。但问题在于，此时税务机关和买方的税务争议仍然在进行之中，尚未结束，但买方认为税务机关要求买方要么减税基要么调减退税额度即构成了税务索赔项下的"Tax Payable"（应付税项）。Payable 是什么意思？法院最后判决缩小了 Payable 的解释，Tax Payable=Tax Due（到期应付税项）。这给未来从事交易的实务者提了个醒，如果买卖双方就交易交割前的税务责任已经进行了明确，那么仍然需要在交易文本中确定如下事项：(1) 在交易完成之后，相关约定的税务争议出现，如果税务机关已经开始采取对买方不利的行动，此时尽管税务争议尚无结论，但买方是否有权要求卖方进行赔偿应当进行明确；

[1] 税务免责契据，系英国法管辖的并购交易中交易合同常见的文本之一。

(2)对于买卖双方在交易文件中约定的税务责任的追溯期问题，也应当一并涉及：如果买方和相关税务机关的税务争议持续到交割索赔期到期尚未结束，此时索赔期应自动延长，否则买方将承担索赔不成的风险；(3)在交易文件中，对于赔偿的写法，可能单写Payable仍然不保险，有被认为是Due的风险，这需要在交易文件撰写中加入更多的考量。

对于并购交易双方来说，税务责任是额度大、风险高的责任，需要在交易中提前做好应对准备及风险分配安排，才能在交易完成后不陷入可能的困境。

# 28 从并购交易融资中的“Certain Funds”谈起



笔者最近在做一些并购项目，也在和卖方谈交易中的融资问题。在谈判过程中，卖方提出了“Certain Funds”的要求。这个问题也算得上是并购交易融资中的一个重要问题，因此在此和各位读者聊聊。

Certain Funds，用大白话来说就是“资金确定性”。这是源于英国上市公司收购准则 City Code 中的要求，意思是要求收购英国上市公司的买方，需要在向全体股东发出确定性报价之前，将收购上市公司所需的资金准备到位。

做过并购交易的读者应该知道，对于并购交易中的交易对价支付问题，主要有两种方式：一种叫作交易前 / 时资金确定；另一种叫作交割前 / 时资金确定。两种方式不同，对于交易的卖方来说交易的确定性和风险大为不同。对于交易的卖方来说，买方在交易前 / 时资金确定对于交易最终完成确定性来说有极大的益处；而对于交易的买方来说，如果在交割前 / 时资金方才确定，则对自身交易灵活性有极大的益处。毕竟在交易前 / 时就落实好交易所需的资金，所花费的费用与时间都是不少的。在这样的两种情况之下，从卖方的角度来说，如果允许买方在交易文件签署之后再去落实交易的资金,那么本质上就是在交易的先决条件中放入了“融资到位”,如果买方不能获得融资,那么实际上并不能获得交易的完成。因此,在这样的情况下,卖方往往会要求一个较高比例的、和融资是否能够获得相关的反向分手费。随着交易市场的发展和这一轮全球并购浪潮的涌起,并购市场上的交易惯例已经变成了对卖方更为有利的做法:一般来说,很少有卖方会允许买方在交易中将融资完成作为交易的先决条件,而更多地是要求买方在签署交易文件时/前就已经证明其有足够的资金能够完成交易的对价支付。进一步地,英国上市公司收购规则从保护上市公司股东及交易确定性的角度入手,明确规定了在交易宣布时上市公司的收购方需要明确“资金确定性”。与此相对应的是,在美国的上市公司收购中,并无监管规则要求收购方需要在交易宣布时收购资金即已经到位,更多的是卖方董事会从自身的信义责任出发,要求收购方在交易文件宣布时需要证明收购资金来源的确定性,并在交易中不给予买方以“Financing Out”(融资未成从交易中撤出)的选择权。当然,尽管 Certain Funds 的要求一开始是发源于英国上市公司收购,但现在其使用的范围已经远远超过了上市公司收购而广泛出现在各类并购交易之中。

需要注意的是,尽管在并购交易中卖方都基本上会要求买方在签署交易文件前/时提供资金确定性的证明,但是在资金确定性证明的要求上,英式交易和美式交易的市场惯例却各有不同。英式交易,尤其是英式的上市公司交易,卖方要求买方在交易之前出具让其满意的资金确定性证明,往往会要求买方提供已经签署了的债务融资文件。在债务融资文件中,要表明在融资文件下的款项应当用于收购交易[1];而美式交易中,尤其在美式上市公司交易中,买方往

[1] Certain Funds 的目的主要是给予买卖双方股东以交易中融资的确定性,表明锁定的融资将用于交易双方谈妥的并购交易。在上市公司收购中,卖方董事会一般需要自己的财务顾问和外部法律顾问出具意见,表明确定性的融资从财务顾问和外部法律顾问的角度看也是“确定的”;而从 City Code 的角度,买方的财务顾问需要在买方宣布收购时被要求出具相关的确认信,确认融资的“确定性”。

往提供确定性的融资承诺函就已经足够。美式的融资承诺确定性的要求，主要体现在"SunGard 条款"的要求上。这两种方式有何区别呢？

尽管从实务的角度上看，美国式的融资承诺的先决条件里可以包含被收购公司的陈述与保证、违约等情况，而英国式的 Certain Funds 则通常不包括被收购公司的情况。[1]但从实际的角度来看，其实本质上区别并不大。无论是否签署了最终的融资文件，还是仅仅提供确定性融资承诺函，其实本质上都会有提款/提供融资的先决条件，而这个先决条件是否有限，才是卖方真正关注的重点。当然，如果是收购英国上市公司，宣布交易的时候买方仅仅提供融资提供方签署的融资承诺函并不足够，往往还需要有签署的确定性融资文件，在确定性融资文件下有足够的资金可供提取来满足交易对价的支付，同时在确定性融资文件下的先决条件的满足是"确定"并可控的。

以并购的融资协议为例，在融资协议中，往往都有一些阻止借款方（并购交易中的买方）提款的事项，如融资协议中的违约事件、违反相关的陈述与保证事项等。如何保证融资协议中的相关条款不被违反，从而保证买方能够按照协议按时提款，对卖方来说非常重要。因此，融资协议中是否有 Certain Funds 以及 Certain Funds 的确定性，主要需要考虑如下实务要点：

第一，在所谓的 Certain Funds 融资中，并购融资文件哪些违约事件以及陈述与保证能够放入？从卖方的角度看，越少的事项放入并购融资文件中，买方提款的确定性就越大。比如，买方的重大不利



[1] 卖方一般不会允许买方将卖方的陈述与保证违反或者重大不利变化放入作为借款的重大违约事件从而造成融资提供方不进行放款，因为从卖方的角度看，在交易未完成之前，买方并不是卖方的所有者。但在实践中，因为卖方的重大不利变化往往和交易能否完成相挂钩，因此也有卖方能接受和买卖双方签署的交易文件中相同内容的重大不利变化条款放在买方的确定性融资文件之中。

变化能否放入并购融资文件中被视为并购融资的违约事件？从卖方的角度看，只有在并购交易文件中约定的卖方重大不利变化才能被放入并购融资的违约事件中，如果买方的重大不利变化被放入了并购融资文件中，这就变成了买方和卖方都无法控制的事件了。如果买方在并购融资文件中放入了买方自身的重大不利变化，那么不能被视为在并购融资文件下的重大违约，提供并购融资的银行有权提高贷款利率而不能终止贷款或者有权在放款之后要求买方未来加速还款。而在并购融资文件中放入的买方陈述与保证也是相对有限和市场化的：如买方的公司状况说明、有权签署、融资文件的签署、贷款的用途、合法性、控制权变更等。另外，并购融资文件中要放入常见的"交叉违约"条款可能就比较困难。因为从卖方的角度来看，在买方签署的其他非用于并购融资的融资文件中的违约，不应当影响并购融资文件的效力。因此，在所谓的"certain Funds"基础上的并购融资，交易双方对于并购融资文件中的违约事件及买方在其中的陈述与保证事项是非常看重的。由于卖方在买方和融资提供方的协议中并不享有权益，因此卖方尤其强调并购融资文件中的违约事件及买方在其中的陈述与保证事项的有限性、可控性，在满足了一定的标准后方能达到"Certain Funds"。

第二，"Certain Funds"中还包含融资提供方对于买方的收购相关承诺的要求。常见的如需要买方及时告知融资提供方关于交易的进展、未经允许不得修改交易价格、重要商业安排（如在交易中买方不能发行新股等）等条款。随着交易实践的发展和各监管机构对于合规监管的加强，提供融资方通常还会要求买方提供不得使用并购融资协议下款项用于任何违法事项、不得从事违反禁运制裁、反腐败法令禁止行为等承诺。从卖方的角度来看，只要这些承诺不能构成融资协议的违约事件造成买方不能提款，卖方通常不会反对。另外，从卖方的角度看，在非上市公司收购中，卖方也会在交易文件中对

Certain Funds 做出一些相关的要求。

第三，“Certain Funds”的期限为多长？对于并购交易中的各方来说，确定性融资的期限对于交易的买方、卖方及提供融资方都非常重要。从交易买方的角度来说，确定性融资期限涉及资金的成本，因此需要确定好期限；从交易卖方的角度来说，确定性融资的期限时间要足够长，至少需要覆盖到交易所约定的交易最终完成日；从提供融资方的角度来说，因为确定性的资金承诺需要挤占银行自身的信贷额度，因此也需要明确 Certain Funds 期间长度。比如，有的融资提供方就要求在要约收购的情况下，买方至少需要在一定时间内获得 X% 股权的支持才能延续 Certain Funds 的期限。从交易从业者的角度看，在不同交易架构的交易下，在不同交易时间表下，Certain Funds 的期间需要和交易的架构和交易的时间表吻合。

第四，确定性融资中的先决条件。确定性融资中的先决条件对于交易双方来说至关重要：只有买方能确定性的满足提款的先决条件，融资协议下的款项才能被顺利提出，卖方才能获得预期中的交易对价，交易双方才能完成交易。因此，对于卖方来说，确保确定性融资中的先决条件能否满足都在交易买方的控制之下就非常重要。在笔者最近所做的一起并购交易融资中，卖方和卖方顾问就对我方所提交的并购交易融资文件中列明的先决条件进行一条一条的清理，要求我方列出提款先决条件满足所需要的行为、大概预计时间等情况，最后再判定融资已经达到了“Certain Funds”的要求。

第五，确定性融资中资金来源问题。除第三方的确定性融资外，并购交易的买方还有如下可以使用的资金来源：(1)买方自身持有的现金资源。买方持有的现金资源需要表明确定性的使用到并购交易中去，因此，卖方往往会要求买方将相关的现金存入托管账户或者买方将该等现金置于买方财务顾问的监管之下，以便保证该等现金的使用目的。笔者 2018 年做的一个交易中，就达成了和卖方关于现金的“确定使用目的”的安排：买方先定期披露现金余额及确认现金将被用作交易部分对价的支付。(2)现有的“一般目的”用途的商业借款。一般来说，Certain Funds下的借款原则上比非“一般目的”用途的商业借款更贵，因此，如果买方能够使用其现有的“一般目的”用途的商业借款来进行交易对价支付，对于买方来说是更合算的。但是从卖方的角度来看，如果买方需要使用其现有的“一般目的”用途商业借款来对对价（部分或者全部）进行支付的话，那么买方需要从现有的贷款方取得相关资金可以用于并购对价支付、现有商业借款项下没有未能提款事项发生等确认，同样地，买方和买方的财务顾问也需要采取让买方信服的能解决“确定使用目的”的安排。(3)使用股权融资或者其他融资方式。在使用财务顾问承销股权融资或者进行其他融资安排的时候，同上述的各种资金来源一样，买方需要向卖方提供相关的确定性安慰。

对并购交易实务从业者来说，Certain Funds的要求广泛出现在上市公司收购和私有并购交易之中。尽管“资金确定性”的要求在上市公司收购中有广泛使用的市场共识和实践，但在私有交易下，资金确定性的要求却是一个视交易双方的谈判地位、融资提供方的风险控制力度来决定的事项。总体来说，资金确定性的要求主要还是从融资安排下买方提款的确定性角度着眼，重点审查融资提供方在何种情况下有权拒绝提款的确认过程，这个过程需要交易各方、交易各方的顾问参与并提供相关意见，以使卖方和买方（主要是卖方）在交易发生时确认融资安排的确定性。

# 29 美国油气交易中的 Drillco 架构



中国企业向美国非常规油气业的投资，在过去几年内也有一些。美国上游油气合作，在交易架构上有很多北美市场上的特点。

在美国油气交易中，有如下一些交易架构常被采用：

常见架构一：Drill to Earn（钻井后获取权益）。在 Drill to Earn 的架构下，投资者要获得油气财产上的权益，只有钻井后才能获得。投资者需要支付出让权益方的部分或者全部钻井费用以获取土地矿权。这种方式往往在勘探的阶段采用，如果投资者在钻井之后未能见到商业性产量，那么权益转让往往并不能发生。从投资者的角度来说，这算风险性的投资。在这样的交易模式下，交易双方对于钻井（Drill）的义务也有不同的设定，要么是按照钻井数来确定，要么是按照事先确定的金钱花费来确定。此种交易方式下，签字和交割同时发生，文件签署后，即开始履行义务，无须花费时间对土地矿权进行转让。这种 Drill to Earn 的模式下通常所涉及的矿区面积都较小。

常见架构二：Acquisition and Drill（并购后钻井）。在 Acquisition and Drill 的模式下，投资者先从权益出让方获得油气资产的权益，再进行油气开发生产活动。这种交易模式通常是由投资者支付部分现金作为对价，同时在后续钻井中为权益出让方支付一部分垫资。这种交易涉及的矿区面积一般都较大。中国油气企业在美国的收购，一般都采取这样的模式进行。在这样的交易模式下，油气资产购买的对价常常由两部分构成：一是Purchase Price（交易价金）；二是Promote Cap（封顶溢价，以垫资，即Carry[1]的方式覆盖卖方的全部/部分打井、完井或者目标构造水平钻井费用等），所以中国企业在美国购买油气资产的支付对价的方式往往是所谓的Cash and Carry（现金出价加垫资）。在买方购入部分权益后，买卖双方组成Joint Venture去运营相关页岩油气资产，通常也有两种常用的方式：一种是双方组成所谓的Incorporated Joint Venture（公司制合资）；另一种是双方组成所谓的Unincorporated Joint Venture（非公司制合资）。公司制的合资是双方股权控制合资公司，由合资公司充当土地上油气作业的作业者，或者采取在出卖方和合资公司签署作业协议的形式，由出卖方进行实际上的油气作业，页岩油气交易的购买方投入现金，出卖方投入土地。基金投资方有时候也采用此种方式，在投资退出的时候可采取售卖股权或者上市的方式。非公司制合资是双方不采取组成合资采取合约的方式规定双方在土地上进行油气作业的权利义务。在中国企业购买美国油气资产的背景下，出于对美国政府审批的考虑，购买较少油气资产权益以获取作业权控制为目的，一般是由页岩油气交易的卖方充当作业者。当然，随着中国公司对页岩油气作业能力的提升，寻求在美国油气资产上担任作业者地位，可能是未来的方向，但获取美国政府审批的过程可能要相对困难一些，尤其是在中美贸易战的背景下，中国企业在美国油气业投资

[1] 关于买方Carry（垫资）卖方的时间长度有三种不同的处理方法：一是规定一个具体的时间长度；二是确定所有Carry对价花费；三是如果在垫资期间石油天然气价格降低可延长垫资期间。

要想获取油气资产的作业权，从审批角度看难度较大。同时，由于油气业所谓的"Operatorship Premium"（作业者地位溢价），买方要获取作业者地位，在支付对价的时候，可能会支付更高的对价。近来在美国油气资产购买协议中，对充当作业者地位的规定又有了新的发展：有的买方要求在交易合同中保留成为作业者的权利选项，在油气勘探开发阶段之后，有产量时由买方充任作业者，或者在某些里程碑事件发生后，或者是规定的一段时间限度过后，或者是在某些土地财产上，买方有权选择充任作业者，进行油气作业。这些都是交易中的灵活性安排，买方可以根据交易的具体情况，以及交易双方谈判地位来具体情况具体分析。



常见架构三：成立 Drillco 持有油气资产，投资方向 Drillco 注入现金、权益出让方将油气资产注入。此时，Drillco 通常成为作业者。[1]此种运营模式为私募基金所喜，退出方式较为直接：要么卖掉股权，要么推动上市，或者是在达到了约定的回报率之后，将权益再转回给原始权益方。由于 Drillco 的模式在这几年的美国油气业交易中非常流行，其中也有不少的实务问题值得研究。笔者将主要对美国油气交易中 Drillco 的模式进行介绍。

Drillco 的模式，主要是油气上游公司和投资者对于双方合作交易的安排。投资者对于油气公司做出承诺，对于油气上游公司未来的钻井支出进行全部或者部分的承担，用来换取交易范围内的钻井油气产量的权益。尽管交易的模式被称为 Drillco，但交易双方并不实际设立公司，而仅仅是通过合约安排来对上游油气公司放入合作交易中的钻井、投资额度、投资回报、油气权益返还等进行约定。Drillco 和上文中所述的油气交易模式的区别，主要有如下几点：（1）如果投资者在 Drillco 的安排下获得了约定投资的内部回报之后，

[1] 实践中亦有合资公司成为名义上的作业者，权益转让方通过合约安排来提供作业者服务的做法。

投资者所获得相关油气上游公司在交易中的油气权益将会部分或者全部转回到油气上游公司；(2)以往油气上游之间架构的交易安排主要适用于油气公司之间，Drillco的交易架构满足了私募基金投资者和机构投资者投资油气的需求；(3)Drillco的交易架构，比起以往常见的油气交易架构安排来看，具有更多的灵活性。

为何Drillco这种交易会在美国上游油气领域流行起来？读者可能也知道，近年来油价的低迷，造成了油气上游业的投资并不充足；而不少油气公司由于油价低迷，也带来了资金上的困难。因此，为了解决资本市场上对于融资标准较高和油气业大环境不佳的问题，Drillco这种交易架构在市场上开始受到油气公司和投资者的欢迎。从油气公司的角度看，尤其对于采用传统融资已经比较困难的高杠杆的油气公司来说，如果拥有良好的钻井资产、有可能达到较好经济效益的资产，Drillco的交易架构为油气公司提供了传统融资方式之外的一种融资模式。从投资者的角度看，Drillco的模式提供了一个可能的较好平衡风险与回报的投资手段。Drillco模式下，油气公司放入协议中的油气资产都已经有了油气发现和确定性储量，投资者只要投入相应的资本开支，就可以将已经发现的油气开采出来。从风险控制的角度看，由于在Drillco的模式下，投资者实际性地获得了油气公司放入Drillco安排下的油气资产的权益，因此即使油气公司未来发生所谓的流动性事件，对于投资者来说，也不会影响投资的安全性。进一步地，油气公司成熟的技术团队及丰富的油气项目管理经验，也为投资者打下了更为良好的保障基础。

Drillco交易模式有如下几个特点：(1)油气公司放入需要投资的油气区域，投资者承诺在选定的区域内提供开发钻井所需的资本支出，以交换油气公司出让在油气区域的相关权益；(2)投资者承诺的资本支出一般分为不同阶段的资本支出，对于投资者来说，每一期的资本支出可以是独立的，也可以是由投资者独立决定的；(3)投资者承诺的资本支出，不仅用来覆盖自己所获得油气权益上的支出，也需要为油气公司份额支出提供全额或者部分的资金（术语被称为“Carried Interest”）；（4）投资者通过投入资金获得未来油气产量销售的回报后，如果达到事先所规定的投资回报率，则油气公司转让给投资者的油气区域相关权益需要转回给油气公司。

在实务中，Drillco 交易模式有如下需要关注的谈判要点：

### （一）投资者的资本投入承诺

鉴于市场惯例下投资者的资本投入承诺是分期进行的，因此在每期资本承诺投入下，不同的工作计划和预算需要进行明确，投入的打井计划也需要明确，每期项下的投资回报率也是单独进行计算的。从投资者角度看，最好每期资本承诺的投入都是可选项，投资者有权根据当时的实际情况来决定是否继续投入下一期。在每一期资本投入确定的情况下，打井费用、打井的进度、打井的预算和开支、是否允许超支、紧急情况下的超支、超支的限额等运营中的具体问题，成为投资者和油气公司谈判的重点。

### （二）投资者对于油气公司的垫资（Carry）

在多数的 Drillco 交易模式下，油气公司要求投资者对其权益提供全部或者部分的垫付。垫付的额度、垫付的期限、垫付是否计息、垫付的收回顺序、垫付的范围，是投资者和油气公司在 Drillco 交易模式下谈判的重点。

### （三）油气公司的权益转让

权益转让主要谈判的要点是权益转让的范围、权益转让的时间、权益转让不得有障碍。投资者在 Drillco 交易模式下所关注的一个要点是油气公司对其权益的转让。权益转让通常有限制，如地层、深度的限制：重要的原因是油气公司拿出来换取投资者转让权益的是已经发现需要开发投资的储量，如果转让区域里还有尚待勘探的地质层系，油气公司通常会要求将该等层系从转让的对象中拿出来。这和油气交易中产品分成合同中的勘探权益约定有点类似。有些国家对产品分成合同勘探区域规定得非常细致，如中东有些国家，就明确在合同中表明，只有在某个地质层系下的范围才是产品分成合同中授予外国合同者进行勘探、开发生产的范围，超过或者低于此层系范围的任何油气资源发现，均属资源国政府。此种合同一般适用于资源丰富的国家。笔者曾在中东某国谈判过一个产品分成合同，合同中就规定了只有在某个地质层系中发现的天然气（包括凝析油）才是授予合同者的勘探、开发生产的范围，除此之外的原油或者其他矿产，均属于资源国政府。投资者需要注意的是，尽管受让的权益可能有深度或者地质层系的限制，但转让相关的地上权、相关的合同权益（如有）均需要一并转让。权益转让的时间根据交易双方的谈判来进行确定。一般来说，有和投资款支付义务挂钩的、有和钻井工作开展时限挂钩的、也有在钻完井之后再发生的。权益转让的障碍需要明确转让的油气权益中不能有限制转让的障碍，除非是所谓的Title Defect（矿权缺陷）：这个概念必须要和Defensible Title（可保权益）结合起来理解。Title Defect是指土地财产上的障碍（如抵押或者其他缺陷等），使卖方没有可保权益。常见的Title Defect包括：记录的所有者死亡、残疾、名字变化，转让证书缺少配偶签字、错误或者矛盾的土地描述、抵押权等。所谓的Defensible Title是指尽管土地财产从可证明的文件上看起来权属并不是完美无缺的，但卖方可以保证买方能够获得转让的土地上的相关财产权益。如针对记录者死亡等矿证的补正，就可以通过继承人宣誓、有权机关改正记录等方式进行补正。对于投资者来说，如果仅是Defensible Title的话，那么油气公司的转让权益就是可以接受的。

### （四）转让权益的回转

Drillco 交易架构的一个特性就是在投资者收到约定的投资回报之后，将从油气公司获取的权益部分或者全部转回给油气公司。权益回转的基础是投资者已经获得了约定好的收益率，而这个收益率的计算是和前面所说的分期投资相关的，收益率的计算以分期投资作为计算基础进行。因此，对于成本、费用、投资、收益计算等具体的问题，需要油气公司和投资者在交易文件中进行清楚地约定。在有些 Drillco 的交易中，油气公司也会要求一个提前回转权益的权利，即油气公司在提前向投资者支付投资者的投资额和相关的投资回报后，油气公司有权要求投资者提前将其获取的油气权益转还给自己。



### （五）Drillco 交易中的几个实务问题

1. 对油气公司转让油气资产的矿权查明问题。和国际油气并购交易的尽职调查类似，在进行美国油气资产交易时，也必须进行油气资产的尽职调查。国际油气交易中的权属确认，也即矿权确认，是尽职调查中的核心问题之一。同样地，美国油气资产交易中对土地和其权属的调查，也居于尽职调查的中心地位。尽管从卖方的角度来看，卖方在购地之前已经进行了土地权属的确认性调查，但投资者仍然应当自行对土地进行单独调查。

对土地权属的确认需要注意以下几点：需要区分哪些土地面积是 Held by Production 并确认已证实未开发储量（Proved Undeveloped Reserves，PUR）和未产油气的土地面积大小；有时候需要更长时间的土地权属尽职调查；在土地权属有缺陷的时候，允许有替代土地机制；合同区上的开发计划等。美国油气资产交易尽职调查除了和常规油气资产并购的尽职调查常规的内容外（如商务、权证流转、实现障碍、主要合同、环保审查、现场资产设施监督、钻机的可获得性)，还包括专业技术人员的确认，同时要求解决项目的用水问题，污水的处理方式，双方谈判预定的收集、处理、运输和销售协议中的权利义务，地表权是否足以进行油气作业，已有地震、钻井资料的分享，是否能获取技术(对于在美国并购油气资产的中国公司来说更为重要)，能否持有美国联邦或者州政府的土地，能够培养人员等。对于中国投资者来说，不太熟悉的税制、土地制度、在美国进行油气作业的经验欠缺等构成了主要的运营风险，所以在美国进行油气投资的时候，中国投资者需要寻找有经验的顾问协助进行风险评价。当然，更多的时候，投资者在和油气公司进行交易之前，不会有太多的时间去进行详细的矿权尽职调查，因此很多工作只能放在签约后进行，但需要注意的是，在投资者放入真金白银履行投资款项支出的时候，对于油气公司出让权益之上的矿权需要有一个明确的认识或者救济机制。

2. 油气公司与投资者的担保问题。对于Drillco交易架构下的双方来说，投资者担心的是油气公司放入合作中的油气权益是否和油气公司现有资产进行了良好的分割，转让给投资者的权益是否有障碍，是否会受到第三方追索。尤其在近年来油气价格低迷，油气公司出现破产清算的风险较高的情况下，投资者对于油气公司所转让权益的确认及投资款支付的方式，都有较为严格的风险控制要求。对于油气公司来说，投资者承诺支付的投资款能否及时到位对于及时开发油气资产至关重要，油气公司也常常要求投资者提供母公司担保、银行出具信用证、投资者提前将资本开支承诺放入双方认可的监管账户等方式来保证投资者投资的及时到位。

3. 退出机制。对于投资者来说，其作出投资的依据主要还是基于油气公司资产未来可能的油气产出。尽管在开发阶段，油气产出的风险已经在很大程度上得到了控制，但是毕竟产量的事情，很难在投资的时候就100%的得到确认，因此投资者需要在Drillco交易中有分期投资的概念。这个分期投资在很大程度上也是为了防止投资者一开始没看准油气资产的潜力从而有及时止损的机制。同样地，由于产出油气的市场价格在很大程度上也会影响投资者的回报率，因此在一些 Drillco 交易中，投资者会要求，如果油气产品的市场价格低于某个约定的价格，则交易双方有权暂停合作交易中的钻井活动。

4. 锁定机制。投资者投资，一是对油气资源的信心，二是对油气公司油气作业能力的信心，因此投资者一般会要求油气公司在作业权益资产上不能在达到约定回报率之前进行转让；如果油气公司有权在合作期间转让的话，那么投资者会要求 Tag-along（随卖）的权利。

5. 产品销售权。油气公司一般要求投资者将其份额的油气产品交由油气公司一并销售，强势的投资者也可能要求自行提取油气产品、自行销售。

6.Drillco 交易所涉及的油气作业与油气公司自营油气作业的冲突问题。油气公司并不仅仅从事 Drillco 的油气生产作业，在相邻或者相同区域内，油气公司还需要从事自己其他的油气作业，如何对不同类别的油气生产作业进行协调，关系到投资者和油气公司利益的保护问题。

美国油气交易由于其土地大多数私有、油气交易发达、受资本推动等特性的影响，具有国际油气交易所不具备的特点，本文所介绍的 Drillco 交易架构就体现了美国油气交易自身的特性。对于中国投资者来说，如果要到美国投资油气，除了考量美国政府的审批风险之外，还需要对美国油气交易自身的特性有较为深入的认识、聘用专业人士、尤其是懂得美国油气运营自身特点的技术人才，才能在竞争激烈、专业性强的美国油气市场上取得良好的收益。

# 30 论并购交易文件中的争议解决条款

在并购交易文件谈判中，一个经常被忽略的问题就是并购交易中的争议解决条款。对于大多数从事并购交易的实务人士来说，并购交易的争议解决条款根本不需要上心，只要找个格式条款，往文件里一放就了事了。和其他交易实务条款相比，交易中的争议解决条款恐怕是并购交易谈判中交易双方着力最少的条款之一。为什么会出现这种现象？其实这和律师的专业分工过细有很大的关系。在现代，由于法律实务的纷繁复杂，使并购交易律师对于纠纷诉讼方面的内容并不精通，非讼业务和诉讼业务之间的差别往往很大。因此通常会出现这样的情况：并购交易律师认为写得非常完美的条款，在诉讼律师看来是没有太多用处的。另外，长期以来，大家认为，争议解决条款是格式条款，只要选用已经用过的条款放在交易文本中，就不会出什么大错。这也是这种现象普遍发生的原因之一。

笔者作为长期从事并购交易的一名实务人士，更是常常在并购交易中见到这种现象。尤其是中国“走出去”进行收购的公司，相较西方企业，更加不重视并购交易文件中的争议解决条款。其实，这种做法是非常不妥当的。ICC曾经做过一个逐年的统计，在所有调查到的约定使用ICC进行争议解决的并购交易中，有15%~20%最终是产生了争议的，由此可见，并购交易发生争议的概率并不小。

从并购交易的实务发展来看，交易各方也逐渐开始意识到并购交易文件中争议解决条款的重要性。几个实务上的趋势可以说明这一发展态势：对于并购交易中常见的交易价格调整所引发的争议，一般使用会计专家来进行裁定；对于一些技术性条款引发的争议，一般使用技术专家来进行裁定；对于一些托管协议安排上的事项，并不会交由仲裁机构来进行仲裁，而直接交给第三方专家。越来越多的并购交易者开始在并购交易文件谈判过程中引入相关的争议解决专家：一是对并购交易文件中的争议解决条款进行更为专业的、符合交易具体细节事项的解读；二是对并购交易中容易引发争议的条款提前引入争议解决律师来进行分析，以便对交易文件的写法能否在争议发生时实现预想的商业目的进行确认。笔者当年做一个并购交易的时候，在尽职调查过程中发现了很严重的问题，因而在交易中设置了一个特别的赔偿机制（Indemnity）。为了保证交割后Indemnity能得到执行，当时就引入了诉讼律师来看交易文本，以确保在出现问题后条款能得到有效的执行。笔者发现诉讼律师和交易律师看待文本的视角是大不相同的。交易律师自己认为写得完美无缺的文本，在诉讼律师眼里有可能是存疑的。比如，我们并购交易律师经常提到的交易各方义务“重要性”标准。在交易过程中，交易各方总要在合理努力义务、最大努力义务、合理最大努力义务、商业合理努力义务上来回掰扯，但如果缺乏在交易文本中对义务标准的明确约定，仅仅放入合理努力义务、最大努力义务、合理最大努力义务、商业合理努力义务，是否能实现我们所预想的目的，在司法实例中是存疑的。因此，经由诉讼实例的验证之后，交易各方现在也开始没那么矫情了，在很多努力程度上比较容易在“合理最大努力”上愉快地达成一致。尽管大家在观念上认为，最大努力 > 合理最大努力 / 合理努力 > 商业合理努力，但最终产生争议时，如果要解决问题的话，还得靠交易中关于努力程度的具体描述和交易中具体的事实来进行支持。这个例子说明，并购交易虽然是非讼业务，但是不可不重视诉讼律师和争议解决的重要性——进一步地，交易文件中争议解决条款机制的重要性。

在对并购交易文件中的争议解决条款进行设定的时候，有一些值得注意的事项：

1. 对于并购交易选用争议解决方式的问题。并购交易经常产生争议，而争议解决的方式，除了协商谈判、调解之外，主要是提交法庭进行诉讼，或者提交仲裁庭进行仲裁。在有些并购交易中，如果交易双方的主要资产都在同一国家，那么双方采取仲裁或者诉讼的方式都有可能；而在跨境并购交易中，更为多见的是采取国际仲裁的方式来解决交易双方的争议。但近来也有一些发展，交易双方开始更多地同意在交易文件涉及不同内容的情况下采取不同的争议解决方式。比如，在中国企业“走出去”的过程中，外国卖方出于对中国政府审批的担心，往往要求中国买方提供未能获得中国政府审批的交易反向分手费。为了担保外国卖方能在未能获得中国政府审批的情况下及时拿到交易反向分手费，外国卖方会提前要求中国买方将交易反向分手费存入一个双方认可的国际一流银行的托管账户中。这种安排中，往往会在交易文件中具体约定采取法院诉讼的争议解决方式；而交易文件的其他部分引发的争议，则采取国际仲裁的方式。比如，在当年海航收购 Avolon 公司的并购交易中，就将不同的事项放在了特拉华州法院诉讼解决和国际商会仲裁解决。[1]为便于各位读

[1] 更多交易文件细节，可参见 https://www.sec.gov/Archives/edgar/data/1610128/000119312515330977/d46423dex991.htm，最后访问日期：2019 年 3 月 5 日。

者比较阅读，将相关部分的交易文件原文列于下文：

(a) This Agreement, and all claims or causes of action (whether in contract or tort) that may be based upon, arise out of or relate to this Agreement or the negotiation, execution or performance of this Agreement (including any claim or cause of action based upon, arising out of or related to any representation or warranty made in or in connection with this Agreement or as an inducement to enter this Agreement) shall be governed by and construed in accordance with the internal laws of the State of Delaware without giving effect to any choice of law principles that would require or permit the application of laws of another jurisdiction, except that the relevant laws of the Cayman Islands shall apply to matters relating to the corporate affairs of the Company.

(b) Arbitration. The Parties hereby irrevocably agree that, except with respect to disputes concerning Article Ⅱ, Article Ⅶ, Article Ⅷ, except disputes where a party is seeking specific performance or injunctive relief and except as otherwise specifically provided in any of the agreements entered into as a result of transactions contemplated herein (any such circumstance described in this exception as a "Non-Arbitration Matter"), any legal action or proceeding arising out of or relating to this Agreement or the transactions contemplated hereby, shall be referred to and finally resolved by binding arbitration administered by the International Court of Arbitration of the International Chamber of Commerce (ICC Court) in accordance with the Rules of Arbitration of the International Chamber of Commerce (ICC Rules). The arbitral tribunal shall consist of three (3) arbitrators. The two-party nominated arbitrators shall be nominated in accordance with the ICC Rules.The president of the arbitral tribunal shall be nominated by the two party-nominated arbitrators within thirty (30) days after they have been confirmed in accordance with the ICC Rules.If the party-nominated arbitrators are unable to agree upon a candidate for president of the arbitral tribunal, the president shall be appointed by the ICC Court in accordance with the ICC Rules.Unless the parties agree otherwise, the president of the arbitral tribunal shall be of a nationality other than those of the parties.The legal place or seat of arbitration shall be New York.The language of the arbitration shall be English.All documents submitted in connection with the arbitration shall be in English, or, if in another language, accompanied by an English translation.The prevailing party shall be entitled to recover all the costs of the arbitration, including the fees and expenses of the arbitral tribunal, the ICC administrative expenses, and the reasonable and documented legal, expert and other costs incurred in the arbitration.Any award by the arbitral tribunal shall be final and binding on the parties and their successors and not subject to appeal.Judgment on the award may be entered in any court of competent jurisdiction.The parties may seek provisional, interim or conservatory measures as provided in the ICC Rules from a court of competent jurisdiction, the arbitral tribunal or an emergency arbitrator.The parties agree that the United States District Court for the Southern District of New York or the Supreme Court of the State of New York shall have exclusive jurisdiction to grant provisional, interim or conservatory measures or to enforce any award.In the event that two or more arbitrations have been commenced under this Agreement, the Guarantee and/or the Voting Agreement, the parties consent to the consolidation by the ICC Court of all such arbitrations into a single arbitration pursuant to Article 10 of the ICC Rules.

(c) With respect to any Non-Arbitration Matter, each Party hereby irrevocably agrees:

(i) that it irrevocably submits to the exclusive jurisdiction of, and that the exclusive jurisdiction is hereby vested in, the Delaware Chancery Court (or, if the Delaware Chancery Court shall be unavailable, any other court of the State of Delaware or, in the case of claims to which the federal courts have exclusive subject matter jurisdiction, any federal court of the United States of America sitting in the State of Delaware) (the "Chosen Courts");

(ii) that all claims in respect of any such Non-Arbitration Matter, and any claims for injunctive relief pursuant to Section 9.08, shall be heard and determined exclusively in the Chosen Courts;

(iii) that it irrevocably waives, to the fullest extent permitted by applicable Law, any objection which such Party may now or hereafter have to the laying of venue of any such dispute brought in such above-described courts or any defense of inconvenient forum for the maintenance of such dispute;

(iv) that it will not bring or support any action, cause of action, claim, cross-claim or third-party claim of any kind, whether in contract or in tort or otherwise, in respect of any Non-Arbitration Matter in any forum other than the Chosen Courts;

(v) that the prevailing party in the litigation shall be entitled to payment of its reasonable documented out-of-pocket costs and expenses (including reasonable and documented fees and disbursements of counsel and other professionals); and

(vi) that a judgment in any such dispute may be enforced in other jurisdictions by suit on the judgment or in any other manner provided by Law.

(d) Each of the Parties hereby consents to process being served by any Party in any suit, action or proceeding by delivery of a copy thereof in accordance with the provisions of Section 9.02.

因此,现在看来,在越来越多的并购交易中,交易双方并不是仅仅采取“一种争议解决模式解决所有问题”的方式,而是在不同的情况下,考虑各种因素,比如,何种交易?双方的资产位于何地?执行是国内执行解决还是需要跨国执行?第三方专家解决问题是否更加合适?争议解决判决/裁决的可执行性、便利性?解决争议的速度?争议解决的裁判文书是否需要保密?

2. 在一个交易文件包含多种争议解决方式的情况下,需要注意如下事项:(1)将适用不同争议解决机制的事项进行清楚地阐明,以免在何种争议适用何种争议解决机制上出现争议,反而无法实现交易双方所预想达到的目标;(2)在适用多种争议解决方式的情况下,需要权衡好利弊。无疑,在一起交易中只适用一种争议解决方式,能够起到简单便捷的作用,而多种争议解决方式,在一个交易中适用的主要目的,还是为不同的争议事项选择更好的争议解决方式。比如,有的交易双方为了解决争议的便利和速度,会要求在交易文件签署之后,在交易交割之前,双方因为交易而发生的所有争议都提交相关法院去解决,而把交易交割之后所发生的相关争议,都采取“先协商、后仲裁”的方式去解决。

3. 在并购交易文件中,需要衡量不同的交易条款的性质和争议解决的难度,再来决定采取相应的争议解决方式。比如,一个并购交易中,对于Earn-out(盈利支付)机制产生了争议,而Earn-out可能和目标公司/目标资产的财务表现相关。因此,如何计算这些财务表现是否达标，可能选用第三方会计或者财务中介来进行判定更加合适。而另一个并购交易中，要求对一个正在进行的仲裁案件在交易交割之前的外部顾问进行量化，从而考虑是否在交易对价中减去相关的仲裁量化数额，而产生争议后决定的外部顾问无疑是双方认可的第三方律所为宜。不同的救济方式，也影响交易双方采用不同的争议解决方式。比如，对于救济方式实际履行（Specific Performance）的条款来讲，采取法院诉讼的方式可能更有利于保护有权要求实际履行的一方。前面提到的一个交易中出现的交割前争议采用法院诉讼，交割后争议采用仲裁解决，也和救济方式相关。从理论上来说，在并购交易交割之前，大多数的救济方式和禁令与实际履行有关，如交易的买方要求卖方在交易过渡期所作出的"不得招诱第三方进行更高报价""不得擅自处理公司重要资产"等承诺一旦被违反，无疑法院诉讼能有效地保护买方权利；而在并购交易交割之后，大多数的救济方式和金钱相关，如要求买方向卖方要求损害赔偿，卖方向买方要求支付或有对价等。在这种情况下，选用更懂商业、更懂行业的仲裁庭可能是更为合适的争议解决方式。

4. 近来，一些替代争议解决机制也在并购交易文件中出现。如交易双方先引入调解机制，调解不成之后再进行仲裁。根据美国律师协会对相关交易调查的情况，先调解再进行仲裁这种替代争议解决机制，在并购交易文件中出现的比例并不太高，主要出现在1亿~5亿美元中等规模的私有并购交易之中。如果交易双方在交易文件中约定了替代争议解决机制，那么需要注意这些机制适用范围、时间以及和仲裁等争议解决方式的协调机制。

5. 在交易实务中，需要注意如下几个问题：(1)交易中专家管辖和仲裁/法院的关系。曾经有一个案子，买卖双方约定，交易分为两个阶段，每个阶段支付交易对价的50%。但交易对价发生争议，提交专家决定。后来买方将争议提交到仲裁庭，而卖方认为交易对价需要由专家决定后，仲裁庭才能管辖。因此，对于这种关系和界面的约定，一定要清晰。（2）交易中约定的争议解决机制和先合同义务或者侵权救济的关系，需要在合约中明确好争议解决的具体处理范围，有时候，说“所有从交易文件产生的争议”（Claims Arising out of the Agreement），和“与交易文件相关的争议”（Disputes in Connection with the Agreement）看起来区别不大，但一个不慎，可能会将交易双方拖入自己没有设想到的境地。（3）注意在机构仲裁中，不少机构已经有了快速仲裁的机制，对于希望快速解决交易争议的双方来说，采取紧急仲裁程序的注意点，也应当提前有所掌握。

并购交易文件中的争议解决机制并不是一个看上去那么简单和程式化的一个话题，需要根据交易的具体情况、交易双方的不同目的、交易文本中不同的救济方式、交易双方所持有资产的可执行性、交易的性质等诸多因素来进行考虑。因此，在并购交易过程中，交易的双方应该对交易尽职调查的情况、交易的适用法、交易双方财务情况等各种因素进行综合考量，在需要的时候适当地寻求有经验的争议解决律师的参与，不仅能解决交易中具体条款未来发生争议后能否得到法院 / 仲裁庭支持的问题，还能对风险有一个提前的未来预判。并购交易的从业人员，切不可忽视交易文件中的争议解决条款，也不可忽略让争议解决律师在交易阶段就参与到交易文件审定中来的可能性，这些都需要根据交易的具体情况来决定。

第三编

# Part 3

# 并购交易文件条款的艺术

# 31 从纽约律师和伦敦律师的互嘲说并购交易文件两大流派的主要区别



最近做的并购交易比较多，交易文件的管辖法是英国法。我们做交易的人经常会半开玩笑地说：交易文本一拿出来，就知道是英国律师还是美国律师写的。如此笃定的原因在于，一个伦敦的律师写的文件和一个纽约的律师写的文件是极不相同的。

如何辨别呢？其实，英式并购交易文件和美式并购交易文件在很多方面都有区别。本文就来和大家聊聊美式并购交易文件和英式交易文件各自比较显著的一些特点。

第一，区别英式并购和美式并购文件的一个重要的点就是看交易文件中的保证部分。如果是英国律师写的文件，保证条款通常只有 Warranty 部分；而美国律师写的文件，则常把 Representation 和 Warranty 放在一起并用为 Representations and Warranties。为什么会有此种不同？因为在英国法下，Representations and Warranties 是有严格的区别的。翻开《布莱克法律大辞典》，Representations 和 Warranties 两者的功能、违反后果等方面都很不同。简单地说，违反 Representations 可能导致合同解除（当然，如果再往细了说，还需要区分恶意误述、过失误述、无意误述等不同情况）；而违反 Warranties 则可能仅导致合同违约损害赔偿。在美国大多数州法下，违反两者的区别性后果也是客观存在的。这样，问题就来了：为什么美国律师喜欢不加区分地使用 Representations and Warranties，而英国律师固执地使用 Warranties？纽约律师可能会嘲笑伦敦律师的老派和落伍，因为在纽约律师的眼里：大多数并购协议会排除合同解除的后果，而仅仅要求一方只能使用违约损害赔偿救济的方式。因此，如果在并购交易文件中已经明确排除了误述的后果，则在合约中不加区分地使用 Representations and Warranties 并没有什么不同。但是，伦敦律师可能会嘲笑纽约律师的粗糙和不精确：在法律上明明有不同后果，怎么就合用在一起了呢？万一交易文件里排除适用解除合同有例外，留下漏洞怎么办？从这个例子也可以看出美式并购交易文件和英式并购交易文件的某种区别：一个重实用，另一个强调形式上的严谨。

第二，重大不利变化条款（Material Adverse Change，MAC）。在美式并购交易文件中，MAC 条款几乎是个必备的条款。在美国律协所发布的统计数据中，超过 90% 的美国并购交易中使用了 MAC 条款。美国并购交易中的卖方对于 MAC 条款的接受度是较高的，尽管这个条款看上去对买方非常有利：如果在交易的过渡期内，目标公司或者目标资产发生了重大不利变化，则买方有权从交易中撤出。但在美国的司法实践中，买方想单纯利用这个条款从交易中撤出是非常困难的，原因在于：（1）在重大不利条款中卖方往往要求非常多的排除事项：产品价格变化、股价变化、国际或者国内经济形势的变化、宣告交易、并购文件所规定的行为、法律法规以及一般公认会计准则（GAAP）的改变、公司的运营结果不及预期、战争、恐怖主义或者是未解决的诉讼等。根据美国律协的研究报告，在拥有 MAC 条款的并购交易中，83% 的交易包括排除事项。（2）司法中对于是否发生重大不利变化的判断标准较为严格，要求从一个较为长期的角度去看待目标公司或目标资产是否发生了重大不利变化，证明责任在提出发生重大不利变化的一方。（3）主张重大不利变化往往会造成诉讼或者仲裁，对于交易双方来说并不是一个经济的解决方式。因此，重大不利变化在交易中，更多的是作为买方一个在发生不利事件影响目标公司或者目标资产价值时要求可能提出减价的筹码。在英式的并购交易中，使用MAC条款并不是市场上的惯例。笔者在最近就曾经亲自参加了一起涉及欧洲公司的并购交易，交易的卖方对于我方提出的交易中放入MAC条款从而留有可能从交易中撤出的机制非常不理解。在经过多轮谈判及说服过程之后，最终双方在保留MAC定义的基础上，采取对MAC进行量化的方式达成了一致。

第三，分手费（Break Fee）。分手费多在上市公司收购中出现。当交易的卖方（目标公司）和买方达成交易之后，受限与上市公司董事会的信义责任（Fiduciary Duty），当出现不请自来的第三方报价（Unsolicited Offer）有可能构成更优报价（Superior Offer）时，目标公司董事会有义务和这个第三方进行谈判，以便为全体股东获得售卖公司最优的价格及利益最大化。如果目标公司最终和这个第三方达成了交易，原有的买方获得的一笔补偿被称为并购交易中的分手费。国际并购交易分手费起源于对交易买方保护的需要。在国际并购交易文件签署之后，交易的买方往往会要求卖方作出“No-shop”和“No talk”（不招揽、不谈判）的承诺，意即卖方不得再行在市场上主动招揽其他潜在买方进行交易。但是，对于卖方公司的董事会来说，如果出现了卖方非主动招揽的更高报价的潜在买方，卖方董事会在公司法下的信义义务（Fiduciary Duty）要求下必须与潜在买方进行商谈，并可能与更高报价（Superior Offer）的出价方达成交易。卖方在和更高报价出价方达成交易前，必须终止与原始交易买方的交易，原始交易的买方此时往往会要求卖方给予其补偿，因为更高报价而终止的交易使买方丧失了时间、金钱和机会，该补偿金额被称为分手费。分手费因此而被广泛使用于国际并购交易中，成为因卖方的原因（往往是因为更高报价的出现）而造成的国际并购交易不能继续的补偿。对于更高报价方和卖方来说，是否能够达成新的交易，给予原始交易买方的分手费也是需要考虑的因素，因为这构成了新交易的成本。在美国上市公司的并购交易中，分手费几乎是所有上市公司收购（除恶意收购）中的必备条款，而在英国上市公司收购中，目标公司支付分手费则是一个例外事项。英国并购交易的分手费占交易价格的比例低于美国并购交易分手费占并购价格的比例。根据美国律协的统计，在其所调查的英国的并购交易案中，多数并购交易的分手费集中在并购交易价格的 1% ~ 2%，超过 2% 并购交易价格的几乎没有；而在所调查的美国并购交易案中，多数并购交易的分手费集中在并购交易价格的 2%~4%。需要注意的是，在 2012 年英国上市并购规则修改之后，英国监管机构进一步收紧了上市公司支付分手费的情况。在对英国上市公司进行并购时，要求卖方支付分手费的交易保护只能在极有限的情况下获得，如买方是白衣骑士（White Knight）或者买方是卖方通过竞争性程序选出的，而且比例一般不得超过交易价格的 1%。

第四，披露（Disclosure）。披露起到的作用是对卖方的陈述与保证作出例外说明。如交易中的卖方在陈述与保证部分向交易买方做出了“目标公司没有任何诉讼”的陈述与保证，但目标公司在中东某国确有一件诉讼事项，因此目标公司可以通过向买方做出披露的方式来披露此事，这样达到的效果使买方不能再以卖方违反了“目标公司没有任何诉讼”的陈述与保证来追究在中东某国的诉讼责任。在美式的并购交易中，披露的做出主要采取具体披露（Specific Disclosure）的方式：如果卖方对某个陈述与保证有例外的披露，需要具体表明特定事项对于该项陈述与保证的例外。在美式并购交易中，总体披露（General Disclosure）的方式并不那么常见，但在英式的并购交易下，卖方往往喜欢将资料室的内容作为披露，尤其是总体披露。相较于美国并购交易中卖方多习惯了特定披露的方式，英国卖方的总体披露的方式对于卖方更为有利。当然，这种有利也受到所谓的“合理披露”（Fair Disclosure）的限制：合理披露需要足够的细节和事实以便买方能做出合理的判断。笔者在2018年所做的一起交易中，也遇到了英国卖方要将资料室内容作为披露的要求。经过双方多次谈判，最终确定了资料室内容加披露函中特定披露加总体披露的方式来解决披露问题的方案，而披露中也有对卖方需要提供合理披露的限制。

第五，买方知情是否限制交割后索赔。前面说了披露的问题，如卖方承诺所出售的公司无重大诉讼，却在交割前告知公司存在5000万美元的诉讼，将买方置于尴尬的境地。买方可在合同中约定，即使卖方临时披露问题，买方仍有权利索赔。这就引出了买方知情是否可以索赔的问题。在英国的交易中，如果买方事先已经知道卖方违反了交易中的陈述与保证事项而仍然决定进行交易的交割，则在交割后要再行向卖方进行索赔，在英国法下是比较困难的事情。而在美式的交易中，尽管美国各州的法律对此并不完全同意，但在特拉华州和纽约州法下，买方的知情并不必然阻碍交割后买方的索赔权，这是一个长久以来被司法实践所支持的观点。曾经在纽约州有一个案例，买方在交易之前就已经知道了卖方所提供的财务数据的陈述与保证并不准确，但仍然完成了交易的交割，并在交割完成之后向卖方进行索赔。最终法院支持了买方的诉求，认为买方的事先知情并不能够阻止买方在交割后根据合约中的索赔机制进行索赔。在英国上诉院曾有一个类似的案例。买方的尽职调查中揭示了相关问题，但买方仍然进行了交割，并在交割后进行索赔。而与美国法院正好相反，英国上诉院认为，买方的尽职调查使买方对于相关问题有了真实的知悉（Actual knowledge），真实的知悉使买方无权在交割后向卖方提起违反陈述与保证的索赔。当然，在真实的交易中，如果卖方在交易签署的时候向买方提供了详细的披露，嗣后买方要求索赔，这个可能相对困难一些；而如果买方在交易过渡期间，在交割完成之前知悉了卖方违反陈述与保证的事实而进行了交割，嗣后的索赔总体来说可能相对更加容易一些。具体是否能够得到支持，还需要看相关的法域、具体事实及交易合约文本的具体写法。一个更为简便的处理方式是在交易文本中将此事明确：采用 Sandbagging 或者 Anti-sandbagging 条款。Sandbagging 条款保护的是买方，意即买方知晓卖方违反陈述与保证的事实，并不能阻止买方在交割后向卖方索赔；而 Anti-sandbagging 条款保护的是卖方，意即买方如知晓了卖方违反陈述与保证的事实，在交割后也不得再行向卖方进行索赔。在一个典型的英式交易中，可以常常见到卖方律师提出 Anti-sandbagging 的要求，而在美式交易中，这一要求往往不太容易为买方接受。

第六，卖方的陈述与保证在何时为真作为先决条件的问题。在美式并购交易中，卖方的陈述与保证在签署以及交割时为真能为大量的卖方所接受，当然卖方会寻求在交割时用 MAC 去做卖方陈述与保证为真的限制；而在英式的并购交易中，卖方往往会抵抗所有的卖方陈述与保证在交割时为真。笔者在 2018 年所做的一笔交易中，英国卖方就要求将卖方的陈述与保证进行分类，只有最为重要的陈述与保证在交割日进行重复为真，以此来降低买方撤出交易的可能性，同时增强卖方的交易确定性。

第七，交易后的索赔方式。在英式交易中，对于陈述与保证的违反主要采取传统的违约索赔方式。在此方式下，需要满足传统的几大要件：违反合约、有损失、损失与违反合约有近因、受损失一方有减轻损失的义务等。而在美式交易中，对于陈述与保证违反的责任追究主要采取赔偿（Indemnity）的方式，此方式不需要满足传统的几大要件。对于买方来说，美式的索赔在赔偿机制下进行，更加有利。当然，英式交易下，对于特定事项的赔偿，买方往往会要求采取特定赔偿（Specific Indemnity）的方式。

第八，索赔的时间与额度。在英式并购交易中，相比美式并购，其索赔时间更长；交易后买方有权索赔的比例额度往往也较美式并购交易大。

当然，从并购交易文本的角度看，英式交易文本和美式交易文本还有其他的一些差异：如英式交易文本往往将税务事项单独拿出来做成一份文件；英国交易对 Locked Box（锁箱计价）机制有更普遍的使用等。囿于篇幅，不再一一罗列。

对于我们从事并购交易实务的人士来说，掌握不同市场下交易文本的不同特性，可以使我们有效地理解和接受不同的条款，从而在交易过程中更好地与不同市场下的买卖方打交道，为交易的顺利推进打下良好的基础。毕竟，在并购交易过程中，双方对于交易惯例的良好理解可以让交易双方能较快地就文本达成一致。

# 32 谈谈并购交易中“对卖方优惠条款”的趋势

2017 年全球的并购交易额达到了 3.7 万亿美元。2015 年、2016 年、2017 年连续三年的全球并购交易额超过了 3.5 万亿美元。进入 2018 年第一季度，全球并购交易额迎来了近 20 年的最高额，超过了 1.2 万亿美元。显而易见，全球这一波的并购浪潮仍然在进行之中。在全球火热的并购浪潮中，凡是好一些的资产，通过竞购获得的方式成为常态。在这样的情况之下，卖方对于买方在交易文件中条款的要求也越来越苛刻，甚至可以说，并购交易中的条款总体上看对卖方越来越有利。

笔者所做的一笔并购交易也是通过与数名强有力的竞争对手进行竞标之后方才成功。在售卖方进行两轮招标的过程中，我方进入第二轮的谈判，卖方利用潜在的竞争方，对我方在交易中提出的保护条件进行打压；而我方也尽量在能够保持竞标领先性的前提下较好地保护自己的利益。笔者认为，买卖双方在交易条款中的拉锯战已经开始变得更加地频繁了。

这种情况也引起了专业分析机构的注意。最近，并购交易的托管机构及研究咨询机构 SRS 出了一份报告，对这种情况进行了一个更为实证主义的分析。SRS 在报告中认为主要有如下一些原因造成了近来市场上出现的这种情况：

一是笔者在本文开篇就提到的，几乎所有私有交易都通过招标方式进行，招标的方式使卖方可以在潜在买方之间进行充分地售卖。而在招标的交易中，由卖方提供第一稿交易文件，这也为交易条款对卖方有利打下了基础。因为所有修改合约的买方都会考虑其他竞争方会如何修改交易文件，为了保持竞争性而不敢改得过分以保护自己，故此出现了此种情况。这个分析是很有道理的。根据笔者的经验，几乎所有的交易卖方都会在交易报价提示中明确写上：请考虑好提交修改的交易文件内容，修改的多少以及严重程度将在很大程度上影响买方投标的竞争性。卖方将在综合考虑报价、对交易文件的修改以及对于交易审批、交易融资等确定性的判断之上，综合对竞争投标方做出评判。

二是私有交易的交易金额在增长。在 2015~2017 年，私有交易的平均金额增长了 4%。这是为什么呢？一个可能的解释是：公开招标的竞争者使卖方更容易卖出更高价格；融资比较容易在市场上获得，这进一步推高了价格；更多的私募基金买家参与。这与笔者的观察也很吻合。在全球融资市场上，相对来说较为容易获得融资的是股票市场，而私募基金则更是一个强有力的竞争者。从 2017 年全年的数据来看，全球有超过 4500 亿美元的私募融资在进行。这使全球私募基金手上可供投资的"Dry Power"（干火药，意指私募基金手上可供投资的资金）达到了 1 万亿美元。关于私募基金，值得一提的是私募基金与产业投资者之间的竞争使私募基金开始和产业投资者一样，对于以往作为财务投资者时很少接受的卖方交易条款中的内容，开始像产业投资者一样进行接受。举个例子，如以往在交易文件谈判中，对于重大不利变化（Material Adverse Change，MAC）条款，私募基金往往会要求将因宏观经济形势和行业变化而导致的目标公司或者目标资产的不利变化算作重大不利变化，其理由往往是自己是财务投资者，不应当像产业投资者一样，去承担交易中的行业变化风险——产业投资者更容易接受将行业变化风险放在重大不利变化的除外事项，是因为产业投资者本来就能够接受行业风险。另外，在MAC条款的谈判中，私募基金往往希望能将Prospects（未来预期）视为判断重大不利变化是否发生的因素，因为很多时候，私募基金的债务融资是依靠目标公司或者目标资产未来的现金预测来进行的。但是，随着私募基金和产业投资者之间的竞争日益加强，近年来私募基金也开始日益接受以往不接受的交易条款。比如，在如今的交易实务中，对于因为宏观经济形势与行业变化而导致的目标公司或者目标资产的重大不利变化，私募基金更多地可以接受将此两者作为重大不利变化的除外事项；同样地，私募基金的买方也更多地可以接受将Prospects不作为视为判断重大不利变化是否发生的因素。从私募基金对于交易条款实务的立场变化中也可以看出，由于交易中竞争对手的增多，更多有利于卖方的并购交易实务条款出现了。

三是在不确定的政治经济环境下，越来越多的并购交易双方开始在交易中采取或有支付的机制来搭建交易双方关于交易的估值差距。过去的并购交易实务中，盈利支付机制最初常见于药业资产的并购交易，因为对于处在研发阶段的医药产品而言，其研发前景往往难以预测，难以对目标资产进行准确定价，因此往往会引入或有支付，将一部分交易对价与药品的研发情况挂钩。此后，越来越多的行业开始在并购交易中使用盈利支付机制，这其中甚至包括传统的油气行业。例如，在埃克森美孚公司并购Interoil公司的交易中，双方约定将或有支付与未来的资源量挂钩：当Interoil公司的液化天然气项目的天然气确认资源量高于6.2万亿立方英尺时，每超过1万立方英尺，Interoil的股东每股将另行获得7.07美元的或有支付，该等或有支付在资源量达到11万亿立方英尺时封顶。正如笔者曾提到过的，如今的并购交易中，已经有超过20%的交易在使用Earn-out机制。Earn-out机制在搭建交易的同时，也给买卖双方完成交易后带来很多的争议。因此，随着实务的发展，卖方开始在Earn-out机制中更多设置保护自己的条款，以避免买方在交割后不对未来或有款项进行支付。比如，卖方要求买方在交割之后承诺维持卖方过去的运营方式，或者要求买方承诺最大化Earn-out的支付义务。（注：更多关于Earn-out内容，请见本书《未起草好Earn-out条款，卖方少收4.25亿美元！》一文）

四是限制赔偿责任托管账户的时间。根据SRS的数据，赔偿责任托管账户存续时间从2014年和2015年平均的18个月发展到2016年的16个月。这对于卖方来说是更好的条款，因为用来担保卖方责任的托管安排时间更短，意味着在交割之后买方能够找卖方进行索赔的期间也缩短了。

五是卖方更多地在交易中要求Deductible Basket[1]和更低的赔偿上限。2016年，采用Deductible Basket的私有交易已经达到了42%。另外，Basket占交易金额的比例也在上升。这些变化统统意味着，在并购交易完成后，买方对于卖方的索赔更加困难，卖方更加容易在交易中为买方制造更高的门槛。比如，在最近一期的CMS对交易的统计数据显示，欧洲47%的私有交易中，买方索赔的上限低于交易价格的25%；而对于美国私有并购交易来说，更在高达95%的并购交易中，买方的索赔上限低于交易价格的25%。

六是卖方更多地要求在交割日重述陈述与保证时加入MAC的限制。根据SRS的数据，MAC在交割日陈述与保证重述中的比例，从2015年的百分之三十几跃升到2016年的将近一半。以简短的语言来



［1］ 在并购交易完成后，买方对于卖方在交易合约项下违约的索赔要求只有超过最小索赔额的所有索赔加起来到一个额度（Threshold），即Basket Amount的时候，卖方才负责，这就是并购交易索赔中所谓的Basket机制。在这样的赔偿机制中，（1）对Basket Amount以上的部分进行赔偿此种情况下术语称为"Deductible Basket"。（2）达到Basket Amount后，对所有的索赔额进行责任承担。此种情况术语称为"Tipping Basket"。

解释就是：买方试图主张因交割日陈述与保证不再为真而拒绝交易变得更加困难了，因为卖方要求，买方证明卖方陈述与保证的不为真，只有达到了重大不利变化的程度，才能拒绝交割。

另一个有趣的现象是：尽管从大的层面看，并购交易中的交易条款日益变得对卖方更为有利，但凡如此，买方总是试图从其他风险分配机制或者交易条款中找补一些回去。比如，尽管买方同意了在并购交易风险中承担更多的风险，但也开始更多地在交易中使用陈述与保证险来控制风险；尽管买方支付了更多的交易价金，但也更多地开始保留“Diminution in Value”[1]的索赔。尽管买方同意了交割后关于Earn-out的承诺支付，但也更多地要求有权对于Earn-out支付进行抵销。尽管买方同意赔偿责任托管账户的时间更短，但也开始要求不同的托管账户安排，比如在不同赔偿类型下采取不同的托管账户：为了交割后索赔而采用一个托管账户安排，为了交易的价格调整目的而进行另一个托管账户安排，或者为了某些特殊的赔偿事项而采取其他的托管账户安排；尽管买方同意了更高的菜篮和Deductible Basket，买方也更多地要求“Materiality Scrape”或者“Double Materiality Scape”；[2]尽管买方同意了交割日重述陈述与保

[1] “Diminution in Value”是指交易的卖方对买方应该因为交易合同项下的违约事项还应对目标公司、目标资产价值的减损做出赔偿。一般来说，并购交易中的卖方希望将Diminution in Value排除在对并购交易买方的赔偿范围之外。

[2] “Materiality Scrape”或者“Double Materiality Scape”是并购交易双方在谈判索赔事项中的实务要点之一：是指买方在交割后向卖方进行索赔的过程中，要求将卖方做出陈述与保证中的重大性排除来进行计算。比如，在先决条件中，陈述与保证违反构成MAC的情况下，买方有权拒绝交割。在这种情况下，先要去除陈述与保证中自己的重大性，来判定是否构成MAC。否则对于买方来说，要双重算“Materiality”才能判定先决条件满足与否，这对买方不利。举个简单的例子：一个陈述与保证为X公司没有重大诉讼。当该陈述与保证作为交割条件（违反该等陈述与保证不引发MAC的前提下）重复的时候，判定是否引发MAC，需要先排除陈述与保证中的“重大”。否则就构成了所谓的Double Materiality，重复计算，有利于卖方。在赔偿条款中使用，主要分为如下两种情况：（a）在计算是否违反陈述与保证、计算损失中，均排除重大性；或者（b）仅在计算损失中，排除重大性。显而易见，在计算是否违反陈述与保证、计算损失中，均排除重大性对于交易的买方有利；仅在计算损失中排除重大性，对于卖方更为有利。

证时加入 MAE 的限制，但也要求 Sandbagging[1]。因此，从并购交易实务角度去看，只要交易中存在风险分配，并购交易双方你咬我一口、我得捞点儿回来的这种"狗咬狗"游戏还会一直玩下去。作为从业者，通过这些条款，可以看到虽然在寻求并购条款写法上交易双方你来我往在进行拉锯战，但其背后的风险分配逻辑和商业逻辑其实是非常清晰的。



[1] "Sandbagging"是指并购交易的买方在交易中要求对于其已经知情的并购交易卖方违反并购交易的陈述与保证仍然保留在交割后索赔权利的条款。

# 33 优秀并购交易谈判者的能力清单

并购商业谈判是并购从业者的日常工作。并购商业谈判的基本目的就是要在保护己方利益、控制风险的基础上达成交易。如何在并购商业谈判中获得成功？

优秀的并购交易谈判者至少需要具备如下能力因素：

1. 谈判前充分的准备是基础能力。了解对方的谈判人员背景和组成、推测对方的立场、做好谈判方案、做好各种谈判预案、做好谈判后勤支持工作（吃好、喝好、住好很重要！）、做好谈判组成员分工、制定谈判规则，是在谈判工作前需要做的。做过很多大型商业谈判，深感西方人对谈判的准备工作是事无巨细的，对于对手谈判人员的组成、个人背景、行事风格等都会尽一切可能去收集资料。而中国买方对于谈判准备工作的精细化程度上还是相对稍显不足。

2. 找到利益重叠区的能力。交易要达成，无非要进入双方达成交易的重叠区。谈判双方需要解决彼此的担心、关注对方利益点；解决对方关心的问题，当然，也需要保护自己的利益和解决己方的担心。所谓的“双赢”，即在此点。在并购交易中，只是一味强调己方利益的保护并不会有利于交易的达成。只有双方的利益都在交易中得到适当的保护，交易才能被双方认可。

3. 明确对方/己方的核心利益点和关键风险点的能力。在商业谈判中，什么好处和利益都想己方拿到是不可能的事情。保护己方的核心利益，控制关键风险，聪明的妥协，适当给对方让步，有助于达成交易。了解对方的核心利益和关键风险忧虑点，能否使谈判者分析交易对手的诉求是否商业合理，能否采取合理的方式对交易对手的正当商业诉求进行满足，是双方能够获得双赢交易的一个关键因素。比如，卖方可能最为重视交易完成后风险的完全转移，那么一个修改不那么多的交易文本和为交易购买交易陈述与保证险可能比起一味提价对卖方的吸引力更大。

4. 需要有良好的商务判断能力和洞察能力。对于对方的主张，哪些是虚，哪些是实；对于谈判要点，哪些是谈判破裂点，哪些是可谈点；对于谈判交换利益，哪些可以放弃，哪些必须坚持，都需要有良好的判断和决断力。优秀的并购交易谈判者必须识别对手的真实需求和谈判障眼法，洞察对方能够或者愿意让步的地方。如当年笔者曾经参与的一个大型并购交易，对方高管在签字之前突然提出要在交易中对美国政府机构审批获取加入"排除万难"义务条款。在交易团队进行仔细分析之后，我们认为对方不过是想在交易签署之前再逼我方一把，这个要求绝对不是交易的破裂点。因此，我方识别了对方的意图后果断拒绝了对方的要求，最后成功达成了交易。

5. 取得良好进展的谈判获取灵活授权的能力。尤其在时间紧张的谈判中，有充分的授权是推进谈判的良好助力器，不能谈完回去不认，告诉交易对手没有授权。发生这种情况是优秀的商业谈判者必须避免的，否则会给并购交易的对手带来己方不可信的印象，也不利于交易的及时达成。

6. 注意保持谈判的节奏和动能的能力。有时候谈判陷入僵局，需要采取一定的手段和方式来打破。保持谈判的节奏和动能，是谈判顺利完成的一个重要因素。有经验的并购交易谈判者会善用“Break the Ice”的技巧，重新将陷入僵局的谈判拉入动能的节奏。

7. 讲究商业谈判礼仪的能力。谈判的地点、时间、人员、议题，都是有讲究的，需要按照谈判礼仪和规范来进行。如在并购交易谈判中，双方是在中立地谈判还是一方所在地谈判，需要交易双方事先商定；交易谈判参加人员职级的对等问题也需要考虑；谈判议题是先难后易或者是先易后难等问题，均需要讲究商业谈判礼仪。

8. 协调、控制谈判团队的能力。谈判不仅是一个人的事情，在谈判者的背后有大量的支持工作。如何协调好谈判团队分工、如何将谈判团队所需支持材料从支持团队中获得等事项，都需要做好。谈判本质上也应当作为项目管理来进行。一个优秀的并购交易谈判者也必定是一个良好的项目管理者和团队领导者。

9. 脑洞大开，提出灵活解决方案的能力。优秀的并购交易谈判者应当事先制定好各种不同方案来应对可能发生的各种情况，但方案绝对不是一成不变的。尤其在双方立场差距较大的情况下，需要有解决真实存在“Gap”的时候，需要谈判者有善于提出灵活替代方案达成交易的能力。

10. 知晓竞争态势、了解谈判地位的能力。一味站在己方利益角度去考虑商业谈判并不可取，优秀的并购交易谈判者需要从更大的角度看到整个竞争态势（尤其在公开竞标的并购交易中），认识到自己的谈判地位，才能做出正确的选择。只有善于审时度势的谈判者，才能在正确判断竞争态势和谈判地位的基础上，做出更好的谈判选择。

11. 知晓市场惯例的能力。在相同的竞争态势下，双方的谈判地位清楚的情况下，大概市场上的惯例是什么，大概能谈到什么样，其实应当是心里有数的。任何在谈判前没有大概预期谈判结果的谈判者，要么是不了解对手，要么是对全局把握不够。优秀的商业谈判者，在谈判基本态势确定的情况下，会预测到谈判大致的结果，并能够基于该预测的结果来及时修正商业谈判过程中的具体主张。

12. 勇于放弃的能力。在双方立场有根本差异的情况下，要敢于从谈判桌前走开，敢于说“No”。优秀的并购交易谈判者不能无原则地退让，要能够迅速识别出交易的 Deal Breaker，需要敢于放弃交易。在对方的要求已经突破己方底线并不可能改变的情况下，需要明确做出判断。如对方谈判中提出交易溢价必须要 50% 以上才能谈，但己方最多只能出到 35%。在确定对方不是漫天要价，而是真实的要价意图前提下，及早识别这样的 Deal Breaker，寻求新的项目机会，是优秀的并购交易谈判者应当具有的能力。

13. 保持良好商务形象的能力。优秀的并购交易谈判者一定是风度翩翩、形象令人愉悦的。在和交易对手的团队打交道过程中，需要呈现出专业、可信、沟通交流愉快的形象。

14. 对于优秀的并购交易谈判者来说，良好体力和意志力也是不可或缺的。有些时候，坐在谈判桌的交易双方都明白：谈判桌上的讲道理不过是双方保护自己利益的说辞，因此在某些关键问题上说来说去可能效用也不大。在这个时候，交易的谈判者还需要适当和对方拼一拼体力和意志力。优秀的谈判者一定是体力强、意志力强的人。笔者以前工作中有一位同事，看起来是那种脾气极好的人，但谈判风格却是那种“以柔克刚”型的，无论对方多么气势逼人，他除了进行说理之外，还以“拖、磨、熬”等方式和谈判对手周旋。在一个并购交易谈判中，对方的 CEO 实在被他磨得没有了脾气，只好让步，还称赞这位同事“外表柔弱，内心强硬”。

总体来说，谈判是一个实践性很强的技能，需要长期、大量的商业实战才能具体掌握。保持商业上的灵活性和风险可控性是一个谈判者始终应当考虑的问题；通过聪明的妥协去达成交易、保护核心利益点是每一位商业谈判者应当追求的。

# 34 从万达集团被海外卖家起诉支付反向分手费谈谈交易中的风险控制

美国时间 2017 年 3 月 10 日，金球奖颁奖典礼制作公司和公告牌音乐奖运营商 Dick Clark Productions Inc. 的控股股东 Eldridge Industries LLC 正式表示，由于大连万达集团未能履行合同，其关联公司终止了将 Dick Clark Productions Inc. 出售给万达集团的交易，为之前在市场上的相关流传正式画上了句号。同日，Eldridge Industries 在特拉华州衡平法院启动诉讼，要求万达集团支付托管账户中剩余的 2500 万美元作为反向分手费。

万达集团的这笔以 10.7 亿美元购买 Dick Clark Productions Inc. 的交易是在 2016 年 11 月初宣布的，这也是万达旗下文化产业的系列海外收购中的一笔。在交易宣布之初，万达集团将其形容为“万达集团向电视内容迈入的第一步，占领全球电视资源的最高端”的交易。当然，对万达集团以 10.7 亿美元如此高的价格购买 Dick Clark Productions Inc.（DCP），市场也是感到惊奇的。在交易宣布之前，市场上的推测是 DCP 能卖到 8 亿 ~9 亿美元，毕竟 2012 年古根海姆（Eldridge Industries LLC 公司的前手）买过来的时候才 3.7 亿美元。福布斯就曾经发表过一篇《万达浪费 10 亿美元在 Dick Clark Productions Inc. 上》的文章，对万达集团花如此之高的价格购买 Dick Clark Productions Inc. 表示了质疑。但正如老外的评论所言：万达集团虽然经常以超过预期的溢价收购境外资产，但明显可以看出，万达集团是以战略的眼光在下一盘很大的棋，所看重的是成为全球玩家的影响力和中国市场的需求所带来的未来长期回报。根据原来的交易安排，万达集团的这笔并购交易本应该在 2017 年 1 月 17 日进行交割，但万达集团在 1 月 17 日来临的时候，表示无法按期完成交割，并要求将交易延期到 2017 年 2 月 28 日。为了获得卖方对于交易延期的同意，万达集团向 Eldridge Industries 支付了托管账户 5000 万美元中的 2500 万美元。但延期之后的交易仍然未能如期完成，因此出现了本文开头所述的万达集团被卖方起诉支付托管账户中剩余 2500 万美元反向分手费的情况。

从这个交易来看，万达集团被卖方起诉支付反向分手费，原因无非是政府审批未能获得、违反了并购交易中的条款并未及时补正或者是钱没有到位。中国政府的“控制海外投资风险”的政策，给不少的中国买家带来了麻烦，坊间对于“资金如何出海”的问题也是议论纷纷。中国政府的态度也非常明确：对于符合产业升级换代、系真实交易需求的海外并购还是持支持态度的，但对于明显是为了出境避险，快进快出、母小子大等交易实行严格的管控。

万达集团被卖方起诉违约而支付反向分手费一事中，至少有如下几个风险控制要点值得中国买家注意：

第一，跨境并购交易中不要有太过激进的交易时间表。

万达这个并购交易一开始在交易文件中约定 3 个月就要完成交易的交割。对于中国买方而言，如果一笔交易中，需要政府审批，还需要融资的话，则需要在交易中制定相对可行的交易时间表。太过激进的时间表会给自己带来风险。因此，要和卖方谈判沟通好可行的交易时间表。交易卖方总是着急完事儿,一定会制定激进的交易时间表;买方一定要从现实出发,制定可行的交易时间表。尤其是涉及换汇、钱要出去的交易,事先做好监管机构、银行的沟通很重要。由于强调海外投资风险的控制,现在审批时间的长短不确定性较大,因此需要在交易中给自己留有余地。万达集团的 5000 万美元没了,很大程度上在交易文件中承诺的激进的交易时间表要承担责任。

第二,在并购交易中要留有灵活的延期余地。

并购交易中有所谓的最终交易完成日(Long Stop Date),在最终交易完成日之前交易的先决条件无法满足,如钱出不去,或者政府审批拿不到,卖方往往是要求买方承担风险,支付反向分手费。因此,买方需要在交易中给自己留下延期的空间,如在交易完成日到来的时候,在交易中要求一次到两次的延期权利,以便能给钱出去的审批留下充分的时间。万达集团签的这个交易,不仅有激进的交易时间表,延期的灵活性也不足,一次延期后就无权再行延期了,而且延期的时间也并不长,并不足以锁定相关交易先决条件能够满足的时长。

第三,对于和政府审批、融资相关的反向分手费承诺要有底线。

在跨境并购交易中承诺过高的与政府审批/备案、融资相关联的反向分手费,对于中国买方而言,的确是个比较现实的风险。这其中有个两难的问题,即如果交易中不承诺和政府审批/备案或者钱到位相关联的较高额度反向分手费,那么交易可能达不成;但如果承诺了过高的反向分手费,可能就会像万达集团那样,被卖方起诉要求从托管账户中释放分手费。5000 万美元就这么没了。

第四,谨慎应对卖方提出的计时费要求。

在卖方同意给予买方交易完成日前的延期权时,通常会要求一个 Ticking Fees(计时费)的要求。这个计时费,会随着延期增加反向分手费的数额;而在延期内如果完成了交易,则计时费将和交易的对价合并相加。中国买方在并购交易中对于卖方索要高额计时费的要求，也要谨慎对待。

第五，在交易文件中谈判好反向分手费条款。

从中国买方的角度看，在并购交易中谈判反向分手费，应当注意如下谈判要点：

1. 在交易中明确触发买方支付反向分手费的条件。从卖方的角度来看，中国买方至少需要在如下事件发生时支付反向分手费：相关政府监管审批、证券交易所审批未能获得、融资未能获得、买方股东大会未能审批、违反合约陈述、保证或者承诺且在相关期限内未能补正、拒绝交割和其他约定事件。

对于中国买方而言，在上述事件发生之后，反向分手费是否需要均支付统一约定的金额，还是根据不同触发事件设定不同金额，需要视交易双方的谈判地位而定。中国买方不要上来就承诺所有政府审批不能获得一概赔 10 亿美元，可以对反向分手费的支付进行分层。中国政府不批，支付 3 亿美元反向分手费，美国政府不批，支付 1 亿美元。要在并购交易里对反向分手费的支付进行灵活安排。

2. 注意，需要在交易中约定，当买方违反合约从而使交易先决条件不能满足时，反向分手费是卖方所能获得的唯一补偿；当交易先决条件均满足后但买方拒绝交割，反向分手费也是卖方所能获得的唯一补偿。

上述违反合约需要能够及于买方的故意违反，但交易过程中需要买方的律师对不同法域下该等约定条款能否得到执行进行确认。如果买方违反合约导致先决条件不能满足而支付反向分手费的情况中不包括故意违反（买方故意违反合约导致先决条件不能满足时，卖方的唯一救济也只能是反向分手费），则买方所支付的反向分手费有可能无法成为唯一补偿。

3. 在交易文件中，将反向分手费作为卖方所能获得的唯一补偿（Sole and Exclusive Remedy），同时还应表明无论在何种情况下买方不能要求被支付一次以上的反向分手费（In no event shall the buyer be required to pay the reverse break-up fees on more than one occasion）。

4. 注意反向分手费和实际履行条款的关系。在很多并购交易文件中，会规定实际履行（Specific Performance）的救济方式。在反向分手费作为Sole and Exclusive Remedy的情况下，实际履行的救济方式应当对买方不适用（或者极为有限的情况下适用）。对于买方来说，在交易文件中明确表明实际履行适用（不适用）的情况，是对自己的保护。

5. 在交易中，买方不能给予卖方在未终止合约情况下有权要求反向分手费的可能性。或者在交易中明确约定，无论卖方是否终止交易，反向分手费都是卖方Sole and Exclusive Remedy。

6. 注意反向分手费和衡平法下救济的关系（Equitable Remedies）。如果买方强势的话，能够排除Equitable Remedies最好；另外，需要注意排除任何高于反向分手费的间接、惩罚性的损害赔偿。另外，买方可以要求：卖方获得反向分手费的前提是其不能有重大违反合约的行为。

万达集团被诉支付反向分手费的这个案例，给中国买家提了一个醒：2017年进行海外并购的中国企业，应当正视资金“出海”的问题，提前谋划，积极与监管机构做好沟通，提前做好相关的风险防控措施，注意在交易文本中控制好风险和保持足够的交易灵活性。

# 35 时间就是金钱



## 一、跨境并购交易中政府审查的三种类型

中国企业在走向海外的过程中所面临的域外政府审批主要是三种类型:

第一类是外商投资准入审批。比如,我们所熟悉的美国外商投资审查委员会(CFIUS)、澳大利亚外商投资审查委员会(FIRB)、加拿大工业部下的投资加拿大审批(ICA)等,都是属于对外国投资的审查批准。

第二类是反垄断审查机构的批准。无论是中国商务部反垄断局的审批,还是欧盟的审查,抑或美国司法部(DOJ)或者联邦贸易委员会(FTC)的审查,或者是澳大利亚反垄断审查机构(ACCC)的批准,它们在性质上都属于反垄断(经营者集中)审查。

第三类是行业审批。比如,在海外投资油气业和金融保险业,可能需要相关法域下的政府主管部门审批。

过去的中国企业海外投资,主要的立足点还是外商投资的准入

审批和行业主管部门审批，尤其以外商投资准入审批为重。虽然中国企业海外投资被外国政府否决的从总体比例来看并不高，但在过去一两年密集“出海”投资的过程中，也有几起敏感行业的并购受阻。因此，目前大多数中国企业在海外投资的时候，所认识到的主要风险点还是投资审批。但是，随着中国企业海外投资的日益增多，海外并购交易中所蕴含的反垄断风险正在逐渐上升。

## 二、跨境并购交易的反垄断风险在上升

从历史来看，以往中国企业的海外资产少，各国反垄断审批其实只是个形式上的问题。尽管一些并购交易可能已经达到了相关法域下提交反垄断审查的标准，但中国企业海外资产本身的体量和规模并不足以在相关的海外市场上形成竞争垄断的态势，因此，反垄断审查看上去只是一个“纸老虎”，并不足以影响中国企业的海外并购交易。但是，随着中国企业日益增多的持续全球扫货，各国监管机构对中国企业收购的日益警惕（前段时间欧盟对中央企业在能源领域合并计算反垄断申报的门槛可兹为例），中国企业收购对象体量日益庞大，使中国企业海外并购所面临的反垄断审批将日益成为难点、风险点和关注点。可以预见，中国企业海外投资所面临的审批风险不再仅仅是外资进入审批，另一个大的监管难点即反垄断审批的风险将进入我们的视线。中国买方将必须花费更多时间与交易对手在反垄断审批风险的控制与分配之上进行磋商。

举个例子，万达集团最近持续在境外进行相关院线公司的收购，陆续用旗下的AMC公司连续并购了欧洲第一大院线——Odeon&UCI院线及美国连锁影院Carmike公司。两笔交易完成之后，AMC公司在全球拥有超过900家影院、10,000块屏幕，如果再算上万达集团旗下的万达院线（截至2016年10月31日）已开业的359家影院、3164块银幕的话，万达集团已经成为全球院线之王。因

此，万达集团未来如果要持续再并购院线资产，尤其是在欧洲和美国收购院线资产，反垄断审批一定是其需要优先考虑的风险问题。如果读者有心去看，就会发现，在AMC的并购交易中，关于反垄断审查审批风险在交易中如何进行分配，着墨很多。这是以往中国公司在海外收购中并不常见的情况。

## 三、时间就是金钱

关于反垄断审批的风险控制，笔者认为，无非是提前做好政府审批的各种准备避免Gun Jumping（抢跑）、事先做好反垄断机构要求采取措施的准备（如资产剥离计划等）、在交易文本中做好反垄断审查风险分配、与反垄断机构对簿公堂等。不过，本文将从并购交易的经济性角度，谈谈反垄断审查中的计时费[1]（Ticking Fee）。

中国企业在交易中，常常被卖方要求提供与政府审批（包括反垄断审批）相关的计时费。所谓计时费，就是卖方要求，如果买方在交易最终完成日（Outside Date）到来时仍未能获得相关政府审批，而买方要求延长交易的时间以便继续去获取政府审批（有的交易中甚至包括获得融资），则买方应当向卖方支付一笔与超出时间相关的费用，这笔费用被叫作计时费。计时费在并购交易中扮演着一个激励买方迅速交割的角色。传统的计时费实际上是要求买方随着时间的增加给予更高的购买价格，即在买方未能在规定时间内获得政府审批或者规定的其他事件并未在规定时间内发生时，则在超出规定时间之后，买方应支付更高价金。

当然，计时费的给付并不仅仅和反垄断审批挂钩。在实践中，卖方也会要求计时费和行业审批、外商投资准入审批或者融资等进行挂钩。近来在中国企业走出投资的过程中，由于外国卖方对中国政

[1] 之所以叫作计时费，来自于英文Tick的原意，在英文中Tick是钟表嘀嗒作响之意。

府强调控制对外投资风险的担心,要求中国企业承诺在一定时间内获得中国政府的所有审批,否则,如果中国买方要求延长时间去获得该等审批,则中国企业应当支付与此相关的计时费。

计时费的另一个类型是和反向分手费挂钩。反向分手费是在并购交易被监管机构否定之后或在某一特定时间内未能获得监管机构审批时,买方向卖方支付的一笔补偿。而在某一特定时间内尚未获得政府审批而买方又要求延长时间去获得政府审批,则在此时买方需要向卖方另行支付计时费。如果最终在延长的时间段中仍然未能获得政府审批,则买方需要向卖方支付的费用为:反向分手费 + 计时费。同样,在此处,计时费可以由不同的审批事件触发:反垄断、行业审批、外商投资准入等。

还有一个不那么常见的计时费,它在上市公司并购交易中偶有出现。读者知道,在上市公司交易中,买方向卖方的每股报价一般是固定的。[1]但这个所谓的固定报价有前提条件,即卖方在交易过渡期之间的股利分配必须要严格按照买卖双方之间的约定进行。如果卖方在交易过渡期之间超越买卖双方的约定进行股利分配,则超出部分应当从每股报价中扣除。这一与过渡期股利分配相挂钩的计时费,其实质就是要求买方在超过规定时间内未能取得相关政府审批的情况下,允许卖方另行在约定之外分配股利。和上面的计时费实质一样,这是对买方在交易过渡期尽快获得政府审批或者融资等先决条件满足的重要经济推动力,也是交易双方在对政府审批等风险进行分配。在买方因为迟延获得审批或者重要事项的满足时,卖方要求买方提供更多的金钱以应对因交易延期完成或不能完成而带来的风险。

从计时费谈判的角度来看,买方是否需要提供计时费、计时费

[1] 在换股交易中,报价往往会随着买卖双方在交易过渡期的股价波动而导致不同。因此换股交易中有“上下限”(Collars)等机制来对换股数进行调整。

的发生与何种事件进行挂钩、计时费的计算标准、计时费是增加交易成功后的报价或者是增加交易未成功时的反向分手费抑或是两者均有、计时费是否和交易过渡期的股利分配挂钩，都是买卖双方的谈判点。

中国企业在“走出去”的过程中，在关于政府风险的分配谈判中，除了关注努力标准程度、事先规定好政府审批条件的上限、反向分手费的触发事件、大小与比例、是否有权在交易最终完成日到来后单方面有权延期等方面外，计时费的谈判也应值得关注。

# 36 拿出帕里斯·希尔顿小姐购物的劲头

做过美国上市公司并购交易的朋友都知道，在美国上市公司并购交易中，有一个常见的 Go Shop（招揽权）条款。根据这个条款，上市公司有权在和买方签署并购交易协议后，再拿着这个已经在手上的交易去市场上找有可能出价更高的第三方。这一招揽权条款，从卖方的角度看，自然是非常理想的交易机制：不仅有确定性"保底"交易在手，还有空间去寻求更高出价的可能第三方，理论上这个机制能给卖方带来最高可能出价的潜在购买方。而从买方的角度看，这个条款当然不利：我已经花费了众多的时间成本和金钱成本和你卖方达成交易，你竟然还要拿着这个已经达成的交易到市场上去寻找更高的出价方！对于买方来说，给予卖方这样的权利将给买方的交易能否完成将带来很大的不确定性。

为什么卖方需要这样的招揽权条款？因为对上市公司的董事会来说，在作出了将公司进行售卖符合公司股东和公司最大利益的判断之后，剩下的义务就是将公司以尽量可能的最高价卖出。在整个售卖过程之中，"Market Check"（市场检验）是个非常重要的过程。

上市公司的董事会要尽力在市场上将可能的潜在买方进行仔细地分析和检验，以获得可能的最优报价[1]。因此，如果他们在售卖协议签署之前并未在市场上进行充分 Market Check 就签署交易，就可能受到上市公司股东的挑战（尤其是那种一对一的谈判交易），同时也会给上市公司的董事会带来风险。而在签了交易之后进行市场检验也就成为一个较好的方式。因此，Go Shop 条款给了上市公司董事会在交易后进行较为充分的市场检验的权利，从而受到上市公司售卖过程中董事会的普遍重视。这个 Go shop 也被笑称为"Shop Like Paris Hilton"（拿出帕里斯·希尔顿[2]小姐购物的劲头），体现了上市公司董事会在售卖公司中尽力获得最高可能价格的义务。

但是，从买方的角度来看，如果在并购交易文件中同意了 Go shop 这样的条款，自然会给完成交易的确定性带来问题。因此，买方往往要求从不同的角度对上市公司的 Go shop 权利进行限制。这样的限制一般包括如下三个方面：

第一，Go shop 权利的行使时间长度。对卖方来说，Go Shop 时间自然是越长越好，这样在理论上会增大找到更高出价第三方的可能性；而买方则希望卖方行使 Go Shop 权利的时间相对越短越好[3]。

第二，Go Shop 的对象。从卖方的角度来看，Go Shop 的对象不应当有任何的限制，卖方可以在市场上对于任何第三方进行报价招揽；但对买方来说，卖方在行使 Go Shop 权利过程中，其招揽的对象应当限制在不能和买方直接竞争的对手外，或者卖方招揽的对象只能限于某些范围内的第三方。

第三，最惠国待遇条款。在卖方 Go Shop 行使过程中，买方应当



[1] 最优报价往往就是指最高报价，但最优报价并不意味着总是最高报价。在面临不同报价的情况下，董事在选择最优报价时，往往会从报价、交易的确定性、交易完成所需的时间、交易的对手等不同因素考虑，综合得出结论。

[2] 帕里斯·希尔顿，希尔顿集团的继承人，以奢华的生活方式著称。

[3] 市场上常见的 Go Shop 权利行使期间在 30~60 日。

有最惠国待遇（MFN，Most Favored Nations）的条款。意即如卖方向其招揽的第三方提供的保密信息超过了给予买方的范围，则该等信息也应当向买方一并提供；而对于在保密协议中给予买方的限制（如Standstill[1]等条款）应当一并等同限制第三方。

对卖方来说，因为Go Shop行使权利的时间较短，因此，在这个过程中，如果卖方寻找到了更高报价的第三方，其支付给买方的分手费，相比在Go Shop权利结束后第三方更高报价出现时，价格应当更低。在过去的并购交易实践中，当此种情况出现时，分手费支付还有不同的做法，但在近来的交易实践中，在Go Shop期间结束前、结束后找到更高报价第三方时，给买方支付不同的分手费已经成为行业中的惯例。因为这个交易实践，在Go Shop期间的更高报价方（尽管分手费是目标公司支付给买方，但更高报价的第三方达成交易后在某种意义上成为该笔支出的最终实际承担者）所承担的进入费用其实是少于Go Shop期间之后的更高报价方的。所以，它其实是为潜在竞争方提供了一个激励机制。

Go Shop条款对于具有Fiduciary duty（信义责任）的上市公司董事会来说确实是一个非常好的机制。如果在Go Shop期间未能找到更高出价的第三方，则董事会可以交代说已经签署的交易就是市场上可以获得的最好交易；如果在Go Shop期间出现了更高报价的第三方，那么董事会则可以说完全地完成了以最高可能价格售卖公司的义务。

反过来，对买方来说，Go Shop条款是否就是绝对不利的呢？并不尽然，因为买方可以要求卖方在签署交易后用Go Shop来进行市场检验，故可以此来说服目标公司，在签署交易之前，不用走过分冗

[1] Standstill条款即未经允许禁止购股、报价条款。上市公司并购中目标公司在保密协议中对于潜在买方所做的一种限制，意即在签署保密协议之后，未经上市公司允许，潜在买方不得以任何形式向目标公司发起收购、购股或者报价的限制。

长的交易公开招标程序，但其最终效果与公开招标是一样的。因此，很多买方，尤其是私募机构时，往往将 Go Shop 条款作为一个要求卖方提供独家谈判的工具。当然，在对上市公司董事会的信义责任审查日益严格的今天，要求卖方提供独家谈判而在交易签约前不进行适当的市场检验，单单同意放入 Go Shop 条款，恐怕是很难得到卖方同意的。

进行海外并购交易的中国公司在面临交易对手提出放入 Go Shop 条款要求的时候，需要注意的一点是：如果在售卖公司之前，目标公司已经通过不同方式进行了详尽的市场检验，那么买方就有理由对卖方在交易文件中放入 Go Shop 条款的要求进行明确反对。

# 37 从跨境并购交易实务角度解读万达与融创并购交易的框架协议

大连万达商业地产和融创631亿人民币近百亿美元的并购交易十分引人关注。这笔交易算得上是中国企业之间所做的最大的一笔酒店地产和文化旅游类之间的并购交易了，根据融创在香港证券交易所公开披露的双方签署的框架协议文本，笔者从跨境并购交易实务的角度，来解读这个所谓的交易前期文件中体现的一些实务要点。

如果仔细阅读的话，这个交易里面包含了不少如跨境私有并购交易中锁箱计价法（Lock-the-box）、卖方融资（Vendor Financing）、控制未来达成协议的约定（Agreement to agree）风险的重要条款，对于从事并购交易实务的人士来说有一定的参考价值，笔者特分析如下。

首先，大连万达商业地产是从香港退市回来的私有化公司，而融创则是香港上市公司。一般来说，在上市公司和上市公司之间的并购交易，或者上市公司与私有公司之间的并购交易，上市公司往往是不太愿意签署前期交易文件（如万达与融创之间所签署的框架协议）的。笔者曾经在本书的《预防并购交易中的“碰瓷儿”》中讲过，原因主要有二：其一，上市公司如果在交易谈判过程中签署相关的备忘录或者框架协议，上市公司就可能触发披露义务，而一旦向市场披露，竞争对手就可能出现来搅局；其二，在目标公司是上市公司的情况下，可能因为披露之后目标公司的股价上涨，从而给后续的购买带来股东认为买方报价“溢价不够”的风险。同时，因披露前期交易文件带来的上市公司合规问题也需要仔细考虑。因此，在和上市公司进行交易的过程之中，交易达成之前签署前期交易文件，是需要比较谨慎的。从融创和万达所签署的框架协议来看，框架协议中的义务都是具有约束性的义务，而且交易的金额已经超过了融创市值，因此在公开市场上宣布交易细节是履行上市公司的披露义务。同时交易双方在框架协议中所约定的相关机制，对于交易双方来说锁定交易的确定性较强，部分消除了“上市公司较少签署交易前期文件”带来的可能影响。

其次，从跨境并购交易实务的角度看，这个框架协议有几点值得关注：

第一，交易模式。融创购买万达商业地产的交易分为两个部分，一是13个文化旅游项目公司的91%股权；二是76家城市酒店资产。这个是文化旅游项目公司股权收购＋酒店资产权益100%转让的交易方式。国内交易的术语叫作承债式收购，其实在公司股权交易的方式下，收购股权的同时也就一并收购了目标公司的债务。这也是买方往往倾向于做资产交易而卖方往往倾向于做公司/股权交易的原因之一。资产交易在术语中被称为“Cherry Pick”（摘樱桃），意味着买方可以挑肥拣瘦，将债务留给卖方；而直接购买公司，在购买公司的资产同时，也一并继承了原有公司的债务。

第二，交易架构，这个交易的架构相对来说比较简单。融创中国是在开曼设立的公司，在香港上市。融创中国旗下在国内设立融创房地产集团作为交易收购方，从万达商业地产收购文化旅游项目公司股权及酒店资产。

第三，交易对价。这个交易对价的支付方式和私有交易中的Lock-the-box比较类似。万达商业地产卖给融创的文化旅游项目公司91%权益收取对价为295.75亿元人民币，目标酒店资产100%权益收取对价为335.95亿元人民币，总计为631.7亿元人民币。所谓的锁箱计价法，就是在锁箱日确定目标公司或者资产的价值后，在交割日仍然按照锁箱日所确定的价款进行支付，不再进行调整。根据万达商业地产和融创所签署的框架协议来看，双方约定在融创对文化旅游项目和酒店的尽职调查完成后，在确认文化旅游项目公司注册资本金实缴到位且目标酒店资产账面值不变的情况下，框架协议中所规定的对价将不做调整。顺便说一句，在不同的法域下，交易的习惯并不相同，如在欧洲的私有交易中，锁箱计价法的使用是比较普遍的，而在美国的私有交易中，交易最终完成日计价法相对更为普遍。

**表5　锁箱定价法**

| | | | |
|---|---|---|---|
| 锁箱定价法 | 自锁箱日起，目标资产/目标公司的经济利益就由买方承担。买卖双方会就“No Value Leakage”（价值不得溢出）和“Permitted Leakage”（允许的价值溢出）进行谈判。卖方通常会要求Lock-the-box Date起到交割日间需要计息 | 美国卖方总是担心在Lock-the-box Date之后失去自己该得的东西 | 具体使用Lock-the-box还是Completion Accounts Pricing的方式，主要看交易双方的目的和需求。本质上，定价方式是和商业目的需求挂钩的，至于Value Leakage，Permitted Leakage，是否计息等谈判点，无非是基于双方算账的问题。用英美买卖方来区分，稍微不科学，还是看何时经济利益转让的问题。美国市场和欧洲市场在此处的区别更多的是交易市场习惯的问题 |

第四，在框架协议中对于“Agreement to Agree”的风险控制设计。万达商业和融创签署的是框架协议，在交易宣布时交易最终协

议并未达成和签署。双方在框架协议中约定将在 2017 年 7 月 31 日或之前，融创应完成对文化旅游项目公司和酒店资产的尽职调查并签署正式协议。这个对未来签署协议的预定，就是我们在跨境交易中常常提到的“Agreement to Agree”。一般来说，“Agreement to Agree”是没有效力的。因为，最终交易文件谈不成是双方的事儿，一方并没有能力强迫另一方必须在未来达成或者签署某个协议。如何控制一方拒绝在约定的时间到来之际不签署交易文件？万达商业地产和融创为了锁定这个“Agreement to Agree”的不确定性，在框架协议中放入了定金的机制来控制一方不签约的风险：首先，在框架协议签署的当日，融创向万达商业地产支付人民币 25 亿元作为定金：如果融创反悔，拒绝签署正式协议，则融创向万达商业地产支付的 25 亿元定金归万达所有；如果万达商业地产反悔，拒绝签署协议，则万达需向融资支付双倍定金 50 亿元。再往深入了说，这就是隐含了违反双方“最大努力义务达成最终协议”或者“合理努力义务达成最终协议”的合约义务所应支付的违约损害赔偿。有的读者可能会问，为什么这里不用一个“实际履行”的方式来进行救济？实际上，这个未来的最终交易文件在双方签署之前并不存在，因此，实际履行并不能解决双方违反“努力达成最终协议”的问题，实际履行的义务应当是“努力程度”，而不是最终的交易文件。

第五，交易中常见的阶段性付款。根据双方的框架协议，框架协议签署当日融创向万达支付 25 亿元定金；2017 年 7 月 31 日或之前，在签署正式协议后的 3 日内，融创向万达支付 20% 的总价款至 126.34 亿元人民币；在正式协议签署后 90 日内，融创向万达支付价款总计至 335.95 亿元人民币。

第六，卖方融资。上面提到的融创向万达商业地产所支付的 335.95 亿元人民币是购买万达酒店的对价，而对于文化旅游项目公司股权的购买对价，则采用的是卖方提供融资的方式进行。在万达于正式协议签署后 90 日收到共计 335.95 亿元人民币后，万达将在 5 个工作日内，通过银行向融创发放 296 亿元人民币、期限为 3 年、利率为银行 3 年期贷款基准利率的委托贷款。融创收到该 296 亿元人民币贷款后 2 日内，向万达支付文化旅游项目公司的对价 295.75 亿元。这相当于融创购买万达文化旅游项目公司的钱是由万达提供的融资。在跨境并购交易中，卖方向买方提供交易融资，或者卖方的财务顾问向买方提供交易融资（术语叫 Staple Financing），都是比较常见的方式。

第七，交易先决条件。在框架协议中，将融创股东特别大会批准作为交易先决条件之一、中国政府监管审批并未在框架协议中体现。不同于跨境并购交易中买卖双方对于交易先决条件文本语言的锱铢必较，国内并购交易中对于交易先决条件采取何种努力程度去实现往往相对比较欠缺，这也是实务人士应当关注的一个点。

第八，交割安排。万达收到融创支付的 335.95 亿元人民币后 30 日内，将酒店资产过户给融创；万达在收到向融创提供卖方融资后再由融创支付的 295.75 亿元人民币后 5 个工作日内，将文化旅游项目公司 91% 股权过户给融创。在交易实务中，常常有人会问到交易的对价支付和交易的股权过户或者资产过户同时完成的方式。在买卖交易双方的信任度不高的情况下，常常会有托管协议这样的安排。一方或者双方将在交割日需要支付的价金或者相关公司股权凭证等放入由第三方监管的账户之中，待条件满足之后再行释放给另一方。这样能够较好地保护双方的利益。在万达和融创的交易中并未看到这样的托管安排，这是基于双方对对方信用、商业和履行风险的判断而做出的安排。

第九，交割后管理的安排。对于文化旅游项目，融创在项目上指定常务总经理，负责销售物业；万达指定项目公司总经理，负责物业运营。现有物业规划方案按照万达原有方案执行、新发展文化旅游项目的定位、建设节奏及目标成本仍由万达制定，融创审批。

另外，在文化旅游项目上，13 个文化旅游项目，每个项目公司向万达每年支付 5000 万元人民币管理咨询费，合同期为 20 年。万达 20 年从项目公司拿走总计 130 亿元管理咨询费。

对于文化旅游项目交割后的管理安排，基本上体现了融创作为大股东的权利，以及万达在专业方面的能力。

最后，从并购交易从业者的角度来看。对于市场上的并购交易保持持续的关注，并对交易实务发展进行总结，是从事并购交易实务人士应当做到的日常工作。无论是中国市场的并购交易，还是海外市场上的并购交易，都应当予以关注。

比如前文所提到的“Agreement to Agree”，在英国上诉院就曾经发生过一个有名的案例。Barbudev 先生欲将其拥有的有线电视公司卖给华平等私募基金，2005 年 7 月开始谈判。华平欲将从 Barbudev 购得的公司与其旗下的公司合并，Barbudev 先生希望能在合并后的公司中投资。华平同意在双方签署股权购买协议后，将准备有关与 Barbudev 先生的投资新公司的协议（投资协议）。购买协议生效的一个先决条件是投资协议的签署，但任一方均可放弃（Waive）。Barbudev 先生担心购买协议中的 Waiver 条款。为打消 Barbudev 先生的担心，华平准备了一份补充协议（Side Letter），约定将给 Barbudev 先生提供投资机会，并对投资协议的主要条款（大概投资比例、价格等）进行了约定，双方签字。然后双方放弃了投资协议的签署作为购买协议生效之先决条件，但之后并未签署投资协议。Barbudev 先生起诉被告，认为补充协议是有拘束力的合同，购买协议的前提是投资协议，要求履行。华平认为：先决条件已经放弃。补充协议并不是有拘束力的合同，无法得到执行。在这个案例中，由于交易双方并未像万达商业地产和融创在其交易中提供押金机制作为“Agreement to Agree”的风险控制，因此上诉院最后判定：补充协议仅仅是提供给 Barbudev 先生一个谈判投资协议的机会，但并未在各方之间创设出有约束性的承诺即必将达成一个投资协议。各方的义务是尽诚信义务的磋商，所以补充协议并不是一个可以执行的合同。将这个案子和万达与融创并购交易结合起来看，就会发现并购交易实务的发展，其实就是由一个一个的司法判例和一个一个生动的并购案例所集合起来的。专业人士需要对这样的变化和发展有足够的敏感性，才能在交易中控制好风险。

注：虽然后来万达与融创的交易变成了万达、融创与富力地产的三方交易，尽管交易内容改变，但并不影响本文对万达与融创所签署的框架协议的分析及实务要点解读。

# 38 如果放在境外并购交易背景下，联通混改的《附条件生效的股份认购协议》会怎么写？



近日，中国联通混改公告发布，一并发布的还有《附条件生效的股份认购协议》(以下简称《认购协议》)。如果从技术化的角度看，将这份《认购协议》放在境外并购交易的背景下，会如何写？

交易文本的复杂与否，受到各地交易市场惯例的影响，也受到交易双方谈判地位、商业考虑等因素的影响。从认购联通股份的几家公司的角度考虑，鉴于混改概念中联通这样体量的企业的稀缺性，从商业角度考虑，有可能"买到即赚到"。从这点看，在联通增发股票交易的《认购协议》中缺少西方交易背景下的技术化条款，可能是出于交易的商业考量。在此，我们把这份《认购协议》中的要点拿出几点来，做一个可能性上的探讨。

对比中国企业签署的并购交易文件和境外跨境并购交易文件，其中一个特点是：域外交易文件(尤其美国等并购市场极为发达的国家)会将发生概率很小的情况都纳入交易文件的风险分配中去，而中国的并购交易文件则相对来说不会考虑一些太小概率事件的风险分配情况，或者说，中国并购交易的实务界并未形成一个市场化的交易文本惯例体系。

当然，美国的做法和中国的做法之间倒也没有谁优谁劣的问题，关键还是在于交易习惯和对风险的现实评估。可以说明交易文本惯例带来风险的一个非常典型的例子是：福建首富陈发树曾在 2009 年与云南白药第二大股东红塔集团签署股权购买协议，购买红塔集团所持的 12.32% 云南白药股权。这个股权购买交易的对价是 22 亿元人民币，股权购买的先决条件是获得红塔集团母公司中国烟草总公司的审批。陈发树在股权购买协议签署后的 5 个工作日内即将全款 22 亿元一次性支付给红塔集团，红塔集团也依据协议在当年年底向其母公司中国烟草总公司呈报了审批股权转让的请示。但在此后两年，中国烟草总公司的批复迟迟未见。而在 2011 年 5 月，中国烟草总公司以“确保国有资产保值增值，防止国有资产流失”为由正式否决了该项交易。这个交易被否决的核心在于，签署股权购买协议之后，标的公司云南白药股价大涨，因此红塔集团的目标公司中国烟草总公司最终对交易进行了否决。陈发树仅仅获得了交易对价的返还以及相关利息。这个案件如果从海外交易的角度看，至少有两个技术手段应该在交易文本中得到体现：一是交易双方应当采取何种努力程度去获取审批机构的审批；二是在交易一方可能能够控制交易先决条件是否能够满足的情况下，如果交易先决条件未能得到满足，交易另一方要求该方支付高额的分手费，这是市场上的惯例。而在这个交易的协议中，陈发树并未对交易一方如何获取其内部审批努力程度以及交易先决条件未能满足的后果进行约定，导致最终仅获得对价和利息的返还。

从联通公司与其定向增发的各家公司之间签署的《认购协议》来看，在技术上，有一些问题值得讨论。

1.《认购协议》签署主体的问题

《认购协议》签署的各方主体是：中国联通与中国人寿、腾讯信达、百度鹏寰、京东三弘、阿里创投、苏宁云商、光启互联、淮海方舟和兴全基金。

从联通公司的公告内容看，除中国人寿、阿里创投、苏宁云商、兴全基金外，其他腾讯信达、百度鹏寰、京东三弘、光启互联、淮海方舟几家签字主体都是新近为了认购联通增发股票而成立的有限合伙企业。

纯粹从技术角度出发，腾讯信达、百度鹏寰、京东三弘、光启互联、淮海方舟几家新设立的有限合伙企业的出资方至少应当向中国联通提供出资承诺书。毕竟，这些公司是为了认购股份交易而新注册成立的优先合伙企业，其履行《认购协议》下的义务能力存疑。

当然，从商业和现实的角度考虑，设立腾讯信达、百度鹏寰、京东三弘、光启互联、淮海方舟这些有限合伙协议的背后方财大气粗，在很大程度上可以减少拒绝履行《认购协议》下义务的风险。

2. 认购价格与认购价款

联通增发的认购价格并不符合中国证监会的规定。中国证监会在2017年2月17日通过了再融资制度的修改。其对上市公司再融资额度和再融资定价做出了明确规定：上市公司申请非公开发行股票的，拟发行的股份数量不得超过本次发行前总股本的20%；对再融资定价取消董事会决议公告日、股东大会决议公告日作为上市公司费公开发行股票定价基准日的规定，明确定价基准日只能为非公开发行股票发行期的首日。

而在联通混改方案里：新引入的战略投资者合计持有上市公司35.19%的股份，定价基准日为联通第五届董事会第十次会议决议公开日，定价为定价基准日前20个交易日交易均价的90%。这两个与证监会修改后再融资制度相悖的内容明确地写在了《认购协议》中。

中国证监会用公告的方式表示“对中国联通混改设计的非公开

发行股票事项作为个案处理，适用2017年2月17日证监会再融资制度修改前的规则”，对此进行了豁免。从纯粹技术化的角度来看，证监会书面出具文件确认“适用2017年2月17日证监会再融资制度修改前的规则”应当作为认购各方的交易先决条件。

从风险分配的角度来看，联通无疑在《认购协议》中给自己留下了更改交易价格的退路：“如果国务院国资委、中国证监会、发行人董事会或股东大会对本次发行股票的认购价格或者定价方式作出调整的，双方应尽快协商本次认购的价格或定价方式”，“经双方协商一致并签署书面补充协议后，认购方认购股份的价格或定价方式可相应地进行调整”。这意味着，如果审批机构对认购价格有异议，则认购价仍有调整空间。如果在联通增发交易审批过程中，假设联通A股的股价上涨幅度明显，其认购价格调整则概率很大。《认购协议》还规定，如果“国务院国资委、中国证监会、发行人董事会或股东大会对本次发行股票的认购价格或者定价方式作出调整的”，双方未能在规定时间协商一致，《认购协议》自动终止。这一规定的灵活性稍显不够。技术上，如果有个Collars做区间，从促进交易的角度来看，会更好。比如联通股价在X~Y价格区间波动时，认购价不做调整，而在X~Y价格区间之外时，可以考虑引入相关的定价调整。

3. 认购生效先决条件

《认购协议》中，对于联通股票增发生效的先决条件进行了约定：国务院国资委批准、中国证监会核准、联通股东大会批准。另外，认购方之一的苏宁云商需获得其股东大会批准。《认购协议》中没有将“重大不利变化退出”“融资未获得退出”等作为先决条件。对于认购方来说，如果中国联通在交易过渡期内发生重大不利变化，则认购方不能以此为由拒绝认购。从这个角度来看，中国联通对于各家认购方的锁定以及交易的确定性风险控制上，做得较好。而对于各认购方来说，如果在认购股份交易审批过程中，联通的生产经营发生任何重大不利变化，认购各方不得从交易中撤出；各认购方也不得以未能获得融资为理由从交易中撤出。从风险分配和交易确定性的角度来看，各认购方在交易中承担的理论上的风险较联通大。

4. 交易最终完成日（最终截止日）

《认购协议》中规定，如果签署协议后12个月届满之日（“最终截止日”）新股发行仍然未能完成的，则任一方有权书面通知对方终止交易。未给予交易双方或者一方在最终截止日到来之前的延期权。对于交易双方来说，交易最终截止日的规定最好能够留下一些灵活性，如在交易最终截止日到来之前，双方或者一方享有延长交易最终截止日的权利。这一灵活性在政府审批获得的时间上有一定不确定性的交易中，会给交易一方或者双方带来继续交易的权利。

《认购协议》中未规定交易一方或者双方对于交易最终截止日的延期权，有可能是交易双方对在12个月内完成交易的信心较大，也和相关估值报告的有效期限相关。

5. 锁定期

《认购协议》对于认购方认购联通增发股份的锁定期规定为3~5年，认购方不得直接或者间接转让。这个锁定期，没有考虑以后监管机构允许的锁定期可能为更短的时间，或者间接转让是不是违反锁定期规定，认购各方的最终母公司的合并是否使用该等锁定期规定等问题。在跨境交易中，写得细致的交易文件，会把这些东西都一并考虑进去。在一定程度上尽量能穷尽逻辑上的可能性，对未来交易完成后可能出现的情况进行涉及，将会有效地减少未来交易各方发生争议的可能性。

6. 支付方式

根据《认购协议》之规定，《认购协议》生效后，认购方在收到中国联通缴款通知后10个工作日内支付。

具体规定为：《认购协议》签署后10个工作日内，认购方应支付

《认购协议》下总价款的 5% 为保证金，未支付的，经发行人书面催告 2 个工作日仍未支付，中国联通有权终止《认购协议》，并按照全部认购价款的 10% 收取违约金。这个安排，在技术上部分地解决了前面合同主体中提到的对于认购方支付能力的担心。但违约金支付的保证，中国联通并未拿在手里。在风险控制更为严格的机制下，在签署《认购协议》的同时，认购方需要将违约金部分等额的金额存入托管账户，或者以银行保函的方式进行违约金支付的担保，这样能保证执行性。

7. 不可抗力终止

有意思的是《认购协议》将不可抗力终止放了进去。不可抗力终止并购交易写入合约中的并不多见，尤其在跨境并购交易中，终止事项有不可抗力，极为少见。常见的合约终止事项，无非双方同意、一方重大违约、无法获得审批、最终截止日前未能满足交易先决条件等。而直接放入不可抗力终止的写法，对于买卖双方来说，在理论上多了从交易中撤出的一条路，但它对于交易完成的确定性是不利的。

另外，在任何情况下，对于认购价款的支付实际上是不能援用不可抗力的。理论上说，付钱能有什么不可抗力？

8. 违约金及赔偿责任上限

根据《认购协议》的规定，无论何种情况下，任一方承担违约金及赔偿责任不超过认购价款的 15%，这等于对交易各方的责任进行了封顶。

从跨境并购交易文本的角度来看，认购方往往会在交易中要求常见的交割后索赔事项。股份认购完成之后，如果股票发行方有违反陈述与保证等事项，需要事先约定各类赔偿责任的机制。而在《认购协议》中，未见对中国联通违反陈述与保证的追索期、追索的各类限制（如不计赔偿的最小额等）等内容。

从上述分析可以看出，法律文本相关条款以及在交易中法律风险控制机制的使用，需要考量交易各方信用、符合商业交易的目的、基于交易风险评估等综合因素方能做出。对于中国企业来说，在跨境收购中采用市场化的手段与惯例，才能更好地应对交易可能带来的风险。

# 39 未起草好 Earn-out 条款，卖方少收 4.25 亿美元！

Earn-out（盈利支付）机制是并购交易中买卖双方搭建价值差异的有效方法。所谓的盈利支付机制是一种或有支付，指的是并购交易双方在对目标资产或目标公司的价值无法达成一致时采用后续有条件进行支付的方式。这种方式在私有资产、私有公司的交易中被称为 Earn-out；在上市公司并购交易中多以或有价值权（Contingent Value Rights，CVRs）的方式出现。

Earn-out 机制的目的是解决买卖双方之间在对价值评估上有差异的前提下达成交易，将一部分可能的支付和出让资产或出让公司的交割后表现挂钩。其特点有如下几点：（1）盈利支付是或有支付，支付是否发生不一定；（2）盈利支付需要在规定的时间内发生或者不发生约定的触发事项；（3）盈利支付的触发事项如未能触发，则买方不再进行支付；（4）盈利支付是并购交易中引发争议的常见事项，交易双方会在此机制下进行详尽地避免未来争议的约定。

2015~2018 年，在中国企业进行海外收购的过程中，在交易价金中使用 Earn-out 机制的企业开始增多。尤其在面对药业公司收购、或者相关大宗商品价格未来走势不明朗的并购交易中，更多的中国公司也在和外国交易方在交易中约定使用盈利支付机制，包括但不限于矿业资产、油气资产的收购。2015~2018 年复星旗下的药业公司海外药业资产收购、洛阳钼业在海外的矿业资产收购，都在对价中使用了盈利支付机制。放眼全球并购交易，使用该机制的公司也非常之多，如在道达尔收购 Engie 公司液化天然气的上游中游资产的交易中，也使用了 Earn-out 机制。该笔交易总作价 20.4 亿美元中就包括 5.5 亿美元的后续或有支付，或有支付和未来几年内的石油市场表现挂钩。在这笔交易中，Earn out 的数额和比例都是比较大的。

尽管 Earn-out 机制在国际并购交易中经常被使用，但盈利支付机制可以说是在并购交易中最容易产生争议的交易条款之一了，主要发生的争议点包括：(1)买方在交割后是否有最大努力义务(合理努力义务)去实现盈利支付的门槛？是否需要承诺相关的资本开支去实现盈利支付？是否有权完全独立运营？(2)在交易中约定的盈利支付的标准、门槛是否已经达到？(3)约定的盈利支付标准未能达到的原因是什么？是由哪一方的原因造成的？在这些争议点之中，盈利支付的标准与门槛描述的客观性以及盈利支付约定的条件是否已经达到，成为交易双方在交割后最为常见的争议。笔者将通过如下一桩案例说明在并购交易起草 Earn-out 条款过程中，明确盈利支付标准明确约定以及逻辑考虑周全的重要性。



## 一、案例基本事实

2013 年，总部位于爱尔兰都柏林的制药公司 Shire 公司以 1.6 亿美元收购美国 SARcode Bioscience 公司，并获得了该公司旗下干眼病药物 lifitegrast 的开发及上市销售权。在 Shire 公司收购 SARcode 公司过程中，该公司的 lifitegrast 正处于研发的第三期。因此，毫无意外地，Shire 公司在交易中采取了常见的 Earn-out 机制：对于后续干眼症新药开发的不同里程碑阶段给予相关的或有支付。在这里顺便插一句，Earn-out 机制的使用是从药业公司收购开始的，也在药业公司的收购中最为常见。为何药业资产并购交易使用 Earn-out 机制较多？因为正在研发中的医药产品定价是个大问题：如果被收购方研发中的医药产品能成功上市，那收购方可能能挣到更多的钱；如果研发失败或者无法通过监管审批，那就不值钱或者一文不值甚至还亏钱。因此在药业产品或者公司售卖交易定价中，或有支付这一部分相对来说是比较重要的。而或有支付的不确定性，使买方最终向卖方支付的对价（除了交割时支付的确定性对价外）也带有不确定性。因此，在 Shire 公司收购 SARcode Bioscience 公司的这起交易中，交割时支付的款项仅有上述的 1.6 亿美元，SARcode Bioscience 公司股东所能获得的大部分价值，在于交割之后的里程碑事件的达成：其中第一个里程碑事件为 Lifitegrast 在规定的日期前从研发二期的数据中获得主要疗效指标，在该等事件发生后，SARcode 公司的股东将另行获得 1.75 亿美元的支付；第二个里程碑事件则规定如果监管机构最终批准了该治疗干眼症新药上市，则 Shire 公司将另行向 SARcode 公司原有股东支付 2.5 亿美元；第三个里程碑事件为在新药商业化后营收达到了规定的营收指标，则 SARcode 原有股东还将另行获得 1 亿美元支付。第二个里程碑事件和第三个里程碑事件相关的支付与第一个里程碑事件挂钩，如果第一个里程碑事件未能发生，则与第二个里程碑和第三个里程碑事件相关的支付也不进行支付。总体来说，如果三个里程碑都能按照交易文件的规定达成，那么 SARcode 公司的股东将另行从 Shire 公司获得 5.25 亿美元的或有价值支付。

## 二、案件主要争议点

Shire 公司在并购交易完成后继续 Lifitegrast 的研发，但其未能在规定日期前从原有研发二期数据中获得主要疗效指标。尽管如此，Shire 公司仍然继续对 Lifitegrast 进行研发，并最终取得了监管机构对该治疗干眼症药物的批准。此时，SARcode 公司的股东代理代表 SARcode 公司的股东，要求 Shire 公司支付前两个里程碑相关的 4.25 亿美元支付。Shire 公司则认为，自身后续任何或有支付应当严格按照交易合约中规定进行，SARcode 公司第二期研发数据并未导致 Shire 公司在规定时间内达成主要目标，因此没有任何依据支付 4.25 亿美元。而 SARcode 公司的股东代理则认为，Shire 公司继续研发过程中使用了原有的数据，为最终药物成功获批的关键因素，应当支付第一个里程碑和第二个里程碑下共计 4.25 亿美元的后续或有对价。



## 三、案件结果

法院最后还是支持了 Shire 公司。法院认为：在 Earn out 支付机制下，所有的里程碑付款事件都应当被清楚地定义。如果卖方选择了一个对后续付款有严格限制的规定（第一个里程碑付款条件规定了很窄的付款条件，后面里程碑付款均和第一个里程碑付款挂钩，而没有和药品获批的结果挂钩），那么卖方就不能以最后的结果符合后一个里程碑付款条件（监管机构审批通过新药）而要求进行或有价款的支付。SARcode 公司的原有股东因为在交易文件中对于 Earn-out 后续支付的里程碑付款事件设置了过于严格的指标，从而少收了 4.25 亿美元的或有对价。

## 四、本案所带来的启示

1. 盈利支付作为一项能够有效搭建估值差异，解决新产品、新技术定价问题以及在行业波动时进行交易的工具经常为并购交易双方所使用。盈利支付机制本身也是非常复杂的，从其交易文本的长度就能看出。并购交易中，采取盈利支付机制的，往往在并购协议外，还需要另行签署长达几十页的盈利支付协议。另外，盈利支付机制作为交易后的或有支付属性,也容易带来一定的争议风险,因此在使用该机制的时候,尽量注意 Earn-out 机制约定的客观性、可度量性及逻辑上的完备性。

2. 或有价款支付的触发条件需要进行明确无误、符合商业目的的定义。此案中卖方为后续支付设置了过窄的触发指标,尽管最终研发的新药获得了监管机构的审批,在结果上看起来是达到了第二个里程碑事件的规定,但由于交易文本对第一个里程碑事件约定出现了问题,同时后续的里程碑事件相关的或有支付和第一个里程碑事件又相关联,使目标公司原有股东 4.25 亿美元的后续或有支付未能拿到,算得上是非常惨重的损失了。

3. 盈利支付机制在制定过程中,或有支付的触发事件应当从定性、定量或结果等不同角度进行考量。像这种最终研发药品获批但卖方却一分钱未能收到的情况,本质上还是在交易中对支付触发事件设置了过于严苛的指标,而未能从更广的商业角度去进行考量。

4. 盈利支付机制从其源头上来说,就是将未来的不确定性放在未来进行解决。这种机制本身的特点就决定了其发生争议的可能性较高。在交易交割之后来进行相关指标的确认,控制目标公司/目标资产的所有者也发生了变化,原有所有者对于交割后的运营实际上并不能得到很好的满足,这些情况都为未来产生争议埋下了可能性。

5. 从防范风险的角度来看,并购交易律师在起草专业性强的文件时,需要和商务人员、行业专家进行紧密合作,将专业性的问题搞清楚以后,对各种逻辑上的可能性进行反复推演,再将其准确无误反映到交易文本中去,以免带来可能的漏洞和不能满足商业目的实现的风险。

在中国买家境外收购采用 Earn-out 机制日益增多的背景下,注意这个机制带来的相应未来可能争议风险是非常有必要的。

# 40 买方如何使用重大不利变化从交易中脱身？



重大不利变化事件（Material Adverse Effect/Material Adverse Change/Material Adverse Event，MAE/MAC）是一个在国际并购交易中非常重要的概念，几乎所有并购交易中的买方都试图在交易中加入重大不利事件条款，意图在交易卖方/目标公司或者资产在交易过程中发生重大不利变化情况下，有权从交易中撤出。鉴于重大不利变化事件条款对于交易双方风险分配的重要性，它通常是并购交易双方投入极多时间和精力进行谈判和沟通的条款。笔者在2018年所做的一笔交易中，和卖方关于重大不利变化条款的谈判，是交易中最后才解决的几个问题之一。

尽管并购交易双方所聘用的专业人士花费了大量的时间来谈判重大不利变化条款，但在实务中，极少有买家可以利用MAC/MAE条款从并购交易中脱身。虽然如此，为何交易双方仍然花费不少时间去谈判该条款呢？主要有如下几个原因：

第一，重大不利变化是买方在合约中保护自己的重要机制。如果在交易过渡期，目标公司/目标资产在重大不利变化除外原因之外规定的情况下发生了巨大变化，使购入的目标公司/目标资产不再是交易买方所希望购入的公司或者资产，那么买方保留有退出交易的机会是交易中非常重要的风险分配机制。因此买方需要在交易文件中有这样一个条款，以便有权解约或者拒绝交割。

第二，重大不利变化条款体现了每个并购交易自身的特性。买卖双方在重大不利变化条款中采取各种方式来保留买方撤出交易的灵活性或保留卖方完成交易的确定性，因此具有根据交易的实际情况来进行谈判的特点。一个非常著名的例子[1]是 2009

[1] 该笔交易中，针对 XTO 公司所发生的重大不利变化被定义为：

a material adverse effect on the financial condition, business, assets or results of operations of the Company and its Subsidiaries, taken as a whole, excluding any effect resulting from, arising out of or relating to (A) changes in the financial or securities markets or general economic or political conditions in the United States or elsewhere in the world, (B) other than with respect to changes to Applicable Laws related to hydraulic fracturing or similar processes that would reasonably be expected to have the effect of making illegal or commercially impracticable such hydraulic fracturing or similar processes (which changes may be taken into account in determining whether there has been a Company Material Adverse Effect), changes or conditions generally affecting the oil and gas exploration, development and/or production industry or industries (including changes in oil, gas or other commodity prices), (C) other than with respect to changes to Applicable Laws related to hydraulic fracturing or similar processes that would reasonably be expected to have the effect of making illegal or commercially impracticable such hydraulic fracturing or similar processes (which changes may be taken into account in determining whether there has been a Company Material Adverse Effect), any change in Applicable Law or the interpretation thereof or GAAP or the interpretation thereof, (D) the negotiation, execution, announcement or consummation of the transactions contemplated by this Agreement, including any adverse change in customer, distributor, supplier or similar relationships resulting therefrom, (E) acts of war, terrorism, earthquakes, hurricanes, tornados or other natural disasters, (F) any failure by the Company or any of its Subsidiaries to meet any internal or published industry analyst projections or forecasts or estimates of revenues or earnings for any period (it being understood and agreed that the facts and circumstances that may have given rise or contributed to such failure that are not otherwise excluded from the definition of a Company Material Adverse Effect may be taken into account in determining whether there has been a Company Material Adverse Effect), (G) any change in the price of the Company Stock on the NYSE (it being understood and agreed that the facts and circumstances that may have given rise or contributed to such change (but in no event changes in the trading price of Parent Stock) that are not otherwise excluded from the definition of a Company Material Adverse Effect may be taken into account in determining whether there has been a Company Material Adverse Effect); and (H) compliance with the terms of, or the taking of any action required by, this Agreement; except to the extent such effects in the cases of clauses (A), (B), (C) and (E) above materially and disproportionately effect the Company and its Subsidiaries relative to other participants in the industry or industries in which the Company and its Subsidiaries operate (in which event the extent of such material and disproportionate effect may be taken into account in determining whether a Company Material Adverse Effect has occurred)。

年 12 月 Exxon Mobile 宣布以支付股票的方式并购 XTO（算上承担 XTO 100 亿美元的债务，该交易金额高达 410 亿美元）。Exxon Mobile 通过在交易文本中的“other than with respect to changes to Applicable Laws related to hydraulic fracturing or similar processes that would reasonably be expected to have the effect of making illegal or commercially impracticable such hydraulic fracturing or similar processes (which changes may be taken into account in determining whether there has been a Company Material Adverse Effect)”写法，将水力压裂非法可能构成重大不利事件的风险转移给了 XTO 承担。这个条款的妙处就在于，在交易的过渡期，如果美国国会通过了相关的法律法规，使开采页岩油气水力压裂的方法不再合法，则该等情况将被视为 XTO 公司的重大不利变化，Exxon Mobile 将有权拒绝交割。此处的背景在于，2009 年年末的时候，美国国会正在兴起一股对水力压裂进行规范的风潮。Exxon Mobile 成功地通过交易文本，在逻辑上规避了当时非常规油气行业所面临的最大的风险之一。

第三，买方之所以愿意坚持在交易文本中放入重大不利变化条款，很大的一个原因是，在目标公司 / 目标资产出现重大问题后，买方可以有足够的砝码来谈判可能的价格削减。尽管在司法判例上，允许买方利用 MAC/MAE 条款从交易撤出的情况较少，但一旦在交易文本中放入了这样的条款，对于买方来说，是一个很大的谈判筹码。

第四，交易双方律师对交易条款技术化的偏爱。尽管重大不利变化条款来自交易双方的实际需求，但交易双方的律师对交易技术化的偏爱也是这一条款持续得到发展的重要原因之一。在重大不利变化条款中，交易双方对于每一个词汇的争夺，就是在逻辑上对可能风险进行分配，这是交易双方交易中的“乐趣”之一。

在 2018 年 10 月 1 日，花费了近 250 页篇幅阐述之后，特拉华州衡平法院明确了其就 Akorn 与 Fresenius 并购交易争议一案作出的判决。在判决中，衡平法院极为少见地支持了交易收购方 Fresenius 有权利用交易中的 MAC 条款终止收购交易。下文将就这一交易中最近司法案例做一介绍及评析。

2017 年 4 月 15 日，德国医疗技术和保健公司 Fresenius 宣布以每股 34 美元的价格收购美国处方和非处方药品制造商 Akorn 公司，总收购价相当于 43 亿美元，另加上 Akorn 公司约 4.5 亿美元的净负债。在交易文件中，Akorn 公司就其对于监管机构要求（主要是美国药监局）的遵守做出了广泛的承诺，同时，双方在交易文件中将 Akorn 公司做出的陈述与保证在交割日为真作为交易先决条件（除非该等陈述与保证不真不会带来 Akorn 公司的重大不利变化）。[1]因此，在这笔交易中，是否满足重大不利变化的条件将决定交易是否能够完成。

在交易签署之后，Akorn 公司的经营业绩就发生了重大的变化，大大出乎 Fresenius 公司的意料。[2]虽然如此，在要求 Akorn 公司就经营业绩发生变化的原因进行解释的基础上，Fresenius 公司仍然在推进和 Akorn 公司的交易。同时，在 2017 年 10 月，Fresenius 公司收到了一封匿名的爆料信，声称 Akorn 公司在研发药品的过程中并未遵守监管机构的要求。2017 年 11 月，Fresenius 公司再次收到了

[1] 根据美国律协的总结，重大不利变化在并购交易中的出现可以分为三种：第一种叫 Standalone MAC/MAE，即签字日起，直接在交易文件中明确交易过渡期没有发生 MAC/MAE，将其作为交易的先决条件之一，或者在涉及的相关陈述与保证中将 MAC/MAE 的概念植入；第二种叫 Backdoor MAC/MAE，即从估值日起作出未发生 MAC/MAE 的陈述与保证，同时交割日时陈述与保证未导致 MAC 作为交割条件（Representation + warranty bring-down）；第三种就是将 Standalone MAC/MAE 和 Backdoor MAC/MAE 放到一起，大多数交易文件是将 Standalone MAC/MAE 和 Backdoor MAC/MAE 放到一起。这种分类和本文所述判决中 General MAC 和 Bring-down condition 是一致的。

[2] 在交易宣布时，Fresenius 公司要求 Akorn 公司对其 2017 年年度计划进行了确认，即 Akorn 公司预测 2017 年全年的营收将达到 10.1 亿 ~10.6 亿美元，息税摊销折旧前利润为 3.63 亿 ~4.01 亿美元。在交易签署之后，2017 年 7 月 21 日，Akorn 公司向 Fresenius 公司表示年度营收将调低到 9.3 亿美元，而最终，Akorn 公司在 2017 年仅仅取得 8.41 亿美元。

一封更长的信件，其中对 Akorn 公司在交易中做出的相关遵守监管机构的陈述与保证及按照商业惯例操作的陈述与保证是否得到遵守提出了质疑。Fresenius 公司把信分享给了 Akorn 公司，并要求进行相关的调查。[1] Fresenius 公司在引入了专业律师及顾问对 Akorn 公司进行调查之后，发现 Akorn 公司严重违反了对美国药监局合规的陈述与保证，并有可能导致交易中规定的重大不利事件发生。

Akorn 公司的经营业绩在 Fresenius 公司调查期间持续恶化。2018 年 4 月中旬，Fresenius 公司给 Akorn 公司去信，解释了为什么交易的先决条件无法满足以及交易文件中终止合约的基础；同时，Fresenius 公司提出，如果 Akorn 公司认为进一步调查可以使 Akorn 公司解决问题，那么 Fresenius 公司愿意将交易的最终完成日延长。[2] Akorn 公司拒绝了 Fresenius 公司的提议。因此，在 2018 年 4 月 22 日，Fresenius 公司向 Akorn 公司发出书面通知，鉴于 Akorn 公司违反交易中的陈述与保证已经导致了重大不利变化，因此终止双方的交易。Akorn 公司起诉到法院，要求宣告 Fresenius 公司终止交易的行为无效并要求 Fresenius 公司实际履行。Fresenius 公司也向 Akorn 公司提起了若干反诉。

尽管这个案例的判决非常之长，笔者通读之后，总结出来一些实务上的要点和值得注意的地方，供各位读者参考：

### （一）什么是触发重大不利变化的事项？

在这个案件中，Akorn 公司和 Fresenius 公司达成交易之后的

[1] Fresenius 公司在并购交易文件中要了一个有权对 Akorn 公司的董事、高管和员工进行调查的权利，以便确认 Akorn 公司是否遵守了合约以及确认交割条件是否满足，这一权利对于 Fresenius 公司最终成功主张 Akorn 公司发生重大不利变化起到了重要的作用。

[2] 双方在交易文件中约定的交易最终完成日为 2018 年 4 月 24 日，如果在 2018 年 4 月 24 日未能获得反垄断审批机构的批准（且该批准为交易唯一未能满足的先决条件），则交易的最终完成日将自动推迟到 2018 年 7 月 24 日。

财务表现糟糕构成了重大不利变化的要素。从理性的商业角度来看，财务真实表现与财务预测相差过大可能是一个重大不利变化，但交易中卖方往往会要求在重大不利变化中排除“Prospects”或者未来的预期。因此从法律的角度看，主张财务表现在交易的过渡期变差从而导致了目标公司的重大不利变化发生是非常困难的。这从Fresenius公司咨询自己外部律师Paul Weiss时，Paul Weis的态度中可以看出。但在这个交易中，法院的判决中明确认为Akorn公司和Fresenius公司达成交易之后的财务表现糟糕是交易中的重大不利变化。另外，触发重大不利变化的另一个引子是Akorn公司雇员给Fresenius公司的匿名信，其中揭露了Akorn公司未遵守美国药监局关于数据完整性的相关行为。Fresenius公司经过其外部顾问的充分调查之后，认为Akorn公司对合规性陈述与保证的违反达到了重大不利变化的程度。从特拉华州历来的判例来看，单纯要依靠交易过渡期目标公司财务表现不及预测甚至是严重不及预测，去主张重大不利变化的发生，是非常困难的。但是，这个最新的判例给所有交易中的卖方/目标公司提了一个醒：在具体案件下，买方基于财务数据的变化主张重大不利变化的发生是有可能得到支持的。

### （二）重大不利变化在交易文件中如何出现？

Akorn公司和Fresenius公司的交易文件对于MAC/MAE进行了常规化的处理方式：（1）将重大不利变化作为交易的先决条件，如果在交易过渡期内，Akorn公司发生重大不利变化事件，则Fresenius公司有权拒绝交割；[1]（2）重大不利变化作为Akorn公司的陈述与保证定量，如果Akorn公司的陈述与保证在交易交割日违反且达到了重大不利变化的程度，则Fresenius公司也没有义务交割；[2]

[1] 法官在判决中将其称为：General MAC Condition。
[2] 法官在判决中将其称为：Bring-down Condition。

(3) Akon 公司的陈述与保证中包含有相关的监管合规陈述与保证，如果违反该等陈述与保证且导致了重大不利变化，则被称为“Regulatory MAC”。

### (三) 在 MAC 定义中，放入具体的定量标准对谁有利？

在并购交易中对重大不利变化的描述一般分为三种方式，第一种是概括性描述（定性），第二种是定量描述，第三种把定量和定性结合起来。定性就是概括地描述对公司或资产产生了重大不利影响，定量就是将重大不利变化进行量化放入一定公司或资产比例，如 20% 或者 30% 营业收入的变化，即应当被认为卖方 / 目标公司发生了重大不利变化。从买方可能有权重新沟通谈判交易价金的角度看，仅仅只对重大不利变化进行定性描述，可能更有利于买方要求重新谈判沟通价格；从交易的确定性来讲，放入定量的重大不利变化可能更有利于双方发生争议之后确定是否发生了重大不利变化；从权利的角度讲，放入定性或定量的标准，则对于买方更为有利，但如果需要同时满足定性和定量的标准，则对于卖方可能将更加有利；而从交易的实务角度看，要在交易中放入对于 MAC 的具体量化标准，将极大地增加交易双方谈判的难度：毕竟，“重大”的量化将极大地影响交易双方的风险分配。

### (四) MAC 分配风险的类型

MAC 分配风险主要分为如下四类：

(1) 系统性风险：交易双方均无法控制的风险。

(2) 指标风险：如交易双方的股票走势。交易宣布后，卖方的股票价格下跌、债券评级下降，或者未能达到财务预测指标等。

(3) 交易本身带来的风险：如交易宣布、交易文本中规定的双方做或者不做的行为等。

（4）商业风险：双方日常营业中的风险。从一般原则来讲，在 MAC 风险分配中，卖方承担商业风险，而买方则承担系统性风险、指标风险及交易本身带来的风险。

（五）法院是如何判定 Akorn 公司遭受了 General MAC 的？

在 2008 年国际金融危机发生后的经典判例 Hexion Specialty v.Huntsman 中，法院明确要求买方承担证明卖方/目标公司重大不利变化发生的义务。在 Akorn 公司和 Fresenius 公司的交易文件中，对于 MAC 的定义是：any effect, change, event or occurrence that, individually or in the aggregate (i) would prevent or materially delay, interfere with, impair or hinder the consummation of the [Merger] or the compliance by the Company with its obligations under this Agreement or (ii) has a material adverse effect on the business, results of operations or financial condition of the Company and its Subsidiaries, taken as a whole; provided, however, that none of the following, and no effect, change, event or occurrence arising out of, or resulting from, the following, shall constitute or be taken into account in determining whether a Material Adverse Effect has occurred, is continuing or would reasonably be expected to occur: any effect, change, event or occurrence (A) generally affecting (1) the industry in which the Company and its Subsidiaries operate or (2) the economy, credit or financial or capital markets, in the United States or elsewhere in the world, including changes in interest or exchange rates, monetary policy or inflation, or (B) to the extent arising out of, resulting from or attributable to (1) changes or prospective changes in Law or in GAAP or in accounting standards, or any changes or prospective changes in the interpretation or enforcement of any of the foregoing, or any changes or prospective changes in general legal, regulatory, political or social conditions, (2) the negotiation, execution, announcement or performance of this Agreement or the consummation of the [Merger] (other than for purposes of any representation or warranty contained in Sections 3.03(c) and 3.04), including the impact thereof on relationships, contractual or otherwise, with customers, suppliers, distributors, partners, employees or regulators, or any litigation arising from allegations of breach of fiduciary duty or violation of Law relating to this Agreement or the [Merger], (3) acts of war (whether or not declared), military activity, sabotage, civil disobedience or terrorism, or any escalation or worsening of any such acts of war (whether or not declared), military activity, sabotage, civil disobedience or terrorism, (4) pandemics, earthquakes, floods, hurricanes, tornados or other natural disasters, weather-related events, force majeure events or other comparable events, (5) any action taken by the Company or its Subsidiaries that is required by this Agreement or at [Fresenius Kabi's] written request, (6) any change or prospective change in the Company's credit ratings, (7) any decline in the market price, or change in trading volume, of the shares of the Company or (8) any failure to meet any internal or public projections, forecasts, guidance, estimates, milestones, budgets or internal or published financial or operating predictions of revenue, earnings, cash flow or cash position (it being understood that the exceptions in clauses (6), (7) and (8) shall not prevent or otherwise affect a determination that the underlying cause of any such change, decline or failure referred to therein (if not otherwise falling within any of the exceptions provided by clause (A) and clauses (B)(1) through (8) hereof) is a Material Adverse Effect); provided further, however, that any effect, change, event or occurrence referred to in clause (A) or clauses (B)(3) or (4) may be taken into account in determining whether there has been, or would reasonably be expected to be, a Material Adverse Effect to the extent such effect, change, event or occurrence has a disproportionate adverse affect [sic] on the Company and its Subsidiaries, taken as a whole, as compared to other participants in the industry in which the Company and its Subsidiaries operate (in which case the incremental disproportionate impact or impacts may be taken into account in determining whether there has been, or would reasonably be expected to be, a Material Adverse Effect)。

从这个交易中的MAC定义可以看出，双方对此约定还是符合交易常规的。因此，法院第一步需要决定Akorn公司的业绩变化是否达到了重大的标准。法院仍然坚持了原有的判断标准：短暂的营业收入影响并不足以判定重大不利变化的发生，判定重大不利变化发生需要站在一个理性的收购者和长期的角度去看目标公司才可以——从收购者的角度来看，收购者收购卖方/目标公司一定是从长期战略角度出发的——故判断重大不利变化需要合理的商业期间，同时考虑被收购方的长期盈利能力，因此判断的时间长度需要以年度计算而非月度计算。在Hexion Specialty v. Huntsman一案中，年度同期季度数据比照就是比每季度数据比照更加符合判断重大不利变化的功能。而根据学者的研究，在缺乏具体定量标准的情况下，绝大多数的法院会考虑在利润减少达到40%或者更高的标准时，目标公司方构成重大不利变化[1]。在Akorn公司和Fresenius公司的交易过程中，Akorn公司在所有重大财务指标上相比上一年同期都发生了

[1] 当然，法院在做出判决时会考虑行业是否有季节性特点等情况。

极大的变化，每股盈利和营业利润均有大幅下滑，如全年的息税摊销折旧前利润相比前一年下降了 86%。而从 Akorn 公司管理层对于数据变化原因的解释来看，影响因素还将延续并继续产生重大的影响。尽管 Akorn 公司认为，衡量未来不利影响应当考虑 Akorn 公司并入 Fresenius 公司之后产生的协同效应，但法院没有支持 Akorn 公司这一观点，而是认为：MAC 的衡量仅仅需要站在被收购公司单独的基础上来进行衡量。Akorn 公司还认为，如果 Fresenius 公司完成对其收购后可以从收购中获取利润，那么重大不利变化就不应当视为发生。法院仍然没有采纳这样的论证。

从财务指标的角度来看，Akorn 公司显而易见发生了重大不利变化，那么，接下来法院需要决定发生重大不利变化的原因是否落在了 MAC 定义中的除外事项里。Akorn 公司认为财务表现的变化主要是因为医药行业范围内的不利因素造成的，且这样的行业不利因素是 Fresenius 公司在进入交易的时候就已经知悉和了解的。而法院则认定，Akorn 公司财务表现的重大不利变化来自新的产业竞争者和失去重大的合同，这些商业风险应当由 Akorn 公司承担。在交易文件中，MAC 条款虽然排除了行业范围的不利因素，但同时也包含有“不成比例的影响”除外要件，因为相比 Akorn 公司受到行业不利因素，其他同类公司受到的影响均显著地低于 Akorn 公司。而且，采用 Akorn 公司的财务顾问摩根斯坦利的未来预测，Akorn 公司未来的各项财务指标相比可比同类公司均受到不成比例的重大影响。

法院需要解决的第三步是，Fresenius 公司是否明确接受了导致 Akorn 公司产生重大不利变化的风险？Akorn 公司主张，Fresenius 公司不能主张 Akorn 公司的重大不利变化，原因在于：(1) Fresenius 公司尽职调查的时候就已经知道了这些风险，而主张 MAC 条款是针对买方未知的事件，不是其已知的风险；(2) Fresenius 公司的行业知识也足以让其承担这些风险。但法院认为，双方交易合约中并没有将这些事项从MAC定义中进行排除，因此Akorn公司主张Fresenius公司知悉风险并不能阻止其主张MAC的发生，即使Fresenius公司能够预见MAC条款中所述情况的发生，也并不意味其放弃了主张MAC从而有权终止合约的权利。而且，Fresenius公司并不知道导致Akorn公司重大财务变化的具体事件。因此，法院得出结论，Fresenius公司没有义务交割和Akorn公司之间的交易。

### （六）Akorn公司是否违反了Bring-down condition？

Fresenius公司和Akorn公司交易中规定，如果Akorn公司的陈述与保证不为真，且该等违反造成了重大不利变化，则Fresenius公司亦有权拒绝交割。法院依次分析了三个问题：（1）Fresenius公司是否违反了交易合约中的陈述与保证，并达到了重大不利变化程度；（2）该等违反在交易最终完成日前是否能够得到补正；（3）Fresenius公司是否有重大违约现象阻却其主张Akorn公司未遵守交易中持续遵守法律法规的承诺导致的解约权[1]。

Akorn公司对美国药监局规定的违反，对Akorn公司研发药的价值有重大影响，Fresenius公司聘用的外部顾问认为，Akorn公司对于美国药监局规定的违反程度几乎是史无前例的。因此，从长远的角度来看，Akorn公司对合约中合规的陈述与保证将带来重大不利后果。有意思的是，Akorn公司提供的违反合规陈述与保证带来的影响为4400万美元，而Fresenius公司认为将给Akorn公司价值带来2.54亿美元的直接影响，加上未来有可能带来19亿美元的价值减损。法院认为，如果假设Akorn公司的问题需要一年半或者两年且能够采取措施来进行补正，给Akorn公司所带来的股权价值影

[1] 根据双方交易文件，如果Fresenius公司有重大违约，则其不能主张Akorn公司重大违反交易中的承诺而解约。

响将分别是 16% 和 21%。股权价值下降 20% 是不是重大如何判断？法院认为，熊市的定义就是股价从高点下降 20%，道琼斯工业指数在 1987 年的黑色星期一，市场下降了 20%~22.61%，因此从金融文化的角度来看，20% 肯定是重大；另外，法院从发生 MAC 后交易双方重新谈判股权价值的历史经验来看，平均降价为 15%，因此 20% 价值降幅算得上重大；此外，在股权交易中，交易双方经常使用 10% 的 Collars 来决定交易双方股价变化的重大性，因此也可以佐证 20% 股权价值降幅的重大性；最后，从反向分手费的角度看，反向分手费的中位数为交易价值的 6.36%，这样来看，20% 股权价值是重大的。

当然，陈述与保证的违反有一个重大的问题，就是知情。如果 Fresenius 公司在尽职调查过程中知悉 Akorn 公司违反了陈述与保证，那么是否就无法主张利用 MAC？在缺乏明确的规定下，尽职调查的知情并不阻却买方主张陈述与保证带来的 MAC 引发的终止权。

那么，Fresenius 公司有违约行为，是否阻止了其主张 Akorn 公司违反承诺而引发的解约权？在交易中，另外一个先决条件是 Akorn 公司在所有重大方面（in All Material Respects）遵守了其在合约下的重大义务。重大义务当然包括 Akorn 公司的合规义务和惯常方式经营公司的义务，在惯常方式经营公司的义务中又包含“商业合理努力”。法院对承诺中的不同义务程度也做出了解读：Best Efforts 是最高的义务标准；Reasonable Best Efforts 比 Best Efforts 义务要低一些；Reasonable Efforts 则更弱一些；Commercially Reasonable Efforts 不要求承担义务的一方花费重大的在预期外的金钱或者时间；Good Faith Efforts 为最低义务。从 Akorn 公司具体行为和造成的结果来看，法院认为其违反了在重大方面遵守合约的义务，且从一个合理的角度看，补正合规义务的违反需要很长时间，因此违约不可补正，Fresenius 公司仍然享有终止权。但是在这种情况下，仍然需要考虑 Fresenius 公司是否违反了交易合约，因为交易合同中规定了 Fresenius 公司在重大违反合同的情况下，不能解除合约。Akorn 公司主张 Fresenius 公司违反了合同项下采用合理最大义务去促使交易先决条件满足的承诺。在交易文件中，Fresenius 公司承诺采取一切必要行为去获取反垄断审批。法院重点检查了 Fresenius 公司是否遵守了 Hell-or-high-water 义务[1]。在交易文件签署后的前 6 个月内，Fresenius 公司采取了勤勉的方式去获取反垄断审批，在 Fresenius 公司认为反垄断机构有可能要求资产剥离的情况下，Fresenius 公司和自己的财务顾问开始寻找潜在买方以便处置资产。在获取政府审批的过程中，Fresenius 公司有两种方案，其中的一种方案能够使交易在 2018 年 4 月完成；而另一种方案则需要和监管机构解决诸多问题，使交易会在 2018 年 6 月或者 7 月完成。Fresenius 公司管理层选择了第二种方案，因为此时 Fresenius 公司正在继续对 Akorn 公司进行合规调查。在 Fresenius 公司选择第二种方案的情况下，Fresenius 公司违反了交易中 Hell-or-high-water 的义务。但是在很短的时间内，Fresenius 公司决定重新回到第一种方案。如此一来，监管机构的审批仅仅是时间上的问题。因此，法院判决 Fresenius 公司尽管技术性违约，但并不构成重大违约，因此并不足以阻却 Fresenius 公司的解约权。

这个关于 MAC 的最新判决给我们提了一个醒：很多时候我们并购交易从业者的惯常认识不能一成不变，要根据具体情况进行具体分析。对于 MAC 条款的设计和风险的承担，这个案例给我们的交易实务带来了诸多的启迪，其中最为重要的有三点：一是 MAC 条款的

[1] 排除万难义务，意即无论在何种情况下，买方都需要和卖方完成并购交易，不论审批机构给交易的批准放置任何难以实现的前提条件，这种义务对于交易的买方来说是极为繁重的义务。

风险分配仍然有更多逻辑上风险分配的可能性，如在尽职调查中发现风险，是否可以嗣后主张 MAC；二是交易过渡期的财务表现重大变化是能够用来主张 MAC 且成功的，只要财务表现的变化是长期且重大的；三是买方在交易中综合使用 General MAC 和 Bring－down Condition，能够更为有效地保护自己的利益。

# 41 从摩拜、饿了么被收购交易谈谈 Drag-along 条款的谈判要点

2017~2018 年国内互联网企业的收购新闻颇多。2018 年 4 月 2 日，阿里巴巴宣布以 95 亿美元的估值完成对饿了么剩余 57% 股权的收购。在交易完成后，阿里巴巴和其旗下的蚂蚁金服将会合计 100% 持有饿了么发行的股份。紧接着这一交易，4 月 3 日，摩拜召开股东大会，达成被美团收购的交易：根据新闻报道，美团以 27 亿美元完成对摩拜 100% 股权收购，并承担摩拜 10 亿美元债务。这一并购交易使得摩拜公司估值（Enterprise Value）在 37 亿美元。

在这两笔交易中，摩拜和饿了么均被美团和阿里巴巴完成了 100% 的股权收购。一个问题就是因为 100% 股权的收购需要得到公司所有股东出售股权，那么如果有公司股东不同意出售，是否收购方就无法达到 100% 收购股权的目的呢？这个答案当然是 No。这就涉及在投资者进入的时候要求被投资公司全体股东之间签署的 Drag-along（拖售权或者领售权）条款。

Drag-along 条款常常见于风险投资、私募基金投资的公司或者股东协议。在风险投资和私募基金的投资协议中，Drag-along 这个条款

一般是指如果有第三方提出以特定条件对公司进行全盘或者大部分收购，只要超过 X%（X 由投资各方谈判确定）股权比例的投资人同意在该等条件下出卖，则该等同意出卖者有权要求公司所有股东以相同条件将公司出卖给第三方，也就是拖着你去卖，或者领着你去卖。而在合资协议或者股东协议中，Drag-along 条款一般是针对大股东的权利，大股东在出售自己在合资公司的股权之时，有权要求其他小股东将其股权一并卖掉。对于这个条款，有人将其叫作拖售权，也有人叫作领售权。我个人觉得，在风投和私募的投资协议中，叫作领售权更为妥当；而在合资协议中大股东的权利下，拖售权则更为形象。

进一步的问题是：摩拜的创始人股东为什么无法拒绝将自己创立的公司卖给美团？这就涉及这个拖售权的行权条件了。如果行权的主体必须包括创始人股东同意的话，这就对创始人大大有利。但一般来说，在市场上，创始人股东拿不到这样的条款。对于创始人股东来说，保护自己的方式主要靠持有多数股权比例股东同意卖掉公司给第三方的时候，估值不能低于多少，或者创始人股东有优先购买权。当然，这两种方式也只是合约上的保护方式。估值不到位，多数比例股权股东也不太可能同意卖掉。创始人股东要能搞来钱，还能卖给投资人找来的第三方吗？拖售权的谈判，主要还是在谁有权发起拖售、拖售期限限制、拖售的估值、拖售售卖第三方黑名单等。

同理，阿里巴巴为什么能将饿了么 100% 收入囊中？也是因为这个常见的 Drag-along 条款。在饿了么母公司（出售给阿里巴巴的标的公司）股东之间签署的 Right of First Refusal, Co-sale and Drag Along Agreement（优先购买权、共同售卖及领售权）协议中明确约定："若 Rajax 公司（持有饿了么 100% 股权的海外公司）未来发生并购、重组、资产买卖、股权买卖、控制权变更等重大清算事件，在阿里巴巴、Rajax 多数优先股股东以及多数普通股股东书面同意的情况下，其他未书面同意的股东必须接受并执行交易安排，并且 Rajax 任何董事可以代表未书面同意的股东签署交易文件。”对于这个条款，从交易实务的角度来说，不得不说阿里巴巴请的律师还是不错的。传统上关于拖售权是否能够拖售卖给股东是有过争议的，因为从其起源来说，拖售权一开始就是大股东的权利，可以拉着小股东一起出卖给第三方买家。一般来说，拖售权不能让本来就是公司股东的大股东来行使卖给大股东自己的权利，因为在理论上，第三方买家的报价一般是市场性的报价。而在饿了么这个交易中，阿里巴巴本来就已经是大股东，大股东要拖着小股东卖给自己，所以本质上是扩张了拖售权的行使空间。

对于并购交易的实务者来说，对 Drag-along 的研究不能到此为止。对于拖售权这样一个条款，无论对于公司的大股东或者小股东，抑或是初创公司的投资者来说，都是非常重要的。因为这个条款管辖各方的关系，轻则短短几年，长则十几二十几年，一旦触发，对于各方的利益影响都是深远的：公司的大股东要保证拖售权能够得到良好的行使；而小股东需要保证在拖售权进行过程中不损害自身利益；对于投资人和初创公司的创始人股东来说，如何能够保证各自的利益也是各方都看重的。因此，在谈判拖售权这样一个条款的过程中，对于其中的细节，应当尤为重视，尤其是对于条款的可操作性，应当从一开始就进行关注。现在我们就来谈谈，对于拖售权或者领售权这样一个实务中较为常见的条款，其惯常的谈判要点。

首先，拖售权的触发问题。就是哪一方、何时、在何种情况下能够触发行使拖售权。一是行使拖售权的行权方的问题。在股东协议的安排下，一般来说拖售权是大股东或者持有超过 X% 股权股东所享有的权利。大股东或者持有超过 X% 股权股东要求，可以在其卖出控制公司股权的情况下，将公司 100% 权益或者其出卖权益部分对应的整个公司权益售卖给第三方，从而为未来的交易保持更多的可选项。在投资人投向初创企业的安排中，拖售权一般是占约定 X%

股权方的权利，只要有超过约定的 X% 股权各方同意售卖公司，则该等各方有权将公司 100% 卖给第三方。二是前面所述的 X% 的确定问题。一般来说，应当是在超过 50% 的情况下，才能享有拖售的权利。至于大股东或者超过 X% 股权的股东要卖给第三方多少权益的情况下即可启动拖售，那就是一个更为细致的谈判点了。三是何种交易能够触发行使拖售权的问题。从大股东或者多数股权卖方的角度看，任何类型的售卖交易都可以有权构成行使拖售权的触发点。比如，在将合资公司大部分资产进行售卖时，或大股东或者多数股权卖方在自己部分股权进行售卖时，又或在大股东发生股权控制权变更的情况下，均可以触发拖售权。而从小股东的角度看，可能对于在较广范畴内触发拖售权的要求下，Tag-along（随卖权，一般在股权协议下小股东所享有的权利，在大股东出卖股权的情况下，小股东有权要求“跟随”大股东出卖自己持有的公司股权）也会要求在更大范围内触发。四是对于触发时间的限制。在不同的投资协议或者股东协议下，会对享有拖售权的权利方进行时间限制。比如，在达成股东协议后的两年或者投资协议后的一年内不得行使拖售权，只有在约定时限之外的情况下才能有权行使拖售权。

其次，拖售权触发情况下，小股东常见的要求保护问题。在大股东或者持有超过 X% 股权股东有权行使拖售权的情况下，小股东如何对该等权利进行限制以便保护自己的权利？一般来说，小股东会要求如下的权利：保证出售时的价格不低于约定的回报、出售价格的底限、行使的时间限制、大股东不能卖给自己的关联公司、要求大股东在行使拖售权之前需要经过公司董事会的一致同意等。对小股东来说，要求公司董事会事先一致同意可能会对大股东行使拖售权构成实质性的限制，因为公司董事会在做出决定之前需要考虑董事自身的信义责任问题。另外，小股东要求大股东提前发出行使拖售权的通知，在某些情况下可能破坏大股东行使拖售权的时间表，甚至引来小股东更为青睐的收购方等。在这里不得不再提一下阿里巴巴收购饿了么的交易。在此交易中，阿里巴巴之所以没有任何障碍，一是前面提到的阿里巴巴已经把拖售权可以及于出卖给大股东和大股东的关联企业提前放了进去，另外还对可能的提前通知造成售卖交易的迟缓做了准备。正如持有饿了么母公司部分股权的华联股份在公告中所说的那样："截至本公告披露日，公司收到 Rajax 通知，阿里巴巴、Rajax 多数普通股以及优先股股东已书面同意将其所持有的 Rajax 股权转让给阿里巴巴旗下全资控股子公司 Ali Panini Investment Holding Limited，已达到拖售权的条件。由于公司未向 Rajax 发出书面同意意见，董事张旭豪已代表公司签署全部交易文件。公司将必须接受本次交易安排，将所持有的全部股份转让给 Ali Panini Investment Holding Limited，交易对价为 1.847 亿美元。"可见，阿里巴巴的律师在之前所签署的文件中，对于后续的安排是已经提前布局好了的。

再次，拖售权的对价问题。对于大股东或者投资者来说，如果在行使拖售权的过程中能保留向第三方售卖交易对价的灵活性，自然是非常理想的状态：并购交易中，对价可以是现金、证券、票据或者其他类型的对价。而对于小股东来说，很少有愿意接受流动性不高的证券或者票据的。另外在拖售权行使过程中，如果投资的公司发行有多种类型的股票，那么多种类型股东之间权利的协调问题应该予以考虑。另外，在售卖的过程中，大股东之间如果和第三方买方还有其他安排，如何证明小股东所获取的交易对价与大股东"一致"，是否会引发未来的争议，也是在起草谈判 Drag-along 条款中需要考虑的事项。

最后，拖售权售卖过程中的实务问题。一是拖售权售卖交易中，大股东和小股东是按比例承担责任，还是应当向第三方买方承担连带责任？如果按照比例承担责任，两者向第三方买方在交易中做出的陈述与保证、承诺等条款是否应当一致，或者小股东做出的陈述与保证及承诺等义务应当更轻？比如，如果大股东向第三方买方做出了不竞争的承诺，那么是否小股东也应当向第三方买方做出该等承诺？毕竟，小股东的商业立场和地位往往和行使拖售权的大股东无法相比，因此这些问题可能也需要在约定拖售权的过程中提前进行谈定。二是在拖售权行权过程中，一些实务性问题也应当得到考虑。比如，大股东或者投资人与第三方进行沟通谈判所支付的费用，由谁承担？如何承担？三是拖售权的行使与股东协议或者投资协议中其他条款的协调性的问题。大多数的股东协议或者投资协议都会约定 ROFR（优先购买权），ROFL（优先交易权），ROFO（优先机会权），ROLR（最终交易权）（可参见本书《国际油气并购交易中的优先购买权浅析》中的相关介绍）。这些权利和拖售权之间的关系如何协调？这也是拖售权条款中值得考虑的事项。从大股东的角度来说，如果 ROFR（优先购买权），ROFL（优先交易权），ROFO（优先机会权），ROLR（最终交易权）可以在拖售权之上进行行使的话，那么拖售权的行使本身就会受到很大的限制，从而给小股东行使权利带来可能。四是如果小股东对大股东行使拖售权不进行配合如何处理的问题。前面阿里巴巴的例子在很大程度上解决了这个问题。另外，对于大股东来说，可能还需要考虑，在拖售权行使过程中，如果小股东拒绝配合，大股东有权要求实际履行的救济方式；或者考虑在此种情况下，大股东有权代表小股东将其持有的股权份额进行售卖，以免陷入"有权利但无法行使"的地步。

虽然 Drag-along 仅仅是股东协议、投资协议等合约中常见的一个条款，但其在实务中也因约定不明而产生过不少的争议与诉讼。对于商业交易的实务从业人员来说，事先在涉及这样的机制中考虑好相关逻辑上的可能性和行权过程中可能出现的问题，将其落实到相关的股东协议或者投资协议的文本之中，对于未来风险的控制是大有裨益的。

# 42 如何处理法律意见书作为交易先决条件？

作为并购交易从业者，很重要的一件事情就是时刻关注并购交易引发争议的判决。借由判决，未来的并购交易将借鉴其中的经验教训从而对交易中的风险分配进行调整。笔者将分享一起因卖方外聘律师无法出具交易中规定的“税法意见书”而引发的争议案例，同时总结出在税法意见书无法出具的可能风险下，交易双方有哪些应对手段。

在 2016 年，油气业发生了一笔大型并购交易。两家油气管道运营商 ETE 公司和 Williams 公司宣布采用现金加股票的合并交易：该交易由 ETE 公司以 60.5 亿美元购入 Williams 公司 19% 的股份，同时所有的 Williams 公司资产转让给 ETE 公司以换取 ETE 公司固定的合伙权益份额。该笔交易如果能够得到完成，则原有 William 公司的股东保留 81% 股权并获得 60.5 亿美元现金，Williams 公司将获得 ETE 合伙权益份额；ETE 公司获得 Williams 公司所有资产及 19% 股权。该笔交易的先决条件之一是 ETE 公司的外部税务律师需要出具税法意见书，表明 Williams 公司资产注入 ETE 公司是对 Williams 公司及其股东的“免税”行为。双方在交易中与这封税法意见书相关的义务还包括：（1）交易双方在签署合并交易时，并不知悉任何拿不到“免税”待遇的事实；（2）交易双方承诺需要采取合理最大努力满足交易先决条件，同时也包括 ETE 公司需要用商务合理努力去获得其外部税务律师的税法意见书；（3）如果交易双方未能促使所有交易先决条件在 2016 年 6 月 28 日满足，则交易将被终止。

在交易签署到交割之间，油气市场出现了非常大的变化。随之而来的是 ETE 公司所收购的目标公司 Williams 公司的资产价值发生了变化，原有 ETE 购入的 Williams 公司 19% 的股权已经从当初价值 60.5 亿美元下降到只值 20 亿美元。这个价值的变化，将使交易可能不再会被归类为免税交易。因此，ETE 公司的外部法律顾问、美国著名律师事务所 Latham（瑞生）表示将不会为交易出具免税的税务意见。当然，这个变化是交易双方在交易签署之前并未预料到的。同时，Williams 公司认为，交易根本就不存在税务上的风险，这不过是 ETE 公司看到 Williams 公司股价下降后不愿意继续进行交易的借口而已。ETE 公司并未按照协议要求使用商业合理努力去获得税务意见书：这个可能的税务风险并不是 ETE 公司的外部顾问提出的，而是 ETE 公司内部的税务专业人员发现的。

交易双方为了交易的先决条件是否满足而产生了争议，Williams 公司一纸诉状将 ETE 公司告上法庭，主张 ETE 公司严重违反了交易协议中的义务并要求法院判定 ETE 公司不得终止交易。此案一直到了特拉华州最高法院，尽管最高法院的法官对 ETE 公司的违约是否对交易先决条件（外部律师出具的税务意见）的满足有重大影响有不同意见，审判庭最后以多数法官的意见判 ETE 公司没有违约。

笔者曾经在本书《并购交易是如何变得更加复杂的？》一文中提到过法院的司法判例对于并购实务的影响，如英国最高院关于违约金 / 罚金的判断新标准的判决出来后，采用英国法作为并购交易管辖法的文本立即就有了变化，以往将分手费定性为违约金的时候，都要写上“是交易双方事先对损失的真实估计”，现在需要加入判决带来的新的判断标准，如“等比例的正当利益”。Williams公司和ETE公司的这起诉讼，让并购实务从业人员对于“外部顾问出具税法意见”作为交易的先决条件所带来的风险问题有了更多的思考。

首先，我们来看看交易的先决条件的功能。交易的先决条件的第一个功能是能起到交易风险分配的作用。如果先决条件不满足，则交易双方没有义务进行交割，那么交易将不能完成，也就是说，交易双方在交易中的核心义务即买方支付交易价款，卖方出让目标资产或者目标公司不发生。交易的先决条件的第二个功能是分配交易双方的义务。交易先决条件分为买方先决条件、卖方先决条件和双方先决条件三类。不同事项放在不同的类别下，对于交易双方来说隐含的结果是不同的。如Williams公司和ETE公司这起案子中，如果ETE公司外部律师出具的税务意见不是作为交易双方的先决条件而仅仅是Williams公司的单方交易先决条件的话，那么Williams公司可以采取放弃这一先决条件的方式来完成交易。交易的先决条件的第三个功能是能够和交易合约中的其他义务进行有效的协调：如采取何种努力程度去完成交易先决条件的满足，是“最大努力”程度，还是“合理努力”程度，抑或是“合理最大努力”？不同的努力程度下对于交易各方的要求是不同的。交易的先决条件还和交易的最终完成日相关。Williams公司和ETE公司产生争议的原因就是在交易的最终完成日前，ETE无法从外部律师获得关于交易符合免税条件的税务意见，从而交易需得到终止。这个交易最终完成日的问题，笔者曾经在本书《从万达集团被海外卖家起诉支付反向分手费谈谈交易中的风险控制》一文中提及，并购交易中不要有太过于激进的交易时间表，同时需要在并购交易中留有灵活的可以延期的空间。如果Williams公司事先有在交易文件规定在税务意见无法获得时有权延长交易最终完成日，那么交易也就不会在到期的时候就终止。

其次，我们再来看看，在交易中规定"采取商业合理努力"去获得交易的免税法律意见书是一个什么样的义务。并购从业者在交易中设计出了种种让人眼花缭乱的"义务种类"：如在国际并购交易中提到义务的时候，总是有"Best Endeavors/Efforts""Reasonable Endeavors/Efforts""Commercially Reasonable Endeavors/Efforts""Reasonable Best Endeavors/Efforts""Good Faith Endeavors/Efforts""Commercially Reasonable Best Endeavors/Efforts""Diligent Endeavors/Efforts""All Reasonable Endeavors/efforts""Every Endeavor/Effort""Commercially Reasonable and Diligent Endeavors/Efforts"等努力程度的变种，不一而足。交易双方的律师似乎也非常爱好在努力程度上来回拉锯谈判，从而创造性地发明了各种在Best Endeavor（最大努力）和Reasonable Endeavor（合理努力）之间的努力程度的变种。而在真实的诉讼案例中，无论是最大努力程度，还是合理努力程度，如果在交易文件中没有列明具体的努力程度需要做的行为，法院通常会在行为中进行"合理性"的判定。所以，在合约中写入"合理努力"、"最大努力"或者是"最大合理努力"等义务程度，在发生争议后可能没有交易双方想象的那么大区别。

最后，外部律所出具法律意见书（税务或者其他类型的法律意见书）[1]作为交易的先决条件在此案后可能会有什么样的实务变化？实务界对此问题进行了探讨，综合各家的意见（值得一提的是Cleary Gottlieb对此有非常翔实的分析）和后续交易中实务处理的情况，主要有如下几种意见和实践操作方式：

第一种解决方式是不将法律意见书作为交易的先决条件。在不将法律意见书作为交易先决条件的情况下，交易双方需要各自从自

[1] 为本文写作目的，税务意见书与法律意见书通用。

己的外部律师获得意见，同时在交易文本中明确如果相关事项发生变化的风险分配手段。[1]

第二种解决方式是在交易文件签署前即获得相关的法律意见书。这种方式也是后续法律变化的风险由双方或者一方进行承担[2]，但双方需要在交易文件中明确承诺不得采取任何方式导致法律意见书中所述事项无法实现。

第三种解决方式是仍将法律意见书作为交易的先决条件，但各方在交易文件签字前将买卖双方的外部律师的税务意见固定下来，同时指定一名第三方律所。如果在交割的时候，一方的外部律师无法就交易出具税务意见书，而另一方的外部律师和第三方律所认为能够出具税务意见书，则视为满足交易先决条件。

第四种解决方式是仍然要求在交割时出具税务意见书（实质上仍然是作为交易的先决条件），如果交易一方选定的外部律师无法出具税务意见书，则该方必须接受交易另一方的外部律师的税务意见书。同时在此种情况下，有的交易中还对此引入了反向分手费，即如果所有的外部律师都不愿意出具税务意见书，则交易的买方需要支付额度较高的反向分手费。

第五种解决方式是税务意见仍然被要求在交割时出具（实质上仍然是作为交易的先决条件），收购方交割的义务在于收到交易双方外部律师的税务意见书。

第六种解决方式就是交易双方都承诺如果法律意见书未能明确交易达到免税的目的，则交易双方需要使用合理最大努力让交易成为免税交易并对交易文件进行合理修改。[3]同时鉴于此种情况需要花

[1] 如在交易文件中明确约定交易过渡期不能发生税法变化或者影响交易税务的情况。

[2] 也需要考虑是否在交易文件中明确约定交易多赌气不能发生税法变化或者影响交易税务的情况。

[3] 此种情况下可能需要对交易的架构进行调整。

费更长时间，在交易文件中的交易最终完成日等相关的交易条款也需要进行修改。

第七种解决方式是直接将交易买方外部律师的税务意见书是否能否签发和反向分手费挂钩，在交易买方外部律师无法或者拒绝出具税务意见书的情况下，要求买方支付反向分手费，从而将交易过渡期中的税法变更风险交由买方承担。

在 ETE 公司和 Williams 公司的争议出现之后，市场上就此类风险有一个“ETE/Williams risk”的叫法，就是指对在交易文件中约定了相关法律意见书作为交易先决条件而嗣后无法获得该法律意见书时风险分配如何进行处理。可以见到，在相关的司法判例出台之后，实务界迅速对此进行了应对，并提出了诸多的解决方式。作为并购交易从业者，对交易实务的发展、司法判例所带来的变化，应当时刻予以关注。

第四编

# Part 4

# 并购交易实践案例及发展

# 43 交易中的独家谈判权



比特币（Bitcoin，BTC）是投资的热门话题。这个可能是人类历史上涨幅最快的虚拟货币引发了财富的巨大变迁。有所谓的“币圈一日，人间一年”来形容这种虚拟货币的变化之快。而这种飞速的财富变化及增长，引发了我们今天要讨论的一个因投资比特币交易平台而产生的争议。

这起争议事实如下：2017 年 8 月，著名的私募股权投资机构红杉中国和号称全球最大的比特币交易平台币安谈判投资入股的交易。当时的币安正处于 A 轮融资过程中，因此和红杉中国就 A 轮融资进行谈判。红杉中国对币安给出的投前估值为 5 亿元人民币，谈的是入股 10.714%，红杉中国向币安投资 6000 万元人民币。当时双方签的关键条款书（Term Sheet）里，明确写明了红杉中国就币安的 A 轮融资享有 6 个月的独家谈判期。在谈投资的过程中，红杉中国还和币安还谈了一个 3000 万元人民币的过桥融资，以便在中国国内监管严格的情况下，提供给币安的日本公司进行业务开拓。尽管双方在谈 A 轮融资的独家，但币安也一直在和其他投资者进行接触。

由于区块链和比特币的概念实在太火，币安在和红杉中国谈判的过程中，另外一家著名的投资机构 IDG 出现了。由于知悉币安已经和红杉中国有了 A 轮融资的独家谈判权安排，因此 IDG 向币安提出了如下 B 轮融资的条款：IDG 计划向币安的 B 轮融资分两期进行投资，共投 1800 万美元，第一期投后为币安估值 4 亿美元；第二期为币安估值 10 亿美元。红杉中国得知此信息之后非常不安，认为币安违反了和自己之间关于 A 轮融资的独家谈判安排，因此向香港高等法院申请了禁令，禁止币安和其他投资者进行任何投资谈判，同时要求币安将其和 IDG 签的协议披露给红杉中国。币安在法庭上回应红杉中国：（1）你红杉中国和我签的是 A 轮融资独家，公司和 IDG 谈的是 B 轮融资，不是一回事儿，没有违反和红杉中国的 A 轮独家谈判权。而且 A 轮独家谈判权是对我投前估值 5 亿元人民币的独家谈判权，如果投前估值超过了 5 亿元人民币，你红杉中国有没有独家谈判权还不好说。（2）币安不会披露和 IDG 签的协议，因为和这事儿没关系。（3）红杉中国申请禁令是滥用权利，你一直知道币安在和别人谈。但币安和红杉中国一直没就估值谈拢，最终确定性文件没签，所以没什么问题。

而红杉中国的理由是，如果我没有和你谈成 A 轮的独家融资，那么无论后面进来的投资人是谁，无论叫什么轮次，实际上就是 A 轮。因此破坏了 A 轮融资的独家谈判权。当然，由于这个事儿是仲裁解决，香港高院只是处理红杉中国申请禁令及其他相关的救济上的问题，高院并没有对红杉和币安之间的合约安排作出实质性的裁判，这需要仲裁庭去处理。所以在商业合约里面约定仲裁，也是有好处的，可以保证各方的商业机密不被泄露。最后，香港高院是判了红杉中国滥用权利去申请禁令。当然，在这个判决下来之前，其实红杉中国和币安所约定的独家谈判期已经过了。

作为研究并购交易实务的工作者，我们看看红杉中国在这个投比特币交易所币安A轮投资协议里犯了哪些错误呢？

第一，在Term Sheet中没有把独家谈判权（也就是Exclusivity）的范围约定好。在交易文件中，如果只约定了对A轮融资有独家谈判权，这就在理论上留下了一个可能的漏洞空间：那么IDG进来和币安谈融资就很好谈，我把谈的投资改成B轮，不就绕过了你这A轮独家谈判权的规定吗？除非你明确写明“6个月内就投资币安独家谈判”，IDG就不能和币安再谈一个所谓的“B轮融资协议条款书”。

第二，没有明确约定以何种义务谈独家，以便能进入到最终确定性文件。是最大努力（Best Efforts）还是善意（Good Faith）进行最终交易文件的谈判？同时，有没有将最大努力、合理努力或者善意进行谈判具体化的描述也很重要。仅仅在交易文件中写入最大、合理等，在实际操作中也可能会出现争议。

第三，尽量不要在文件的前言部分写交易的实体性权利义务。红杉中国和币安所签署的Term Sheet中，双方在前言部分写了个所谓的独家谈判权，但对于具体的独家谈判权的约定，却只是在币安向红杉中国出具的本票中写明：独家谈判权适用于投前估值5亿元人民币的A轮融资。因此，红杉中国要依据Term Sheet的前言去主张一个投资币安交易的宽泛的独家谈判权，这无法做到，因为这个没有写在Term Sheet的具体义务条文中，因此无法去主张一个宽泛的独家谈判权，而只能依据在本票中可能带来歧义的独家谈判权条款去进行权利主张。

作为从事并购交易实务的人员，笔者将进一步对实务中独家谈判权的注意事项进行总结。

首先，需要清楚的是，独家谈判权条款是并购交易中的常见条款。并购交易中，买方总是希望能够在早期通过独家谈判权条款将卖方锁定，而卖方则往往希望在交易中保有更多的灵活性，并不愿意给予买方独家谈判权。尤其是对于上市公司来说，轻易地给予买方独家谈判权，往往会受到董事信义责任的限制，因此更加困难。

其次，对于并购交易的双方来说，在交易中谈判独家谈判权条款，需要注意以下事项：

## （一）是否给予买方以独家谈判权，卖方主要从如下角度进行考虑：

1. 需要考虑目标公司/目标资产在市场上的受欢迎程度。如果目标公司/目标资产在市场上很受欢迎，那么卖方就很少会考虑轻易给予买方独家谈判权。

2. 如果卖方是上市公司，那么就需要考虑董事的信义责任问题。上市公司的董事会对给予买方的独家谈判权会更加谨慎，因为对于上市公司来说，有多种选择很重要。

3. 考虑锁定商业灵活性所带来的不利。一旦给予买方独家谈判权，则卖方在交易的灵活性上就受到了一定程度的限制，因此从商业灵活性的角度上，卖方需要考虑。

4. 考虑和潜在买方独家谈判的好处。卖方也不总是不愿意给予买方以独家谈判权。如果买方已经报出了足够有吸引力的价格，同时融资的确定性等因素都非常高，那么卖方为了将买方有吸引力的报价锁住，也可能会同意给予买方独家谈判权。

5. 考虑交易双方的谈判地位。在卖方强势的情况下，独家谈判权是不太容易拿到的，而在买方强势的情形下，独家谈判权则有可能拿到。

## （二）买方应当在何时向卖方要求独家谈判权。

买方应当根据交易售卖的不同形式在不同的时间里提出独家谈判权要求：

1. 在多轮竞标的交易中，进入第二轮或者第三轮的优位潜在买方可开始向卖方要求独家谈判权；

2. 在一对一的谈判交易中，潜在买方可在交易的一开始就向卖方要求独家谈判权。

那么，从买方的角度，何时提比较合适？笔者认为，考虑的因素有：

1. 在公司对潜在交易投入更多金钱和时间之前锁定独家谈判权；

2. 是否已经向卖方报出了有吸引力的报价；

3. 是否已经开始交易融资的安排，以方便锁定融资。

而对卖方来说，何时才能给买方独家谈判权？无非是价格高、交易确定性强，如果不及时锁定买方，买方可能追求其他交易机会，在这些情况下，卖方才愿意给予买方独家谈判权。

### （三）独家谈判权的实务要点

1. 独家谈判权的时间长度与独家谈判期费用是否支付费用。

从买方的立场看，有几点需要注意：

（1）独家谈判期需要长一些，以便能更好地锁定卖方。

（2）锁定卖方之后，才值得投入更多的金钱、时间和人力资源去做潜在交易，毕竟无论是顾问费用还是花费的精力，都是公司的机会成本。

（3）如果在独家谈判期内未能达成交易，买方有权单方延长独家谈判期间。

（4）如果同意为独家谈判权支付费用，则达成交易需要折抵并购对价。在交易中，有些卖方会要求买方为独家谈判权支付对价，此时买方需要考虑为独家谈判权支付对价未谈成的风险以及要求在交易谈成后可以抵扣交易对价。

从卖方的角度看，有如下几点注意事项：

(1)如果答应给买方独家谈判权，则期间越短越好，这样卖方的灵活性被锁定的时间就会缩短。

(2)如果独家谈判权需要延期，不能由买方单方行使权利，需要卖方同意。

(3)如果卖方是上市公司，那么需要在独家谈判期中有“董事会信义责任退出”“更优报价退出”等安排，以便满足董事会的信义责任。

(4)买方需要为获得独家谈判权支付部分对价。

(5)如果卖方是为了锁定买方的较高报价而同意给予买方独家谈判权的，则买方在独家谈判期内要求降价时，卖方有权终止独家谈判的安排。

(6)如果在独家谈判期结束未能达成交易，买方为独家谈判期所支付的费用不得返还。说起这个独家谈判期支付费用的问题，笔者有一个朋友就曾经在半夜里从国外打来电话咨询，问卖方要求支付500万美元获得独家谈判权是否能够同意。我当时的建议是让其评判报价的吸引力、交易的确定性准备如何、自身的谈判地位等来进行综合考虑。另外，如果同意支付对价获得独家谈判权，那么价格多少、独家谈判期的期间、双方谈判的努力义务程度、谈判完成后折抵交易价款等因素均需要一并进行考虑。

2. 签订独家谈判协议后，双方谈判确定性交易文件的义务。

从买方的立场看，买方立场一般是：(1)买卖双方需要用最大努力(合理最大努力)谈判并购交易；或者(2)买卖双方需要用善意谈判并购交易。

当然，无论是最大努力、合理努力、善意谈判，最好的方式是对义务程度进行定义或者描述。

对卖方来说，其立场一般是：(1)合理谈判并购交易；或者(2)有权在更优报价、行使董事信义义务时撤出谈判。

3. 是否在独家谈判期有“不得招揽”的限制。

从买方立场来说，一般有如下几点：

（1）如果卖方给予了买方独家谈判权，在独家谈判期内，卖方不得招揽其他潜在竞争方；

（2）在独家谈判期内，卖方需要终止已经和其他潜在买方正在进行的交易讨论或者谈判；

（3）在独家谈判期内，卖方收到第三方更优报价需要向买方进行披露；

（4）不得招揽的限制应当包括卖方及卖方的所有顾问，应当尽量广泛。

从卖方的立场来说，一般有如下几点：

（1）对不得招揽的限制需要有例外考虑，如宽泛的“信义责任除外”；

（2）对于主动找来的第三方更优报价是不得招揽的例外；

（3）有权不向买方披露不请自来的第三方报价；

（4）对于给予独家谈判期之前已经在进行的和第三方的交易讨论仍然可以继续；

（5）不得招揽的限制尽量窄些会更好。

4. 独家谈判期内对于卖方的行为限制问题。

从买方立场来说，一旦卖方给予了买方独家谈判期，那么在独家谈判期内：

（1）卖方在独家谈判期内不得处置资产，不得改变目标公司 / 目标资产价值；

（2）需要按照惯常经营来经营目标公司 / 目标资产价值；

（3）任何生产经营的重大事项需要告知买方。

从卖方立场来看，因为独家谈判期的授予还仅仅是交易的早期，因此，卖方有权：

（1）在独家谈判期内处理资产；

（2）卖方有权按照公司利益最大化来经营目标公司 / 目标资产；

（3）重大事项无须告知买方。

5. 独家谈判期更优报价出现的问题。

从买方立场来讲，要考虑：

（1）在卖方出现更优报价从而不受到和买方已经达成的独家谈判期限制时，卖方应当向买方支付一笔费用；

（2）要引入“替代报价”“更优报价”的概念，如替代报价至少应当收购目标公司、目标资产 X% 以上，更优报价至少需要比买方报价高出 Y% 等的限制。

从卖方立场来说，主要考虑：

（1）在独家谈判期更优报价出现时，卖方无须向买方支付补偿费用；

（2）引入替代报价、更优报价等概念后，替代报价的比例应当尽量低（前面中 X% 中 X 数量尽量低），为第三方更优报价尽量放开闸。

6. 违反独家谈判期如何处理？

从买方的立场来看，在独家谈判期，如果卖方违反了独家谈判承诺，则买方：

（1）有权要求实际履行，卖方仍然需要继续尽最大努力、合理努力或者善意谈判，并且有权申请禁令，禁止卖方与第三方谈判，这也是前面我们所举的红杉中国为了禁止币安和其他投资者谈判所采取的行动；

（2）有权要求卖方对违约进行赔偿。

从卖方的立场看，卖方一般会要求：

（1）如果买方要求有实际履行的救济机制，则卖方需要要求实际履行双向适用；

（2）在更优报价方出现时不给予买方赔偿。

7. 独家谈判期的约束力问题。

从买方的立场来看，双方一旦达成独家谈判期的安排，就具有约束力；而卖方立场则一般是原则上同意独家谈判期对其有约束力，但在合约约定的情况下和为了满足“董事信义责任”等例外情况下，不得视为违反约定。

上面关于独家谈判权的实务的内容比较多，总结表 6 供各位读者参考。

**表 6　独家谈判权谈判要点总结**

| 谈判要点 | 买方立场 | 卖方立场 |
|---|---|---|
| 独家谈判期 | 需要，在获得独家谈判权的情况下进一步投入时间及金钱，也方便开始进行融资安排 | 不愿意，更愿意保留交易的灵活性。在买方报出有吸引力的报价时愿意考虑 |
| 独家谈判权期长 | 合理长度，时间长尤佳，有权延长 | 时间短一些为佳，延期需要卖方同意，第三方更优报价出现时有权终止 |
| 独家谈判期的谈判义务 | 最大努力程度，善意谈判 | 合理努力，第三方更优报价出现有权终止谈判 |
| 独家谈判期内不得招揽 | 卖方不得在独家谈判期内主动招揽第三方，卖方在独家谈判期内终止和其他第三方谈判，卖方在独家谈判期内收到第三方报价应向买方披露 | 对不得招揽的限制需要有例外考虑，对于主动找来的第三方更优报价例外，不向买方披露不请自来的第三方报价，对于给予独家谈判期之前已经在进行的和第三方的交易讨论仍然可以继续 |
| 独家谈判期支付费用 | 不支付，如果支付，应抵扣交易价金 | 买方需要为独家谈判期支付费用独家谈判期内未达成交易，费用不予返还 |
| 违反独家谈判期 | 有权要求实际履行或者违约金 | 实际履行双向，不请自来更优报价方不适用支付违约金 |
| 约束性 | 具有约束性 | 具有约束性，但更优报价方出现不能视为违约 |

最后，对于从事并购交易实务的工作者来说，独家谈判权条款是一个买方要尽力获得、卖方要尽量不给或者在交易更迟的阶段才愿意给的一个权利。因此，在交易的初期，对此进行谈判时，尽量将交易双方权利义务约定明确，才能避免产生争议。

# 44 从CVS与Aetna合并交易谈谈并购控制权变更的遗散费



2017年年底，美国连锁药店巨头CVS Health宣布以690亿美元收购美国第三大保险公司Aetna，如果算上Aetna公司的债务的话，这笔交易达到了770亿美元，是2017年宣布的全球最大并购交易。

如果交易能够顺利成功的话，Aetna首席执行官Bertolini将从公司拿走近5亿美元价值的现金加股票。其中部分是其任职期间的股票与期权，部分是因合并交易带来的所谓“金降落伞”（Golden Parachute）相关的遗散费支付。

Bertolini将不会在交易完成后的Aetna公司继续担任高管，而是在收购方CVS公司的董事会担任董事。因此，在并购交易完成后，Aetna公司将终止和Bertolini的合同，故此触发了高额的遗散费支付。遗散费的支付数额巨大，对从事并购交易的专业人员来说，对其有一定的了解，将有助于并购交易的顺利进行。同时，由于遗散费金额巨大，其带来的对收购的相关影响也应一并考虑。比如，在2017年，美国排名前几位的并购交易中，向被收购公司的高管支付的遗散费，加起来共计近7000万美元。

在并购交易中，经常会遇到这样的难题：在公司被收购之后，如何处理被收购公司高管的聘用问题？如果解聘，如何向被收购公司高管进行遣散费的支付？其实这个问题的处理，主要应当放在对被收购公司的尽职调查中，尤其是在被收购公司与其高管所签署的控制权变更协议中，进行解决。一般来说，控制权变更的安排都会放在被收购公司与其高管所签署的聘用协议或遣散协议中，也就是我们前面所说的“金降落伞”（Golden Parachute）条款。控制权变更的安排，一方面是为了保护被收购公司高管的利益，以使具有管理经营才能的高管能在一个更为有预期的情况下进行工作；另一方面也是为了公司和股东的利益，因为在控制权变更交易发生之时，被收购公司高管如要忙于处理和个人利益相关的事项，会影响交易本身，这就需要提前有控制权变更这样的安排来解决。

第一，需要解决的问题是在何种情况下构成了被收购公司高管与公司签订合同中的“控制权变更”？如果 50% 以上的股权被收购，显然毫无疑问；但在恶意收购的情况下，如果恶意收购方赢得代理投票权之战，成功地控制了被收购公司董事会大多数席位，那么此时算不算控制权变更？实践中，对控制权变更进行定义，常见的方式是：（1）将固定比例的股权变更视为控制权变更；（2）在公司董事会多数发生变更时视为控制权变更；（3）在发生公司并购交易后，原有的大股东不再是公司的大股东时视为控制权变更；（4）将公司全部或者差不多全部资产售出视为控制权变更。对经验丰富的公司来说，还会将一些常见的情况作为控制权变更的除外事项：如在进行同等体量合并交易（Merger of Equals）中，交易双方会成立上位的顶层公司，将两家公司放在顶层公司之下，因此对于实际上的被收购方高管来说，这样的安排并不是控制权变更，被收购方的高管当然无权享受高额的遣散费用。另外，对收购一方而言，对被收购公司高管和被收购公司之间所签署的聘用协议进行尽职调查的过程中，需要注意控制权变更安排中的具体事项。

第二，需要了解在发生控制权变更过程中遣散费所包含的类型。一般来说，遣散费主要包括如下几种类型：首先是最为常见和主要的现金与股权激励部分，其次是除了现金和股权激励部分外，在发生控制权变更的情况下，被收购公司的高管往往还享有一些类别的福利，也被归入遣散费的类型中。这些福利包括：(1) 被解职或者辞职后在一段时间内继续享有公司为其提供的健康和其他福利享受，这段时间多为 1~3 年。(2) 公司将为高管聘用高级人力服务机构，为被解职的高管寻找再就业的机会。(3) 公司为被解职或者辞职高管提供增强型的退休福利。(4) 公司是否为向高管支付的高额遣散费进行交税。一般来说，在没有免税的情况下，被并购公司的高管所拿到的高额遣散费会被征收较高的税费。因此，高管和公司签署的协议中，对于税务的处理往往有如下方式：①公司为高管支付遣散费相关的税费，使高管所拿到的遣散费就是合约中约定的数字；②高管自行支付和遣散费相关的税费。(5) 公司为高管支付相关的律师费用等。

第三，需要了解在收购过程中向被收购公司高管进行遣散费支付的触发条件。对于被收购公司的高管来说，触发遣散费下支付的市场惯例是所谓的 Double Trigger（“双触发”），是相对于 Single Trigger（“单触发”）而言的。简单地说，Single Trigger 的触发条件就是 Change of Control 发生时，被收购方公司的高管有权在一定时间内辞职拿钱走人；而 Double Trigger 则指的是在发生 Change of Control 后，被收购方公司的高管在一定时间内被解职或者以正当理由辞职才有权拿钱走人。

在被收购公司的收购交易完成后，即我们常说的“Change of Control”（控制权变更交易），如果被收购公司的高管在一定时间内被解雇（一般 1~3 年），则该等高管有权拿走一笔不菲的遣散费：一般包括 2~3 年的工资（有些还包括奖金，最为常见的方式是基本工资加上奖金，也有单独只计算基本工资的）、各种福利及未行权的期权、股票激励等，甚至还可能包括为此支出的相关律师费用等。对于被收购公司的高管而言，在发生控制权变更而被解雇的情况下，最为常见的“金降落伞”保护条款是以现金构成的遣散费支付的。根据咨询公司 Alvarez&Marsal 的统计，在美国大的上市公司中，大约有 80% 公司的高管，在发生控制权变更交易且被解雇的情况下，有权获得现金遣散费的支付。

第四，注意在控制权变更时期权或者股票激励的处理方式。对于发生控制权变更的被收购公司来说，收购方对于被收购公司向其高管发行的期权或者股票激励一般有两种不同的处理方式：一种是在收购完成的时候，发行的期权和股票激励即被视为到期，可以加速行权；另一种是由收购方继承被收购公司发行的期权或者股票激励。因此，在收购方继承被收购公司所发行的期权或者股票激励的时候，被收购方公司的高管是否能得到加速行权，则需要看高管所签署的相关协议来定。一般来说，在此种情况之下，单触发较少，更多的是双触发的情况：（1）如果发生控制权变更且高管被无理由解职，则此时被收购方高管可以加速行权；（2）如果发生了控制权变更且高管有“良好理由”（Good Reason）辞职，此时被收购方的高管亦有权加速行权。简单地说，在并购交易中，这个所谓的引发被收购公司高管遣散费支付的 double trigger 就是：（1）Change of Control 的发生；（2）Change of Control 发生后一定时间内被收购公司高管被解雇或者被收购公司高管有良好理由辞职（良好理由通常包括减少工作职责、降薪、被派往其他地域工作等。实务中，合约会要求，即使职务的叫法改变，但工作职能未变，则不能被视为良好理由）。在实务中，Double Trigger 还有变种，即在控制权变更发生的一段时间内，被收购公司高管获得遣散费的前提是 Double Trigger，然后接着就是所谓的在 Window Period 之间的 Single Trigger 安排：在 Change of Control

发生后，在规定的时间内并未发生 Double Trigger 的情况下，再给被收购公司高管一个选择权，即被收购公司高管有权再在一定过渡期满时单方辞职，拿走遣散费。在这段过渡期中，被收购公司的高管有权以任何理由拿钱走人。这对收购方和被收购方的高管也是一个较好的平衡，既让被收购方的高管在发生控制权变更后能有动力在过渡期里留任，同时也给收购方和被收购方的高管继续谈判未来的聘用留下了可能性。

在期权和股票激励的情况下，和被收购公司高管的绩效所挂钩的那部分期权或者股票激励如何处理，是一个实务中值得注意的问题。对于被收购公司的高管来说，如果绩效挂钩部分期权能够一并加速到期，那是最好的选择；而在收购公司继承被收购公司所发期权与股票激励的情况下，如何处理绩效挂钩部分的期权则需要视情况处理了。

第五，控制权变更情况下的遣散费是评价一个公司治理是否良好的标准之一。控制权变更情况下，被收购公司高管所能获得的遣散费，以及遣散费所能获得的方式是 Single Trigger 还是 Double Trigger，被视为良好公司治理的评价标准之一。不少机构股东和代理投票咨询机构会对公司在控制权变更下高管所能获得的遣散费政策发表意见，以对其公司治理的水准进行评价。因此在现时的市场上，Double Trigger 成为占市场主导地位的触发遣散费支付方式。

总体来说，对于控制权变更的遣散费支付，从公司的角度来看，有如下实务要点需要进行考量：

首先，需要在公司平时的经营中就建立起控制权变更协议，而不是对控制权变更发生时支付的遣散费进行市场化的对比，以便获得相关机构股东和股东投票权咨询机构的认可。

其次，定义好相关的概念，如 Change of Control、Double Trigger。在 Double trigger 成为市场惯例的情况下，应当对其进行认真的设计。

最后，应当考虑在进行遣散费支付的同时，要求离开的高管做出的相关承诺与保证：如信息保密、不得招诱公司的原有职员，不得对公司发表不当言论等；公司还应当要求离开的高管签署与公司之间的免责协议，以免未来陷入麻烦。

对被收购公司的高管而言，尽量在和公司的协议中放入交易之前的安排也是比较重要的事项。因为如果在交割之前没有保护的话，高管在Pre-Closing阶段被辞任，有可能无法获得与控制权变更发生时相同的利益。当然，做这种安排，需要高管谈判力较强或者自我保护意识很强。

并购交易中的高管期权、激励、遣散费、留任等问题都是比较专业的问题，结合被收购公司的人力资源问题，收购方通常需要聘用人力资源顾问来进行定量定性的分析及研究。另外，在美国做收购的话，与“金降落伞”条款和遣散费支付的相关税务问题也是非常复杂的，需要请相关顾问提供意见。尽管笔者主要站在公司的角度提出了控制权变更发生时遣散费支付的一些惯例，但对于被收购方的公司高管来说，在被并购的过程中，非常有必要聘用相关的律师来维护自己在交易中的利益，同时也避免因为交易本身所带来的利益冲突而给自身带来风险。

# 45 从中粮向 Nidera 公司原股东索赔说私有交易中的赔偿机制



2018 年 3 月，媒体开始报道中粮的海外公司中粮国际起诉收购的 Nidera 原公司股东进行索赔的事情。此事的起因是中粮在 2014 年和 2017 年，分别花费 13 亿美元和 5 亿美元收购了 Nidera 公司 51% 和 49% 的股权，总计 18 亿美元，100% 控股了该公司。中粮买入 Nidera 公司之后，本意是将其收购的来宝农业和 Nidera 进行整合，成为中粮国际，并考虑上市。但中粮在全盘收购 Nidera 公司之后发现了不少问题，特别是公司会计的虚假记录问题[1]，使中粮在收购过程中支付了过高的价格。因此，中粮按照合约的纠纷解决约定的方式，开始在国际商会提起仲裁。除了要求冻结交易过程中约定的 Escrow Account（托管账户）[2]中的资金外（约 1.8 亿美元），中粮也同时向荷兰的法院要求再冻结价值高达 500 亿美元的卖方银行账

［1］ 主要问题是：一方面夸大了巴西的预付款和期权合同的价值；另一方面 Nidera 的股东虚构了 Nidera 公司未来的盈利预期。

［2］ 托管账户是并购交易双方经常采取的一种交易安排，主要用于支付交易定金、交易分手费或用作交易交割后卖方未来赔偿责任的担保等，英文为 Escrow Account。

户中的资金。[1]

中粮针对这个交易的索赔，需要交易中的索赔机制和条款来进行解决。笔者要和读者朋友分享的就是2015~2018年私有交易实务中赔偿机制的主要内容与实务发展。

私有交易的赔偿机制主要会在如下一些要点上进行谈判：

第一，在私有交易完成后，卖方的赔偿主体是谁。在并购交易中，我们经常看到签署并购交易合约的一方往往是持有资产或者公司的SPV（特殊目的公司）。除了持有售卖的资产或者股权之外，特殊目的公司一般是空壳公司，对目标资产或者被收购公司的管理，主要是由买方的实际控制人来进行。因此，完成交易之后，买方要想获得交割后索赔，首先应当搞清楚，谁是持有资产或者公司股权的SPV的实体。买方需要查证持有售卖资产或者公司股权的SPV的履约能力，或者是要求获得该SPV实际控制人或者最终母公司对于交易的担保。这样，卖方的赔偿主体有可能在交割后实际承担交易中的赔偿责任。

第二，在私有交易中，卖方所能做出的承诺与保证条款。对于大多数卖方来说，都希望在谈判中将其所作的“承诺”与“陈述”保持在特定程度，而不是一味强调买方的风险控制。而买方一般都希望卖方对售卖的资产或者公司进行全面地陈述与保证，尽量少在其中加入“重大性”（Material）或者“知情”（Knowledge）或者“重大不利变化”（MAC）等限制性内容。

第三，买方在交易过渡期知悉卖方违反交易的陈述与保证带来的后果问题。对于卖方来说，如果买方知情且决定继续交易交割，则买方应当放弃交割后对卖方的索赔；而对买方来说，即使其在交易的

[1] 根据后续消息，荷兰法院判了中粮要求再冻结卖方5亿美元的要求是没有依据的，因为中粮无法提供该等要求具体的计算依据，法院重申了中粮申请冻结原有合约下托管账户的权利。

过渡期内知悉了卖方违反交易的陈述与保证，买方也有权交割，但保留对卖方的交割后索赔权。需要注意的是，如果在交易中对买方知悉卖方已经违反陈述与保证的后果不加以约定，那么卖方很有可能不会承担责任。当然，这个需要根据不同法域下的判例来进行实际分析。

第四，交易完成后买方的索赔权以及该等索赔权的限制。责任限制的主要争议点在于时间限制、额度限制、方式限制和不得重复获益限制。时间限制一般适用于违反陈述与保证及承诺，往往在交割日后 1~2 年，如果在该等特定时间段内，未有违反陈述与保证之事项被发现，则卖方不再对买方承担责任。对于某些特别重大的事项，如对于授权文件下权益、税务、环保等事项的陈述与保证，买方往往会要求一个更长的期间。国际并购实践中，对权益的保证期间一般是无限或者是权益到期的时长；对税务事项的保证一般是税务追索期满加一定期限（如 90 天）；对环保事项的保证一般根据买卖双方谈判确定，但往往会超过对一般事项陈述与保证的有效期限。额度限制更是买卖双方谈判的焦点。一般来说，从卖方的角度看，可以有几点来限制违反协议的赔偿：

1.De Minis Claim 又叫作 Mini Basket（最小索赔额）：损失额度没有达到最小索赔额，不允许买方提起索赔。在大型国际并购交易中，卖方不可能在交割后，因为 1 万美元或者 2 万美元的损失额度，再去和买方扯皮，这样做自然不经济，所以卖方希望 De Minis 的额度越大越好。

2.Basket Amount（菜篮额度）：只有超过最小索赔额的所有索赔加起来到一个额度（Threshold），即 Basket Amount 的时候，卖方才负责：（1）对 Basket Amount 以上的部分进行赔偿，术语称此种情况为“Beductible Basket”；（2）达到 Basket Amount 后，对所有的索赔额进行责任承担，术语称为“Tipping Basket”。在 Basket Amount 以下不予承担的部分，称“Deductibles”。美国市场上常见的是0.5%~1%，英国市场上常见的是1%~3%。但Deductible的数量需要根据交易金额而定。笔者也见过30多亿美元的交易中，Deductible不到1000万美元。当然，Deductible还可以是一个单独的数字，和Threshold不同。对于买方来说，Basket Amount的谈判点在于，只要达到了Basket的线，就应该对Basket总额予以承担（术语也叫作“First Dollar Basket”）。

3.Overall Cap（责任最大限额），卖方一般要求对于权益、税务、环保等责任最大限额为交易金额的30%~60%，其余一般事项的陈述与保证或者承诺的违反赔付最大限额在20%~50%，所有在交易文件下的责任限度不能超过80%等。

4.No Consequential Loss（间接损失不赔），有时在交易文件中还会提到Incidental Damages（附带性损失）和Punitive Damages（惩罚性损失）的处理方式。

5.No Contingent Loss Till Quantified（潜在损失不赔除非损失已确定）。对于卖方来说，自然是上述数量的额度越大越好，特别是对于所有权、环保、诉讼或者税务问题来说，至少应为100%交易金额，如能要到无限额度，最佳。

方式限制一般是指卖方从赔偿方式上来予以限制，首先，卖方往往要求买方不得采用解除合同方式（Rescission）；其次，卖方会要求协议中所规定的救济方式为买方所有的救济方式；最后，卖方还会要求买方在发现卖方违约后一定期限内（如6个月）必须发起诉讼程序（Institution of Legal Proceedings），否则将失去索赔的权利。

所谓的不得重复获益（No Double Benefits Allowed），即如果买方从保险、税务或者其他第三方获益后，不能再以同一事由要求卖方承担相应损失，或者应该从获益的范围内对卖方免责。

第五，是否采用特别赔偿（Specific Indemnity）的方式。对于已经知悉的事项，如果买方要确保未来索赔成功，可以特别赔偿的方式进行。使用保障条款的一大优点就是可以省去知情、减少损失及证明因果关系等传统违约损害赔偿的要素。当然，卖方一般是不愿意给予特别赔偿的方式，而希望买方能通过违约损害赔偿方式进行救济。因为违约损害赔偿的请求往往会受到知情、减少损失等因素的限制。

第六，是否采取 Escrow Account（托管账户安排）或者 holdback（留置部分交易价金）用来满足交割后买方对于卖方索赔实际受偿的问题。

第七，买方是否有权将卖方对其赔偿责任与其未来对卖方的支付义务进行抵销（Set-off）的问题。

回到中粮的这个索赔。它给所有从事中国海外收购的买方带来了哪些启示呢？笔者认为：

第一，并购交易中"买者当心"是非常重要的。在国际并购交易中，尽职调查是交易风险控制的重要环节，笔者经常将其称为交易风险控制的第二环节。什么是交易风险控制的第一环节？那就是在并购交易中选择合适的交易对手。交易对手靠谱与否，对于风险控制有极大的关系。有些公司不重视交易的尽职调查，认为尽调就是走个形式，或者对于发现的重大问题并不关注，但这可能会在交易出现问题后带来致命的后果。

第二，交易中合约风险的把控也非常关键。有些公司高管对于交易合约中价格和支付条件等商务条款比较看重，但对于并购交易中技术化非常强的条款，如救济、责任、风险分配条款，却不那么看重，这就往往会带来索赔的麻烦。西方式的并购交易和传统中国式交易的一个非常大的区别就是：西式交易非常看重交易合约中对风险的分配，也非常看重对逻辑上只有 5% 左右可能的风险的分配进行书面约定。对于西方交易者来说，详尽的风险和责任条款会决定交易出现问题之后是否能拿回来或拿回来多少损失，而不是等出现了问题再去寻找法律上可能的救济——救济事先在合同中写明是最好的保护。

第三，中粮在收购Nidera的两次交易过程中，都对交易价金的一部分实行了托管账户的安排，将收购价款的一部分放在Escrow Account里面，作为卖方责任的担保，而这部分钱已经被中粮成功地申请冻结了。这个托管账户里留下的部分交易价金在1.8亿美元左右，相当于中粮购买Nidera总体价金18亿美元的10%。这个留下的部分价金其实也是和市场惯例不相悖的。根据统计，在10%多一些的欧洲并购交易中，买方在交易后所能获得的卖方赔偿上限是交易价格的10%（除了前面提到的最为重要的陈述与保证的违反之外）；58%左右的欧洲并购交易，买方在交易后所能获赔的上限不超过交易价的50%。如果是在美国的话，买方在交易后获赔的上限更低，大多数交易约定的都是交易价金的10%~20%。而从中国买方过去一般的实践来看，中国买方比较倾向于索要更高比例的卖方责任限额。

第四，索赔的问题。对于中粮的索赔是否成功，主要看证据和相关交易条款的写法。如果卖方在陈述与保证中加入了诸多的“重大不利变化”“重大”“知情”的限制，且中粮拿不出对方违约的切实证据的话，那么索赔相对来说就不那么容易。另外，国际商会的仲裁流程估计需要好几年，能否根据合约索赔条款获赔，能拿回来多少，其实也是未知数。当然，一般而言，在并购交易中，大多数交易合约里都会规定所谓的Fraud Exception（欺诈例外）。如果中粮能够证明在交易过程中Nidera原股东有故意的欺诈行为，那么交易中对卖方索赔的上限就不适用。不过，作为国际市场上并购交易的有经验的买方，要在此类交易中主张卖方实行了欺诈，从证据法角度看，是比较困难的。

第五，发现问题后及时处理的态度和决心。中粮在收购 Nidera 51% 股权之后，也发现了 Nidera 存在的问题，但最后还是决定 100% 收购 Nidera 股权，并且剩余 49% 的交易价格定为 5 亿美元。对于 Nidera 存在的问题，中粮是否知悉很难说，但如果是在知情的情况下继续购入第二期 49% 的股权，那么这个索赔可能就没那么容易了。当然，中粮一边在进行国际仲裁，一边试图去申请更多地冻结 Nidera 原股东的银行账户资金，这本身就是一种积极的补救方式和态度。

第六，交易的进行和风险分配的关系。在交易中，一定需要对公司所能承受的风险进行定性和定量。在面临颠覆性风险的情况下，任何交易都是需要被放弃的。因为，从商业角度来看，没有任何一个必须要完成的交易——如果交易的风险足够大的话，那么交易就应当被放弃。当然，对发现的问题进行准确的定量和判断也很重要。发生风险的可能性有多大？如果发生，将带来多大的损失？损失有没有弥补的方式？是从第三方保险商还是从买方获得？这些都需要在交易中搞清楚、想明白。

中国企业这些年的不断收购，的确给中国企业带来了丰富的经验和教训。2016 年中国石化向海外卖方索赔 55 亿美元的新闻和 2018 年中粮索赔 Nidera 股东的事件告诉我们，即使是海外收购的“老司机”，也需要在每一次的收购过程中非常谨慎地处理好交易的尽职调查、做好卖方赔偿限制的谈判，采取多种方式控制交易中的风险，以便在交割后发现问题时能及时进行追索。

# 46 从海航被诉谈谈并购交易中的努力义务程度

海航集团算得上2015~2017年中国企业“走出去”跨境并购大潮中的积极分子，无论从其海外并购交易的数量还是额度来看，都是中国买家中的佼佼者。那厢，据称海航领头人陈锋的“通过并购使海航进入世界前十强”的目标言犹在耳，这厢，海航就在美国被其拟收购公司的母公司起诉了。

起诉方是Ness Technologies公司和其子公司Jersey Holding，被诉者是海航集团国际公司及其设立的为并购交易所设立的收购实体Pactera Technology International公司以及参与此交易的海航集团的一些项目人员。

根据起诉方的诉状，此诉讼的起因是2016年Ness Technologies公司开展公开拍卖流程，出售旗下的Jersey Holding公司。2017年3月31日，Ness Technologies公司和Pactera Technology International公司签署了股权购买协议，将Ness Technologies控制的、从事电子产品设计的公司Jersey Holding卖给Pactera Technology International，交易价金为3.25亿美元。Pactera Technology International的母公

司海航集团国际公司为此笔交易提供了担保，交易约定的最终完成日为2017年8月28日，交易双方均有权将交易最终完成日延长至2017年10月。

交易包含常见的先决条件。由于Jersey Holding是一家美国公司，交易涉及外国买方购入美国公司，因此Pactera Technology International要求将美国外商投资审查委员会的审批作为交易的先决条件之一。Ness Technologies认为，尽管认为这笔交易并不会引发所谓的国家安全担忧，之所以其同意将美国外商投资审查委员会的审批作为交易的先决条件，是为了确保交易完成之后不被美国监管机构挑战。同时Pactera Technology International和海航向Ness Technologies作出了保证，以往美国外商投资审查委员会批准了海航在美国的历次收购，和Ness Technologies之间的交易将很容易得到批准。

因此，在交易文件中，交易双方同意在交易文件中放入相关条款，双方使用各自"合理最大努力"(Reasonable Best Efforts)的义务程度去获得美国外商投资审查委员会的批准。Pactera Technology International应保证其关联公司，包括海航使用合理最大努力去获得美国外商投资审查委员会的批准。具体地说，Pactera Technology International和其关联公司的义务如下：

(1)使用合理最大努力义务去配合美国外商投资审查委员会的各项要求并获得审批；

(2)提交审批通知，回复提问，并尽快地向监管机构提交进一步文件；保证关联公司也使用合力最大义务采取所有必要行动去尽快获得美国外商投资审查委员会的批准；

(3)不能采取阻止、推迟及损害美国外商投资审查委员会审批的行为；

(4)不能进入经合理判断认为会使获得美国外商投资审查委员

会审批更加困难及费时的其他交易。

如果Pactera Technology International和海航故意和重大违反上述义务,则Ness Technologies公司有权终止交易并寻求金钱损害赔偿。同时,Ness Technologies公司的救济手段包括要求实际履行,或者要求不超过6500万美元的损害赔偿(在Pactera Technology International和海航故意和重大违反合约义务的情况之下)。

需要注意的是,在Ness Technologies公司公开售卖Jersey Holding的过程中,Pactera Technology International曾经承诺就交易未能获得美国外商投资审查委员会审批时向Ness Technologies支付分手费,但在最后的交易文件中,Pactera Technology International并未同意将和美国外商投资审查委员会相关的分手费写入交易文件。这就意味着海航并不承担交易的美国政府审批风险,如果美国外商投资审查委员会未能批准交易,卖方在交易文件中找不到要求Pactera Technology International和海航支付赔偿的依据。Ness Technologies公司强调的是如果不是海航向其保证能及时获得美国外商投资审查委员会的审批,Ness Technologies公司就不会寻求和海航进入该笔交易。

双方签署交易文件之后,开始进入了寻求美国外商投资审查委员会审批的程序。双方很快地进行了政府审查所需要的材料准备,Pactera Technology International在2017年4月27日向监管机构提交了起草的初步通知,2017年5月1日,美国外商投资审查委员会的一名工作人员被指派审阅Pactera Technology International所提交的初步通知。在审查该通知后,美国外商投资审查委员会向Pactera Technology International提出了一系列的后续问题及评论,要求交易双方进行回复。2017年5月22日,Pactera Technology International将修改后的通知发送Ness Technologies进行审查,Ness Technologies发现其中关于海航集团的股权和公司架构与公开报道的信息不符。

Pactera Technology International 根据 Ness Technologies 提出的意见对通知内容进行了修改，但并未及时提交给外商投资审查委员会，理由是需要等待海航集团高管的批准。2017 年 6 月 2 日，Pactera Technology International 通知 Ness Technologies，由于海航集团的其他交易正在受到外商投资审查委员会的审查，和 Ness Technologies 交易的通知将推迟提交，以便交易之间提交的内容进行协调。Ness Technologies 迅速书面告知 Pactera Technology International，推迟提交申报通知的行为违反了 Pactera Technology International 在并购合约下的义务。同日，交易双方与外商投资审查委员会的职员进行了交流，该职员明确指出，海航集团需要将其提交给外商投资审查委员会的所有交易内容保持一致。

在接下来的时间里，海航集团披露一些海航集团的股东（包括海航集团的高管）已经签署了在他们身故后将股份捐献给一家和海航相关的中国慈善基金会的计划。根据该计划，基金会将持有海航集团的股份。因此提交给外商投资审查委员会的信息必须进行修改。2017 年 7 月 7 日，Pactera Technology International 向外商投资审查会员会提交了修改后的通知。2017 年 7 月 19 日，美国外商投资审查委员会继续向交易双方发送了后续问题，问题多达 22 个，主要围绕海航集团的公司架构、股权以及其和中国政府的关系。2017 年 8 月 21 日，Pactera Technology International 向 Ness Technologies 发送了新一版的修改通知，在该通知的申报信息中，Pactera Technology International 再次对以往提交的信息进行了重大修改，如两名海航集团的高管陈锋和王建实际控制了海航集团，陈锋是一名共产党员。另外，该次申报信息中又出现了一只纽约的慈善基金会，部分海航集团的股东声称将股权捐献给了该基金会。

在约定的 2017 年 8 月 28 日交易最终完成日到来前，很明显交易双方无法完成外商投资审查委员会的审批，Pactera Technology

International行使了延期权，将交易最终完成日延长到2017年10月27日。

在2017年9月，Pactera Technology International对Ness Technologies的口径是，其一直在收集信息以便回复外商投资审查委员会的后续问题。直到2017年9月22日，Pactera Technology International才向Ness Technologies提交了新一版的修改通知供其审阅，又一次地，修改后的通知对于海航集团的所有权机构的描述进行了修改，同时又在收购实体Pactera Technology International上加了好几层新的架构。新的通知对海航集团与中国政府之间的关系又进行了新的描述，同时还披露了海航集团与中国政府所签署的一些信贷协议。同时，Pactera Technology International表示，海航集团的几位股东加快了其向纽约慈善基金会捐献在海航集团中股份的行为。

由于海航集团在交易中向美国政府监管机构披露的信息来回变动和不断加入新信息，Ness Technologies向Pactera Technology International发信表示了担心，并认为Pactera Technology International未能履行其在交易文件中努力获取美国外商投资审查委员会审批的义务。

2017年10月6日，Pactera Technology International再次向外商投资审查委员会提交申报通知。由于Pactera Technology International持续对通知内容进行重大修改，美国外商投资审查委员会向交易双方提出了更多的问题。直到2017年10月24日，外商投资审查会员会对于海航所提交信息的完整性和真实性仍然存有重大问题，并且表示除非海航提供所有要求的信息，否则外商投资审查委员会将不会接受Pactera Technology International的通知并开始正式审查程序。从外商投资审查委员会的角度看来，如果海航集团无法说明其真实的公司架构，那么外商投资审查委员会将无法判定交易是否有无法解决的国家安全问题。美国外商投资审查委员会的雇员也认为，海航申报的情况非常特殊，因为极少见到申报方在外商投资审查委员会面前持续地“改变他们的故事”。

直到2017年10月27日，美国外商投资审查委员会尚未接受Pactera Technology International提交的交易申报通知。在这笔交易延长后的最终完成日到来后，海航集团还在对其提交的材料继续修改，包括替换了旗下两家公司的首席执行官。2017年11月16日，美国外商投资审查委员会再次通知Ness Technologies，其不准备接受海航的申报通知，并将向海航集团发出更多的问题。

直到被Ness Technologies告上法庭为止，Pactera Technology International和海航集团尚未向美国外商投资审查委员会提交其能接受的申报材料。

在Ness Technologies诉Pactera Technology International和海航集团索赔不少于6500万美元的诉状之中，一个很大的诉由就是Pactera Technology International和海航集团未能遵守其在交易合约中的合理最大义务去及时地获取美国外商投资审查委员会的批准。Ness Technologies的主张是否能获得支持，主要还是看对证据和交易文件相关规定的解读。下面我们主要谈谈获取监管审批中的义务问题。

国际并购交易中，在提到获取监管审批的义务时，总是有“Best Endeavors/Efforts”“Reasonable Endeavors/Efforts”“Commercially Reasonable Endeavors/Efforts”“Reasonable Best Endeavors/Efforts”“Good Faith Endeavors/Efforts”“Commercially Reasonable Best Endeavors/Efforts”“Diligent Endeavors/Efforts”“All Reasonable Endeavors/Efforts”“Every Endeavor/Effort”“Commercially Reasonable and Diligent Endeavors/Efforts”等努力程度的变种，不一而足。而交易双方的律师似乎也非常爱好在努力程度上来回拉

据谈判，从而创造性地发明了各种在Best Endeavor（最大努力）和Reasonable Endeavor（合理努力）之间的努力程度的变种。很多商务人员往往对并购交易律师花费几小时来回辩论在交易中采用最大努力和合理努力义务的原因不理解，但一词之差往往会给义务方带来巨大的不同责任。由于义务的努力程度往往是交易合同中出现争议的地方，国际并购的谈判中，买卖双方总是会在此点上竭尽全力地互相打压。

在以往的并购交易实务中，Best Efforts被视为一个非常高的义务，即需要义务一方尝试所有能够尝试的方法去实现合约中规定的义务。传统中有一句话来形容Best Efforts，叫"Leave No Stone Unturned"（翻开每一块石头）。但随着判例法的发展，司法实务中，并不总是要求承担最大努力义务的一方做所有的事情（can not mean everything possible under the sun...），但是又往往要求负有最大努力义务的一方需要超越一般的所谓诚信义务，甚至采取的一些行为将给自身带来损害（但可能不会到使自身破产或者严重的损害程度）。近来的判例法中，又给Best Endeavor的解读加入了勤勉（Diligent）和合理（Reasonable）的标准。何为Best Endeavors的具体标准，在司法实务上其实是一个Case by Case分析的东西。

在国际并购谈判交易中，一方要求Best Endeavor，另一方不同意使用，这时一方律师提出来，要不就用"Reasonable Best Endeavor"？这个时候如果你是另一方的律师，需要谨慎注意。如同上面介绍的，现在司法判例已经在最大努力中加入了合理的标准，所以尽管在Best Endeavor前面加上了Reasonable，最终的司法结果可能还是被视为Best Endeavor。当然，最终如何认定，还需要看当地法域的解释和具体案件的情况。在Ness Technologies诉Pactera Technology International和海航集团的诉状中，Ness Technologies就提到在纽约法下，合理最大努力的义务要求一方需要在自身能力范围内以善意行事并采取所有合理的方式去追求可能的结果。

Reasonable Efforts/Endeavors（合理努力）一般被认为是比Best Efforts/Endeavors义务较轻的努力程度。在实践中，经常见到双方将Reasonable Efforts/Endeavors前加上Commercially，成为“Commercially Reasonable Efforts/endeavors”，意图对合理努力的程度进行限制，但实际上Commercially Reasonable Efforts/Endeavors基本上等同于Reasonable Efforts/Endeavors，判断一方是否尽了合理努力的主要判断标准还是商务角度。当然，在司法判例上，尽管有一些案例，但是还没有对Commercially Reasonable Efforts/Endeavors发生争议后提供一个明确意见。Commercially Reasonable Efforts/Endeavors，在理论上，或者是在交易双方的心理上，可能还是一个比Reasonable Efforts/Endeavors有些许弱化的义务。如果要避免未来的争议，最好能够在文本中将Commercially Reasonable Efforts/Endeavors进行一个明确的定义。在Ness Technologies诉Pactera Technology International和海航集团一案中，双方的交易文本就对何种情况下构成“Reasonable Best efforts”进行了详细的说明。

对于Every reasonable efforts/endeavors和All efforts/endeavors的用法，很大程度上都会被视为Best efforts/endeavors。而Good Faith Efforts/Endeavors和Diligent Efforts/Endeavors在实务中较少得到使用，在产生争议后会出现何种后果，还需要进一步观察。从谨慎角度出发，不建议在交易文件中使用Good Faith Efforts/Endeavors和Diligent Efforts/Endeavors的表达，因为这样给交易双方带来的不确定性都会比较大。

一般来说，对于义务程度的判断，主要还是要从双方在交易合同订立时的预期努力程度、行业惯例（如最大努力获得政府审批的义务，可能就需要包含政府在审批同时附加一定条件时接受的义务）、合同目的等角度去予以考量。避免争议的最好的做法就是将义务程度具体化描述在文件中。比如，最大努力程度去获取政府审批，就是指在政府所附加的条件不超过如下（具体化条件……）或者量化不超过一定金额的范围内。

需要注意的是，如果在并购交易中，双方对义务程度达不成一致的时候，律师不要太过于有创造性的发明出“Good Faith Best Endeavors/Efforts”等在司法实务中并未被检验过的语句。如前所述，这样的写法往往带来的问题是双方的不确定性比 Best Endeavors/Efforts 和 Reasonable Endeavors/Efforts 更大。

总体来说，在并购交易文件中使用 Endeavors/Efforts 的各类变种时，注意如下一些事项：

第一，在前期的备忘录、意向书中，谨慎使用“agreement to use best endeavors to negotiate”的义务，有可能给交易双方会带来意想不到的麻烦。

第二，Commercially Reasonable Endeavors/Efforts（商业合理努力）意味着一个商业理性的人在商业考量与其义务之间所作出的平衡的行为，如果义务的一方能争取到，理论上比 Reasonable Endeavors/Efforts 有那么一些弱的义务上的空间。

第三，Best Endeavors / Every Reasonable Endeavor，即最大努力/一切努力，在法律上并没有一个明确的判断标准，但是至少需要勤勉的、迫切的、合理的努力。如果合同中没有将最大/一切努力的标准具体化，则只能根据具体情况进行分析；同时，注意即使仅仅写了“Reasonable Endeavors”，但条文中有相关具体标准，该等标准可能给义务方带来损失，义务方不得以合理努力抗辩。

第四，Efforts/Endeavors 的主要类型基本区别如表 7 所示：

表 7 Efforts/Endeavors 的主要类型及其区别

| 义务 | 是否需要尝试多种方式 | 合理性标准 | 有义务的一方是否需要牺牲自身商业利益 |
| --- | --- | --- | --- |
| Best Endeavors | 是 | 是 | 在很大程度上 |
| All Reasonable Endeavors | 是 | 是 | 一定程度上，轻于最大努力程度的牺牲 |
| Reasonable Endeavors | 可能不需要 | 是 | 否 |
| Hell or High Water | 是 | 否 | 是 |

第五，在交易双方辩论采用何种努力程度标准时，可以考虑多花一些时间在如何界定最大努力、合理努力或者商务合理努力等概念上，这可能比单纯地放上 Best Endeavors、Reasonable Endeavors、Commercially Reasonable Endeavors 来的更有意义。

从海航在美国的交易被诉的这个案子来看，现在并购交易文件中，除了对于获取政府审批的义务程度进行约定之外，对于义务程度的具体表现开始进行细化的描述已经成了交易中的市场惯例。对交易双方来说，除了在交易中谈判好义务程度外，对义务程度的描述、义务程度应当为或者不为的行为等，都需要进行仔细考量，做好交易中的义务和风险分配。

# 47 从西门子与阿尔斯通合并列车业务谈谈并购交易中的“政治正确”的承诺及交割后承诺的执行问题

在大型交易里，尤其在交易涉及一国知名企业或交易的关注度高的情况下，交易的细节安排是要讲“政治正确”的。西门子和阿尔斯通的交通列车业务合并交易就是典型的“政治正确”的代表。这个所谓的政治正确，一是为了获得交易的利益相关方的支持，如政府、民众、社区、媒体等，以便顺利获批；二是为了给交易后的平稳过渡打下基础，如在交易中做出的维持总部地理位置不变、保留品牌、留任原有高管、员工福利和薪酬待遇不变等。

我们先来看看在这个交易里，交易双方是如何来实现交易的“政治正确”的：

第一，这笔合并交易着重强调了“欧洲”的概念。尽管合并交易可能带来欧盟反垄断审批的问题，但两家企业聪明地把枪口一致对外，“来自亚洲的一家强势企业改变了市场格局”。熟悉高铁竞争态势的读者都应该知道，这个所谓的“亚洲强势企业”指的就是中车集团。因此，从交易的逻辑上看，西门子和阿尔斯通这笔列车合并交易是建立欧洲强大列车业务的需要，这是一笔打造交通业的“欧洲冠军”的交易，一看就立意甚高，在政治上颇能够得分。要从反垄断角度阻止交易的话，还真的需要拿出强有力的论据论点，否则，这样一笔看起来非常得人心的交易是非常难以阻止的。

第二，这笔交易强调企业“对等合并”（Merger of Equals）的概念。德国企业（西门子）合并法国企业（阿尔斯通），这个交易还需要保护法国人脆弱而骄傲的心。因此在交易中强调对等合并是非常合理的。为了加强对等的概念，交易双方决定将交易后集团的总部仍然放在巴黎地区。当然，如果细看交易安排，这笔交易的实质是西门子收购阿尔斯通。

第三，西门子公司做出承诺：西门子向法国政府保证在交易后四年内不增持在合并公司后的股份，同时保证遵守合并后公司的公司治理、组织架构、员工保护等。

第四，合并交易后仍然将阿尔斯通的名字留着，合并后公司叫“西门子－阿尔斯通”，虽然合并后公司西门子作为大股东名字放在了前面，但阿尔斯通作为知名的法国公司，在交易后也留下了自己的名字。

从这个交易中需要考虑“政治正确”说开去，有一个并购交易中的问题就出现了：这些在交易宣布时作出的承诺，究竟是具有法律效力还是仅仅具有道义上的责任？如何保证其得到执行？假如买方最终不遵守该等责任，卖方或者卖方的原有股东是否有救济手段？

这个问题也和中国公司几年前的一起跨境大型收购有关。

2012年，中海油成功收购了加拿大的石油公司尼克森公司。当时这笔交易收购价为151亿美元，创造了中国能源企业迄今为止最大的海外并购交易。读者应该知道，对外国投资者收购加拿大资产或者公司，加拿大外商投资审批机构在做出批准时的一个重要考量因素即为“净利益”（Net Benefit）测试。当年中海油为了能够成功收购尼克森公司，向加拿大监管机构作出了一系列承诺来获得交易为加拿大带来“净利益”的审批结果。这些承诺包括留任雇员，增加资本开支，增加研发资金，中海油在加拿大多伦多交易所上市，将尼克森总部——加拿大卡尔加里作为中海油所有北美资产的管理总部，保持最高等级的安全环保合规等，为最终收购的顺利获批打下了良好的基础。在2012年中海油并购Nexen公司的同时，亚洲的另一家国有石油公司Petronas以约52亿加元购买了加拿大的Progress Energy。一开始，该交易受到了加拿大政府的否决，认为该交易对加拿大不能带来净利益。在加拿大政府否决该交易后，马来西亚总理曾公开表示支持Petronas与Progress的交易，并认为该交易能给加拿大带来净利益。在Petronas向加拿大政府进一步作出相关承诺如投资LNG项目、修建LNG液化厂等后，加拿大政府最终认可在Petronas的额外承诺下，该等交易能给加拿大带来净利益，最后批准了Petronas与Progress之间的交易。上面的两个例子，也是并购交易中讲求“政治正确”的典型。

对政府作出承诺的执行问题也常常会被提出。因为交易中做出的承诺在交易完成后是否能够得到遵守也是政府所关心的问题。

2017年，在低油价的影响下，中海油宣布放弃对加拿大极光液化天然项目的推进工作，让加拿大媒体对中海油收购尼克森公司是否构成对加拿大Net Benefit进行了质疑，也对中海油是否违反在收购尼克森交易中作出的对加拿大政府的承诺进行了追问。

加拿大媒体指出，中海油违反了一系列为获取加拿大监管机构审批所作出的承诺：

（1）在交易不到一年时间内，尼克森前任CEO便被解职，这违反了留任管理层的承诺；

（2）中海油股票在加拿大的多伦多证券交易所上市，但交易量却是个“笑话”——和尼克森在售卖给中海油之前每日平均400万股的交易买卖量相比，中海油股票在多伦多交易所的平均交易量每天仅为区区29股——中海油股票登录多交所的当日交易量也不过仅仅

900股；

（3）中海油在长湖油砂管道发生了溢油事件，违反了保持最高等级健康安全环保的承诺；

（4）中海油在长湖油砂发生一起安全事故，死亡两名工人；

（5）中海油在低油价的情况下，解聘了员工。

加拿大媒体认为：尽管中海油并不是唯一一家取消项目计划的公司（这些被取消的项目是在油价100美元以上时作出的），但当初中海油向加拿大政府作出承诺时，并没有以油价处于高位作为条件，因此，中海油在交易时向加拿大政府所作的承诺并未得到遵守。

一般来说，在交易中对于政府的承诺得到遵守还是比较容易的，尤其是为了获得审批而向政府作出的承诺。举个例子，在并购美国资产的过程中，为了获得其外商投资审查委员会的审批，外资买方往往会作出一些国家安全风险减轻的承诺，美国政府会每年要求买方确认此等承诺是否得到遵守。

除了交易中对于政府的承诺遵守问题，另一个是并购交易中买方向卖方和卖方股东等利益相关方所作出的“保留公司名号”“留任卖方公司某些高管”“保持公司的总部不变”等交割后承诺的执行问题。曾经有一个并购案例，交易双方在交易时达成一致，合并后的公司将留任被合并方的前首席执行官作为合并后公司的首席执行官，但在合并交易完成之后举行的董事会上（发起合并交易的公司董事数量占优），董事会将被合并方的首席执行官解除了职务，并重新选举了发起合并交易的前首席执行官为合并后公司的首席执行官。此时，被解职的被合并公司的前首席执行官尴尬地发现，如果仅仅基于交易合约中的卖方承诺，似乎并不能得到救济。[1]因此，并购交易

［1］ 当然，最终此事的解决是合并交易的审批监管者对此发起质询，同时合并后公司的股东发起诉讼（驱逐被合并公司的前首席执行官的事件使得合并后公司股价下降）等压力下，被合并公司的前首席执行官重新成为合并后公司的首席执行官。

的实务从业者开始在交易中采用“第三方合约权利执行”的机制，将买方在合并交易中做出的“保留公司名号”“留任卖方公司某些高管”“保持公司的总部不变”等承诺要求指定的受益方或者原有的大股东能够要求实际执行这些交易完成后的承诺。

对于交割后承诺的实务发展，有如下几点值得读者注意：

第一，交易获批首先需要讲究“政治正确”问题。“政治正确”的核心是考虑利益相关方的关注点，以尽量获得利益相关方支持和交易审批为目的。因此，对于作出的政治正确的承诺，要充分利用相关媒体和平台进行宣传，以得到尽可能广泛的支持。

第二，在并购交易中对政府 / 监管机构所作出的承诺执行问题要予以重视、予以遵守。可以预见的是：域外的监管机构未来对外资收购方对政府所作承诺是否得到遵守的监管，将得到进一步加强。比如，澳大利亚外商投资审查机构 FIRB 就出台相关的规定，对以往外资对澳大利亚收购中所作承诺是否得到遵守要进行回顾。从加拿大媒体对于中海油在尼克森公司并购案中所作出的承诺是否得到遵守的质疑来看，对交易完成后收购者承诺的遵守加强监督，看上去也是个趋势问题。这个对于政府承诺执行加强的趋势告诉我们，在交易中除了关注“政治正确”外，后续的承诺的遵守和风险控制，也需要进行日常关注。

第三，对于交易中的合约性质的承诺的遵守问题。并购交易从业者已经总结出交割后承诺执行风险控制的行之有效的手段。对于交易双方来说，需要注意的是“利益第三人合约条款”在交易合约管辖法下是否能否得到执行的问题。

曾经，实务界人士对于交割后承诺是法律义务还是道德义务曾经有过争论，现在看来，如果在交易中采取技术化的手段进行风险控制，交割后承诺成为可执行的法律义务是没有问题的。

# 48 并购交易律师需要会算账吗?



近日，联合技术公司宣布以230亿美元的对价(算上70亿美元债务，企业价值大概为300亿美元)收购飞机零部件制造商英国罗克韦尔柯林斯有限公司(罗克韦尔公司)，这是航空业有史以来最大的并购交易。

这个并购交易是现金加股票的交易。根据联合技术公司的报价，持有罗克韦尔每股股票的股东将获得93.33美元的现金加上价值46.67美元的联合技术公司股票。

这个交易中，在对价部分包含价值46.67美元的联合技术公司股票使用的是并购交易对价中常见的Collar机制。罗克韦尔公司股东获得联合技术公司股票数将根据交易交割日前联合技术公司20个交易日平均股票价格进行计算，受限于正负7.5%的Collar。

在并购交易中，收购方经常使用自己的股票作为交易对价或者交易对价的一部分来进行支付。在并购交易的签字日到交割日之间，买卖双方的股票价格都会波动，尤其是收购方的股票价格波动到一定程度之后，对于卖方公司的股东来说，吸引力将有可能减少。因此，为了保护并购交易中使用股票作为对价支付（产生波动）时对买卖双方带来的价格变动风险，Collar机制被大量使用。对于法律工作者来说，尽管并购交易的价格主要的谈判者是公司高管和所聘用的外部投行，但法律工作者必须全程参与，确保了解商务需求以及将交易双方达成的共识良好地反映到交易文本中去。因此，从某种意义上说，从事并购交易的法律工作者需要掌握必要的财务知识及算账能力。

Collar机制一般来说分为两类：固定价格的Collar机制和固定换股比例的Collar机制。在联合技术公司收购罗克韦尔公司交易中，向持有罗克韦尔每股股票的股东支付的股票价格固定为46.67美元。

并购交易为何要使用Collar机制？

在固定价格的涉及收购方股票交易中，鉴于收购方的股票在交易签署日和交割日的波动，很可能对交易双方都带来不利：如果收购方的股票价格下降，则收购方发行的股票数将变多，对收购方整体的股权将起到更大的稀释作用；如果收购方的股票价格上升，则收购方发行的股票数将变少，对于被收购方的股东来说将收到更少比例的收购方股票。因此，对于交易双方来说，价值保护变得非常重要。另外，在固定换股比例下，如果收购方的股票在交易签署日和交易之间波动，则收购方股票价格下跌，则被收购方股东收到更少的钱；如果收购方股票价格上升，则收购方可能支付过多的对价。因此，对于交易双方来说，价值保护也非常重要。

## 一、并购交易在何种情况下使用Collar机制？

一般来说，并购交易双方在如下情况使用Collar机制：

（1）如果在交易签署日到交易交割日之间时间较长，理论上交易双方所面临的交易收购方的股票市场风险较大，因此从保护交易双方交易价值的角度，可以考虑使用 Collar 机制；

（2）在收购方股票价格市场波动风险较大的情况下，或者收购方的股票市场价格历史波动情况较大的情况下，交易双方也倾向于使用 Collar 机制；

（3）在交易双方的行业和体量不同的情况下，Collar 机制被经常使用；

（4）在对价为现金 + 股票 / 换股的情况下，Collar 机制被经常使用。

## 二、固定价格下的 Collar 机制



固定价格下的 Collar 机制，是指不管收购方股票价格如何波动，股票总价固定，换股比例将按照交易规定进行浮动。这种方式保护了目标公司（被收购方）股东在交易中获得的价值，如果收购方股票价格在交易过渡期下降的话，被收购方股东将获得更多数目收购方的股票以维持固定价格。但这种方式所蕴含的一个不利之处在于：被收购方股东也不能享受到收购方股票价格在交易过渡期上升的好处，因为交易价格固定，将使被收购方股东获得更少数目的收购方的股票以维持固定价格。

固定价格下收购方的风险在于，如果股价下降过低，则发行的股票过多将带来很大的摊薄风险。因此，交易双方为了进行价值风险控制，一般采取如下方式来进行价值的锁定：

（1）确定换股比例的上下限区间；

（2）在换股的上下限之内，收购方发行的股票数等于交割日前一段时间（通常为 10~20 交易日）收购方股票平均价除以固定价格；

（3）在上下限之外，则发行的股票数将不再进行调整。

上下限的范围决定了对被收购方股东的保护程度和收购方的风险。笔者可用联合技术公司并购罗克韦尔中使用固定价格机制作为

例子来说明 Collar 机制。如上所述，若在交易交割日前联合技术公司的股票 20 个交易日平均价格过高的情况下，则罗克韦尔公司股东将获得很少的股票；而在交割日前联合技术公司的股票 20 个交易日平均价格过低的情况下，联合技术公司将发行更多的股票给罗克韦尔公司股东。因此，为了保护交易双方的价值利益，对于正负 7.5% 的 Collar 区间的股价，则按照 46.67 美元 / 交割日前 20 个交易日平均价格计算出罗克韦尔公司股东每股应获得的联合技术公司股票数，在超过正负 7.5% 的 Collar 后，联合技术公司发行的股票数将不再做出调整。为了读者阅读方便，笔者特将本交易的 Collar 机制示例如下：

在联合技术公司基准价格定为 115.69 美元 / 股的情况下，

115.69 ×（1−7.5%）= 107.01

115.69 ×（1+7.5%）= 124.37

这个正负 7.5% 的股价，术语叫作 Symmetric Collar，买卖双方在理论上所承担的价值减损风险是一样的。当然，正负百分比可以有不同，在不同的情况下叫作 Asymmetric Collar，买卖双方视正负比例的幅度不同，承担的价值减损风险不同。

罗克韦尔公司股东每股获得联合技术公司股票的上限为：46.67/107.01 = 0.43613 股

罗克韦尔公司股东每股获得联合技术公司股票的下限为：46.67/124.37 = 0.37525 股

这就意味着，在交割日到来时，联合技术公司的股票 20 个交易日平均价格在 107.1 美元 / 股到 124.37 美元 / 股波动的时候，罗克韦尔公司股东所持有的每股将获得 93.33 美元的现金加上根据 46.67 美元 / 联合技术公司交割日前 20 个交易日股价平均价格计算出的股票数。而一旦联合技术公司的股票 20 个交易日平均价格低于 107.1 美元，则罗克韦尔公司股东所持有的每股将获得 93.33 美元的现金加上

0.43613 股联合技术公司股票；而一旦联合技术公司的股票 20 个交易日平均价格高于 124.37 美元 / 股，则罗克韦尔公司股东所持有的每股将获得 93.33 美元的现金加上 0.37525 股联合技术公司股票。

## 三、固定换股比例下的 Collar 机制

相比起固定价格的 Collar 机制，固定换股比例 Collar 机制的好处是能让收购方提前决定好发行的股份数量，这样收购方就固定了摊薄比例；被收购方的股权比例也得到了事先决定。

固定换股情况下，收购方实际支付的价格会在交割时根据收购方的股价来决定，因此过渡期过低的收购方股价可能让被收购方的股东大会无法批准合并交易，也可能导致第三方竞争者出现，在收购方股价涨得过高的情况下，收购方的股东会认为过高支付了对价。固定换股 Collar 的要点在于：如果收购方的股价在规定的区间内，收购方发行的股份数量将维持不变；一旦收购方股价超过了规定的上下限，则收购方所发行的股票数量将进行变化。

## 四、举个简单的例子来说明固定换股的 Collar 机制

假设收购方的股价为 200 美元 / 股，被收购方的股价为 200 美元 / 股。收购方发行 1.5 股换被收购方 1 股。

假设交易双方将 Collar 的上下限定为 180~220 美元，如果收购方的股价跌到了 180 美元 / 股以下，则收购方发行股票数 = 规定时间长度内收购方股票均价 /180；如果收购方的股价涨到了 220 美元 / 股以上，则发行股票数 = 规定时间长度内股票均价 /220。

如同固定价格的 Collar 一样，这个示例中正负 10% 的价格，术语叫作 Symmetric Collar，买卖双方在理论上所承担的价值减损风险是一样的。当然，正负百分比可以有不同，在不同的情况下叫作 Asymmetric Collar，买卖双方视正负比例的幅度不同，承担的价值减

损风险不同。

在固定换股比例的 Collar 机制下，收购方还会要求在股价跌到下限后最多发行的股票，以求确定被摊薄股权的上限：比如，当收购方的股价跌到 180 美元 / 股以后，发行股票数将不再调整。

在买卖双方通过 Collar 机制进行价值保护的情况下，交易双方往往还会要求交易的撤出权。

如在收购方股价达到一定程度的情况下，交易一方或者双方有权从交易中撤出。最为常见的方式是在收购方股价低到一定程度后，被收购方有权从交易撤出：因为被收购方在此时可能收到的对价将有可能得不到股东的支持。从收购方的角度来看，如果被收购方有撤出权的话，则收购方希望有在收购方的股价涨到一定程度后有权从交易中撤出的选择权（交易实务中，收购方的此种选择权较少能够获得）。

被收购方的交易撤出权分为两类。第一类为绝对撤出权，即当收购方的股票价格越过规定的低点，则被收购方有权从交易中撤出；第二类为相对撤出权，即当收购方股价下降和可比公司 / 有关指数相比达到一定比例的情况下，被收购方有权从交易中撤出。第二类撤出权对于收购方来说是个相对更好的保护，尤其在行业整体产生波动，股票表现均不佳的情况下的，相对撤出权对于收购方来说是一个更好的机制。从收购方的角度来看，相对撤出权并不足以保护其利益，在某些交易中，收购方会要求所谓在“双触发”的情况下，被收购方才有权撤出交易。这个双触发是将绝对撤出权和相对撤出权的概念糅合在了一起，意即只有在收购方股价越过规定的地点并且下降和可比公司 / 有关指数相比达到一定比例之后，被收购方才能撤出交易。

在被收购方有交易撤出权的情况下，收购方可以采取哪些方式来保护交易继续进行？收购方可以以 Top-up（提价权）来继续完成交易。在这个 Top-up 的权利下，收购方可以采取另行给付向被收购方支付现金或者股票＋现金等形式提高购买价格，以保留完成交易的可能性。

同样地，如果收购方有权在收购方股价涨到一定程度之后享有撤出权的情况下，则被收购方往往会在交易中要求一个权利：通过放弃额外股票来抵销收购方的交易撤出权。

需要注意的是，因为交易撤出权往往是基于在快到交易交割时收购方股价高低来决定是否行使的权利，因此是否需要行使交易撤出权应当慎重决定。

从 Collar 机制的实务中可以看出，并购交易实务的各种要点是在满足交易双方不同的商业需求过程中发展起来的，商业需求是促进并购实务发展的最终推动力，并购交易文本的复杂性不过是商业复杂性的反映而已。并购交易律师需要会算账、需要懂商业的根本原因也正在于此。

# 49 从东芝与西部数据的争议看股东协议中的伙伴权利

日本东芝公司2017年9月宣布，将旗下的芯片资产卖给贝恩牵头的买方团（包括苹果、戴尔、希捷、豪雅、海力士几家），交易价金约180亿美元，东芝公司长达8个月的芯片资产售卖流程至此暂告一段落。在这个交易售卖流程中，充满了债权银行、政府、竞标者、合资公司合作伙伴、芯片产业玩家等各利益相关方的算计与争斗，真真一部并购大戏。

笔者将就东芝在售卖芯片资产过程中与西部数据关于同意权的争议来谈谈股东协议中伙伴权利的问题。

东芝和竞标者之一的西部数据旗下的闪迪有几家关于芯片生意的合资企业。西部数据在东芝售卖其芯片资产过程中，一直试图利用和东芝合资协议中的股东权来压低报价：根据西部数据的说法，东芝售卖芯片业务，需要首先获得旗下的闪迪公司的同意，在同意之前东芝公司不能卖掉芯片业务。

而东芝在出售过程中先要了个心眼：首先将所有的芯片业务装入新设立的公司TMC（也包括和闪迪合资的几家企业的股权），然后把 TMC 的 100% 股权卖掉。

为什么采取这样的方式来做？大家可能知道，一般来说，在合资股东协议中会规定，一方股东内部重组时，将持有股权转让给自己的关联公司，另一方股东的同意权往往是不需要的。东芝将所有芯片资产装入新公司的目的主要有如下两个：第一，用了 Hive-down 的交易方式（见图 1），Hive-down 也叫 Hive-off，指的是卖方设立新公司，然后将欲出让的目标业务资产转入该设立的新公司，买方买走该新公司的交易方式[1]。

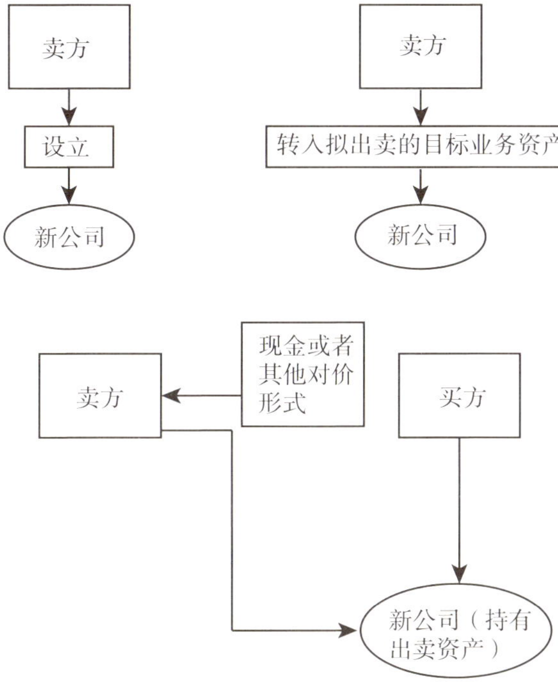


**图 1　Hive-down 交易方式**

[1]　在并购交易中之所以采取 Hive-down 的交易架构，无非是出于商业、税务或者风险考量。Hive-down 的架构对于买方来说，相对看起来比较干净，因为新公司是刚设立的，较少或有负债；Hive-down 的方式在某些时候可以避开第三方的优先购买权，从而绕过交易的障碍。在并购交易实务中，采用 Hive-down 的卖方将目标业务资产转入新公司的过程中，是否会带来税务上的问题需要进行考量。

第二，想通过这种方式绕过西部数据的同意权。

西部数据本来是想利用自己的同意权压价的，岂能吃这种亏？于是西部数据向东芝公司提起了诉讼和仲裁，在两个战场上向东芝发起了进攻。而东芝则坚持认为，其采取的方式合乎合约规定，并未侵犯西部数据在合资协议下的同意权。

东芝公司与西部数据因为同意权而产生的争议非常常见，因为股东协议中的同意权与优先购买权是经常产生争议的部分。为何？原因往往在于股东协议的签署方未能就实际中的种种情况进行明确而清楚的约定。

第一，在于持有合资股权公司的上位公司股权的转让是否触发合资股权股东的同意权或优先购买权？

此种情况被称为Change of Control（控制权变更，COC），在缺少经验的合资企业双方谈判合资协议过程中，对于持有合资企业股权一方发生COC时，另一方是否享有同意权或优先购买权约定不明。国内曾经有过一个很有名的案子，就是复星和潘石屹的SOHO中国之间的外滩地王案。该案的起源就在于潘石屹通过购买持有外滩地王的项目公司的上位公司的股权，从而避开了复星在项目公司层面的优先购买权。[1]而在大多数情况下，如果签署股东协议的双方未能在协议中进行明确约定，当一方将持有股权项目公司的上位公司股权转让时，另一方则不能享有同意权或优先购买权。

在中国油气业中，也曾经因为在对外合作协议中未明确规定COC发生时，国家石油公司是否有优先购买权而让民营企业通过购买国外公司持有石油合同下权益的离岸公司而间接进入了中国的上游油气业。在中国上游油气业中的产品分成合同中，老合同对外国

［1］ 该案的一审判决并未认为合资协议对于COC情况下是否享有优先购买权未进行约定是个漏洞，而径行认定SOHO中国的行为违反中国《公司法》第71条，系采用合法形式掩盖非法目的，绕过了复星公司的优先购买权，判决复星胜诉。最后，SOHO中国与复星达成和解。

合同者发生 COC 时国家公司是否有同意权及优先购买权未涉及，在外国投资者不是直接出让产品分成合同项下权益的时候，国有石油公司是否有同意权及优先购买权也没有规定。民营企业复星和光汇，就是通过购买外国投资者在海外的离岸公司，避开了中国国有石油公司的同意权与优先购买权，从而间接持有了中国海上的石油资产。近来的新产品分成合同，则已经将此漏洞堵上。新的产品分成合同中明确规定，无论外国投资者在何种层面上处置资产，国家公司均有同意权及优先购买权。

第二，在最终母公司合并的情况下，是否仍然构成 COC 下的控制权变更，股东协议的另一方仍然具有同意权或者优先购买权。有经验的并购交易者往往会将最终母公司合并从股东协议一方享有同意权或者优先购买权的情况中排除出去。尽管从扩张解释的角度看，最终母公司合并也属于 COC 的一种，但为了最终母公司合并这种情况不被下属公司的股东协议所束缚，将其从股东协议的同意权或优先购买权中剔除出来是很有必要的。

第三，所谓的 Package Deal（“一揽子”交易）的情况下，如何处理股东协议中的同意权或者优先购买权问题。

举个“一揽子”交易的例子，Navsota 与 First Source 为联合作业项下的合作伙伴，联合作业协议管辖的资产区域为 Hilltop Prospect，Navasota 持有 55% 权益，First Source 持有另外 45% 的权益。联合作业协议中规定当有一方出售权益时，另一方享有优先购买权。First Source 的母公司 Gastar 公司，与另一家公司 Chesapeake 签署买卖协议，规定：

（1）Chesapeake 买 19.9% 的 Gastar 股票；

（2）Chesapeake 从 First Source 买 33.33% 的 Hilltop Prospect 权益；

（3）Chesapeake 和 Gastar 将在西得克萨斯 13 个县建立共同利

益区。

读者可以见到，上述的"一揽子"交易中，涉及优先购买权的 Hilltop Prospect 仅仅是其中的一部分。在此种情况下，需要解决的问题是合作方是否有同意权或优先购买权。一般来说，在此种情况之下，有经验的合作双方会根据涉及 Package Deal 中资产所占"一揽子"交易中价值的比例 X%[1]来决定合作方是否行使优先购买权：如果涉及的资产价值不超过"一揽子"交易总价值的 X%，则该资产的合作方有权行使该资产的同意权或优先购买权；如果涉及的资产价值超过"一揽子"交易总价值的 X%，则该资产的合作方无权行使对该资产的同意权或优先购买权。该种规定的商业逻辑性在于，如果 X% 定的过低，则对未来有交易意愿的合作方成为不当限制；反之，X% 定的过高，则不利于合作另一方同意权及优先购买权的行使。

第四，所谓的"同等条件"。在优先购买权行使过程中，合作伙伴要以"同等"条件来行使买卖双方的交易条款。"同等条件"在买卖双方直接从事单一交易的情况判断较为简单，复杂之处在于，在"一揽子"交易之下，如果卖方的合作伙伴享有优先购买权，此时如何确定所涉及的资产的"同等条件"？常见的处理方式是买卖双方需要将在"一揽子"交易中涉及优先购买权部分的资产价格单独进行约定，并将该等价格向卖方的合伙伙伴进行披露。如果卖方合作伙伴对该等优先购买权资产的价值有争议的，则将启动合作协议之下的价值判定程序。

第五，同意权或优先购买权的行使时间。股东协议或者合作协议的惯常处理方式会将同意权或优先购买权的行使时间提前进行明确，未在规定时间内行使的，视为放弃。而有经验的一方往往会在优先购买权的行使过程中明确约定，如果卖方在一定期限内未能完成

[1] 比例大小根据合作双方谈判确定，更有未来交易意愿的合作方希望将 X 的数值定得越低为好；而未有未来交易意愿的合作方则希望将 X 的数值定得越高为好。

交易的，则视为优先购买权重新恢复。

在西方式的股权协议或者合作协议中，合作各方的权利与义务规定得非常复杂且详尽，实务中也有不少的变种，上述的几点是常见的对于同意权或优先购买权的考虑要点。

股东协议中的同意权及优先购买权在并购交易中一般有如下的处理方式：

（1）对于交易的买方来说，如果能够事先获得卖方合作方的事先放弃（Waiver）相关的同意权或优先购买权最为理想，这样可以将交易的不确定性消除在交易之初。当然，在实践中，极少有卖方的合作方会同意事先放弃，而会在交易买卖双方达成一致后再视交易条款具体情况决定是否行使同意权或优先购买权。

（2）在交易文件中将同意权或优先购买权行使放入交易的先决条件（Conditions Precedent），待先决条件满足后再行交易交割，这是并购交易中对于卖方合作方的同意权或优先购买权处理的最为常见方式。交易双方也可以视具体情况在交易过程中放弃该等同意权或优先购买权，对于交易双方来说，对同意权或优先购买权的行使规定交易的最终完成日（Long Stop Date），是双方解决先决条件长久无法满足使得交易无法进行的常规方式[1]。

（3）在交易中将同意权或优先购买权放入交易的后决条件（Conditions Subsequent）。在并购交易中，如果获取卖方合作方的同意权或行使优先购买权的时间过长，交易双方决定先行交割再获取



［1］ 对于交易最终完成日的时间长度，应当根据交易的具体情况、卖方的合作方行使同意权或优先购买权时间长度的规定来进行决定。对于交易的买卖双方来说，是否在交易最终完成日到来时，一方或者双方各有延长交易最终完成日一段期间的权利，应协商确定。延期权对于并购交易双方来说，是一个有利也有弊的条款，其中的有利点在于交易双方延续了交易继续进行的可能性；其中的不利点在于交易双方需要花费更长的时间来面对交易的不确定性。因此，卖方往往会在买方单方行使延期权的时候要求 Ticking Fee（计时费）：在买方行使延期权过程中，对买方另行收取费用；如果在延期内交易完成，则计时费计入交易价金；如果在延期内交易未能完成，则计时费作为罚金支付给卖方（在有反向分手费的情况下，加计入反向分手费）。

相关同意权或等待优先购买权行使。如果在交割后未能在规定时间内获取相关方的同意权或被行使优先购买权，则交易回复原状。将同意权或优先购买权放入交易后决条件对于交易双方来说是风险比较大的行为，交易双方应当谨慎采取此种方式。

在讨论了国际惯常做法之后，我们再来说说国内的相关实践。从最高人民法院发布的《公司法司法解释（四）》中关于优先购买权的规定可以看出，对于合作协议一方在发生COC的时候，在因未规定优先购买权而发生像复星与SOHO中国类似争议的情况下，是否仍然将视作损害优先购买权而无效，国内并没有明确地进行说明。笔者长期从事国际并购交易实务，对于此点的看法和上海市第二中级人民法院的判决不同：作为在市场上从事合作的商业主体，如果未能在合约中明确COC情况同意权或优先购买权的处理方式，则不宜采用《公司法》第71条之规定，认为其绕过了合作一方的优先购买权，从而认定转让交易无效。此系机械片面强调有限公司的人合性而忽略了"人合性"应受限于合约规定，合约未进行规定的，不能对《公司法》第71条进行扩张解释。中国企业在签署合资合作协议过程中，相对缺乏对各种情况下各方权利的约定，可能是引发争议的一个重要原因。

从东芝与西部数据正在进行的争议中，我们应当得到如下启示：中国企业在全球化经营的过程中，尤其在和海外合作伙伴进行合资合作交易时，应当谨慎地规定好股东之间、合作各方之间的权利义务，对于转让过程中一方的同意权或优先购买权，要进行各种情况下清楚明确的约定，以避免产生不必要的争议。

# 50 亚马逊收购全食超市：并购交易中的劳动及雇佣事项



亚马逊在2017年6月16日宣布以每股42美元收购健康食品超市Whole Foods Market公司，交易价值为137亿美元。这笔交易受到了行业工会的挑战。美国最大的工会组织之一——联合食品业及商业工人工会组织向反垄断机构发出了公开信，表示这起并购交易将不可避免地损害消费者、减少竞争和带来全食超市公司的裁员，亚马逊所倡导的自动化将对所有辛劳工作的劳动者带来危害。

在本书中，笔者曾经提到过在并购交易中考虑利益相关方的重要性，工会就是并购交易中的一个重要的利益相关方。尽管工会和雇员在某些国家的并购交易中的安排非常重要，但是在资本的世界中，工会和雇员对并购交易的抵抗是产生不了太大阻力的。当然，在并购交易中将工会和雇员作为重要考虑事项很重要，特别是有些国家的法律禁止并购交易后终止雇员合同和改变工作条件等，会对并购交易起到一定的阻碍作用。

从亚马逊并购全食超市所面临的工会反对来看，在并购交易中，交易实务人员关注劳动及雇佣的尽职调查并掌握其中的重点及风险控制方式是非常重要的。中国企业走向海外的过程中，不可避免地要碰到各类劳动及雇佣事项，对劳动及雇佣事项的熟悉程度，往往不仅决定了并购的成功与否，还决定了并购完成后潜在债务的大小及并购后整合的难度。特别是在涉及工会势力发达、养老金计划义务繁重、员工持股或期权计划复杂等情况的国际交易中，尤其需要关注劳动及雇佣事项。之前媒体上关于福耀玻璃在美国建厂引发劳动争议的报道尽管后来被证实有些偏颇，但也从另一个角度说明了劳动及雇佣事项在并购交易及并购后整合中的重要性。

一般来说，在大型海外并购交易（尤其是并购公司的交易）中需要聘用专门的人力资源顾问公司来专门从事并购交易的劳动及聘用方面的尽职调查、并购交易的人力资源方案和并购交易后目标公司的组织架构设计以及薪酬体系等。Mercer（美世）、Towers Perrin（韬睿）、Hewitt（翰威特）等世界知名的人力资源顾问公司，经常参与并购交易中的人力资源尽职调查和后续整合工作。笔者曾参与过的中海油并购 Nexen 的交易中，中海油也聘用了外部人力资源顾问公司对目标公司进行劳动、聘用方面的尽职调查及人力资源方案设计，最终较为完满地达到了并购当初的预期目的。

## 一、劳动及雇佣尽职调查需要关注六个方面的问题

中国企业在进行海外并购交易中，在劳动及雇佣尽职调查方面，要对如下六个方面予以关注：

第一，工会的势力调查。笔者曾经做过一个南美的交易，在尽职调查过程中发现该目标公司的工会势力极其强大，与雇主的议价能力很强，而当地的法律又支持罢工，对于劳方较为友好。因此，工会十分活跃，在向资方提出要求未能得到满足的时候，工会往往用罢工的手段予以要挟。判断工会力量，弄清工会力量中的关键人物，是做好劳动及雇佣方面尽职调查的第一步。对工会势力的判断及能够有

一定的把控度，往往还对交易架构有很大的影响。如果工会势力的确太大而没有进行一定控制的把握，那么，是采取公司交易还是资产交易的模式，需要认真分析考虑。在法律尽职调查的时候，需要对尽职调查所发现的风险考虑定量和定性的因素进行分析，工会势力显然是风险定性的例子之一。

第二，劳资协议调查。劳资协议调查主要集中在相关条款的风险分析上，如继承者条款是否没有给购买方提供任何重新谈判劳资协议的空间；劳资协议中关于雇员的福利、工资、待遇、退休安排计划等约定，可以从财务的角度对其予以量化，并放入经济评价模型中去。对劳资协议进行财务量化是尽职调查中风险定量的例子之一。注意，如果目标企业所签署的劳资协议中继承者条款涵盖了资产交易的情况，则尽管买方不采用股权购买的形式，也不能避免相关的在劳资协议下的继承者责任。

第三，对目标公司的潜在劳资债务进行尽职调查。对所谓的潜在劳资债务进行调查，就是要揭示目标公司是否有复杂的年金计划？是否有员工激励计划？发行了多少期权？高管层是否有"金降落伞条款"（在公司控制权发生变更时，高管有权选择拿一大笔补偿金离职）？普通员工的遣散费有无劳资纠纷和诉讼？特别是各种雇员福利、激励等计划下的潜在义务。需要将这些规定的和潜在可能负担进行量化。主要查证如下三点：一是目标公司是否按照原有的计划履行了义务；二是有无违反相关劳动法规或者违反自身义务的行为；三是在并购目标公司后，根据现有协议和相关计划量化买方自身的财务负担。根据有些国家的法律，员工的年金或者是其他福利计划，不仅是目标公司的责任，并购后持有目标公司的股东，也可能对员工的年金或者是其他福利计划承担连带责任。在中国企业走向海外的并购中，必须要对这样的规定予以关注，否则交易完成后将给自身带来未曾预料的债务或者责任。

第四,对关键岗位和关键员工进行识别,制订相应的留任计划。特别是在其雇佣协议中有“金降落伞条款”的高管,如何提供有吸引力的挽留计划是非常重要的。此处先介绍一下高管遣散费支付中的“双扳机”(Double Trigger)概念。以往,“金降落伞条款”有规定,在公司控制权变更时,高管有权选择拿钱走人。但现在市场化的条款更多的是在公司控制权变更且在一定期限内解雇高管(两个条件同时满足,故称“Double Trigger”),高管才有权拿钱走人。其理由主要在于买方在一定期限内继续履行高管的雇佣合同,则实质上达到了规定遣散费的目的。尽管有“双扳机”的规定,但挽留计划仍然非常重要,因为重要的人员在市场上的价格也可能会高于其现有的工资收入,或者其他公司有可能提供更有吸引力的条件。挽留计划中不仅是工资、激励措施的重新设计,还涉及与管理层的沟通方案、工会的沟通等诸多事项。方案一方面要表现诚意,另一方面还需要体现激励与业绩挂钩。中国企业越来越多地意识到交易完成后留任原有管理层的重要性,而西方的职业经理人也愿意在共享公司未来发展的基础上和中国老板一起将公司做得更好。因此我们在市场上看到,相比西方竞争对手,中国企业更多的愿意留任原有公司的职业经理人。比如,中国化工在其一系列海外并购交易中,几乎对收购公司的高管都进行了留任。例如,在其430亿美元并购先正达公司的交易中,就作出了留任高管及员工的承诺;在之前的70多亿美元并购意大利倍耐力公司交易中,原有高管也得到了留任,并在交易完成后承诺按照最佳公司治理的实践进行股东会、董事会及管理层权利的分配。

第五,在并购交易一开始,就应当对未来的人力资源有所计划和安排。现有公司的核心力量、高管、中层,哪些人员在收购后还应当担任重要角色,哪些人员应当进行调整,买方如何派员进行管理,对原有公司的人力资源政策如何评价、是否保留或者调整,如何与买方现有的政策进行协调、级别如何考量，都需要提前进行筹划。一般来说，这样的工作需要公司内部的人力资源和外部人力资源顾问就目标公司进行认真分析、对标，并结合公司未来发展的战略，做出详细的计划。并购后劳动及雇佣事项需要提前筹划，符合惯例，激励到位，科学有效。

第六，在将轻资产公司作为并购对象的时候，尤其需要着重对人员进行相关的尽职调查。很多IT类、科技类的公司，最为重要的资产就是公司的高管、技术人员。如果在并购之后，这些人离开了公司，那么公司的价值可能变得不名一文。在此种情况之下，需要考虑在公司收购中放入相关人员留任或者签署一定期限的雇佣协议作为交易的先决条件。



## 二、如何在国际并购交易中把控好劳动及雇佣风险？

根据笔者的经验，要在国际并购交易中控制好劳动及雇佣风险，应当考虑如下几点：

第一，找好顾问。按照交易的实际情况，聘用外部合格的人力资源顾问，做好并购的人力资源调查和并购的人力资源方案。有些目标公司的股权、期权激励计划、员工养老计划等非常的专业和复杂，非专业人士无法全面评估、分析。在全球并购交易市场极其发达的今天，人力资源调查和人力资源方案的设计，需要满足市场化、专业化的要求。而中国买家在走向海外的过程中，应当注意使用好专业的外部顾问，控制好外部顾问提供服务的节奏、质量，需要积累相关的经验。一些没有经验的中国公司在走出去过程中，对于人力资源顾问的作用不了解，不知道仅仅依靠公司内部的人力资源力量，是无法完成复杂并购交易中的劳动及雇佣风险控制的。

第二，定性定量。做好劳动和雇佣尽职调查中的定性和定量分析，谨慎选择好交易架构，准确对发现的问题进行风险判定和量化。

比如，在对工会势力的判断方面，在合规的前提下，适时的展开和工会领导人接触、商谈是非常有必要的。强势、魅力型的工会领导人对并购交易的走向，往往具有重要的影响，得到工会支持的并购交易往往更容易成功；而得不到工会支持的交易，即使交易完成，也可能会在运营阶段出现问题。中国的买家在“走出去”的过程中，在遵守相关披露的法律法规的基础上，应当对工会和目标公司的员工采取适时沟通、公开透明的态度，而不应当将其当作交易中的麻烦和绊脚石。对于目标公司的高管、中层或者员工所涉及的期权、福利或者其他利益，买方应进行相关的量化。同时，买方还应当对“金降落伞”（在发生控制权变更交易后，针对解聘的高级管理人员的补偿）、“银降落伞”（在发生控制权变更交易后，针对解聘的中级管理人员的补偿）、“锡降落伞”（在发生控制权变更交易后，针对解聘的普通员工的补偿）等进行清理，将控制权变更发生之时给公司带来的可能金钱成本进行量化。

第三，主动承诺。在国际并购交易中，按照交易惯例，向有关政府机构作出与劳动、雇佣相关的承诺以便促进交易的审批。比如，当年在中海油并购尼克森公司的交易中，中海油就曾经向加拿大政府作出了留任尼克森公司管理层及员工等承诺，以证明该交易能给加拿大带来净利益。中国的买家在走出去的过程中，在面对交易获取政府审批的时候，需要提前谋划、想好条件与底线（哪些是绝对不可接受的），主动沟通，利用好政府公关顾问及其他顾问的意见，以便能按时、顺利地获取政府对并购交易的审批。在向相关政府机构作出承诺这一点上，中国企业作为买方已经相对熟悉相关的技术性。同时，需要注意，对政府作出的承诺不能当作儿戏。不少国家的政府机构会在交易完成之后，每年或者按期向买方发来信函，要求买方对交易获批当时所作出的承诺的遵守情况进行确认和说明。对于交易中买方所作出的有关劳动与雇佣事项的承诺，买方需要严格遵守。

第四，做好合规。注意了解劳动和雇佣方面的法律法规，避免违法违规。对劳动法律法规的遵守是公司并购交易完成后合规运营的一个基本要求。发达国家对劳动者的保护已经到了一个较高的水平，发展中国家也在不断提高对劳动者的保护水平。所以，买方在交易开始之前，就应了解相关的劳动和雇佣方面的法律法规，并提前做好相应的准备；在交易完成后，严格按照法律法规要求做好劳动者的薪酬、福利、劳动保护、健康安全保护等也是非常重要的。

第五，为目标公司员工提供稳定预期，控制并购交易过渡期员工流失、军心不稳的风险。在并购交易过程中，尤其是在并购交易过渡期，目标公司的员工会有不稳定之感。因为交易是否能够完成的不确定性，新的股东进入后是否会对员工队伍进行调整，未来是否会裁员，收入能否得到保证，这些都是目标公司员工常常担心的问题。作为交易的收购方，需要直面这些问题，并在交易的一开始就做好方案，向员工提供未来的稳定性预期。笔者见过在不少交易中，买方一开始就承诺保证原有的雇佣合同、原有的薪酬福利待遇将多少年不变，这就是为员工给出了"定心丸"。

第六，持续地做好工会、员工常态交流沟通，建立良好的劳动规范与制度、符合市场惯例的人力资源及薪酬制度，建立和谐的雇主/雇员关系，通畅的沟通交流渠道，这些对并购交易之后的成功整合，有着莫大的意义。对中国企业而言，为并购后目标公司的员工提供在更大范围内拥有成长空间和职业发展机会，对于留任员工、稳定队伍非常重要。笔者也看到，在中国企业近来海外并购的交易之中，不少的企业开始宣传，中国企业在带来更多投资的同时，也将为目标公司的员工带来全球性的发展机会。这是成熟的并购者的标志。在笔者所经历的一个并购交易中，中国收购方在收购完成之后，积极地进行了收购公司现有人员的全球流动，极大的激励了该公司的员工，使员工队伍的精神面貌焕然一新。

在国际并购交易中，中国公司只要心中装着劳动及雇佣事项重要这根弦，选好外部顾问，提前做好安排与计划，专业地定量定性风险，积极与工会及相关留任计划中的员工进行沟通，为员工提供稳定预期，遵守市场交易惯例，守法合规，提供更广阔的发展机会，就能较好地控制劳动及雇佣事项所带来的风险，为并购交易及后续运营的成功打下一个好的基础。

# 51 算错账的投行



在并购交易中，投行的一个重要职能是为客户提供目标公司/目标资产的估值服务。尤其在并购交易双方都是上市公司的时候，投行独立出具的“财务公允性意见”（Fairness Opinion）对于上市公司董事会的保护是非常重要的。

在发达成熟市场上的上市公司，股东集体诉讼的压力使上市公司董事会在并购交易中对自身的 Fiduciary Duty（信义责任）非常关注，而从投行手中拿到的并购交易的财务公允性意见则是上市公司董事会证明自身做到了审慎判断的一个强有力的证明。记得笔者在2000~2005年从事的跨境并购中，国际投行在为中国企业提供服务的过程中，并未按照成熟发达市场上的惯例向中国企业的董事会出具财务公允性意见，而中国企业的董事会也并不经常向国际投行的银行家们提出该等要求。坊间传说中的中国溢价（China Premium）也可为投行不愿意出具该等意见提供一个解释的注脚。随着中国企业在出海过程中的日益成熟，中国企业的高级管理者们开始意识到这个问题，在海外并购过程中更多地要求作为财务顾问的投行出具并购交易的财务公允性意见，并将该意见是否出具与项目成功费的支付挂钩。笔者曾经在一次并购交易中要求某国际大行在交易决策前出具财务公允性意见，但直到交易快交割的时候，该大行还未出具意见，最后由公司的管理层出面要求，在支付成功费之前拿到了财务公允性意见。

财务公允性意见的重要性，对于聘用投行进行工作的客户来说，是投行工作内容的一个重要方面。财务公允性意见和项目的估值息息相关。在并购交易中，出价多少、出价是否合理的判断对于公司管理层来说是需要拍板的难事。笔者曾经见过一家企业，其对估值的严谨性要求非常严格。该公司的管理层要求，对于超过 20 亿美元的跨境并购项目，在聘用财务顾问提供服务时，需要同时聘用两家投行，并要求两家投行进行 Back-to-back（背靠背）的估值服务，以便对估值算账的风险进行控制。读者可能会说，在并购交易中，“算错账”对于高大上的投行来说，应该不可能。但是，近来在一桩并购事件中发生的投行算账错误，提醒我们即使如投行般专业的外部顾问，也可能因为算错账而搞错估值。

这件事发生在特斯拉以 26 亿美元并购太阳能公司 SolarCity 的过程之中。全球知名的精品投行之一的瑞德集团（Lazard）在特斯拉并购 SolarCity 过程中为 SolarCity 董事会的特别委员会提供财务意见。鉴于“钢铁侠”埃隆·马斯克同志在特斯拉和 SolarCity 两家公司中都是大股东，特斯拉和 SolarCity 都组建了特别委员会来对交易进行评估。考虑到埃隆·马斯克同志的利益冲突问题，他在两家公司的董事会上都未参与对是否支持特斯拉和 Solarcity 合并交易的投票。瑞德集团按照聘用协议的规定，在 SolarCity 决定向全体股东推荐特斯拉的并购交易的董事会上，发表了口头的财务公允性意见，并在董事会举行后的当天，出具了该交易财务公允性的书面意见。这笔交易的程序性工作看起来全部已经完成后，特斯拉和 Solarcity 公司联合向市场宣布达成并购交易。

但在特斯拉和 SolarCity 宣布达成并购交易的十几天后，瑞德集团才意识到在估值中出现的一个计算错误，即将 SolarCity 提供的部分预测未清偿债务（约 4 亿美元）重复在表格中计算了两次，将 Solarcity 公司的真实的 34 亿美元债务提高了近 12%，从而导致了折现值出现了偏差。这一偏差导致瑞德集团对于 SolarCity 公司的估值发生了错误，在其向 SolarCity 提交的估值区间中，将 SolarCity 每股的价值定为 14.75 美元至 34.00 美元。而实际上，在纠正错误之后，SolarCity 的股价区间应当在每股 18.75 美元到 37.75 美元。在瑞德集团向 SolarCity 董事会披露此事后，特斯拉确认所请的外部投行 Evercore 则没有在价值分析中出现这样的计算错误。8 月 24 日和 26 日，SolarCity 公司的董事会和瑞德集团的顾问连开了两个会，Lazard 反复解释和确认经过重新计算的折现值并不会改变其出具的就特斯拉与 SolarCity 之间交易的财务公允意见。因此，特斯拉和 SolarCity 公司的董事会经过讨论之后，认为合并交易所确定的每股 25.37 美元价格是公正且合适的，SolarCity 公司董事会仍然维持向其股东大会推荐该交易的立场。

在如此巨型的并购交易中犯下计算错误，瑞德集团并不是第一家。华尔街大行高盛也曾经在一桩并购交易中，将目标公司充分摊薄后的股份数目算错，从而使目标公司的价格减少了 1 亿美元，即价值 42 亿美元被算成了 41 亿美元。目标公司的股东当然不能放过为交易提供估值计算的华尔街大行高盛，在法院提起了诉讼。最终，从这笔并购交易里赚到了 4700 多万美元服务费的高盛同意掏出 3000 多万美元来和目标公司的股东进行和解。

那么，如何在并购交易中控制这样“投行算错账”的风险？

首先，作为被服务的对象，聘用投行的客户应当有一支内部进行估值的商务团队。这样的团队应该有能力进行独立的计算。在过去跨境并购交易中,笔者经常看到,客户内部的团队根本不做估值模型、估值参数选择,而将这样的工作完全交给投行去做。对于投行计算出来的数字也不进行独立验证。这其实是不应该出现的现象。对于走出国门的中国公司来说,内部拥有一支有专业能力的团队对于交易中的风险控制是非常重要的。完全依靠外部顾问和完全不用外部顾问,这是并购交易中容易走的两个极端,都不可取。

其次,对于大型并购交易来说,聘用两家投行进行"背靠背"的估值是值得借鉴的一种做法。虽然算错账这种事情,对于国际性的大投行来说,并不会经常发生,但从投资者的角度来看,在使用投行的过程中,需要注意从不同的角度和层面对投行的估值进行 Double Check(双重确认),以免出现错漏的情况。

最后,严格要求投行就并购支付的交易价金提供"财务公允性意见"。对于中国的投资者来说,要求国际大行提供 Fairness Opinion 似乎尚未形成一个"标准动作"。但实际上,对于公司来说,需要从投行手中拿到"it is our opinion that, as of the date hereof, the Consideration paid in the Transaction is fair to the Company from a financial point of view"(我们的意见是公司在本交易中所支付的对价,从财务角度看是公允的)这样的说法。

尽管我们常常说估值是一门艺术,但这门艺术的支撑却是严谨细致的工作态度、专业的判断和不能错漏的数据。只有通过适当的交叉确认程序,才能避免"算错账"这样事件的发生。

# 52 如何应对交易中的“惊喜”？



## 一、陈述与保证条款的谈判：最冗长和痛苦的一步

在谈跨境并购交易的披露问题前，需要稍微说说陈述与保证的事儿。在并购交易文件中，交易双方常常会使用长篇大段的陈述与保证来分配买卖双方之间的风险。对国际并购交易稍有了解的朋友都知道，这些陈述与保证，其实质就是买卖双方对于交易标的或者双方过去情况或者现在事实的描述，而这些描述是交易和估值的基础，也是出现问题后互相进行索赔的基础。买卖双方都知道，不同写法的陈述与保证条款将关系双方交易风险的分配，总是要绞尽脑汁地试图说服对方接受自己的立场。因此，陈述与保证条款的谈判几乎是国际并购交易中最为冗长和痛苦的部分。幸好，市场上关于不同谈判地位的买卖双方对交易文件中的陈述与保证条款能谈到什么程度有惯例区间，因此，尽管买卖双方为了这些陈述与保证条款争得面红耳赤，但最终也总能达成一致。

## 二、棘手的卖方披露

在解决了陈述与保证的问题后，买卖双方还要面对一个棘手的问题，也即笔者将重点讨论的披露问题。所谓披露（Disclosure），即卖方将不符合之前陈述与保证的事实告知买方，从而使买方丧失索赔基础的行为。也就是说，卖方通过此途径告诉买方不符合事实的地方，以后出了问题，也与卖方无关！通常，在国际并购交易中，在签署并购交易的同时或之前，卖方会向买方发送一封披露函（First Disclosure Letter，第一封披露函），在函中会列明与交易文件中作出的陈述与保证不相符合的内容。比如，卖方在交易文件中保证没有重大负债，但在披露函中披露了20亿美元的债务，则在交易完成后，买方不得以存在债务而向卖方索赔。理由呢？因为在签署交易文件的时候，卖方就已经告诉了买方！买方应当将其合理考虑到估值中去，或者在交易文件中采取风险控制手段。

一般来说，比较规矩的卖方，通常在买方尽职调查的时候就会将主要问题都向买方进行披露；而签署交易文件前的披露，更多的是将买方已经知道的问题放入到披露函中去。双方在签署交易文件之前，一般都已经对披露函的内容达成了一致。但2016年有个交易比较例外，是在并购交易文件已经达成一致快要签署之前，卖方突然给买方来了一个“惊喜”：2016年2月25日，夏普公司董事会通过决议，决定以向郭台铭控制的鸿海及其关联企业发行新股的方式，将夏普公司的控制权转移给鸿海（66.67%股权），鸿海将为获得夏普控制权的这笔交易付出大约43亿美元。这就是媒体上热炒了很长时间的“鸿海并购夏普”的交易。但就在夏普公司董事会通过支持富士康获取夏普公司控制权的交易后不久，鸿海宣布，因为从夏普公司提交的资料中发现了新问题，交易协议的签署将暂时中止，直到将问题搞清楚为止。像夏普和富士康这样在交易文件签署之前向买方突然披露重大问题的情况，在国际并购交易中并不是经常见到。当然，有时候，这可能是卖方使用的一种策略，在双方快要达成交易的时候，突然抛出以前从未告知的重大问题。这时，买方就需要做一个理性的判断：是继续往前走，签署交易并在交易文件中采用风险控制手段，还是停下来，将问题看清楚后再决定是否继续交易。此案中，鸿海认为夏普突然披露的问题非常重大，因此采取了暂停交易的方式来进行处理。

从并购从业者的角度来看，夏普在这个交易谈判中做了一件不是那么地道的事儿。它没有按照交易惯例在双方谈判过程中将重大问题予以披露，而是等到了双方要签约的最后一刻才来告知。虽然这或多或少有那么一点逼宫的意思，但也并不算过分违反交易惯例，反正理论上 First Disclosure Letter 不是一般也在交易文件签署之前交给买方的么？最麻烦的事情是：等签了交易文件，所有交易先决条件都快满足的时候，卖方再跳出来：不好意思，我还有件大事要告诉你，你看着办吧。所以，在并购交易文件中谈判陈述与保证作出的时点并不是没有意义的，签字日（或之前）或交割日作出，对买卖双方的风险分配有极大的不同意义。



## 三、如何处理披露的"惊喜"

对于从事并购交易的买方来说，如果在并购交易文件快要签署的时候，像鸿海一样受到交易卖方披露中提供的"惊喜"或者"惊吓"，应当如何处理？

买方通常有如下几种不同的选择：

第一，中止谈判，先搞清楚披露函中所涉及的重大事项的性质，风险带来的敞口及其对交易价金的影响，可能涉及交易彻底破裂或者交易价金的重新谈判。

第二，不管三七二十一，先签交易合同，但要将进一步对披露事项调查清楚作为交易完成的先决条件，同时在交易文件中规定相关的交易价金调整机制。

第三，在交易文件中规定好赔偿（Indemnity）机制。当然，赔偿机制要考虑到交易的形式问题。如鸿海和夏普是以增发的方式进行投资，赔偿不一定那么稳当，因为可能赔偿的对象是买方投资的公司。

相比第一种方式，第二、三种方式的风险稍微高一些。从风险控制的角度来看，还是第一种方式最好。在鸿海和夏普的交易中，鸿海就采取了第一种较为稳妥的方式，在弄清楚问题的性质和风险大小之后，鸿海对夏普增发获得2/3股权的交易继续进行，但交易的价金减少了近20%，有效地控制了投资的风险。

既然有所谓的First Disclosure Letter，那么有没有Second Disclosure Letter（第二封披露函），或在交易过渡期不时发出的披露函呢？有，这也是国际并购交易中买卖双方所谈判的焦点之一。是否允许卖方在交割日（或在过渡期）向买方发送第二封披露函/不时的披露？第二封披露函/不时的披露是否能够使买方丧失因该函披露的事实违反陈述与保证而带来的索赔？这是买卖双方谈判的焦点。而第二封披露函/不时的披露又给交易双方的风险分配带来了新的问题。这个问题，笔者在此就不展开详述了。

总体来说，对于中国买方来说，在从事跨境并购交易过程中，如果卖方提出要进行披露，则应当要求卖方的披露函提前提供，买卖双方应当在并购交易文件签署前就披露函的形式和内容达成一致。另外，中国买方还要注意披露的方式。比如，口头的披露是否构成披露？披露的形式是否必须特定化，还是仅仅放在资料室里的一个文件（如果和卖方的陈述与保证有冲突的话）就构成有效披露？通常并购交易双方对此也有很多的论争点。再者，面对突如其来的披露，中国买方需要按照本文提供的几种方式，合理选择进行应对，以便控制好交易风险。

# 53 跨境并购交易中的融资风险分配



2016年12月27日，A股上市公司万家文化发布公告，宣布其第一大股东万好万家集团（以下简称万家）将持有的1.85亿流通股拟以30.599亿元人民币对价转让给著名女演员赵薇所控制的西藏龙薇文化传媒有限公司（以下简称龙薇传媒）。该等转让占到了上市公司股份总数的29%以上。而到了2017年2月13日，万家文化的第一大股东又宣布与龙薇传媒拟将转让股份的比例由29.135%变更为5.0396%，转让股份调整为3200万股，转让金额为5.2928亿元人民币。

短短不到两个月，为何一笔30亿元人民币的股权并购交易缩减到了5.2928亿元？根据上市公司的公告披露，是因为龙薇传媒在上市公司公布股份转让方案之后，与多家金融机构沟通，判断无法按期完成融资计划，故需要变更股份转让事项。而按照具体披露的细节，龙薇传媒的融资过程如下：在2016年12月23日，龙薇传媒和万家签署股份转让协议之后方才与某银行支行展开谈判协商，并于2016年12月29日达成了初步的融资方案。鉴于融资金额较大，该银行支行需要上报总行审批。在2017年1月20日，龙薇传媒接到银行电话通知，项目融资方案未获批准，因此无法完成收购计划。

从赵薇收购上市公司大股东股权交易所披露的事实看来，万家在交易中并未良好地分配交易中的融资风险。至于在披露交易的时候是否应当明确地向上市公司股东详尽地披露融资的可获得性、融资的先决条件，采取何种合约手段能够适当锁定融资，是否已经尽到最大努力要求融资方提供融资？在融资方拒绝提供融资的情况下是否有其他救济手段？等等，这些是交易中的披露问题，有机会笔者再另行谈谈。今天从这件事谈开去，讲一讲跨境并购交易中交易双方关于融资风险分配的问题。

从融资风险分配的角度，跨境交易双方在交易中主要从如下几个方面进行谈判和进行风险分配：

第一，融资是否作为交易完成的先决条件。

对于买方来说，如果并购交易需要进行融资，则对买方最好的交易保护就是将融资作为交易完成的先决条件（Conditions Precedent）。当买方未能获得融资的时候，由于先决条件未能得到满足，买方可以从交易撤出，同时不给予卖方任何补偿。在这种情况下，卖方实际上承担了买方未能完成融资的风险，对于卖方来说是无法接受的。除开公司声誉上的损害、因交易失败而导致的股价下降之外，卖方在交易过程中支出的费用也无法得到补偿。因此在跨境并购交易中，融资作为交易完成的先决条件早已经不是市场惯例，几乎很少有买方能够从卖方得到这样的条件。而在要约收购的交易中，一些国家的证券法规要求，要约方在发出确定性要约时，作为对价的融资必须已经安排到位（在美国进行上市公司并购就没有要求在交易宣布时买方一定要持有充足现金的规定，只要买方在交易交割的时候能够履行自己的付款义务即可）。如英国、新加坡等地就要求，在上市公司收购中（现金收购情况下），买方必须在宣布交易的时候就由买方的财务顾问或者适当的第三方(往往是向买方提供并购融资者)宣布买方具有充足的财务资源来满足其在报价下的义务。对于中国公司来说,财务顾问确认有足够实力履行报价的含义就在于:中国公司在发出确认性报价的时候,手上就应当有足以支付报价的资源——无论是来自银行的融资承诺函、信用证,还是自有资金。报完价之后再去市场上寻求融资,在英国上市公司并购中,这是不被允许的行为。

因此,尽管对于买方来说,融资作为交易完成先决条件,同时在先决条件不能满足时离开交易且不赔偿卖方是风险最小的选择,但也是极难获得的交易条件。

第二,如果将融资作为交易完成的先决条件,买方未能获得融资的后果。

如果买方能够将融资作为交易的先决条件放入交易文件中,则买方必须要做好支付高额的反向分手费(Reverse Break-up Fees)的准备。如果中国买方能够在跨境并购交易谈判中获得融资作为先决条件,则反向分手费占交易价格的比例和反向分手费支付的保证将成为谈判中的焦点。一般来说,和融资相关的反向分手费比例较高,往往在交易价格(以交易的股权价值还是公司价值作为计算基础,需要双方谈判)的5%~12%。外国卖方一般会要求在签署并购协议的同时或者之后一段时间中国买方应当将反向分手费存入双方指定的托管账户之中,以担保在融资未能获得时反向分手费的支付。

第三,买方融资是否在交易文件签字时就已经确认到位。

对于外国卖方来说,对于其最好的保护就在于交易文件签字时买方就已经确认了融资来源,并向其提交了充足的"有钱"证明。这个叫"看得见、摸得着",就是不仅仅说你有钱就足够了,这钱还得让卖方在规定的时间里看得见、拿得着。从卖方的角度,这才是消除买方是否能够支付交易对价不确定性的有力证据——毕竟如果没有明确的融资承诺函支持,外国卖方在境外资产不多的中国公司拿到补偿/赔偿的可能性将大大降低。比如洛阳钼业26.5亿美元从Freeport-McMoRan Inc公司购买非洲刚果矿产资源的交易中,Freeport-McMoRan Inc公司在获得了洛阳钼业能够满足支付价款的证据后,才和洛阳钼业签署了交易协议。

第四,买方在交易文件中向卖方作出的关于融资的陈述与保证。

一般来说,在交易文件中,卖方需要买方作出如下关于融资的陈述与保证:

(1)在买方提供股权出资、债务融资、信用证等情况下,买方需要向卖方对融资的可执行性作出陈述与保证。

(2)在签署交易文件的时候,所有的融资文件均未撤回、解除或者失效;买方在融资文件下也未违约等陈述与保证——这些陈述与保证确保融资承诺将会得到有效的执行。

(3)所有的融资承诺足以支付交易文件项下的对价、费用;买方将在交割日拥有足额支付对价的资金等。

(4)所有的融资承诺的先决条件均已经向卖方披露,没有更多的融资先决条件。

卖方在交易文件中要求买方所作出的关于融资的陈述与保证,所有的目的都是确保买方的融资可获得性和确定性。尽管笔者在此未探讨第三方融资机构的风险控制问题,第三方融资机构需要对于买卖双方在交易文件中的融资条款进行确认,以免受到卖方追索的风险。

第五,买方在交易文件中向卖方作出的关于融资的承诺。

买方除了在交易文件中需要向卖方作出融资的陈述与保证之外,还需要对融资有关的事项作出承诺,以便在交易的过渡期内将融资可获得性和确定性落到实处。

(1)买方采用何种努力程度将融资承诺函中的融资落到实处。是采用Best Efforts(最大努力)义务程度还是Reasonable Efforts(合

理努力)义务程度。一般的市场惯例是 Reasonable Best Efforts(合理最大努力)义务程度;

(2)买方承诺保持融资承诺有效并遵守融资承诺下的义务,签署与融资相关的确定性文件;

(3)买方承诺将执行其融资承诺函及融资确定性文件下的权利以保证其融资的获得;

(4)买方承诺在改变融资承诺函或者融资确定性文件重要条款(如增加融资条件、减少融资额等)时需要事先征得卖方的同意;

(5)买方承诺在融资承诺函或者融资确定性文件下有违约事项发生时应当及时告知卖方;

(6)买方承诺在原有的融资承诺无法继续或者执行时,需要尽合理最大努力去获得替代融资。

第六,卖方在交易文件中向买方作出的在买方获取融资过程中的协助承诺。

比如,在去年海航与英迈的交易中,海航就要求在其需要对交易进行融资的时候,英迈应当有如下的配合义务:

(1)参加和协助与海航的融资顾问的会议、尽职调查、路演等活动;

(2)参加和协助准备债券发行备忘录、私募备忘录、评级机构陈述材料等的准备工作;

(3)向海航提供其融资中和英迈相关的信息并尽合理最大努力促使其外部会计师事务所提供协助;

(4)协助海航的融资方、顾问、会计师事务所等对英迈的资产、账簿等进行评价、审计等,以便评估抵押资质及价值;

(5)在交割能实现的前提下,协助办理对英迈资产进行抵押并签署相关抵押文件;

(6)向海航的融资方等提供必要信息,以便其进行相关抵押安排、客户调查（Know Your Customers）和反洗钱等合规程序；

（7）配合评级机构对海航融资的确认或批准；

（8）允许海航在获取融资的过程中使用英迈的商标、标识等；

（9）采取所有合理的措施使得海航能够完成其融资。

第七，就买方融资的未能获得外国卖方是否有权要求实际履行（Specific Performance）。

外国卖方在要求融资不放入先决条件的情况下，一般会在交易文件中留下要求买方实际履行的权利。即如果在交易本身的先决条件满足的情况下，外国卖方有权要求中国买方就交易实际履行，而无论中国买方的融资是否到位。虽然很多外国卖方在合约中要求这样的条款，但其实际效果的可执行性仍需实践的进一步验证。在实践中，中国买方一般可以接受实际履行的条款。

第八，融资方要求在交易文件中对自己的保护。

并购交易的买方与融资方形成融资下的合约关系，并购交易的买卖双方形成交易下的合约关系。在融资失败的情况下，失望的卖方可能将融资方告上法庭，要求融资方承担责任。因此，融资方往往会要求在交易文件中确立对自己的保护。因为此类型的条款首见于施乐公司当年的一个并购交易，因此也被称为“Xerox 条款”。在 Xerox 条款下，一般会表明卖方向买方所能追索的和融资失败相关的反向分手费是其“Sole and Exclusive Remedy”其该等限制及于买方的第三方融资方、同时卖方不得要求融资方承担责任。另外，和融资相关的争议的专属管辖、放弃陪审团审判、和融资相关条款与第三方权利相关等都是 Xerox 条款下常见的内容。因此买方需要注意在交易文本的谈判中，对于涉及融资的相关部分，需要经过自己的融资方确认。

从赵薇收购万家股权的交易来看，这笔交易中并没有按照跨境并购交易中交易双方采用的常规融资风险分配方式来合理分配融资未能获取的风险。

# 54 海航：一买一卖希尔顿



海航2015~2017年的迅猛收购使海航超越常规的发展速度让人咂舌，从2015年刚进入财富500强开始，一年上一个台阶，2017年已经上升到了财富500强的第170位。按照海航陈锋董事长的说法，海航集团是要靠迅速并购的外生性扩张方式跑步进入世界前10强的。说实话，海航买东西还是有自己的逻辑的。他家看上去还不算瞎买，都是围绕着自己的几大业务板块做文章：物流、航空、旅游、实业、资本等。买的东西以大块头为主；买了国外公司之后用其做并购平台：海外搞钱也更方便了。比如，海航旗下的渤海租赁（后来改成渤海金控）以前收购的爱尔兰Avolon飞机租赁公司，后来用它作为并购平台，花了100亿美元，收购了CIT旗下的飞机租赁业务，成为中国企业中为数不多的做成超过百亿美元收购交易的海外并购者。

可以说，在过去的几年内，海航花费了400多亿美元在全球大肆收购，已经成为全球并购市场上炽手可热、赫赫有名的“大买手”。

随着时间的推移，由于中国政府对中国企业海外收购政策的调整以及海航自身高负债、高杆杠的收购方式的问题，海航出现了流动性的问题。从自救的角度出发，海航开始在国外和国内处置资产，短短一年内在全球狂卖了超过150亿美元的资产，其中就包括其在2016年收购的希尔顿集团的股权。

对于海航来说，在如此之短的时间内完成了对希尔顿股权的一买一卖，可能并不是其本来的意愿。但从并购交易实务的角度来看，海航这一买一卖，还是有值得研究之处的。

2016年10月24日，海航旗下的海航旅游集团宣布用26.25美元/股的价格，从黑石手中购入希尔顿全球控股集团25%股份，总价值约为65亿美元。希尔顿控股集团是世界级的酒店集团，在全球有4820家酒店、度假酒店和分时度假物业，在104个国家有788,864间客房；全球有168,000名员工，5800万名会员。当时的希尔顿全球控股集团为了应对酒店业竞争和提升股东价值，正在进行一拆为三的Spin-off，将旗下部分酒店不动产拆分并重组为不动产投资信托公司Park Hotels & Resorts（Park），分时度假业务拆入Hilton Grand Vacations（HGV），成为三家独立的上市公司。海航在做这笔交易的过程中，面临正在进行的拆分交易，因此交易文件相对来说是比较复杂的，需要考虑到在交易进行过程中的拆分情况：如果拆分在购买希尔顿全球控股集团部分股权交易完成之前结束，则海航还将持有Park和HGV 25%的股权。总体来说，海航集团在2016年进行的收购交易，从技术的角度来看是比较复杂的。这也从一个角度可以看出海航集团内部团队还是比较善于进行这样难度较高的收购交易的。

首先，在一拆三的交易中，安排本来就比较复杂。从一家上市公司变为三家独立上市公司，拆分要解决如下诸多的问题：

（1）原来的西二段全球控股集团的资产、负债问题，尤其是或有负债问题的解决，最后按照三家公司的企业价值（Enterprise Value）进行分配，比例为65%：26%：9%；

（2）员工问题（人员分配、期权、年金、集体合同等）、税务问题（税务局的角度 v. 拆分公司角度）、过渡期服务合同（财务、IT、HR、法律、合规等）；

（3）授权合同，独家授权 HGV 使用希尔顿相关标志 100 年（+30 年非独家），前 30 年 Hilton 不竞争，HGV 可以延长 10 年，如果希尔顿合并者有 HGV 类似业务，则希尔顿有商务合理努力获得该等业务、希尔顿集团顾客的数据、管理软件等；

（4）授权费，5% 毛收入、审计权、与 Hilton 竞争对手等；

（5）股东税务协议，为了实现税务效应而进行签署的股东税务协议，因为海航最终购买的是三家上市公司股权，因此在交易的过程中，还需要对三家的拆分进行调查及关注。

其次，和黑石的购买股权交易，比较反映中国企业收购美国资产的市场化条款：

一是和中国政府审批挂钩的反向分手费，需要在签约日存入托管账户：5 亿美元放入监管账户，中国政府未批、CFIUS 未批风险或者海航违反并购交易合同，则需支付给黑石；

二是采用合理最大努力义务，获取中国政府和美国政府审批；

三是黑石在交易中没有权利和交易达成后出现的更优第三方报价者达成交易。

股权购买交易中对于拆分事项还进行了约定，主要是从逻辑上将拆分在交易完成之前或者之后进行约定。可以看出，如果海航和黑石的股权购买交易在拆分完成之后再进行，那么交易将变得更为复杂。

最后，股东权利的安排，这也是海航收购黑石 25% 希尔顿股权中的重头文件。这些交易文件中，海航还是按照并购交易中的惯例很好地保护了自己。其中包括如下安排：

（1）董事会席位：在股权收购交易完成之后，海航指派两名董事进入希尔顿董事会。其中,在海航持有至少 15% 股权时,有权指派两名董事(不能是来自海航酒店业);其中一名董事需满足纽约证券交易所关于董事独立的标准(在过去两年内不能是海航集团关联公司的雇员、董事、高管或者顾问)。海航有权提名的两名董事需要得到希尔顿提名和公司治理委员会的认可;另外,在海航持有希尔顿公司至少 20% 股权时,超过 10 人董事会后,海航有权指派每增加 3 名董事中的第 3 位(该名董事需为独立董事);在海航的股权低于 15% 时,海航仅有权提名 1 名董事;在股权低于 5% 时,则无权提名董事。海航所指定的满足独立标准要求的董事,有权经提名及公司治理委员会决定,至少在董事会旗下的一个常任委员会中任职。

(2)投票权的安排:海航持有 Hilton 超过 15% 以上的股权投票应和其他股东在所有事项上投票的比例一致。除了:在无竞争的董事会选任下,海航需将所有持有的股权投予董事会提名董事或者与其他股东所投的比例一致;在有竞争的董事会选任下,海航应与其他股东所投的比例一致;在交易交割后两年内,如果第三方并购希尔顿的价格少于或者等于海航与黑石交易的每股价格,海航有权将其所有股权进行自主投票;除上述并购或者海航并购希尔顿之外的并购,海航超过 15% 的股权投票应和非海航股东投票比例相等;在公司章程修改对海航于其他股东相比造成限制不成比例的损害、以低于市场价发行超过 20% 的股票,或者海航并购希尔顿的情况下,海航有权将其所有股权进行自主投票;在第三方要约收购的情况下,海航应将其超过 15% 的股权和非海航股东等比例售卖股票。

(3)股票转让限制与优先购买权(ROFR)的规定。在购股交易交割后两年内,海航不得转让持有的希尔顿公司股票:除非董事会非关联的董事事先以多数批准;转给海航关联公司;和董事会批准的并购有关;转让构成要约收购中的出售或者换股要约;或者转让是根据股票质押借款而造成的;在购股交易交割后两年之后,除了承销公开发售、大宗交易或者允许的转让之外，海航不得转让超过 4.9% 的希尔顿公司股票给其他公司，或者希尔顿公司的竞争者，或者已经（将）是希尔顿公司 5% 股权的持有方；在承销公开发售、大宗交易情况下，海航应指示其经纪不得转让超过 4.9% 希尔顿公司的股权给竞争者；在公司进行私募的时候，则海航有权按当时持股之比例认购（25% 封顶）。

（4）禁购安排（Standstill）：除开希尔顿公司董事会推荐外，海航不得未经允许继续购入股票；不得开展积极股东所为的行为；不得恶意收购希尔顿公司。

（5）登记权（Registration Right）[1]的安排：在股权购买交易交割后，在交割两年后，海航享有通常的 Demand Registration Right[2]和 Piggyback Registration Right[3]。

（6）修改与黑石的股东协议：在黑石持股权超过 50% 时，可选任 1/2 董事会席位；在 40%~50% 时，可选任 40% 董事会席位；在 30%~40% 时，可选任 30% 董事会席位；在 20%~30% 时，如果在董事会席位为 10 或者以上的情况下，可选任 20% 董事会席位；如果董事会席位少于 10，则取高于 20% 的最低整数；在 5%~20% 时，则取高于 10% 董事会席位的最低整数。

（7）竞购安排的例外：海航对希尔顿公司的竞购安排例外情况包括转让股票给关联公司；在希尔顿新发股票时根据优先认购权认购；

[1] 登记权是合同权益，为投资者提供了所购股票流动性的方式，是将股票进行登记以便在公开市场售卖的一种权利。

[2] 主动登记权，主动登记权人享有主动要求公司将自己持有的未登记股票进行登记的权利。一般来说，登记权的行使时间、行使的数量、行使的次数、行使费用的承担、公司有无权利迟延登记、登记权达成的努力程度是登记权协议中的重要谈判点。对登记权协议感兴趣的读者，可自行阅读如下链接中的文本，载 https://www.sec.gov/Archives/edgar/data/1534992/000119312512151474/d266455dex1012.htm，最后访问日期：2019 年 3 月 5 日。

[3] 跟随登记权，在公司或者其他投资者进行股票登记时，跟随登记权人享有要求将自己股票登记的权利。

向董事会提交并购公司提案；在第三方和希尔顿宣布达成交易后进行公开收购报价；在要约收购或者换股要约收购时需包含非海航股东所持股权过半的条件；在因希尔顿发新股而导致海航持有希尔顿股份低于25%（或因海航主动售卖股票而低于）时，海航有权在公开市场上购入公司股票以保持其25%股权公司股东权利；希尔顿放弃参与海航项目机会；和利害关系股东合并的限制DGCL Sec.203重新适用。

（8）拆分出来的HGV和Park分别和HNA签署了股东协议和登记权协议。

海航收购黑石的并购交易推进得非常迅速，2017年3月15日完成了交易。同时，由希尔顿全球控股集团进行的拆分交易也在2017年1月3日完成了。海航在交易完成后，成为了持有三家美国上市公司25%股权的股东。在这个交易中，海航还充分展示了自己高超的财技，将持有的三家上市公司股票进行质押，借了30亿美元，其所支付的交易价款中的一半都是通过目标股权的质押而来。

从上面海航收购资产过程中的手法来看，在收购境外资产过程中，海航是一家手法熟练、对交易惯例认识到位、善于运用并购融资手段的一家公司。对于市场上好的交易者来说，不仅要在买的过程中熟悉国际惯例，善于收购，在卖的过程中，也要在保证商业目的实现的基础上，将交易做得漂亮。从海航处置资产的过程中，我们也能看出一家善于购买资产的公司在处置资产过程中稳、准、狠的特点。

仍然用海航出售希尔顿几家上市公司的股权为例，来说明海航在海外投资过程中不仅买得迅速，在套现出售的时候也是行动迅捷。

海航要想对持有的几家希尔顿上市公司进行出售，首先面临的是如何解决在原有的股东协议和登记权协议安排下的限制问题。在海航和黑石的交易合约中，规定了两年的禁售期，也不得要求上市公司将自己的股权进行登记出售。因此，海航面临的第一个问题就是要求上市公司解除禁止出售的限制，这就要求海航尽快和三家上市公司谈判修改相关协议，以便自己能够在限售期内进行股权出售的行为。在很短的时间之内，海航就和几家美国上市公司达成了修改原有股东协议和登记权安排协议的约定，将原有的两年禁售期废除，并要求各上市公司将海航拟出售的股权进行登记注册。当然，同时海航在三家上市公司中所提名的董事也需要在股份售卖后从上市公司董事会辞任。在 2018 年 3 月，海航陆续和三家上市公司达成了对于原有协议修改的安排，为迅速在市场上出售持有的股份打下了基础。

在解决完了上市公司允许海航出售股权、废除禁售期的规定的同时，海航还需要解决如何在市场上进行出售的问题。海航同时聘用了高盛、摩根大通、德银、美林及摩根斯坦利等大投行对拟出售的三家上市公司股份进行二级市场的承销；三家上市公司也通过回购的安排各自从海航手里回购了一些股票。

通过聘用投行承销售卖，加上三家上市公司的回购安排，海航在 2018 年 4 月已经完成了对希尔顿三家上市公司持股的售卖。如果仅从投资的角度来看，海航这笔从黑石收购收购希尔顿全球控股集团 25% 股份的交易已经是赚了不少。仅从出售价格来看，海航就拿到了 80 多亿美元，比起当初购入的价格大概获利 20 亿美元。光从数字上看，这算是一笔成功的投资了。再从交易实务的角度来看，海航在从黑石手中收购希尔顿全球控股集团 25% 的交易中，经历了购买公司的分拆历程、与三家美国上市公司达成相关的上市公司股东权利安排、公司治理架构和禁售等规定；在需要迅速解决公司流动性问题的时候，能够和三家上市公司快捷的就股份的售卖达成市场化的安排，在较短的时间内，通过券商承销和上市公司股份回购的安排很快完成了售卖交易，拿到了现金。

2019 年年初海航的陈锋在对路透社承认公司出现流动性难题的同时乐观地表示，海航能够解决现金短缺问题，今年将继续获得银行及其它金融机构的支持。可能当时很多人对此表示“等着瞧”，但海航还真是用自己善做交易的速度回应了市场上的疑虑。

所以，中国企业可以在买的时候敢于下手，在卖的时候，也能迅速出手。当然，这不仅需要商业上对时机的判断和把握，在公司里也需要有对国际收购惯例非常熟悉和了解的团队，才能在时间紧的要求下完成这样的买和卖的交易。

过去的十几年中，中国企业的海外投资之路还是主要以收购为主，随着时间的推移，未来会有越来越多的中国企业开始对海外资产进行优化。可以预见在全球内进行推销、售卖资产也会成为一个值得中国企业关注的话题：毕竟，要卖出一个资产，难度并不比收购一个资产来的便宜。从某种程度上来看，在并购交易中，卖可能比买更加困难。笔者认为，中国的并购交易实务从业者将会逐渐从更多的买入资产到买卖交易均有，甚至达到均衡的状态。

# 55 从鼎晖与远大医疗赢得澳洲上市公司 Sirtex Medical 竞购谈起



我们曾经在谈及这一波全球并购浪潮特征的时候，将并购交易的竞购战作为其中一个典型的特征。中国企业也在海外收购中，日益参与到全球竞购战中去。鼎晖联合远大医疗收购澳洲上市公司 Sirtex Medical 的交易，便是中国企业在竞购中获胜的一个例子。

澳洲上市公司 Sirtex Medical 在 2018 年 1 月 30 日和一家美国纽交所上市的公司瓦里安达成并购安排，瓦里安用每股 28 澳元的报价，通过安排计划（Scheme of Arrangement）的方式收购 Sirtex Medical 发行在外 100% 的股票。这起交易为 Sirtex Medical 公司的总估值为 15.8 亿澳元。在交易宣布之后，交易双方按照惯例进行交易先决条件的满足，获取监管机构审批，最终剩下股东大会进行审批。就在 Sirtex Medical 公司就要召开股东大会就交易进行审批的之前，鼎晖果断出手了。在 2018 年 5 月 4 日，鼎晖向 Sirtex Medical 公司董事会提交了一份“不请自来”、非约束性、示意性及有条件的报价，向 Sirtex Medical 每股报价为 33.6 澳元，该报价对 Sirtex Medical 公司股权估值为 18.7 亿澳元，比瓦里安的报价差不多高出了 3 亿澳元。各位读者也知道，在目标公司董事会已经和买方达成交易后，目标公司董事会通常不能主动去“招诱”（Solicit）更优报价的第三方，但第三方主动接触目标公司董事会的情况并不包括在内。按照一般的原则，在公司决定将自己进行售卖的情况下，获得最优报价是董事会信义责任的体现之一。因此，在鼎晖向 Sirtex Medical 董事会报出了一个“不请自来的”收购报价后，Sirtex Medical 公司的董事会马上和外部顾问进行研究，以确认这个报价是否将会构成对瓦里安交易的“更优报价”。经过初步判断，Sirtex Medical 公司的董事会认为鼎晖这个收购报价有可能构成一个更优的报价。因此，在 5 月 5 日，Sirtex Medical 公司就宣布将股东会表决的日期向后延期，以便更好地研究鼎晖的报价。在 Sirtex Medical 公司向鼎晖开放更多资料之后，鼎晖在 2018 年 5 月 22 日向 Sirtex Medical 董事会提交了正式的约束性报价和起草的交易相关安排文件。在收到正式报价之后，Sirtex Medical 通知了瓦里安公司。因为瓦里安公司享有在几个工作日内对于鼎晖收购报价的匹配权。在收到 Sirtex Medical 的通知后，瓦里安公司明确表示，不准备就鼎晖报价提高自己的报价。瓦里安公司同时认为：从交易的整体角度来看，瓦里安公司对 Sirtex Medical 的 28 澳元 / 股报价较鼎晖为更优报价，其原因如下：第一，鼎晖报价不确定性高，因为在鼎晖报价之时，鼎晖尚未获得到任何监管机构的审批。而作为一个来自中国的投资机构，鼎晖的报价需要得到澳大利亚外商投资审查委员会（FIRB）、美国外商投资审查委员会（CFIUS）的批准，同时还有多个反垄断监管机构的审批。第二，鼎晖的融资架构看起来很复杂。因为鼎晖作为投资机构，在报价里还给远大集团旗下的远大医药留下了 46%~49% 的参与空间。第三，鼎晖的交易在完成时间上不占优势，瓦里安和 Sirtex Medical 交易，只要 Sirtex Medical 公司股东大会一批就结束，其股东就可以拿到 28 澳元 / 股的现金。因此，瓦里安公司对 Sirtex Medical 表示，将继续保持自己 28 澳元 / 股报价不变，并继续承诺在此价格下和 Sirtex Medical 公司完成交易，而不会针对鼎晖的收购报价去进行提价。

Sirtex Medical 公司的董事会和外部专业顾问对于鼎晖的报价进行了认真的评估。毕竟，瓦里安的报价尽管低，但是已经能够看得着的钱；而鼎晖的报价尽管更高，但交易完成的不确定性要大。对于董事会来说，这是一个需要认真判断的选择。因此 Sirtex Medical 聘请的外部顾问从监管、法律、融资及交易完成的风险等各方面都进行了分析，最终 Sirtex Medical 公司董事会一致决定：支持对鼎晖的收购报价，改变对瓦里安公司的收购推荐。

为什么 Sirtex Medical 公司董事会会认为鼎晖的报价构成了“更优报价”？分析一下，鼎晖报价有几个优势：第一个当然就是钱了，鼎晖的报价大概比瓦里安高了 20%；第二个鼎晖承诺适当的承担域外审批监管风险；第三个是 Sirtex Medical 董事提供了让其信服的融资方案。

但是，鼎晖的收购报价也有其劣势的地方，除开瓦里安所说的那几点，还有关键的一点是：如何才能保证鼎晖进行履约？鼎晖如果不履约，Sirtex Medical 公司是否能有有效的救济手段？

鼎晖最终如何赢得了 Sirtex Medical 公司董事会的支持？笔者认为，主要还是有如下几点值得考虑：

第一，交易中并未放入中国政府的批准作为交易的先决条件。交易中的监管审批机构主要有 FIRB、CFIUS 和美国的反垄断审查。但将澳大利亚、美国、德国、意大利、比利时、英国和爱尔兰七国的政府机构或者法院不对交易施加限制作为先决条件。

第二，交易中鼎晖承担监管审批风险，并提供了 2 亿澳元的反向分手费。在交易未能获得批准的情况下，鼎晖向 Sirtex Medical 公司支付 2 亿澳元。2 亿澳元的反向分手费包括澳洲监管风险、美国反垄断监管风险、美国外商投资审查委员会风险以及鼎晖和远大医疗的重大违约风险。

第三，对反向分手费的安排采取了托管账户安排。在交易文件签署时，鼎晖就将 1.71 亿澳元存入了澳洲的一家主要银行，在交易文件签署后的 10 个工作日后，将进一步存入 4900 万澳元。在触及到反向分手费支付的时候，只需要从监管账户上拨给 Sirtex Medical 公司即可。这就解决了卖方通常担心的反向分手费无法得到执行的问题。

第四，将不确定的买方变成了确定的买方。鼎晖在向 Sirtex Medical 公司董事会中所提交的确定性约束报价函中，还给远大集团旗下的远大医药留下了 46%~49% 的参与空间。但在最终达成的协议中，远大医药直接进入和鼎晖的联合体并明确了 49% 的收购比例。

第五，为融资提供了确定性。鼎晖从中国银行澳门分行获得了 9.33 亿澳元的融资承诺；远大医药将利用自有现金和 4.74 亿澳元的借款履行交易支付义务。同时，鼎晖还承诺了股权出资义务，并在远大医药无法提供资金的情况下，将以 100% 的交易对价进行担保出资。

第六，细化了交易政府审批安排。首先，尽管交易需要获得澳洲外商投资审查委员会审批，但 Sirtex Medical 的主要业务并不在澳大利亚，因此 Sirtex Medical 董事会认为澳洲监管审批风险并不大；其次，美国的反垄断审批机构也没有理由不放行该起交易，因为鼎晖、远大医药和 Sirtex Medical 在北美市场上并没有重叠的产品，反垄断审批风险也不是很大；最后，针对美国外商投资审查委员会，鼎晖和远大医药准备对交易的部分资产进行剥离，承诺对实际经营进行限制，对于鼎晖和远大的信息权及管理权进行限制，在保持所有权的基础上，将 Sirtex Medical 公司美国部分资产可以交由第三方来进行管理，对涉及美国病人的数据和处理放射性物质的事项进行外包处理。

第七，股东提前支持为交易提供确定性。远大医药是香港上市公司，由于这笔交易对于远大医药来说构成了在香港上市规则下的“重大交易”，因此需要公司召开股东大会进行审批。由于远大集团是远大医药的大股东并持有超过远大医药 50% 以上的已发行股份，因此远大集团向 Sirtex Medical 提供了不可撤销的将在远大医药特别股东大会上投票支持交易的承诺。此举进一步为交易的完成性提供了确定。

第八，较快的时间表。双方达成的时间表为 2018 年 9 月完成交易。尽管时间表是一个所谓的示意性时间表，但双方同意的时间表表明，双方将尽快地推进交易的各项工作，争取顺利完成。

因此，在综合考虑收购价金、审批风险、融资确定性等诸多因素后，Sirtex Medical 公司的董事会作出了终止与瓦里安的收购交易，向全体股东改而推荐与鼎晖和远大医疗的交易。

那么，从中国投资者的角度，这一起案例能给我们带来何种启发？

第一，下手时机要稳准狠。鼎晖这次跑在前面提交收购报价，后续远大医药再跟上，主要是为了先将瓦里安的收购报价“截胡”，让 Sirtex Medical 公司董事会决定推迟股东大会表决。

第二，在适当承担政府监管审批风险的同时，对政府监管审批风险进行控制。比如，鼎晖和远大医疗在交易中就明确表示，如果美国政府在审批过程中要求的国家安全风险减轻措施的条件将导致 Sirtex Medical 公司的年销售收入减少额达到或者超过 5000 万美元，那么鼎晖和远大医疗并无义务接受该等要求。

第三，为交易提供灵活性。对远大医药在交易中的地位进行了灵活性处理。如果在美国监管审批过程中对于远大医药的股权参与有担心，则远大医药将采取灵活的方式（包括不对 Sirtex Medical 公司美国业务拥有控制权）来打消美国政府监管审批对于国家安全问题的担忧。

第四，融资及时到位。如果只是报出高价而没有让卖方所信服的落实融资的方案，那么得到 Sirtex Medical 公司董事会一致性支持是不可能的事情。

第五，按照惯例办事。如在澳洲上市公司收购中，通常只能获得交易的股权价值 1% 的分手费。因此在这起交易中，如果有更优报价出现且鼎晖与远大医药不对更优报价进行匹配，那么 Sirtex Medical 公司将向鼎晖与远大医药支付 1900 万澳元的分手费。

可以预见的是，中国企业参与全球并购竞购战的频率将越来越高。鼎晖与远大医疗赢得澳洲上市公司 Sirtex Medical 竞购给我们做了个很好的正面例子。

# 56 博通对高通的千亿美元恶意收购案：两个实务看点



正在进行的博通公司对高通公司进行的千亿美元恶意收购，为我们观察并购交易实务的多个方面提供了鲜活的材料。

博通公司在美国时间 2017 年 11 月 6 日向高通发起“不请自来”的收购报价，对高通每股报价 70 美元，包括 60 美元现金加价值 10 美元的博通股票。这种“不请自来”的报价，在交易中也被视带有恶意的收购。刚过去的 2017 年中，恶意收购和带有恶意收购性质的交易达到了近 6000 亿美元，占到全球并购交易额的 15%。需要说明的一点是，“恶意收购”和“善意收购”的说法对于商业主体来说本身并没有褒贬义，无非是商业手段而已。恶意收购是可以向善意收购转化的，善意收购也可能转化为恶意收购（当然，如果在 Standstill 和 DADW 条款的限制下，这个转化比较困难[1]）。一些著名的交易，如

[1] Standstill 条款是善意收购上市公司情况下，潜在买方和目标公司签署保密协议（或单独的 Standstill Agreement）中的常见条款，其目的主要是在目标公司向潜在买方提供其未经披露的保密信息后，潜在买方未经目标公司同意不得在市场上购入目标公司股份，这也是一种防止潜在买方恶意收购目标公司的保护手段。DADW 的全称是“Do not ask，do not waive”，这个经常包含于 Standstill 条款之中，其目的主要是目标公司能够控制交易流程，使潜在买方未经目标公司允许，不得向目标公司提出流程之外的报价和要求目标公司放弃“Standstill”的限制，在客观上能够使潜在买方在目标公司规定的报价流程中报出可能的最高价格。

百威英博收购萨博米勒，就是先从带有恶意的向市场公开报价（在百威英博的两次向萨博米勒董事会报价被拒绝之后）然后走到双方达成友好的合并交易。本次全球并购浪潮的一个特点就是千亿美元以上的恶意收购成为了并不鲜见的事项：无论是从恶意变为善意的百威英博收购萨博米勒，还是宣布后很快撤回的巴菲特联合3G资本对联合利华的“不请自来”收购报价，以及到博通展开与高通的代理投票权之战，都在证明这一点。

博通为了使自己对高通的并购交易报价更有吸引力，向高通提出了一系列提高报价确定性的方式：

（1）无论高通正在进行的恩智浦收购是否完成，高通提出的并购交易均将进行[1]。

（2）交易没有融资作为先决条件，美林、花旗、德银、摩根斯坦利和JP摩根已经提供了融资的高度信心函，银湖资本已经提供了50亿美元可转债的融资承诺函。

（3）博通将从新加坡公司转为美国公司，以提高交易确定性。新加坡公司收购高通这样的美国公司，需要接受美国外商投资审查；而直接将自己变为美国公司，则不需要接受外商投资审查。

（4）预计交易没有大的监管障碍，交易将在12个月内完成。博通已经聘请了一系列经济学家和法律专家对交易可能的监管障碍进行分析，对完成交易很有信心。

（5）对于高通员工持欢迎态度，博通表示了对高通员工在合并后公司留任的态度。

高通董事会在经过考虑之后，拒绝了博通公司的千亿美元报价，理由是博通公司的报价低估了高通公司的价值，且报价中并未提供获取监管机构审批的交易确定性方案。

[1] 高通公司于2016年10月，以380亿美元的报价收购荷兰半导体公司恩智浦，截至博通向高通提出收购，该交易尚未完成。

在高通董事会拒绝博通“不请自来”的报价之后，博通开始发动代理投票权之战：在 2018 年 3 月将举行的高通股东大会上拟提名 11 名董事，以替换现有高通董事会成员，以便继续进行其被高通现有董事会拒绝的千亿美元收购报价。自从“毒丸”等抵抗恶意收购的方式被创造出来之后，要进行恶意收购的买方往往只能依靠迂回的方式来进行恶意收购：通过在目标公司股东大会上取得股东投票支持恶意收购方提名改选董事会成员，换掉原有不合作的董事会成员，然后废除原有的反恶意收购措施，再和卖方进行并购交易的谈判。

当然，这一招在死手“毒丸”的方式下行不通：死手“毒丸”是“毒丸”只能由通过其的董事会予以废除，因此通过代理投票权之战赢得董事会的恶意收购方即使在股东大会中选上了自己提名的董事，也无法达到想要的效果。但死手毒丸这一方式现在几乎绝迹，一是合法性的问题；二是良好公司治理的不允许。因此，使用代理投票权之战的方式来进行恶意收购是行得通的。

代理投票权之战是个非常费钱的事儿。Nelson Peltz 和宝洁公司的代理投票权之战还在因为票数的问题缠斗时，宝洁公司已经为此花费了 6000 万美元[1]。

在代理投票权争夺战期间，目标公司和恶意收购方纷纷采用向投资者发送白皮书、宣传材料、建立网站、媒体攻势等多种方式来争取股东支持。比如高通董事会在公开给投资者的 PPT 中，就着重说明为什么高通自己发展而不是接受博通的恶意收购报价更好，同时还强调了如下几点：

（1）博通的报价 PE 倍数仅仅在 10 倍，而历史交易数据在 20 倍左右，博通报价严重低估了高通价值；[2]

（2）博通提名的董事会人选给高通带不来价值，所有提名的董事

［1］ 最终宝洁宣布 Nelson Peltz 将进入董事会。
［2］ 根据高通董事会的数据，高通在 2019 年的预计每股收益为 6.75~7.5 美元。

会人选没有一个在超过 200 亿美元市值的公司里实际经营管理过，博通要求股东替换现有董事会成员的目的只有一个：选上博通提名的董事后，让这帮和博通带有可能利益关系的董事去和博通谈收购高通公司的交易；

（3）交易的监管不确定性高，交易所需的审批时间至少超过 18 个月，将对高通发展和正常经营带来影响。

因此，高通董事会号召公司股东支持现任董事会。

博通除了通过常规手段对高通的主张进行驳斥外[1]，还进一步将报价提高至 82 美元/股，其中包含 60 美元/股现金 + 价值 22 美元的博通股票。这也是进一步逼高通董事会走到谈判桌前，谈一个双方能够达成的友好交易。

在博通进一步提高的报价中还包括如下条款：

（1）承诺支付监管计时费，如果在签署确定性交易后一年内未获得监管机构审批完成交易的话，博通承诺在超过一年的时间之外向高通另行支付计时费。

（2）承诺支付高额反向分手费。如果交易因为监管原因未能成功，则博通愿意向高通支付高额反向分手费。

（3）博通已经从金融机构获得确定性融资承诺，备好收购高通的资金。

（4）博通欢迎现有高通董事会的两名董事会成员加入合并后公司董事会。

博通在高通股东大会只有差不多一个月的时候提高报价，一是逼着高通董事会认真考虑其报价；二是仍然举着代理投票权之战的大棒：在高通董事会如果仍然拒绝和博通谈判友好交易的情况下，至少高通的股东应当考虑是否选任博通提名的董事会成员来考虑博通

[1] 主要从常规的过去高通董事会未能最大化股东价值、增长乏力、被监管机构罚款和商业伙伴进行诉讼等方面对高通现任董事会进行了攻击。

的报价。

高通董事会在收到提价报价后的第三天拒绝了博通报价，认为该报价从价格和交易的确定性上均未满足高通董事会的要求。但出于对董事会信义责任的考虑，高通董事会同意与博通会面，看博通是否愿意接受高通董事会关于价格与交易确定性的想法。

高通董事会在回复博通的信件中明确表明：

（1）博通报价严重低估了高通的价值。该报价没有考虑高通收购恩智浦公司后带来的价值增加，也未考虑现有授权争议解决和未来5G发展的价值，对行业惯常收购倍数亦考虑不足。高通董事会实际上是在追问：博通公司每股82美元的收购报价究竟是不是其在报价信里所说的Final and Best Offer?

（2）博通需要提出更加明确的义务来满足监管审批的要求。如果高通董事会同意交易，而交易因为监管审批的原因未能完成，则将给高通和高通股东利益带来巨大损害。博通是否愿意承诺采取一切手段去确保交易能够完成?（注意，高通董事会这里实际上在提示博通公司，需要采取Hell or High Water义务去获取监管审批）。如果博通不愿意采取该等义务，则必须明确在何等监管审批条件情况下博通将不再继续交易。

对于高通董事会回信应对博通提高后的报价内容，我们从并购交易的两个实务点来谈谈。

第一，传统上应对恶意收购的“Just Say No”的方式，其实也是要受到董事会信义责任限制的。

对于所谓的“Unsolicited Offer”，即前文中所说的“不请自来”的报价，目标公司董事会传统上可以采取和恶意收购方拒绝接触并不取消公司“毒丸”等反恶意收购手段的方式来进行抵抗。这一方式名声大噪是通过Paramount Communications诉Time一案。当年，

Time 公司和 Warner 公司合并时[1]，派拉蒙公司跳出来搅局，向 Time 公司报出了 175 美元 / 股高价，并表示“价格还可以谈”。但 Time 公司的董事会认为，从长远来看，和 Warner 公司的合并要比卖给派拉蒙公司更为有利，因此拒绝和派拉蒙公司展开谈判。另外，Time 公司的财务顾问也确认：Time 公司的实际价值要远高于派拉蒙公司的 175 美元 / 股的报价。在拒绝派拉蒙公司报价的同时，Time 公司也改变了和 Warner 公司的交易架构：首先以每股 70 美元现金购买 Warner 公司 51% 股份，然后以股票加现金的方式完成对剩余 49% 股份的收购。随后，派拉蒙公司将对 Time 公司报价提高到现金 200 美元 / 股，但仍然被 Time 公司所拒绝。派拉蒙公司随后对 Time 公司提出诉讼，部分对董事会不满的 Time 公司股东也加入了诉讼。鉴于此案涉及的问题较多，笔者在此将不展开讨论，但值得一提的是，法院最后确认了 Time 公司对于派拉蒙公司不请自来的报价“Just Say No”的做法是合法的，只要董事会是出于善意且在充分调查的基础上做出的结论。

对于遭受恶意收购的目标公司“Just Say No”的抵御方式，嗣后也得到了不少案例的后续支持。但从博通对于高通发起的这个收购案中，我们可以明显地看出，在博通提高报价、并表示愿意采取适当的方式来考虑监管风险、加强交易的确定性后，尽管高通公司的董事会再次拒绝了博通的报价，但明确表示愿意和博通公司接触，以便探寻博通是否愿意提价以及承诺采取“Hell or High Water”义务去获取监管审批。

因此，我们可以看出，“Just Say No”抵抗方式的运用，也需要考虑具体交易的情况，比如，恶意收购方是否报出了足够高的价格，是否有公司股东表明支持恶意收购方的报价，目标公司董事会是否认真履行信义责任考量了所有对公司、对股东有利的可选方案。鉴于博通提出了修改后的报价，且已经和高通公司的不少大股东进行了沟通，

[1] 该交易一开始是全股票合并交易，合并后 Waner 公司原有股东将在合并后公司中持有多数股权。

高通公司董事会做出愿意给予博通公司会面的机会来讨论的表示，也是对自身信义责任的满足。

在高通董事会表示愿意和博通公司进行沟通后，博通迅速发信，表示愿意立即和高通公司会面，并对高通公司董事会要求双方见过投票咨询机构 Glass Lewis 和 ISS 后再举行会谈表示不满；同时，博通也向高通发出了准备的并购协议，提出了支付 80 亿美元和监管相关的反向分手费以及年息达 6% 的监管计时费[1]。最后，博通确认 82 美元 / 股的报价是 Final and Best Offer，因为从高通 20 多年作为上市公司的记录来看，只有 3 天的股价是在 82 美元之上的[2]。

第二，交易的确定性问题。从博通公司的角度来看，愿意承诺市场化的反向分手费、愿意在交易过渡期超过 12 个月时支付计时费已经能在很大程度上解决高通公司所担心的监管审批问题。高通公司董事会认为，这个交易实质是全球第一大芯片公司高通和第二大芯片公司博通的合并，因此交易所面临的反垄断风险和可能的国家安全风险极大，博通仍然需要进一步提高报价的交易确定性。



**表 8　交易中博通公司和高通公司的立场及交易确定性的影响**

| 博通立场 | 高通立场 | 交易确定性的影响 |
|---|---|---|
| 双方业务重叠板块对于交易的体量来说并不大；无线网络处理器和 RF 前端芯片可能是真正的监管关注点，但已经做好相关处理准备；博通已经做好了相关资产剥离准备，市场上有许多合格的买方，包括私募买方 | 双方业务重叠板块众多，不仅包括无线网络处理器和 RF 前端芯片板块，还有其他业务重叠，因此有很大的监管问题；涉及全球超过 12 个监管法域的审批监管机构将会要求重大的剥离，合并后的公司发展受到极大限制；资产剥离的合适买家寻找困难，监管机构需要满意买家身份 | 识别重叠板块及数量对于获取反垄断监管审批非常重要 |

[1]　监管计时费的年息基于博通公司报价的现金部分。
[2]　该报价对于高通 30 日股票均价溢价 56%。

续表

| 博通立场 | 高通立场 | 交易确定性的影响 |
|---|---|---|
| 监管审批不会有真正的障碍，无论是欧盟、中国商务部还是其他的监管机构都是非常专业化的，不会径直就禁止交易的；中国的手机生产商不是反对交易，而是对交易后可能发生的变化表示担忧，这种担忧是可以解决的；博通已经开始和美国、欧盟和中国监管机构的接触 | 监管将带来很大的障碍，尤其是在欧盟和中国。欧盟会采取与美国不同的方式去看交易对竞争的损害；而在中国，中国的手机生产商[1]已经表示了对博通—高通交易的反对，中国政府会要求相关的竞争损害减轻手段，不仅仅包括资产剥离，还可能包括行动要求、授权和限价承诺等；中国政府的要求还可能带来美国国家安全审查问题 | 交易可能不会获得监管机构审批，或者审批会有非常大的限制前提条件 |
| 博通将向高通提供获取监管要求的承诺，该等承诺的程度将不低于高通收购恩智浦过程中向恩智浦做出的承诺：合理最大努力去获取监管审批，仅受限于造成重大不利变化的监管审批条件。作为一个巨大体量的公司，造成高通重大不利变化的条件是非常大的；同时，博通采取的具体化剥离措施和获取监管审批的义务，比高通向恩智浦承诺的义务更高 | 高通和恩智浦的交易和高通与博通交易无法比较，恩智浦和高通并无众多的业务线重叠 | 博通需要向高通提供更强的交易确定性保障 |

［1］ 包括小米、VIVO、OPPO等中国手机生产商。

续表

| 博通立场 | 高通立场 | 交易确定性的影响 |
| --- | --- | --- |
| 交易中愿意采用Reasonable Best Efforts方式去获得监管审批，“Hell or High Water”义务是一个不太明确的法律概念，只会给交易带来不确定性；在监管机构要求的资产剥离将带来重大不利变化的情况下，博通没有义务接受该等要求。根据美国律师协会的研究，Hell or High Water 义务程度仅仅在 3%~6% 交易中被使用，并不是市场惯例。超过 90% 的公司对于买方不承诺 Hell or High Water 义务感到放心。博通公司的资产剥离承诺，80 亿美元反向分手费和计时费，为交易提供了获得监管审批的确定性 | 博通需要采取“Hell or High Water”义务去获取监管审批。在谷歌收购 DoubleClick 和 Family Dollar 收购 Dollar Tree 的交易中都约定了此义务 | “Hell or High Water”义务意味着博通需要采取一切努力去获得监管审批，包括和监管机构进行诉讼、满足监管机构要求的一切资产剥离和行为限制 |
| 和交易规模相等的反向分手费（博通在嗣后的报价中明确为 80 亿美元[1]） | 需要明确反向分手费数额，需要能明确弥补高通因为交易未能获得监管审批的损失 | 现有 80 亿美元的反向分手费未到交易价值的 10% |

[1] 这是并购史上承诺的最大额反向分手费。

续表

| 博通立场 | 高通立场 | 交易确定性的影响 |
|---|---|---|
| 交易将在12个月内完成，如果因监管审批原因未能完成将支付监管计时费（博通在嗣后的报价中明确为现金报价部分年息6%），博通以往的并购交易，获得监管机构的审批从未超过12个月。博通和监管机构的提前接触以及资产剥离承诺，将使获得监管机构的审批更快。确定性协议是否签署不影响和监管机构的事先接触 | 交易不太可能在18个月内完成，尤其是欧盟和中国的反垄断审查的时间，过去几年全球大型并购的交易实践表明，监管审批超过18个月的比比皆是 没有签署确定性协议，监管机构将不会开始正式审查 | 需要更为高额的监管计时费 |
| 博通已经获得必要的融资承诺，交易的完成不以融资作为交易先决条件[1] | 未提出异议 | No Financing Out |

从博通和高通关于博通报价是否给高通带来交易的确定性辩论可以看出，分配并购交易的确定性风险的主要技术化要素，仍然在于获取监管承诺的义务、反向分手费的额度、监管要求剥离的限制条件以及计时费的高低。

博通对高通这起千亿美元级别的恶意收购，已经在特朗普总统所颁布的阻止交易行政令下宣告失败，这也进一步说明了双方关于交易确定性辩论的重要性。

[1] 博通已经和12家机构签署了可达1000亿美元的约束性的融资承诺，因此对于82美元/股报价中的60美元现金部分有足够的支付能力。

# 57 社交媒体、网站及公开信在并购交易中的运用



中国企业已经开始在并购中日益注重社交媒体的使用了。社交媒体可以宣传交易中公司立场、推广公司的战略发展计划、对并购交易发表正面看法、影响利益相关方对交易的态度等。

在蚂蚁金服和 Euronet 对 MoneyGram 公司的竞购战中，我们就看到了蚂蚁金服在并购交易中对社交媒体、交易网站的灵活使用。

MoneyGram 公司准备在 2017 年 5 月 16 日召开股东大会以便决定是否支持蚂蚁金服和 MoneyGram 的并购交易到来之际，蚂蚁金服上线了专门的网站来对自身的立场进行说明和宣扬。感兴趣的读者可以访问 www.antandmoenygram.com 去看一看，内容做的十分不错。

蚂蚁金服并不是第一家使用网站来宣传交易和传递信息的中国买方，但却是做的非常出色的一个案例。这也和其经历了和 Euronet 的竞购战以及 Euronet 在竞购战中宣称蚂蚁金服并购 MoneyGram 将给美国国家安全带来损害，因而无法得到美国政府审批有关。竞购战的双方为了争取利益相关方的支持，会通过传统媒体、社交媒体、

建设专门网站、向股东或投资者发布白皮书、公开信等各种手段来增大自己交易成功的可能性。

在并购交易中利用社交媒体或者网站来发布信息、增进利益相关方对收购方立场的了解、宣传收购方将给交易带来的好处、驳斥竞购方或者媒体的立场，需要注意以下几个因素（笔者将结合蚂蚁金服在并购 MoneyGram 交易过程中的实例，来对并购交易中各种手段传递信息的使用进行阐释）。

## 一、注意对相关证券法律法规和交易所披露规定的遵守

在社交媒体发布有关的交易的立场、意见等，首先需要关注的是是否符合证券法律法规。尤其是关于内幕信息、合规披露等方面的风险，交易的买方需要和交易卖方、外部顾问进行商议、咨询后进行发布，确保合法合规，同时注意保证交易双方的披露口径一致。

## 二、要采取多种手段传递信息

比如，蚂蚁金服在和 Euronet 的竞购战中，就使用了几乎所有能用上的媒体手段来获取支持。

1. 对传统媒体的使用

在蚂蚁金服收购 MoneyGram 的交易宣布后，华尔街日报发表了名为“Check China's Financial Investments in the U.S.”的文章，对蚂蚁金服的收购目的进行曲解。蚂蚁金服随后发表公开信，对蚂蚁金服收购的立场进行解释。随后，美国主流媒体之一的《华盛顿时报》发表了名为“A Wary Eye on China”的文章，对中国政府、中国企业尤其是蚂蚁金服对 MoneyGram 的收购有非常不友好的言论，其中包括：中国政府有可能在中国私人企业的海外收购中扮演了重要角色，MoneyGram 公司也为美国军人和政府公务员提供汇款服务，中国公司将掌握这些敏感的信息，且有可能被中国政府所使用；而一家

重要的美国货币汇款服务公司被中国公司持有，信息安全、政府对恐怖分子钱款的转移和洗钱的监控将受到影响，因此，美国国家安全审查委员会应当慎重考虑对这起交易的审批。这篇文章发表后，蚂蚁金服国际公司的总裁、前高盛资深银行家 Doug Feagin 在《华盛顿时报》上发表公开信，对该文章所持的立场进行了驳斥：(1)蚂蚁金服不为中国政府所持有和控制，中国政府旗下的投资基金对蚂蚁金服的投资和美国政府控制的年金投资性质是一样的，仅仅是被动的财务投资而已，在蚂蚁金服股权中并不占主要地位，也不参与蚂蚁金服的管理层，无权查看公司所持有的消费者数据。(2)保护 Moneygram 的消费者数据是最为重要的事情。蚂蚁金服承诺采取严格的信息保护政策和确保消费者隐私，并且将美国消费者数据存储于美国的服务器之上。(3)交易完成后的 MoneyGram 将持续独立运营，原有的管理层将继续在达拉斯总部对公司进行管理。(4)蚂蚁金服在去年完成的对美国公司 Eyeverify 公司的收购，成功地获得了美国外商投资审查委员会的审批。蚂蚁金服认同《华盛顿时报》的看法，交易应当得到适当的审查。蚂蚁金服对于美国政府的详细和负责的审查流程非常有信心。对有影响的主流媒体发表的对交易可能带来误导性的言论，这种及时应对是非常重要的。

2. 对网站的使用

蚂蚁金服为并购 MoneyGram 交易所设立的网站，主要包括几方面的内容：(1)强调蚂蚁金服和 MoneyGram 之间的并购交易是对美国的投资，将对 MoneyGram 的生意和团队带来增长。强调了将为美国带来工作机会，强化现有的运营。(2)交易的描述。对蚂蚁金服和 MoneyGram 之间交易的一些具体事项进行描述和说明，增加利益相关方对交易细节的了解。(3)交易过程中所发布的公告、公开信等内容的汇总。在并购交易过程中设立相关的网站，可以起到树立良好形象、权威发布信息、积极沟通的作用。

3. 对竞购方 Euronet 的攻击

在蚂蚁金服和 MoneyGram 签署并购交易后，竞购方 Euronet 带着更高出价和对蚂蚁金服的攻击出现了。Euronet 在公告中，宣称自己的报价相较于蚂蚁金服和 Moneygram 的交易构成了明显的“更优报价”：(1)价格：比蚂蚁金服 8.8 亿美元的报价高约 15%，达到了 10 亿美元。(2)给 Moneygram 的股东带来更高价值。(3)融资确定性：Euronet 出资为全现金，无融资作为先决条件，且已经拿到富国银行出具融资承诺函。(4)交易确定性：Euronet 和 MoneyGram 的交易没有美国外商投资审查委员会审批、没有获得汇款服务执照的先决条件。Euronet 已经在 Moneygram 拥有汇款服务执照的主要州拥有了资质，和各州监管的良好关系使监管同意仅是程序上的事情。(5)对蚂蚁金服交易的攻击：MoneyGram 和蚂蚁金服的交易将涉及各州的监管审查，一个没有执照的国外公司需要受到严格的背景调查；而无法获得各州监管审查导致交易失败，蚂蚁金服无须支付任何反向分手费。MoneyGram 和蚂蚁金服已经达成交易中所规定的先决条件是否能够满足带有高度不确定性；美国国会议员、相关组织等已经表达了对 Moneygram 和蚂蚁金服交易带来的国家安全担心；Moneygram 持有数百万美国消费者的个人金融数据记录，会让美国外商投资审查委员会的调查变得复杂；蚂蚁金服将可能和美国外商投资审查委员会进行国家安全风险减轻协议的谈判，时间可能会较长。

在竞购方 Euronet 出现之后，蚂蚁金服对 Euronet 的身份、未给美国带来实质性好处、Euronet 将会在交易后裁员等各个角度进行了还击：(1) Euronet 为了赢得交易，采取了虚构的国家安全问题，并企图引发对商业交易的政治干预；(2) Euronet 公司 85% 的资产在美国之外，也并非是真正意义上的“美国公司”；(3)在美国，仅仅有 150 名雇员；(4) Euronet 几乎所有存储数据的服务器和数据中心都位于美国之外，仅仅只有两个数据设施位于美国；（5）Euronet 最近刚因为大量数据泄露问题而被处罚，该公司的数据安全问题值得担心；（6）Euronet 公司 28% 的收入来自美国，但几乎在美国不交税，才在美国缴纳了过去 10 年所有纳税额的 4%；（7）Euronet 在投资者分析会上表示在收购 MoneyGram 之后，需要在成本方面削减 6000 万美元，这将必定带来对美国设施和雇佣人员的减少；（8）Euronet 如果收购成功，将会减少行业竞争者数量，而蚂蚁金服并购则不会带来这样的情况。这种“来而不往非礼也”的竞购公关和宣传战，一方面，有利于减少交易竞争对手攻击所带来的影响与损害；另一方面，也有利于影响收购公司的股东，争取更多股东的支持与投票。

在蚂蚁金服进一步提高价格、超过 Euronet 的报价之后，蚂蚁金服还发布了一张双方交易优劣的对比表，令人印象非常深刻。

**表 9　蚂蚁金股与 Euronet 的交易优劣对比**

| 蚂蚁金服 | 对比项 | Euronet |
|---|---|---|
| 18 美元每股（比 Euronet 报价高出 18.4%） | 报价 | 15.2 美元每股 |
| 2017 年下半年 | 交易完成时间 | 2018 年上半年 |
| 2017 年 5 月股东大会审批监管审批进展良好 | 交易进展 | 无进展，尚未与 MoneyGram 就交易达成一致 |
| 高度互补 - 数字技术驱动的更大汇款平台 | 交易逻辑 | 将重合的货币汇款业务结合 |
| 后续更多投资、创造更多就业机会 | 协同效应 | 6000 万美元成本削减，将带来裁员和设施减少 |
| 保留现有管理层及德克萨斯总部 | 管理层 | 现有管理层和总部重合 |
| 承诺大量资本及数字技术投入 | 对系统及合规投资 | 为交易大量举债带来投资限制 |

续表

| 蚂蚁金服 | 对比项 | Euronet |
|---|---|---|
| 已经获得美国反垄断审批<br>美国之外无需反垄断审批<br>已经获得货币汇款控制权变更的几个州批准<br>已经和美国外商投资审查委员会有了积极的接触 | 监管要求 | 会有反垄断问题<br>和 MoneyGram 的业务有很多重叠<br>美国反垄断审查调查<br>欧盟反垄断执法严格<br>反垄断审批时间很长<br>Euronet 愿意在反垄断风险审批中承担的风险很小<br>货币控制权变更批准不容易获得 |
| 拥有充足财务资源的世界领先的电子支付公司之一<br>交易的融资已经从几家美国领先的银行获得 | 财务实力 | 并购贷款将使 Euronet 的财务报表难看<br>仅靠美国有限的营收难以支付债务利息<br>并购后投资力度欠缺 |
| MoneyGram 将独立运行<br>MoneyGram 美国消费者资料将继续存储于美国的服务期及由 MoneyGram 雇员管理<br>承诺保护资料隐私 将和美国及其他国家执法机构积极打击非法融资 | 客户资料保护及合规 | 债务将限制 Euronet 继续在 MoneyGram 的系统、合规和反洗钱基础设施上投资能力<br>Euronet 最近因违反反洗钱规定而被美国和其他国家监管者罚款<br>Euronet 曾经导致 2 百万张信用卡账户资料信息泄露<br>Euronet 大量数据中心在美国之外，数据保护的标准较弱 |

具体的竞购双方优劣对比，通过这样列表的方式一目了然，很具有说服力。

4. 向 MoneyGram 公司的雇员、代理、消费者和合作伙伴发出公开信

蚂蚁金服在交易的过程中，向主要的利益相关方及时了传递了如下信息：（1）交易将为 MoneyGram 带来更好的发展机会和平台；（2）蚂蚁金服认可 MoneyGram 的管理层和雇员，蚂蚁金服收购后将

带来更多投资、更好的雇员发展机会;(3)蚂蚁金服在收购后将持续的为消费者带来同样快捷、可信及经济的汇款服务,同时MoneyGram和蚂蚁金服的生态系统结合起来将更良好为消费者提供服务;(4)对于现有的MoneyGram的代理商和合作伙伴,将在未来拥有提供更多服务的可能性;(5)蚂蚁金服全球6.5亿用户的信任非常重要,因此保护用户的数据和信息非常关键;(6)蚂蚁金服过去在美国的成功收购已经证明了其有能力带来更好的发展空间和机遇。

公开信是收购方安抚利益相关方、传递买方因交易带来的积极因素和良好沟通的一种常用方式。蚂蚁金服的公开信,一是及时,二是充分抓住了利益相关方所担心的问题,可资中国企业未来海外收购过程中借鉴。

5. 利用其它社交媒体

蚂蚁金服也利用自己在Twitter上的账号等工具,向公众传递其并购MoneyGram所带来的好处和机遇。善于利用社交媒体的力量和传播性,也是在并购交易过程中值得注意的一点。

6. 利用媒体平台、采访或者新闻发布会进行信息传达

在蚂蚁金服收购MoneyGram的过程中,蚂蚁金服的高管多次接受采访,阐明其对交易的态度,并对媒体的一些质疑和问题进行了良好的解释和回答。在并购交易中,交易的买方采取积极主动、透明沟通的态度,利用各种平台、采访或者新闻发布会的方式来传达主张或者看法,是非常好的方式。

## 三、传递的内容和信息要立场鲜明、准确和有力

无论利用哪种手段去传递并购交易的信息,去实现展现买方公司文化、价值观和并购交易给利益相关方带来的好处,比其他竞购方的优越性等目的,都需要注意,所传递的内容和信息一点要做到立场鲜明、内容准确和姿态有力。

比如，蚂蚁金服在和竞购方 Euronet 进行方案对比的时候，就抓住了价格、交易确定性、未来发展、合规等重点因素进行阐述；在对主流媒体报道可能引发的公众误解上，及时发出公开信，对蚂蚁金服和中国政府的关系、蚂蚁金服对数据保护的承诺等重要信息和立场进行了阐明，这些都有助于打消公众、利益相关方对交易可能带来风险的疑虑，也是树立公司良好形象、获得股东支持的途径。

蚂蚁金服并购 MoneyGram 交易过程中使用社交媒体、网站及公开信等多种方式，来达到良好沟通、获取股东支持、获得公众理解、打消媒体不良言论影响等目的，为“走出去”的中国企业提供了一个良好的示范。

# 58 世界级项目、竞购战、创始人股东诉讼



2017年2月20日，Interoil宣布，加拿大育空省的法院批准了埃克森美孚并购Interoil公司的合并交易，合并交易在2017年2月22日完成，Interoil归入世界第一大石油公司埃克森美孚旗下。该合并交易在2017年2月14日Interoil重新召开的股东特别大会上，获得投票股东以91%股权比例高票的支持。

至此，这场夹杂着对世界级LNG项目控制权的争夺、大油公司之间的竞购与创始人股东诉讼的并购事件，历经十来个月，方尘埃落定。

## 一、巴布亚新几内亚的两个世界级LNG(液化天然气)项目

巴布亚新几内亚南太平洋的岛国，拥有无可比拟的美丽海景和世界知名的天堂鸟。虽和其发达的邻国澳大利亚比起来，经济水准确实相当的差，可谓天壤之别。在全球的经济体中，巴布亚新几内亚恐怕要排名到一百二三十位之后，比起笔者曾去过的不少非洲国家，其贫困和腐败更甚。

就是这样的一个落后国家，在过去20年内，竟然相继有了两个世界级的天然气大发现。而这两个世界级的油气发现是与油气野心家、巴布亚新几内亚政府、当地石油公司、世界油气大公司之间的明争暗斗是分不开的，所以要谈到该并购事件，就得从巴布亚新几内亚这两个世界级的液化天然气项目谈起。

巴布亚新几内亚第一个巨型天然气发现后进行的液化天然气开发项目由世界第一大石油公司埃克森美孚主导的。这个项目的可采资源有9个TCF[1]之多（外加2亿桶油）。这9个TCF的资源量是个什么概念呢？2015年，中国13亿人口一年消费的天然气是1900亿方左右，而巴布亚新几内亚的这个天然气发现可以供全中国消费一年多。由于巴布亚新几内亚国内市场无法消耗掉如此之大的天然气量，因此这个巨型天然气发现被做成了年产690万吨的液化天然气[2]（LNG）出口项目，项目供气期限长达30年。这个液化天然气项目已经在2014年开始产气，项目投资预算高达近200亿美元。参与者除了世界最大的石油公司埃克森美孚，巴布亚新几内亚的本地石油公司Oil Search（在澳大利亚上市，巴新政府占有部分股份）、巴布亚新几内亚国有石油公司、澳洲石油公司Santos、日本公司Nippon Oil和当地土著的公司均持有不同份额。这个项目参与者的组合从油气从业者的角度来看是非常具有逻辑性的：一个世界级的大油公司、两个当地公司、一个传统上给予了不少援助的邻国公司、一个亚洲天然气进口大国的公司、照顾当地经济发展而设立的土著人公司。

而巴布亚新几内亚的第二个世界级天然气发现就完全是一个石油野心家的故事了。这个野心家叫Phil Mulacek（以下简称菲尔），他的故事和一个叫作Interoil的公司息息相关。菲尔是Interoil公

[1] TCF是万亿立方英尺的缩写。

[2] 液化天然气是天然气经压缩、冷却至其沸点（-161.5℃）温度后变成的液体。通常液化天然气储存在-161.5℃、0.1MPa左右的低温储存罐内。液化天然气的主要成分为甲烷，用专用的液化天然气运输船或油罐车运输，使用时需重新气化。

司的创始人和前任董事长，因其不守规矩的对公司治理的破坏行为曾经被某八卦财经杂志评为世界上最有争议的首席执行官之一，与特斯拉的埃隆马斯克、如今的美国总统特朗普、垃圾债券大师米尔肯等并列。作为一个开创性的、具有强烈企业家精神的成功人士，他和2017年因车祸故去的前切萨皮克能源公司[1]创立者Aubrey McClendon一样——贪婪，坚韧，有眼光，坚持信念，充满野心，永不满足（这两位企业家，笔者本人在做项目时都曾接触过，的确都带有强烈的个人魅力）。这些，是菲尔成功的原因，也是其最终被迫离开自己一手创立的Interoil公司的原因。

Interoil公司的前身要追溯到20多年前菲尔刚一手创立的小公司——石油独立勘探公司。那时他搞了个小型基金，从投资人手里募集了几百万美元，然后在美国的第二大石油公司雪佛龙手里买了一家位于阿拉斯加的停工炼厂。之后，菲尔向投资者提出，可以将炼厂改造出售获利，也可以将其搬迁到邻近之地继续运营，还可以将其设备整体运到另一个国家，装上处理器后用来产出无铅天然气。在得到投资人同意后，他将炼厂整体运到他即将大展宏图的沃土——巴布亚新几内亚。在这里，菲尔又获得了新的融资，同时设立了新的公司架构，在此基础上，于1997年设立了后来著名的Interoil公司。在设立Interoil公司的过程中，菲尔将股权闪转腾挪，在这个过程中，原来为其提供资金的基金投资人的股权受到了所谓的不当处理和摊薄，而他的亲戚和朋友则在Interoil中获得了大量的股份。此事在以后给菲尔带来了长时间的诉讼并成为他最终被迫离开Interoil公司的导火索之一。

菲尔将Interoil从一个寂寂无闻的小公司搞到了几十亿美元市值的纽约证券交易所上市公司，主要还是靠其在巴布亚新几内亚成功地进行了两口天然气井的发现，而这两口探井为后来巴布亚新几

[1] 切萨皮克能源公司是美国第二大天然气公司。

内亚第二个液化天然气项目奠定了基础。虽然市场上一直对 Interoil 天然气的发现和量有怀疑，但在菲尔不懈地“忽悠”和努力之下，2006~2008 年 Interoil 公司成功地打了两口发现井之后，其天然气储量得到了较好的落实，为液化天然气项目的可行性奠定了基础。在此助力之下，菲尔在 2009 年把 Interoil 公司弄到了纽交所上市，并和巴布亚新几内亚政府签署了建设液化天然气项目的框架协议。借助巴布亚新几内亚又一世界级天然气发现的名头，菲尔的能说会道和两口成功探井的发现使其成功地吸引到了诸如索罗斯基金、美林、高盛、富国以及 BP 资本创始人皮肯斯对其进行投资。但是，尽管 Interoil 在推进液化天然气项目过程中也使用了浑身解数去获取投资和借贷，但对于 Interoil 这样依靠个人远见起家的石油公司来说，操作一个世界级的液化天然气项目显然超过了其自身的体量和能力，因此引入合作伙伴迫在眉睫——这同时也是巴布亚新几内亚政府的诉求，因为对资源国来说，在项目中有一个具有液化天然气项目成功作业经验的作业者参与，对又好又快地推进项目至关重要。

在 Interoil 推进巴新第二个液化天然气项目的过程中，不要忘了前面提到了埃克森美孚牵头的巴布亚新几内亚的第一个液化天然气项目。从埃克森美孚的角度看，如果能将巴布亚新几内亚的第二个 LNG 项目收入囊中，无论是从两个项目的协调还是成本协同效应上考虑，收购 Interoil 发现的巨型气田大比例权益自然是最为理想不过。因此埃克森美孚在 Interoil 公司折腾第二个液化天然气项目的过程中一直在观察和琢磨参与其中，并将项目的主导权搞到手。虽然在 2013 年的时候埃克森美孚和 Interoil 公司进行了好几个月的独家谈判，但最后双方未能谈拢。埃克森美孚这样的强势大公司要想在谈判中占这位精明人的便宜，那也是很难的。因此，谈不拢看起来也是个挺合理的结果。据称，壳牌和其他一些公司在这个过程中也参与了和菲尔的谈判，但均未成功。作为一个在“全球各地都有女朋友”（笔者和菲尔闲聊时的谈笑，不足为信）的成功人士，菲尔具有强烈的主导意识，这种强烈的主导意识使其很难和国际性大公司谈好合作——菲尔的那种有点“唯我独尊”的个性，使他很难和大公司要求控制项目的理念相融合。因此，菲尔虽然也和不少大公司进行过接触，但都谈不拢。而对于世界级的天然气项目来讲，缺乏强有力的资金和技术支持是走不下去的。因此，从把控项目主导权的角度来看，菲尔采用的策略是引入市场上的小玩家，对天然气发现进行分布的开发，和小玩家的合作也能确保他个人对公司和项目运营的控制。但是，这种策略并不符合资源国或者股东的利益，从资源国巴布亚新几内亚政府的角度看，寻求一个世界级的大公司进入项目并将其运作为一个巨型液化天然气项目进行更快、更好的开发，显然比起菲尔的分步开发策略是更为有利于资源国政府的。在菲尔主导 Interoil 公司期间，因为对于项目推进的时间表和路径方面的认识不同，巴布亚新几内亚政府和 Interoil 公司闹的并不愉快，多次主张 Interoil 违反了当初和政府所签署的项目框架协议，甚至几次扬言要收回天然气发现所依赖的矿证权益。

和不少牛公司的创立者一样，菲尔也是一个敢想敢干、把公司看作自己私人财产的人。比如，早在 Interoil 公司成立不久的时候，菲尔就将公司的一些所谓的“不确定”服务包给了一家叫作“直接雇佣服务”的公司。后来在相关的调查中发现：这家公司无法确认背后的公司高管确切身份，且号称对 Interoil 公司提供的服务模糊不明——一些百万美元级别的合同被授给了这家根本不提供实际服务的虚假公司。实际上，这家公司是被菲尔的亲属和 Interoil 公司的某些员工所控制。后来，这些内部交易的事情受到了监管机构的调查，同时前面提到的一些在菲尔原始积累阶段向其投资但认为“并未收到公正份额的 Interoil 股票”的投资人也开始起诉菲尔。Interoil 在市场上吹的故事也因为菲尔的个性而迟迟难以引入大的行业玩家带资本和技术进入，将其持有的巨型天然气发现变为可行的商业故事。巴布亚新几内亚政府也对菲尔主导的Interoil公司颇有微词。在各种因素的影响之下，菲尔受到了股东和董事会的一致责难。2012年8月，菲尔黯然从Interoil公司的董事长退位；进一步的，在2013年4月，菲尔被赶出了公司，不再担任Interoil公司的首席执行官；最后，在2013年年底，菲尔连在董事会中的席位也未能保住，被彻底地赶出了Interoil公司——新的Interoil公司引入了诸如原BG集团的首席执行官、Woodside公司执行过澳大利亚Browse天然气项目高管、BP公司负责勘探开发业务的CFO等具有丰富液化天然气开发经验的人员。离开Interoil公司之后，菲尔手中大概还持有5%左右的公司股票，已经无法在大事上对自己创立的公司施加更多的影响。

## 二、离开菲尔控制的Interoil公司

在菲尔被赶出公司之后，新的董事会改变了Interoil公司的发展战略：首先将Interoil公司的中下游业务全部卖掉，业务只集中于纯粹的上游活动，并再次开始了寻求外部合作的过程。离开了有个性和不愿受约束的菲尔，Interoil公司引入其他油气公司共同运作第二个天然气项目的工作进展得颇为顺利，并逐渐修复了和巴布亚新几内亚政府的关系。

在Interoil公司寻求外部合作的过程中，一开始主要是寻找在资产层面合作的买家。在这个过程中也有不少的故事发生：首先是受到巴布亚新几内亚政府支持的Oil Search并未直接从Interoil公司手上购买项目权益，而是通过购买Interoil公司在项目上的合作伙伴、持有项目百分之二十几权益的Pac LNG公司全部股权（巴布亚新几内亚政府为Oil Search为完成交易对价支付而进行的股票定向增发进行了认购）的方式进入了第二个液化天然气项目。通过购买Pac LNG公司的股权，Oil Search持有了第二个天然气项目22.8%的权

益，也绕开了 Interoil 公司和 Pac LNG 公司在项目的联合作业协议下的优先购买权。

经过公开招标，Interoil 公司宣布引入世界油气大佬中的道达尔公司，将其持有的项目权益 40.1% 转给道达尔。道达尔为此支付了约 4 亿美元的现金，并约定在第一座液化天然气厂的最终投资决策做出时对 Interoil 公司再行支付 7300 万美元，在第一船液化天然气交付时另行支付 6500 万美元。另外，如果所出让项目最终证实的天然气储量超过 3.5 个 TCF，道达尔将另行支付更高的对价。当然，Interoil 公司让道达尔进入项目的代价是逐步让道达尔掌握了天然气项目的主导权，并最后成为了这个项目的作业者。

Oil Search 公司这个时候跳出来，对 Interoil 公司引入道达尔的交易表示了异议，认为根据项目的联合作业协议的规定，自己应当行使优先购买权；还将 Interoil 公司弄到了国际商会进行仲裁。当然，对于大公司来说，做此类交易的时候都会对项目合作伙伴的优先购买权进行细致研究。Interoil 公司和道达尔交易的时候采用了将出让项目权益先装入旗下子公司再出卖的方式，避开了 Oil Search 公司在联合作业协议中的优先购买权，因而仲裁庭支持了 Interoil 和道达尔的交易。而曾经有小道消息说 Oil Search 之所以跳出来要主张行使优先购买权是受到了埃克森美孚在背后的支持。不过，笔者认为，鉴于 Oil Search 和巴布亚新几内亚政府的关系，Oil Search 若行使优先购买权成功后将卖给埃克森美孚的说法倒不一定为真。从巴布亚新几内亚政府的角度，并不愿意埃克森美孚掌握自己国家两条液化天然气生产线的主导权，而更加乐见道达尔这样具有技术和财务实力的公司来主导第二条液化天然气的开发——资源国玩的是不要把鸡蛋都放在一个篮子里的游戏，这也是其平衡各方利益，力图把控油气资源的常见玩法。之所以 Oil Search 跳出来反对要行使优先购买权，估计是巴布亚新几内亚政府想把选择牵头进行第二个液化天然气生产的大公司的权利抓在自己手中——猜想的话，估计这背后可能也少不了某些大公司的暗中支持。当然，最终仲裁的胜利也使OilSearch和巴新政府认可了道达尔公司进入第二条液化天然气的生产项目。由于大型油气项目交易在政治上的敏感性，很多时候，各利益相关方的暗战是无处不在的。

最终，由前任董事长菲尔一力推动、Interoil公司完成最初的天然气大发现，Oil Search、道达尔参与并由道达尔充任作业者（当地土著有很小部分权益、巴新政府在商业性发现后有权Back-in进入约20%权益）的这个巴布亚新几内亚天然气项目形成了暂时动态的平衡。

随着项目的继续推进，Interoil公司仍然继续需要大量的资金投入到自己权益份额上的液化天然气项目中去。Interoil在菲尔离开后的董事会领导下，也开始在不停地评估各种合作和融资的方案。2015年年中，Interoil公司启动了出让部分矿证下权益资产的资产售卖活动，市场上感兴趣的买家不少，大概有三十几家对资产进行了尽职调查，但Interoil公司的董事会发现感兴趣的买家所提供的报价中，没有一家报价是让其满意的。Interoil公司董事会开始考虑旗下更多的资产出售，并考虑在其他矿证资产旗下的作业权出让问题。在这个阶段，有几家“严肃的”买家和Interoil董事会进行了认真的讨论——其中有的潜在买家开始提出全盘收购Interoil公司100%股权的问题——包括前面提到的通过购买Pac LNG而进入到巴新第二个液化天然气项目的Oil Search公司。对于Oil Search来讲，在已经参与了埃克森美孚所主导的巴新第一条液化天然气生产线的态势下，给了其更多动力参与第二个液化天然气项目中去。当然，这个交易的实质是Oil Search和道达尔公司的联手收购，在Oil Search向Interoil公司报价之前，Oil Search已经和道达尔达成买完后将直接将Interoil公司部分资产权益转让给道达尔的约定。因此，在 Interoil 公司现任董事会决定将公司整体卖掉之前，其实是考虑过多种选项的：公司独立运营、公司售卖资产或者是融资交易等。

在这里笔者需要向各位读者介绍一下 Oil Search 公司相关的背景，Oil Search 背后的股东之一是巴布亚新几内亚政府，因此政府实际上也是支持 Oil Search 将 Interoil 买下之后，再行转让部分矿证下的权益给道达尔的行为。于是，在 2016 年的 5 月 20 日，Oil Search 和 Interoil 公司达成了全盘收购 Interoil 的安排：持有每股 Interoil 公司股票的股东将获得 8.05 股 Oil Search 股票（Oil Search 还提供部分现金作为选择，如果选择现金的股票数超过了 7.7 亿美元，则在现金和股票之间进行相关比例的分配），如果未来项目天然气的确认储量超过 6.2 万亿立方英尺，则每超过 1 万立方英尺，Interoil 每股将另行获得 6.05 美元的支付。除了或有价值权的部分，Oil Search 报价为 Interoil 估值大概在 22 亿美元。

Oil Search 和 Interoil 公司交易信息一宣布，菲尔就炸了：啥，这点钱就把我一手创立的公司全部卖掉了？我要维权，我要发动群众！作为持有公司股票约 5% 的股东，菲尔集合了其他几名股东，大概占 Interoil 公司股票的百分之七点几，发起了股东投票权征集，准备将自己离开 Interoil 公司后的新任董事全部换掉，并提名包括自己在内的六位专业人士进入 Interoil 公司董事会。在向全体股东发起的宣传资料中，菲尔历数了自其离开公司之后现任董事会的诸多罪状：管理层过高的薪酬（同业最高，超过同业中位数的 142%）、股价从高位跌落、市值减少了 30 亿美元、太便宜就将 Interoil 卖给 Oil Search 和道达尔、管理层将从交易中拿走的高额的交易奖金等。由于 Interoil 公司的董事会将改选董事会 / 支持现任董事会的临时股东大会定在了寄发 Interoil 公司和 Oil Search 交易股东通函之前，菲尔又开始提起诉讼，要求先进行 Oil Search/Interoil 公司发出通函披露交易细节，然后再举行选任董事会提议的临时股东大会。

Interoil现任董事会对菲尔进行了猛烈的攻击：当年你在的时候，从来没有为Interoil公司制定过清晰的战略，要是公司在你手上，现在这个第二个天然气项目搞成啥样还不知道呢；你在任上的时候，对你的诉讼给公司带来了多大的名誉损害；你当年把公司当成自己的提款机的事儿忘记了么？菲尔所提名的董事，都是菲尔的朋友和关系户，一点都不独立，而且都没有油气经验。现任董事会呼吁，股东不要忘记了菲尔给Interoil公司带来的痛苦，并提醒公司股东，Interoil公司现任管理层在菲尔离开之后的一系列交易让公司走上了正确的发展轨道，要求股东一致支持现任董事会。

菲尔关于要求将选任董事会成员提议的临时股东大会推迟到股东通函寄发之后的诉讼并未受到法院的支持，Interoil公司现任董事会所决定的改选董事会/支持现任董事会的临时股东大会按照预定的时间进行。

鉴于菲尔历史上的问题和并未提出强有力的替换现任董事会人选以及其未能指出Interoil公司未来的建设性发展意见，几大国际代理投票权咨询机构都发表了支持Interoil现任董事会的意见（同时也对Interoil现任董事会的报酬过高提出了意见）。尽管在重新选任董事会的临时股东大会上有近30%或30%以上参与投票的股东支持了菲尔在临时股东大会上的不同提案，但菲尔终究没能获得大多数股东的支持。在2016年6月召开的股东大会中，Interoil现有的董事会获得了大多数股东投票支持。既然现有董事会得到了股东的支持，看起来Oil Search这份得到了道达尔支持的并购方案通过的可能性很大了。却未想，埃克森美孚在一旁虎视眈眈。

## 三、埃克森美孚加入Interoil竞购战

在Oil Search报价之后，一直以来垂涎于第二个液化天然气项目的埃克森美孚开始出手报价了。埃克森美孚也是老大风范，菲尔

在的时候没有谈成，但一直盯着 Interoil 公司，在项目即将成熟收割的当头果断出手阻击 Oil Search 和道达尔。2016 年 6 月 23 日，埃克森美孚向 Interoil 报价，一出手就是用埃克森美孚的股票作为对价，持有 Interoil 公司股票的股东每股将获得价值 45 美元的埃克森美孚公司的股票，另外埃克森美孚大手笔地抛出：在项目天然气确认资源量高于 6.2 万亿立方英尺时，每超过 1 万立方英尺，持有 Interoil 的股东每股将另行获得 7.07 美元的支付，该等另行支付在资源量达到 10 万亿立方英尺的情况时封顶。

接到埃克森美孚的报价之后，Interoil 公司董事会进行了认真的研究，从 Oil Search 的报价来看，其报价中有 7 亿多美元的现金选择部分，其余是股票，其或有支付部分是 CVR[1]，CVR 的优势是有流动性，而且 Oil Search 对或有价值权这部分的资源量并没有封顶，理论上，如果资源量足够大的话，Interoil 的原有股东将获得上不封顶的潜在回报。而埃克森美孚的报价高于 Oil Search，全部是股份；同时埃克森美孚提供的或有支付部分是 CRP[2]，不具有流动性，且对或有价值权这部分的资源量进行了封顶，最高到 10 万亿立方英尺。

因此，Interoil 董事会需要判定，埃克森美孚的这个不请自来的报价相比已经签署完协议的 Oil Search 报价是否构成了“更优报价”。在综合考虑之后，Interoil 董事会认为埃克森美孚的报价对 Interoil 公司的估值超过了 25 亿美元，且包含了对潜在资源增量的或有支付，相较 Oil Search 公司的报价构成了“更优报价”。在判定埃克森美孚的报价构成“更优报价”的基础之上，Interoil 公司董事会根据和 Oil Search 已经达成协议的规定，向 Oil Search 发出通知，要求其在 3 日内决定是否提交修改后的报价。



[1] Contingent Value rights（或有价值权），并购交易中由并购方发行的一种可流通的证券，其价值与不确定性事件 / 不确定表现的发生与否挂钩。

[2] Contingent Resources Payment（或有资源付款），资源型并购交易中，当潜在的资源被证实后，卖方另行支付的一笔价款。

对此，Oil Search 自然要去找其背后的大佬道达尔进行商量。大佬道达尔看出了老大埃克森美孚不获得 Interoil 公司誓不罢休的气势，决定不和老大进行竞购大战。于是 2016 年 7 月 21 日，在 Oil Search 未能修改报价的情况下，Interoil 终止了和 Oil Search 的合并，与埃克森美孚达成了交易。

世界第一大石油公司如愿在巴布亚新几内亚的两个世界级液化天然气项目中都享有了权益。而道达尔退出竞购，分析其原因，一是没必要和油气老大拼个刺刀见红，来一场彼此消耗的并购竞购大战；二是自己仍然在第二个液化天然气项目中持有作业者权益，享有作业者地位；三是埃克森美孚的加入将使两条液化天然气生产线可以互相产生协同效应；四是埃克森美孚强劲的财务能力和技术实力能给第二个液化天然气项目带来实质性的好处；五是也许道达尔还有机会加入到埃克森美孚主导的第一个液化天然气项目中（如果 Oil Search 或者政府愿意在未来出让部分权益的话）。

在 2016 年 7 月 21 日，埃克森美孚对 Interoil 的报价击败 Oil Search 和道达尔，被 Interoil 董事会推荐给股东大会投票。2016 年 9 月 21 日，超过 80% 以上的股东投票支持了世界第一大石油公司对 Interoil 的报价。

到这里，可能多数读者认为这场并购竞购战就结束了。但事实并非如此。

## 四、法院判决推翻交易

被赶出 Interoil 公司的创始人股东菲尔并未善罢甘休，向加拿大法院提起了诉讼。2016 年 11 月 4 日，上诉院的判决撤销了一审法院对埃克森美孚和 Interoil 公司之间关于交易安排的支持，认为 Interoil 公司的股东并没有得到充分的信息以便评估埃克森美孚和 Interoil 公司之间的合并交易。

上诉院推翻埃此安排交易的主要原因如下[1]。

1. 在 Interoil 公司董事会所收到的财务顾问出具的财务公允意见（Fairness Opinion）中有如下问题：

交易的财务顾问摩根斯坦利为 Interoil 公司和埃克森美孚之间的交易出具了财务公允意见，但摩根斯坦利是基于交易成功收成功费的；

财务顾问并未对埃克森美孚所支付的有上限的潜在资源量支付和 Interoil 未发现的资源之间的关系进行明确的说明；

财务公允意见并没有出具相关的事实、信息和分析来说明意见的基础。

2.Interoil 公司董事会并没有聘用收取固定费用的财务顾问来出具交易的公允意见。

3. 董事会所设立的监督交易谈判的委员会仅仅是从管理层手中取得报告，而并未主动积极地参与到整个交易流程中去。

4.Interoil 公司的首席执行官牵头从事了交易谈判，其将获得 260 万美元的补偿费和 3200 万美元的股票变现，因此有动力去批准交易。而在交易程序管理中，Interoil 公司董事会应当更好的去管理这种可能存在的利益冲突。

5. 在异议的股东提供了对于公司储量相反的证据之后，Interoil 公司并没有及时向全体股东提供相关的信息披露。

6.Interoil 没有向股东披露支付给财务顾问摩根斯坦利的费用。

鉴于上诉院在 Interoil 公司的售卖交易中找到了交易程序、公司治理和披露上的问题，因此上诉院认为一审法院支持交易的判决是不准确的。



[1] 基于 2016 年 11 月 4 日加拿大育空上诉法院的判决。

## 五、修改交易，重新提交股东大会批准

在上诉院的判决出来之后，埃克森美孚和 Interoil 公司的董事会考虑到判决所述的原因，在外部律师提供意见的建议下，主要从交易条款和交易程序上对原交易进行了如下的修改：

### （一）交易条款的修改

埃克森美孚将向持有 Interoil 股票的股东支付每股价值达 45 美元的埃克森美孚股票[1]，将或有资源价值的支付上限提高到 11 个 TCF[2]，超过 6.2 个 TCF 的每个 TCF，持有 Interoil 股票的股东每股将另行得到 7.07 美元的支付。

### （二）交易程序上的完善

重新召开独立董事交易委员会对 Interoil 公司的战略选择进行评估，包括 Interoil 仍然独立存在的选项；独立的董事交易委员会另行聘用了独立的财务顾问和法律顾问。由于法院的判决认为原有聘用财务顾问是基于成功收费的，公正性存疑，因此独立董事交易委员会在面试了多家投行的基础上决定再行聘用 BMO[3]作为独立财务顾问，为 BMO 所出具交易的财务公允意见支付固定费用（无论交易是否完成）。独立董事交易委员会的主席直接参与了和埃克森美孚的高级管理人员的谈判，要求埃克森美孚提高潜在资源支付的上限。

要求财务顾问在交易财务公允意见中对埃克森美孚交易对价中 CRP 部分的价值和 CRP 封顶发表意见。

要求财务顾问在交易财务公允交易中对气田的价值发表意见。

---

[1] 埃克森美孚的股票数将以 45 除以交割前第 2 个交易日的前 10 个连续交易日的平均股价得出。

[2] 修改后的封顶资源量让 Interoil 公司的股东将可能获得更得的潜在支付，解决了部分股东对于资源量有可能超过 10 万亿立方英尺的担忧（而根据相关技术顾问的分析，超过 10 万亿立方英尺储量的可能性不超过 1%）。

[3] BMO 蒙特利尔银行，加拿大最大银行之一。

确保独立董事交易委员会的独立性，独立董事交易委员会在法院判决后召开了13次会议讨论，所有的会议讨论均决定将埃克森美孚修改后的交易推荐给董事会。

2016年12月14日，BMO向独立董事交易委员会出具了交易的财务公允意见。

在2016年12月15日独立董事交易委员会上，全体委员一致向Interoil公司董事会推荐和埃克森美孚进行交易。当日，Interoil公司和埃克森美孚签署了新的交易。

在Interoil公司和埃克森美孚对交易条款和交易程序进行了完善之后，上诉法院在判决中提到的原有交易的漏洞都被堵上了。因此，这笔交易最终还是以埃克森美孚成功并购结束。

这场夹杂了并购大战诸多精彩要素——竞购、代理投票权争夺战和诉讼等的并购交易大戏就此落幕。

这9个多月的交易历程，给我们旁观者带来了诸多的观感：

1. 上市公司并购交易中，程序上的公正和实质上的公正，缺一不可。尽管Interoil公司售卖交易的最终结果都是得到了大多数股东投票支持，但从法院来看，只有在程序上和实体上都达到了公正，才符合对上市公司董事会信义义务的满足。

2. 传统上财务顾问的财务公允意见是上市公司董事会用来证明自己尽到注意义务的手段之一，而并不是股东信赖的依据。对财务顾问的财务公允意见在程序上、披露上的注意，是交易成功的重要保障。

3. 对于是上市公司的买方来说，采用自己的股票作为并购交易的对价是非常常见的。尤其是股票走势好的公司，用自身公司股票作为对价，对目标公司的股东吸引力是很大的。而这两年来油价的走势，使油气公司在并购交易中倾向于保留珍贵的现金在手中，更多的愿意将公司股票作为并购交易的支付对价。

4. 在并购交易中，在交易双方对潜在的价值无法达成一致的情况下，如果采用CVR或者CRP等方式来进行价值差异的搭建，从而完成并购交易是有好处的。

5. 目标公司董事会在面对积极股东的挑战时，聘用专业顾问，和股东保持良好的沟通，将现有董事会对公司的战略说清楚，对获得大多数股东的支持来说是非常重要的因素。

6. 上市公司在并购交易中的披露非常关键，完整的披露尤其关键。上市公司股东作出决定是所谓的“Informed Decision”，要在信息披露充分的前提下才能作出披露。在美国上市公司并购的标准实践中，披露财务顾问的公允意见的基础和财务顾问的费用是常见的；并购加拿大公司是否也会在本案后遵循这样的惯例，值得关注。

7. 支付固定费用的第二家财务顾问出具“财务公允意见”有可能会在更多的加拿大公司并购中被采用。

8. 对并购交易竞标的形势要正确地进行判断，尤其是在极强的竞争对手加入竞标后，要仔细分析是否继续交易以及继续交易的利弊。在发现交易形势已经不利于己方的时候，要果断地决定撤出并购交易。本案例中的Oil Search无疑是正面的例子。

# 59 一桩恶意收购案



在纳斯达克上市的中概股爱康国宾近日发布公告，将股东权利计划延长一年，至2017年年底。

股东权利计划(Shareholder Rights plan)也就是我们常说的“毒丸”，由伟大的美国并购律师马丁·利普顿在20世纪80年代所创造，被誉为“公司法最伟大的发明之一”。通俗的说，“毒丸”是指目标公司在面临恶意收购之时，对于未经董事会认可的买方在市场上收购目标公司股票达到一定比例时所启动的股东权利计划，这个计划使目标公司的原有股东能够以低廉的价格增持公司股票，从而实现稀释收购方的股权、提高收购代价以达到抵制恶意收购的目的。对于美国的上市公司来说，一般股东权利计划在面临恶意收购时启动，能够有效地起到对恶意收购的遏制作用。

在爱康国宾私有化的过程中，“毒丸”被熟练的运用于阻止美年大健康(原江苏三友)的恶意收购。这桩恶意收购案的竞争各方商业招数频出，精彩纷呈。今天笔者就来说说这桩收购案。

## 一、爱康国宾私有化开始

国内健康体检三分天下：美年大健康、慈铭体检和爱康国宾。2015年8月，美年大健康借壳江苏三友A股上市，同时也通过交易安排锁定了另一家健康体检公司慈铭体检的控制权，看上去国内健康体验三分天下的局面要变成“双雄争霸”了。正在此时，爱康国宾的创始人股东张黎刚也开始了其私有化上市公司的过程。2015年8月31日，张黎刚（爱康国宾董事长兼CEO）与相关私募股权基金向爱康国宾提交了无约束力的私有化初步要约，为评估该私有化要约，爱康国宾董事会于2015年9月10日宣布成立特别委员会，之后特别委员会于2015年11月10日聘任了相关的财务顾问及法律顾问，协助开展评估要约的具体工作。

## 二、美年健康启动“不请自来”报价，竞购爱康国宾

由于爱康国宾的股权较为分散，美年健康看到了可乘之机。就在爱康国宾启动私有化的交易后不久，2015年11月30日，美年健康（当时名为江苏三友）和平安德成投资有限公司、太平国发（苏州）资本管理有限公司、华泰瑞联基金管理有限公司、北京红杉坤德投资管理中心（有限合伙）和凯辉私募股权投资基金等组建买方团，由买方团向爱康国宾董事会及其特别委员会提交无约束力的私有化交易初步要约，初步要约私有化交易价格为每份美国存托股份22美元（每股44美元），比张黎刚及相关私募股权基金的私有化报价高23.6%。当然，美年健康这个私有化报价的方式还是考虑了可能的和爱康国宾董事会的合作，毕竟没有直接上来就向股东进行公开报价，用要约收购的方式直接进行恶意收购。这个做法更像传统说法中的Teddy Bear Hug Letter的做法：先找董事会提出收购意图，如果合作的话就进行友好交易；如果董事会不予以配合的话，就考虑走恶意收购的方式。

## 三、爱康国宾“毒丸”出台

为了阻止美年健康可能的恶意收购，2015 年 12 月 2 日，爱康国宾董事会迅速通过了“毒丸计划”：一旦有未经特别委员会批准的恶意收购方获得爱康国宾 10% 或以上的股份，内翻“毒丸”触发（Flip-in）：“毒丸”触发后，在 2015 年 12 月 13 日之前持有的爱康国宾每份普通股（除开恶意收购方）会获得一份相应的股东权利计划，认股权为 80 美元。每份股东权利计划持有人有权以 80 美元购买 160 美元市值的股票，以达到稀释恶意并购方股权的目的。一旦恶意收购方控制董事会或获得爱康国宾 50% 以上股份，外翻“毒丸”触发（Flip-Over）：每份股东权利计划持有人有权以 80 美元购买 160 美元市值的合并后公司的股票，以达到稀释恶意并购方在合并后的公司股权的目的。在爱康国宾出台“毒丸”之后，美年健康公开表示遗憾：“我方买方团对爱康国宾董事会作出的发布股东权益计划的决定表示遗憾。这样的股东权益计划，被广泛认为有悖于现代公司治理理念，且剥夺了爱康国宾股东共同决定公司未来发展的机会。我们认为‘毒丸计划’的公布完全没有必要。买方团从一开始就采用友好的态度与爱康国宾接触，从没有放弃友好协商的机会，并愿意对本交易其他可能的交易结构保持着开放和灵活的态度。”当然，“毒丸”作为有效的抵抗恶意收购的方式，其实无可厚非。虽然爱康国宾是开曼成立的公司，但从一般现代公司法的规则去着眼来看，是否采取抵抗恶意收购的手段，关键在于董事会的判断，是否“不请自来的报价”或恶意收购给公司带来了现实的危险，从而有必要通过这样的手段来保护股东和公司的利益。从美年健康的角度来看，也有其道理：在公司董事会决定就私有化交易和张黎刚牵头的买方团进行磋商的同时，本质上就启动了公司售卖的流程，而在公司售卖的过程中，董事会的义务之一就是找到市场上愿意出价最高的买方。

## 四、美年健康继续提高报价

虽然爱康国宾董事会出台了“毒丸”，但是美年健康继续出招提高私有化要约的报价。2015年12月15日，美年健康买方团向爱康国宾特别委员会呈递的经修改和优化的无约束力的收购建议，表示新的收购价将会给各方股东带来更高的现金价值，有利于各方股东自主作出最有利的选择。建议书的主要内容为：买方团将以每份美国存托股份23.50美元或每份普通股47.0美元的价格，全现金购买爱康国宾已发行的普通股和美国存托股份。经买方团修改和优化的收购价格比2015年8月28日（爱康国宾发布公告收到张黎刚报价函的前一个交易日）不受影响的收盘价格溢价约46.2%，比张黎刚牵头的内部买方集团报价函溢价约32.0%。美年健康并没有因为爱康国宾出台毒丸而受到阻止，进一步提高了私有化报价，继续在价格上给创始人张黎刚以巨大的压力。

## 五、爱康国宾重组私有化买方团

面对恶意收购方的步步紧逼，张黎刚牵头的私有化买方团中开始增加更有实力的投资方。2016年1月5日，爱康国宾宣布：张黎刚和方源资本为首的私有化买方团，新增阿里巴巴、中国人寿、中国新资本国际、LTW资本捷豹、安大略教师年金和天津君联赟鹏企业管理咨询等成员，组成了新的私有化买方团。新的私有化买方团成员中增加了民企、国企和私募基金巨头，看上去张黎刚是要和美年健康正面进行价格竞争。

## 六、美年健康再次提高报价并优化交易架构

但美年健康是铁了心要一统国内健康体检的天下，尤其是爱康国宾在国内高端体检市场上的地位，和美年已经有的中端体检市场形成了良好的互补。这就是在并购交易中经常提到的所谓

"Synergy"(协同效应),这也可以从一个侧面来解释为什么美年健康敢于报出比张黎刚私有化报价高得多的价格的原因。在张黎刚的买方团宣布新的私有化买方团后不久,美年健康再次提高了报价并提出分化爱康国宾股东的举措。美年健康私有化买方团向爱康国宾特别委员会再次呈递了进一步优化的无约束力的收购要约。按照美年健康的说法,"新的报价和方案将会给爱康国宾股东带来更高的现金价值,有利于其各方股东自主作出最有利的选择"。根据这一优化后的收购要约,美年健康买方团将以每份美国存托股份 25 美元或每份普通股 50 美元的价格,全现金购买爱康国宾已发行的全部普通股和美国存托股份。经江苏三友买方团进一步优化的收购价格比 2015 年 8 月 28 日(爱康国宾发布公告收到张黎刚报价函的前一个交易日)不受影响的收盘价格溢价约 55.6%,比张黎刚及相关私募股权基金的私有化报价函溢价约 40.4%。

除在价格上进一步提升外,美年健康牵头的私有化买方团还宣布:鉴于与张黎刚及其买方集团无关联关系的爱康国宾股东(无关联股东)拥有爱康国宾超过 64% 的表决权(包括美国存托股份代表的股份),买方团拟将收购结构设计为两步交易的合并,从而使无关联股东有权自行做出决策,并在其支持美年健康收购报价的情况下,及时地以现金方式收到提高后的股份价值,而无须考虑张黎刚对买方团收购的立场。尽管买方团认为可以按照进一步优化的收购要约及买方团顾问于 2015 年 12 月 21 日提交给特委会的合并协议的规定成功完成收购,但是买方团对收购的其他可能的交易结构还是保持着开放和灵活的态度,并将继续与特委会以及包括张黎刚和爱康国宾其他大股东在内的各方合作,从而使爱康国宾的股东通过收购获得最大的价值。

美年健康这一新招,可以说是将张黎刚逼到了一个角落里。除了在价格上完全"秒杀"了张黎刚私有化有关报价之外,美年健康还采用了分化股东的方式，将张黎刚和其他非关联股东进行分别处理，从而给张黎刚带来了更大的压力。毕竟，尽管爱康国宾的董事会通过了“毒丸”来阻止恶意收购，但在董事会考虑将公司私有化的情势下，为全体股东利益和公司最大利益获得最优报价是董事会的责任。

在美年健康步步紧逼之下，张黎刚牵头的私有化买方团，除了和美年健康牵头的私有化买方团采取正常的商业手段进行竞购之外，还大量的使用了盘外招。比如，爱康国宾就向商务部实名举报美年健康及其实际控制人俞熔违反《反垄断法》，未经反垄断审查违法收购慈铭体检，向证监会和证券交易所举报美年健康信息披露不实，向法院提起诉讼指认美年健康的体验软件侵权等，意图阻止美年的恶意收购。

## 七、云峰基金杀出，并购大战戛然收场

这场并购大战在2016年6月出现了戏剧性的变化。在2016年6月6日，爱康国宾宣布收到由马云和虞锋作为创始人的云峰基金的私有化报价函，云峰基金宣布将以每存托凭证20~25美元的价格（40~50美元/股）的全现金报价收购爱康国宾100%股权。

在爱康国宾宣布受到云峰基金的私有化报价之后，2016年6月7日，爱康国宾创始人张黎刚向爱康国宾私有化特别委员会发函，表示将终止参与私有化并撤回其2015年8月31日的私有化要约。

紧接着张黎刚的撤回报价，2016年6月8日，美年健康发布公告，表示“鉴于爱康国宾私有化进程的最新变化，公司参与的买方团综合考虑各方面的因素，决定不再向爱康国宾特别委员会呈递有约束力的收购要约，公司亦决定退出买方团”，从而终止了恶意收购爱康国宾的行为。对于云峰基金的行为，美年健康也表示：“如果云锋的加入将令健康体检行业整体的生态环境更为积极和健康，我们认为继续这样的竞价收购的必要性已大大降低，考虑到目前的市场环

境，相关进程中的代价和影响也需要重新审视。”在恶意收购大战中，张黎刚和美年健康双方投入的成本和精力都是巨大的，同时双方竞争的态势已经朝着非商业竞争的方向发展，云峰基金出来收购的行为在商业上也合理，符合各方利益。

这起耗时超过半年的恶意收购大战，以云峰基金的调停进入戛然收场。在阻止美年健康的收购进程中，“毒丸”发挥了不小的作用，各方在商业层面的出招，也是颇值得回味的。

## 八、应对恶意收购

美年健康和爱康国宾之间的竞购战，也给在成熟证券市场上市、但并无单一控股股东的公司提了一个醒：应对恶意收购，应当是上市公司董事会的一项日常重要工作。

凡是股权分散但公司回报不错的董事会，都应当提前备有“防止恶意收购手册”，这也已经成为成熟的商业社会中的惯例。

在上市公司股权分散的成熟证券市场上，恶意收购，积极股东压迫管理层，要求进行资产拆分、提名董事会改选，挑起代理投票权之战、甚至进行恶意收购的事是很常见的。即使是公司治理架构非常优异、给股东持续带来良好回报的公司，诸如可口可乐、苹果、雅虎等，也曾在激进投资者的压力下改进公司治理结构、提高分红比例等。在市场上，有好几千亿美元的对冲基金专门做这种“积极股东行动”的事情。化工史上最大合并案的双方——杜邦和陶氏，其交易动机很大部分来自积极股东的不停要求。对于这种在门外时刻等待机会的恶意收购者，我们常常把他们叫做“华尔街之狼”或者“门口的野蛮人”。

商业社会，做任何事情不打无准备之仗。公司的董事会和高管层在面对华尔街之狼的时候之所以败阵，往往和准备不足有关。所以，上市公司，尤其是股权分散的上市公司，应当常规准备好一支应付股权并购/公司收购的团队。这样的团队应当包括公司最高层级的管理层、律师、投行、公关公司和代理投票权征集公司。投行和律师的作用不用说，公关公司和代理投票权征集公司在说服小股东、争取支持等方面能起到很大的作用，尤其是在代理投票权征集战中，谁提出的公司发展方案更有说服力，谁能给股东带来更高的价值回报，需要大玩“媒体战”“心理战”“公关战”。建立的团队应当经常开会，并对可能出现的恶意收购、激进投资者逼宫等情况进行实战演习，还应将市场上公司持股动态、可能出现的“华尔街之狼”向董事会汇报。事先规划好与媒体、证券交易所、员工（工会）、供应商、银行、机构投资者、政府官员等各种利益相关方的通报计划。

成熟市场的上市公司董事会应该如何来对抗恶意收购？从美国上市公司的实践来看，主要可以分为如下的一些方式：

（1）公司在章程中埋入保护条款。如常见的Staggered Board（部分改选董事条款），即使被恶意并购方从股权比例上控制了公司，但其只能在一段时间里改选部分董事会成员，从而无法达到完全控制公司的目的；Supermajority Voting Provisions（超级投票权条款），公司的合并需要90%或者更高的比例的股东投票支持方能得到通过；Authorization of Sufficient Common Stock（授权董事会发行普通股条款），董事会有充分授权发行数量充足的普通股等；Director Qualification Requirements（董事任职要求条款），为董事任职的条件施加较为严格的条件。其中Staggered Board、Supermajority Voting等也常常被称为Shark Repellent（驱鲨剂条款）。驱鲨剂条款还包括所谓的Golden Parachutes（金降落伞），即目标公司控制权变更时，高管有权拿到大笔补偿的安排。

（2）“毒丸”。一般来说，恶意并购方在收到10%~20%目标公司股份的时候将触发“毒丸”。尽管现在毒丸并不是流行的方式，大型上市公司一般都没有事先的“毒丸”（标普500公司里仅有5.8%备有已经存在的“毒丸”)，但在公司面临恶意收购的时候，公司董事会有权随时制定股东权利计划，以阻止恶意并购。但需要注意的是，“毒丸政策”不能免除董事会对报价作出符合董事会“信义义务”标准的判断。

(3)积极寻找 White Knight(白衣骑士)或者 White Squire(白衣护卫)。所谓白衣骑士，是指恶意收购出现时，目标公司寻求友好第三方公司合并，在此情况下，该友好第三方被称为白衣骑士。所谓的白衣护卫是指恶意收购出现时，目标公司将公司一定比例的股票转让给友好第三方公司，增大目标公司被并购难度。与白衣骑士不同的是，白衣护卫并不寻求与目标公司合并。无论骑士还是护卫，实力是关键。

(4)Sale of Crown Jewels(出卖皇冠资产)和 PacMan Defense(帕克曼防御)战术。所谓出卖皇冠资产，是将目标公司最值钱的资产出卖，以挫败恶意收购方的兴趣。好比美女对追求者说“你喜欢我哪一点，我改还不行么”。帕克曼防御即以彼之道还施彼身，恶意收购方不是要买我么，我反过头去把你给买了！当然，还有所谓的诉讼，绿邮(用高溢价从恶意收购的买方手中买回股票，终止被恶意收购的威胁)等方式，不再一一介绍。

(5)注意“Wolf Pack”(群狼)战术。恶意收购者或者积极股东往往会“心有灵犀”的在同一时间或者前后共同举牌，但又不愿意被认定为“一致行动人”从而触发相关的申报义务，这给上市公司对股东变化的监控造成一定的困难。这种“默契”对于上市公司来说是较为可怕的，需要尤其注意。

(6)和“门口的野蛮人”和“华尔街之狼”会面。在可能的情况下，争取和“门口的野蛮人”和“华尔街之狼”会面，弄清楚其意愿。主动沟通的方式是在机构股东和其他小股东面前得分的方式。公司董事会需要搞清楚恶意收购者的意图和打算，要从公司和股东利益最大化的角度去进行整体考虑；而非是为了保住自己的位置和其他考虑。Fiduciary Duty是需要永远注意的义务。

（7）积极做好股东的公关、对话工作，尤其是机构投资者的关系维护。公司董事会在日常保持和股东，尤其是机构股东的良好沟通关系非常重要，要让股东理解公司的战略、方向和目标，了解公司董事会为股东创造长期价值的能力、意愿和安排。当然，说一千，道一万，维持公司长期对股东的高回报才是股东支持董事会、拒绝华尔街之狼的最佳说服方式之一。恶意收购方或者激进投资者的媒体造势、网上动员、公关能力都是非常强大的，其发布的白皮书往往将目标公司董事会的失误，进入公司后的策略、计划等描述的非常清楚和有煽动性，对机构股东和小股东能形成不小的吸引力。公司董事会要与之抗衡，必须有充分计划、专业人士到位和相关预案。

# 60 社交媒体在并购重组交易中的使用



自 2015 年宝能在市场上收购万科股票筹码成为万科第一大股东以来，围绕公司控制权的争夺、万科管理层发起了资产重组交易，意图将深圳地铁引入作为白衣骑士充当新的大股东。前不久，万科公布交易预案，拟发行股票购买深圳地铁集团持有的土地资源，交易完成之后，深圳地铁将成为万科第一大股东。交易预案宣布之后，先是万科的重要股东之一华润集团跳出来在其官方微信上发声表示华润集团派出万科的 3 名董事对公布的交易预案投了反对票，并质疑决议已获通过的合法性，对万科没有事前认真考虑董事意见就发布议案已获通过的公告表示强烈不满。紧接着，宝能也发表声明，表示“万科董事会发布拟发行股份购买资产的预案，因在董事会表决程序的合法性、购买资产定价公允性、独立董事身份有效性、股份发行定价合理性等方面存在重大瑕疵”，因此“反对万科本次发行股份购买资产预案，后续在股东大会表决上将据此行使股东权利”。万科的此项交易预案还未提交到股东会，就注定了失败。

在这个过程中，万科管理层、宝能、华润这场一波几折的大戏里，门口的野蛮人、白衣骑士、独董、投票权的算法、公司章程、关联交易、回避、弃权、股东利益等和上市公司并购以及公司治理相关的概念已经被众多的媒体、自媒体翻来覆去地讨论，也得出了很多有意思的分析。这里笔者不再去讨论这些话题，而来简单谈谈在并购重组过程中社交媒体的使用和相关成熟国家资本市场在并购过程中对社交媒体使用的实践。

2015年宝能通过在市场上购买万科股票成为其第一大股东之后，万科董事长王石就在其个人微博上发表了不少反对的意见和文章；而在引入深圳地铁之后的交易预案宣布后，王石未在个人微博上发表意见；华润、万科通过各自的微信公众号发表了相关的意见；而万科的独立董事之一，华生也先通过其个人新浪微博表达对万科通过交易预案的董事会的看法（后删除），嗣后又通过《上海证券报》发表长文，对为什么不支持华润的意见进行了详细的阐释。可以说，各方在某种程度上都在利用传播速度快、覆盖范围广的社交媒体为自己的主张造势、发声，以便赢取支持。

在并购交易重组中，利用社交媒体进行发声，与股东、员工、供应商等利益相关方进行沟通并不少见。在成熟国家的实践中，大量的上市公司也经常利用社交媒体对进行中的并购交易与利益相关方进行沟通。例如，在美国，很多上市公司在Twitter、Facebook、Youtube、Linkedin等社交媒体上开通了自己的公众账号，利用这些公众账号来交流传递相关信息。曾经有过统计，美国财富杂志500强中，超过80%的公司拥有公司的Twitter或者Facebook账号，这些账号覆盖了财富500强公司所涉及的所有行业；而97%以上的500强公司拥有自己的官方Linkedin账户。不仅仅是上市公司有自己的社交媒体账号，在并购交易中的买方、恶意收购方或者激进投资者也常常利用相同的社交媒体来进行宣传、交流、推广，对公司高管的政策、公司战略和公司的收购等各种事项发表意见。尤其是在恶意收购中，恶意收购方利用社交媒体将自己的观点和方案推送到尽可能多的公司股东，以便影响其意见或投票决策。

社交媒体使用得好，会使收购方或者并购方得利或者获得更多股东的支持；但使用社交媒体进行宣传的过程中，也带来了相关的法律风险和问题：比如，使用社交媒体发表观点和上市公司、买方、恶意收购方在证券法下披露义务之间的关系，在成熟国家的市场上就是一个各方关注的大话题。而在有些市场中，如果上市公司或者投资者要使用相关的社交媒体进行宣传，需要事先进行备案。

成熟市场中的上市公司对于在社交媒体上进行信息披露是比较谨慎的。比如，在 Twitter 上发表对一个并购交易的评价时，美国的上市公司就会考虑：这个并购交易评价的内容是否会对投资人构成证券交易法下的误导性陈述问题（因为 Twitter 的字数限制问题，不一定在限制字数内能将问题全面、系统的进行表述）？如果是上市公司的高管在社交媒体上发表意见，则该等意见一定是经过了上市公司的投资者关系部门和法律部门的审查后才能发的。这样的意见基本上都是在上市公司信息披露的范围之内，往往其后还会附一个链接，指向上市公司信息全文披露的链接；而谨慎起见，上市公司往往还会将高管在社交媒体上发表的意见在上市公司官方信息披露系统中再发一遍，以便让投资者能够充分知悉。在遭遇恶意收购时，目标公司董事会对恶意收购方的态度（支持或者反对）需要明确的进行公告；董事会的个人或者高管当然也不能事先在社交媒体上表态，而只能在上市公司信息披露的范围内并且是之后才能在社交媒体上表态——这些表态往往还需要在上市公司的披露系统上进行再度披露。即便是对恶意收购方发出的某些公告，上市公司也有义务在自身的披露系统中进行披露。总之，一切以信息的公开、透明、完整为要素。大家可以去看看典型的美国上市公司关于并购的公告，其中对公司董事会决策程序描述之详细，公司董事会在并购交易中是如何维护公司股东利益的,是如何在众多交易对象中做出选择的,几乎所有谈判过程中的细节,均按照交易发展进行一一披露。

让我们转过头去再看看在万科、宝能和华润的这场商业大戏。一开始,在宝能成为万科大股东后,王石使用社交媒体发表过不欢迎的意见。他后来可能意识到作为上市公司的董事长,在上市公司披露之外单独发表意见不妥,所以这次在万科公布预案之后,并没有在个人微博上发表对华润反对意见的意见。华润作为重要股东,在自身的微信公众号上发表了对交易预案的反对意见。万科的独立董事华生使用社交媒体发表了意见,更在《中国证券报》上详细披露董事会关于交易预案讨论的过程。尽管中国证监会发布的《上市公司信息披露管理办法》并未对上市公司、上市公司董事、上市公司利益相关方使用社交媒体进行相关信息披露进行详细规定,但从一般的原则和其他国家实践来看,上市公司作为信息披露主体,应当详细地披露决策的流程、反对意见、反对意见原因、董事会决策原因等,而不是由独立董事在媒体上发表观点。同样,对宝能、华润的重要公开声明等,上市公司其实也应当有义务将其对全体股东进行披露——尽管万科在嗣后6月25日董事会的公告中,也略微提及了宝能和华润相关声明的大意,但囿于相关规定的缺失,该等披露的范围、深度也很难说详尽。上市公司并购重组交易过程中,各利益相关方可以使用社交媒体,社交媒体的使用也应该得到重视,因为它们是传递意见、争取更多股东支持的良好方式。但是,社交媒体的使用带来的法律风险及其与上市公司信息披露之间的关系,则是各利益相关方不可不察的问题。

万科、华润和宝能各方之间的这场商业大戏,对中国上市公司的治理发展来说,无疑具有较为重大的意义:股权分散的上市公司如何应对不请自来的门口野蛮人,上市公司的管理层如何在重大事项上和重要股东沟通,管理层和资本、股东之间的关系,独立董事的资格，应如何表决，等等。这些问题，无一不是值得深入探讨的。但是，上市公司的高管在社交媒体上的发言和上市公司信息披露义务的关系以及上市公司的利益相关方的声明和上市公司信息披露义务的关系，也值得关注。

# 61 如何应对积极股东提起代理投票权之战？

积极股东在近年来的并购浪潮中扮演了重要角色。积极股东往往不仅要求上市公司考虑战略方向调整进行收购，也往往要求上市公司进行资产剥离、甚至将公司卖掉的战略考量，还有在上市公司并购过程中出来反对，行使“异议权”的做法。积极股东的种种行为，为并购市场增添了不少的动能与活力，但也使并购交易中的参与者——目标公司董事会、目标公司股东、并购方等都处在一个更加复杂的关系之中。积极股东除要求目标公司进行并购相关的公司行为之外，还经常通过要求改善公司治理、将其提名的董事人员加入董事会去影响目标公司的经营策略制定（包括并购战略），并常常在这样的方式下进行代理投票权之战。因此，如何应对积极股东提起的代理投票权之战，成为上市公司董事会需要认真研究和应对的大题目。

最近，在美国上市的中国互联网企业新浪最近就遭受了其积极股东 Aristeria Capital 的发难，并进行了一场代理投票权之战。笔者曾经在本书《一桩恶意收购案》一文提过，在上市公司股权分散的成熟证券市场上，积极股东压迫董事会、管理层，要求进行资产拆分、提名董事会改选，挑起代理投票权之战、甚至进行恶意收购的事是很常见的。即使公司治理架构非常优异、给股东持续带来良好回报的公司，诸如可口可乐、苹果、雅虎等，也曾在激进投资者的压力下改进公司治理结构、提高分红比例等。在市场上，有几千亿美元的对冲基金专门做这种“积极股东行动”（Shareholder Activism）的事情。因此，尽管新浪过去几年旗下的微博回报极佳，但积极股东仍然认为其在公司治理、增长速度上大有可为。

2017 年 9 月 18 日，持有约 3.5% 股权的新浪股东 Aristeria Capital，也是新浪持股最大的前五位股东之一，发表公开声明，发布其推荐的独立董事人选名单，要求获得新浪董事会两个席位。在公开信中，Aristeria Capital 表示：作为长期持有新浪公司股票的股东，在过去两年半中花费了大量的时间对新浪公司现有公司治理、内部人行为、增长乏力提出了质疑，认为应当增加董事会成员、改变公司策略。在提出董事会席位的同时，为了更好地宣传自身的主张，Aristeria Capital 也同时上线了 www.SinaShareholdersAction.com 的网站。这是积极股东在争取目标公司股东支持自己提案的过程中采取的常见手段，通过在网站上发布相关的 PPT、资料及分析报告，能在更大的范围内影响目标公司股东的投票。

Aristeria Capital 表示，在私下和新浪董事会接触并提出改变要求被拒之后，以公开声明的方式向全体股东表明态度成了其必然选项，其希望股东对其在新浪 2017 年股东大会上就增加提名的两位董事会成员进行支持。

在公开声明中，Aristeria Capital 认为，新浪现存如下问题：

第一，公司治理。公司治理未达到良好是积极股东常见的对目标公司董事会的攻击指控之一。按照 Aristeria Capital 的看法，新浪公司缺乏良好的公司治理导致了公司的股价不行，和同类的中国互联网公司相比更是远远落后。新浪现有董事会成员人数过少，自现任董事长曹国伟在 2006 年成为新浪公司首席执行官后,董事会成员就仅有 5 名,且 5 名董事全是和新浪董事长有关的人士;董事会成员任期均高达 10 年以上,每年只重选 1 名董事;新浪董事长曹国伟拥有永久董事席位。Aristeria Capital 甚至戏谑地提到,新浪董事会的现有成员一直保持不变,自 IPhone 发明以来就没有新人加入过了。新浪董事会缺乏独立性导致了新浪做出和股东利益最大化相悖的决策以及不能良好的和股东进行沟通。

第二,现有新浪董事会的行为不符合良好公司治理:董事会批准过几次向内部人发行公司股票(内部人用外部借款来进行对公司的投资)[1],发行股票根本不考虑公司是否存在现金需求;放弃公司"毒丸"的适用,以便能让董事长兼首席执行官的曹国伟控制公司;给予员工不符合新浪业绩表现的股票激励;对新浪非微博资产的其他投资披露不到位等。Aristeria Capital 认为,现有新浪公司董事会的行为导致了对公司股东价值的损害,公司的关联交易无疑损害到其他股东的利益,公司亦未能抓住对股东有的机会。

第三,新浪过往业绩未能解锁其潜力:新浪的净资产价值为 141 亿美元,但现有市值仅为 83 亿美元,而新浪持有微博的 46% 股权的市场价值就达到了 108 亿美元。

是什么因素让新浪的股价表现乏力?Aristeria Capital 提出了如下几点原因:新浪公司现有的公司治理不行,不符合美国上市公司惯常标准;微博相对于新浪其他资产来说太大,未能解锁全部潜力;新浪对第三方的投资并未对投资者有合理解释、也未能被市场合理定价;新浪在线门户业务表现差劲。

Aristeria Capital 明确表明:要对新浪进行改变!这样才能解锁

---

[1] 2015 年 6 月,新浪批准了对董事长曹国伟控制的投资公司发行 1100 万股、4.56 亿美元的股票发行,同时公司制定的"毒丸"对曹国伟不适用。该发行的股票增值了约 10 亿美元。

现有净资产折扣，股价才能上去。并向全体股东建议如下选项值得考虑：

第一，把新浪卖掉，估计股东能收到 197 美元 / 股（新浪现有股价不到 120 美元）。

第二，将微博进行拆分，将新浪现有微博权益大部分或者全部剥离给新浪股东。

第三，反向收购。微博反向收购新浪：微博以现金 + 股票方式收购新浪。

第四，新浪使用 5 亿 ~10 亿美元现金回购新浪股票，新浪还应拿出 3000 万股微博股票向全体新浪股东进行分红。

为了实现这些目标，Aristeria Capital 向新浪全体股东推荐 2 名董事会提名人选，要求股东支持这两位提名人士进入新浪董事会。这两名提名人士的大概资历如下：

第一位 Tomas J.Manning，这位被提名者是现芝大法学院教席教授，讲授中国企业公司治理、私募基金及中美关系；职业生涯中曾是原安永亚太咨询业务的头儿和凯捷咨询亚太区头儿。根据 Aristeria Capital 介绍，这位提名者具有充足的亚洲、欧洲及美国公司管理经验。

第二位 Brett H.Krause，这位被提名者对中国投资有充足经验，曾经在紫辉创投做过董事总经理，也在著名的摩根大通干过高管。

Aristeria Capital 认为这两位提名人士如果进入新浪公司的董事会，将有能力和新浪公司现有董事会成员合作，释放出新浪的潜力。

新浪在 Aristeria Capital 发表公开声明的当天就以公开声明的方式做出了回应：（1）新浪的董事会和管理层和新浪的股东一直以来都有积极而公开的对话渠道，同时对股东的意见非常尊重。新浪董事会和 Aristeria Capital 进行多次讨论，尽管新浪持续给股东带来高价值的回报，Aristeria Capital 还是决定采取这样的方式来直接提名董事会成员。(2)新浪董事会要求对 Aristeria Capital 提名的董事成员进行面试,但被提名人拒绝。Aristeria Capital 甚至直接威胁要发起代理投票权之战,但新浪不可能不先对提名董事进行基本的资格审查,否则有悖于董事会的信义责任。(3)新浪不相信对于中国互联网不了解的董事会成员能提出有建设性的意见。这也是常见的应对方式:第一,表明董事会和股东之间良好的沟通渠道一直是在的,没有把股东拒之门外;第二,现任董事会干的好好的,没有必要采取股东积极主义的这种方式来要求加人;第三,新浪已经表示了配合的姿态,但需要进行相关程序的资质验证,Aristeria Capital 的提名者直接对面试要求进行了拒绝;第四,新浪不相信 Aristeria Capital 提名的人员能干得比现任董事会成员更好,提名者缺乏必要的经验及能力给新浪股东带来价值。新浪董事会在公开声明中,还对新浪过去的表现进行了回顾:新浪的股价增长,超过了同类的行业指数 26%,代表了公司运营战略及投资的成功;新浪已经通过 3.11 亿美元的股票回购及将 1420 万股微博股票分给新浪股东,给股东带来很高回报;新浪现有 5 人董事会的经验给新浪带来创纪录的增长及价值;新浪董事会和高管仍在定期评估带来可持续增长的商业模式及更高股东回报。

在新浪董事会发表应对声明之后,新浪董事会在 9 月 25 日发布年度股东大会通知,并向全体股东发出公开信,要求股东支持新浪董事会现有成员张懿宸的重选连任,拒绝 Aristeria Capital 的两位提名董事。

Aristeria Capital 在 9 月 27 日向新浪公司全体股东发出了公开信,正式启动了与新浪现任董事会的代理投票权之战。在公开信中,Aristeria Capital 明确表明:(1)寻求全体股东对于其提名两名独立董事的支持,并表示新成员进入董事会将会给新浪原有的董事会带去新观点,使新浪为股东创造更高的价值;(2)Aristeria Capital 持有

4.2% 的新浪股权，是长期投资者，利益和所有新浪股东一致；(3) 新浪董事会所声称的和股东良好沟通是空洞的承诺，新浪董事会并没有按照股东要求的方式对其公司治理进行改进；(4) 如果提名的独立董事能够进入新浪董事会，那么将按照公开信中所提出的可能选项来解锁公司价值。

新浪董事会在 10 月 3 日、10 日、12 日、18 日、20 日、26 日接连发布一系列公告，号召股东支持董事会的推荐：重新选任浪董事会现有成员张懿宸，拒绝 Aristeria Capital 的两位提名董事。

Aristeria Capital 也不甘示弱，在 10 月 5 日、12 日、16 日、17 日、20 日、23 日、27 日于 www.SinaShareholdersAction.com 网站发布一系列公开声明，号召股东支持 Aristeria Capital 的两位提名董事进入新浪董事会。

2017 年 11 月 3 日，新浪年度股东大会举行，在股东大会上，新浪现任董事会成员张懿宸连任得到支持，而 Aristeria Capital 提名的两位董事未能进入新浪董事会。此次代理投票权之战以新浪董事会获胜告终。

在 2017 年 11 月 7 日，新浪公告最终正式投票结果的同时，也宣布新浪将建立董事会提名及公司治理委员会，将寻找合格的独立董事候选人加入现有董事会；为了避免 Aristeria Capital 再行发动代理投票权之战，新浪公司新发 7150 股 A 类优先股给其董事长兼首席执行官曹国伟控制的公司，A 类优先股的投票权一股相当于普通股的 10 倍。发行 A 类优先股之后，曹国伟控制公司的投票权在新浪从 11.1% 上升到 55.5%。

在股东大会投票结果出来之后，Aristeria Capital 表示了遗憾，但认为从小股东的投票来看，大多数小股东是支持董事会进行改变的。国际知名的代理投票咨询机构 ISS 和 Glass Lewis 也分别推荐新浪股东支持 Aristeria Capital 提名的 1 名或 2 名候选人，表明了新浪公司现有的治理结构和公司表现是无法让公司股东满意的，需要得到改变。

从新浪赢得与积极股东之间的代理投票权之战的过程中，我们可以得到如下一些启示：

第一，对于新浪这种注册地不在美国而在美国上市的公司来说，提前将大股东或者管理层股东的股权设置为更高投票比例的做法，能够比较有效地避免进行耗时费力的股东代理投票权之战。

第二，在美国上市的公司，应当注意日常与公司股东的对话及交流，尤其是和长期投资者关于公司发展战略、为股东创造价值等方面的沟通，以获得股东的支持。

第三，在代理投票权之战的过程中，适时的保持与股东的沟通、将董事会的立场清晰无误地传递给股东，并对积极股东的立场进行有理有据的辩驳，是赢得代理投票权之战的重要因素。新浪董事会在整个代理投票权之战的过程中，尽管也适时地发布了公告进行沟通，但用 Glass Lewis 的话来说："新浪董事会并没有提出具有说服力的立场，来证明积极股东要求的行为将不能给公司股东带来价值。"因此 Glass Lewis 支持了 Aristeria Capital 所提名的两名董事，建议新浪股东对两名提名董事投赞成票；ISS 也支持了 Aristeria Capital 提名 2 名董事中的 1 名，建议新浪股东对其中 1 名提名董事投赞成票。

第四，在代理投票权之战中，重视社交媒体的使用，如 Aristeria Capital 使用网站 www.SinaShareholdersAction.com 对自己的立场进行宣传。在不少其他代理投票权之战的过程中，争夺股东代理投票权的双方使用 Twitter、Facebook 等社交媒体进行立场宣传、寻求支持的例子是非常多的。

第五，在代理投票权之战中，公司事先充分的准备非常必要。积极股东发动代理投票权之战前，都是经过精心筹划和研究的。积极股东所发布的公告、相关的专业分析 PPT、建议的推进路径以及媒体造势、网上动员、公关能力都是非常强大的。其发布的声明或者公开信往往将目标公司董事会的失误、进入公司后的策略、计划等描述得非常清楚和有煽动性，也具有很高的专业水准，对机构股东和小股东能形成不小的吸引力。目标公司董事会要与之抗衡，必须有日常的防御准备、充分计划、专业人士到位和相关预案。和应对上市公司的恶意收购一样，上市公司应当建立应对积极股东、应对代理投票权之战的内外部团队，包括公司最高层级的管理层、律师、投行、公关公司和代理投票权征集公司。在代理投票权征集战中，谁提出的公司发展方案更有说服力，谁能给股东带来更高的价值回报，需要大玩"媒体战""心理战""公关战"，这些都需要专业人士的参与。因此，建立一个常设的、应对积极股东的内外部团队对上市公司来说是非常必要的。

# 62 从兖州煤业与嘉能可并购交易战看交易取胜要点

兖州煤业与嘉能可的竞购战在2017年吸引了不少并购交易从业者的眼球。这个竞购战，一是反映了中国企业的海外并购日益嵌入全球竞争的角斗场之中；二是反映了买方要想在竞购战中取胜，交易价格提供的溢价、交易条款提供的确定性和交易可能完成的速度是三个最为重要的考量因素。顺便提一句，并购界也在讨论，自2012年起，全球并购是否已经进入了一次新的浪潮。基本的共识是：自19世纪末到21世纪初，全球已经发生了6次并购浪潮，第6次并购浪潮以2008年经济危机的发生而结束。自2012年起，到现在仍然在进行着的全球并购交易具有新一轮并购浪潮的特征：巨型并购交易层出不穷，跨境并购交易比例日益增多，并购大战此起彼伏。经常性的并购大战，往往是并购浪潮的一个典型特征。中国企业海外并购交易中的竞购战，无疑为本轮全球并购浪潮增添了一丝亮丽的注脚。

笔者先从交易价格、交易确定性和交易可能完成的速度三个角度来对这一起并购战的历程做一梳理。

2017年1月24日，在英国伦敦，力拓宣布与来自中国的A股上市公司兖州煤业达成交易，将旗下的澳洲联合煤炭工业有限公司售卖给中国买家旗下的兖煤澳洲公司。交易的主要条款包括：

## （一）价格

在交割日，兖州煤业有权选择向力拓：（1）支付19.5亿美元加上交割后5年内，每年支付1亿美元的结构性付款；或者（2）在2017年2月24日前，选择在交割日一次性支付23.5亿美元。另外，在纽卡斯尔基准动力煤价格超过75美元/吨（将根据每年澳洲消费者指数进行调整）时，兖州煤业需要向力拓另行支付特许费，上限为6.5亿美元。在交易宣布至交易交割之间所产生的利润及现金流，均由力拓享有。在从力拓购买澳洲联合煤炭工业有限公司的同时，由于100%的股权收购导致了澳洲联合煤炭工业有限公司的控制权变更，引发了该公司与日本三菱公司之间合资协议下的随售权（Tag-along），因此兖州煤业向三菱公司报价7.1亿美元，收购三菱公司和澳洲联合煤炭工业有限公司合资企业中由三菱所持有的股权。

## （二）交易的确定性

交易的确定性可以从如下几个方面来看：

第一，交易的先决条件。在力拓和兖州煤业所达成的交易中，交易的先决条件包括：负责1992年新南威尔士州矿业法的部长书面批准勘探矿证持有人的控制权变更、澳大利亚外商投资审查委员会的批准、中国政府批准（包括山东省国资委、国家发改委、商务部及国家外汇管理局）、反垄断审批（包括韩国公平贸易委员会及中国商务部反垄断局）、兖州煤业的股东大会批准、力拓的股东大会投票通过、下游电厂同意力拓向兖煤转让原来力拓是煤炭供应方的长期供煤合同权益等。

第二，交易买方提供的确定性。在兖州煤业的这个并购交易需要上市公司股东大会审批的情况下，兖煤集团作为兖州煤业 56% 股权所有者，向力拓出具了不可撤销的承诺，承诺将在兖州煤业的股东大会上对此项并购交易的表决投赞成票。

第三，交易中卖方的灵活性。在签署和兖州煤业的交易之后，力拓不能主动在市场上找更优报价的第三方，也不能主动和第三方进行沟通谈判，但如果有更高出价的第三方主动接近力拓，则力拓需要向兖州煤业进行披露，并给予兖煤以再次出价的权利。要达到所谓的“更优报价”，兖州煤业要求构成更优报价的条件应当包括：（1）第三方的报价必须 100% 收购澳洲联合煤炭工业有限公司；（2）报价必须是现金（包括或有支付、迟延支付或者价格调整）；（3）报价的净现值至少需要比兖州煤业高出 1 亿美元；（4）报价应当能及时地得到完成。读者可以看到，在并购交易的过程中，中国企业愿意在交易中保障卖方权益的条款加入更多的限制，以便在某种程度上保护自身的利益。

第四，交易中是否含有让买方“走人”的机制。在兖州煤业与力拓签署的交易合同中，包含有重大不利变化条款。这一重大不利条款的定义，体现了中国企业在海外收购中，创造出为重大不利变化条款的“定量”惯例：重大不利变化是指在交易文件签署日或之后出现的事件、变动、状况、事宜、情况或事物，而该等时间、变动、状况、事宜、情况或事物导致收购公司开采及加工的商品煤产量与完成后最少 18 个月持续期内每年少于 1000 万吨；减少或者有理由减少收购公司超过 7.5% 的列明储量；导致或有理由可能导致收购公司的合并资产净值的市场价值整体至少减少 2.5 亿美元。上述的重大不利事项有常见的排除项，如该等重大不利事件是为了遵守交易文件条款、买方要求或者因法律、经济、政治、商业或金融变动而发生或交易协议所载指定事项除外。这些相对灵活的交易实际条款告诉我们：在交易中，中国买方需要遵循交易市场上的惯例，但在遵守惯例的基础上，从交易的实际出发，从谈判地位出发，可以在惯例上引入更多的灵活性。

第五，是否因监管机构批准或者融资未能达成而支付反向分手费。兖州煤业在和力拓的这一笔交易中，未承担未能取得监管机构批准而支付反向分手费；仅在兖州煤业无法获得融资的情况下，力拓有权终止交易合约且要求兖州煤业支付2350万美元的反向分手费。对中国公司来说，和外国政府监管审批挂钩的反向分手费不一定是必须接受的，要结合交易具体情况、交易双方对审批风险的判断以及风险的承受来决定是否给予外国卖方该等承诺。



（三）交易可能完成的速度

兖州煤业和力拓关于交易的最终完成日为交易协议签署后9个月，买卖双方可以各有一次权利要求延长30日；双方预期交易完成的时间为2017年第三季度前后。

在兖州煤业和力拓签署协议后，双方开始进入交易过渡期的审批及融资事项。而在2017年6月9日，嘉能可向力拓发去了不请自来的报价（Unsolicited Proposal）。这个报价充分地研究了兖州煤业和力拓所签署的协议，试图向力拓在价格上、交易确定性上和交易的速度上证明其成为了更优报价。其主要内容如下：

（一）价格

在交割日支付20.5亿美元，交割后5年内，每年支付1亿美元。对于澳洲联合煤炭工业有限公司的控制权变更引发的三菱公司随售权问题，嘉能可还向三菱公司要求购买三菱所持有的另一项目公司的权益（澳洲联合煤炭工业有限公司也是该项目的参与者），加上随售权所涉及公司的股权，一共报价9.2亿美元，首付5.2亿美元，以后 4 年内每年向三菱公司支付 1 亿美元。

### （二）交易确定性

嘉能可已经锁定为交易所需的所有融资，交易的先决条件仅为监管机构审批。

### （三）交易速度

嘉能可认为其能够迅速完成交易审批。

从嘉能可自身的角度，其认为自己的报价相较于兖州煤业的报价已经构成了更优报价。首先在价格上高出了 1 亿美元，同时在交易的重要条款上也和兖州煤业一致；嘉能可的报价无须融资且融资已经到位，也不像兖州煤业在融资无法获得时有权终止交易而仅支付 2350 万美元反向分手费，兖州煤业的融资尚未到位；嘉能可的报价只受限于监管机构审批，而且已经获得了日本反垄断机构的批准。

兖州煤矿根据兖州煤矿和力拓协议中所规定的信息获知权和匹配提价权，在 6 月 20 日迅速针对嘉能可的报价提出了针对性的提高报价并和力拓签署了补充协议：

### （一）价格

选择在交割日一次性支付 24.5 亿美元，其余报价条款不变。

### （二）交易确定性

（1）修改了交易的先决条件：放弃在重大不利变化发生时享有的终止买卖协议的权利；放弃 1992 年新南威尔士州矿业法的部长书面批准勘探矿证持有人的控制权变更先决条件；如果在 2017 年 7 月 3 日或之前未能获得中国国家外汇管理局对该交易的境外投资批准，则放弃该先决条件。

（2）融资确定性：兖州煤业的控股公司兖矿集团向力拓出具财务

保证函，无条件且不可撤销的向力拓保证，如果兖州煤业无法获取融资，则兖矿集团将保证其获得足够资金以支付交易价款。

（3）押金：兖矿集团将1亿美元存放于力拓所指定的银行账户中作为押金，以担保兖州煤业及兖矿集团的承诺履行。

力拓董事会在兖州煤业提高报价之后，从交易价格、交易的确定性和交易完成的时间表看，认为兖州煤业修改后的报价构成了更优报价，尤其是兖州煤业已经锁定了中国政府大部分审批，澳大利亚政府大部分审批，且承诺对监管审批和重大不利变化的先决条件进行放弃，这极大地增加了交易完成的确定性。而嘉能可的报价和兖州煤业提价之后相同，且嘉能可还需要获得澳大利亚外商投资审查委员会，澳洲反垄断监管机构，韩国、我国台湾地区等地监管机构的审批，从完成交易时间的速度上来看，不及兖州煤业。因此，力拓强调了将在2017年6月27日和29日分别召开Rio Tinto Plc及Rio Tinto Limited股东大会向股东推荐和兖州煤业的交易。



嘉能可在力拓董事会确认支持兖州煤业后并未放弃，因为力拓所售卖的资产和嘉能可在澳大利亚的资产相距很近，能带来协同效应。因此嘉能可在6月23日再次提高了报价：

### （一）价格

交易交割时支付全现金26.75亿美元；2017年9月1日至交易交割日，澳洲联合煤炭工业有限公司税收净现值和2500万美元高者，支付给力拓。这一条件保证了力拓在煤价波动的情况下，能够在交易过渡期从澳洲联合煤炭工业有限公司获得保底收益；和煤价挂钩的特许费。

### （二）交易确定性

向力拓指定的银行账户存入2.25亿美元现金作为押金，在监管机构审批未获得的情况下支付给力拓；无融资作为交易先决条件；在交易后将澳洲联合煤炭工业有限公司 50% 权益售出，以维持嘉能可最多净债务 /EBITDA 不超过 2 的指标和维持净债务不超过 155 亿美元。

在提价之后，嘉能可认为相较于兖州煤业，其更新后的报价构成了更优报价。首先，在价格上，比兖州煤业高出 2.25 亿美元；26.75 亿美元的报价在交割时一次性支付。其次，在监管审批上，嘉能可认为不存在任何使审批无法获得的障碍。为了支持这一观点，嘉能可提供了 2.25 亿美元的押金作为担保；在时间上，嘉能可认为在价格机制中，其已经充分补偿了力拓交易可能的延误，2500 万美元 / 月的保底收益已经足以打消嘉能可时间上的不利的顾虑；在融资上，没有任何条件，只要监管审批获得，交易必须交割。

鉴于时间紧急，兖州煤业迅速向力拓报出了修改后的报价：

### （一）价格

交易交割时 24.5 亿美元现金支付；向力拓提供 2.4 亿美元无条件的矿费支付，其中，2 亿美元在 2018 年年底支付；和煤价挂钩的特许费支付，4.1 亿美元封顶。

### （二）交易确定性

兖州煤业的控股股东兖矿集团提供 2.25 亿美元的反向分手费担保付款；放弃所有交易的先决条件。

6 月 26 日，力拓董事会作出决定：兖州煤业的报价确定性和净现值更优，力拓董事会维持向股东大会推荐和兖州煤业的交易。原因如下：兖州煤业已经获得或者放弃交易的所有监管审批；兖矿集团提供了 21 亿美元的交易对价支付承诺，加上兖州煤业自身的信贷承诺，交易对价支付的确定性强；在拒绝完成交易的情况下，兖矿集团提供了 2.25 亿美元的反向分手费，且反向分手费的支付由兖矿集团和无条件的银行信用担保；交易预期完成时间为 2017 年第三季度，较嘉能可交易的时间表为优；嘉能可修改后报价中的部分现金收入存在不确定性。

在 2017 年 6 月 27 日和 29 日分别召开 Rio Tinto Plc 及 Rio Tinto Limited 股东大会上，力拓的股东们高票通过了力拓将澳洲联合煤炭工业有限公司 100% 股权授予兖州煤业的交易。兖州煤业在这场竞购大战中最终取胜。

从这一紧张竞争的并购交易中可以看出在并购战中获胜的关键，无非是我们一再强调的几点：交易的溢价、交易的确定性和交易的速度。在交易中，关注好这几个方面的优势，才能在竞购战中胜出。另外，兖州煤业之所以在最后一次提价中没有变动原有的交割日支付价金，一是交易融资改起来可能没那么容易；二是发改委在俗称“9 号令”的《境外投资项目核准和备案管理办法》中规定“中方投资额超过原核准或备案的 20% 及以上”需要向发改委申请变更，这也是一个相对的硬性约束。

“9 号令”里面，除了超过 20% 以上需要申请变更的要求外，还有“涉及敏感国家和地区、敏感行业的境外投资项目，由国家发展改革委核准”的规定。其实，在“敏感国家和地区”的投资需要核准是可以理解的，但笔者认为，对于中国企业走出去，海外并购敏感行业没有太大必要管制，毕竟这更多的应该是投资目的地监管机构该操心的事情。

# 63 如何控制变化的风险

2018 年 5 月 8 日，美国总统特朗普宣布退出伊核协议，重新启动对伊朗最高级别的制裁。这个行动，对自 2015 年 7 月联合国安理会批准达成伊核协议后跑步入场伊朗做生意的公司，造成了不少打击。比如，在核协议达成以后，波音与空客在伊朗获得了不少项目订单，并获得了美财政部许可在伊朗从事交易。而在美国宣布退出核协议之后，这些公司只有 90~180 天的时间去逐步缩减现有合约。在油气领域，不少公司也在伊朗核协议之后加入到了伊朗油气开发项目中去。比如，法国的道达尔公司就在 2017 年与中石油合作，同伊朗国家石油公司签署合作协议，共同开发伊朗南帕尔斯天然气田第 11 期项目，项目投资额高达 48 亿美元。现在，这一合作协议也面临夭折的风险。这一行为，给商业投资人提出了一个重要的命题：如何在投资、并购交易中控制法律变化、政府、政治变化等带来的风险？

有些时候，企业行动快是和机遇相关的，但也和风险相关。虽然跑得快的公司能迅速抓住商业机会，但这机会的风险也需要衡量。那么，在和政府打交道的过程中，如何去控制政治 / 政府风险？如何应对交易过程中政府政策、法律变化的风险？本文将谈谈投资/并购交易中的政府、法律变化和政治风险控制问题。

回答这个问题，笔者认为，需要从如下不同层面去考虑：

## 一、投资国的政府/政治风险

作为外来的投资者，在和投资国签署合约后，如果投资国的承诺不执行了，投资国的法律法规变化了，投资国对投资进行国有化征收了，怎么办？这事儿一般靠双边投资保护协定（Bilateral Investment Treaty，BIT）、海外投资险、合约中的“法律稳定性条款”、投资国的主权豁免放弃条款等来进行救济。对于大多数投资者来说，BIT并不是太大的问题，毕竟投资保护协议各国都签的不少，也有所谓的最惠国待遇（Most Favored Nation，MFN）条款，能够较好的保护投资者的投资。海外投资保险中，多边机构或者私营保险公司均提供此种服务，投资者可根据投资国的风险考量来进行购买。

相比而言，投资合约是投资者需要自己把控的事项，尤其是和政府签署投资合约的公司，至少需要注意三个方面：

（一）经济稳定性条款。实务中常见的有如下几类：

（1）稳定法律条款，即将合同签署日的法律法规固定下来，在投资合同签署后，法律法规的变动不适用于该投资合同；

（2）不得修改条款，非经投资国与外国投资者双方同意，不得修改投资合同的任何条款；

（3）重新沟通条款，如果新的法律法规带来了外国投资者经济性的变化，则需要重新谈判修改投资合同，以使外国投资者的经济回报恢复到原有的程度；

（4）立法条款，签署投资合同后，该投资合同即提交资源国议会通过，形成法令；

（5）分配条款，如果有法律法规改变影响到外国投资者的利益，则由投资国承担相应的损失。

当然有些国家已经开始在投资合约中将外国投资者享有的经济稳定性条款拿走，因此外国投资者在面对投资合同中没有经济稳定性条款的时候，还要考虑通过上述BIT的方式，来设置中间层公司，以便利用BIT中的保护措施和从有关的保险公司购买相应的保险产品来控制风险。

对外国投资者而言，单靠投资国政府在产品分成合同中经济稳定性条款的承诺并不完全可靠，因为资源国政府还有大量的所谓Non-fiscal（非财务）手段来完成对外国投资者济性的影响。例如，在前些年油价高升的时候，许多资源丰富的投资国政府对外国投资者开始征收Windfall Tax（暴利税）。对于暴利税的征收是否违反了经济稳定性合同有不同的解读，但不少外国投资者最后也出于种种考虑接受了暴利税。

有些投资国虽然仍然愿意在投资合同中给出经济稳定性条款，但会对经济稳定做狭隘的解读。以油气业为例，最近越南国家石油公司在新一轮的产品分成合同中就规定，仅仅在矿费（Royalties）、公司所得税（Corporate Income Tax，CIT）和出口税（Export Tax）受到影响的时候，外国投资者才有权要求国家石油公司进行重新谈判，修改产品分成合同，以使外国合同者的经济回报回复到原有的程度；除开上述三种税费之外的任何税费的改变，不得被视为影响了外国投资者的经济性。

笔者提醒，经济稳定性条款还需要注意以下两点：（1）对经济稳定性条款的国际仲裁往往还会关注外国投资者是否在投资前有过详细的尽职调查，包括但不限于技术、商务、经济性、法律等；（2）如果只是在投资合同中原则性的规定，若外国投资者的经济性因资源国政府行为而受到影响，双方应该进行谈判，以恢复经济性，这样的约定很可能会被视为“Agreement to Agree”（未来商议约定），而无法得到执行。因此，笔者认为，尽量详细地描述如何恢复经济性是一个更好的选择。对外国投资者来说，对经济稳定性条款进行越详细的描述（如何判定、重新谈判的时间、如何认可执行损害弥补），对其越有利。

（二）投资国的主权豁免放弃条款。从国际法的角度说，主权豁免是指国家的行为及其财产不受司法管辖。因此，为了保证投资合同的商业性质，从而在产生争议后能够得到执行，在投资协议中，外国投资者一般都会要求政府或者政府所控制的公司承诺国家主权豁免放弃的条款（Waiver of Sovereign Immunity Clause）。这样，在政府或者政府控制的公司违约的情况下，其亦不能够采取国家主权豁免作为合约无法进行追责的挡箭牌。

（三）争议解决采用商业仲裁。在和投资国签署投资合同的时候，投资国往往会要求采用当地法作为投资合同的管辖法，通常来说这点是无法进行谈判的。对外国投资者来说，在接受当地法作为投资合约的管辖法基础上，要求争议解决采取仲裁及确认投资国是《纽约公约》（New York Convention，即“承认及执行外国仲裁裁决公约”）成员国非常重要（以利于国际仲裁裁决的执行），一个中立的、国际性的仲裁机构作为裁判机构也很重要。



## 二、从交易的角度看如何控制交易的政府/政治风险

如果交易的合约不是和投资国签署，而是与交易的对手签署。此时处在签署交易了但尚未交割的阶段，如何控制风险？购买的公司或者资产所在国法律法规发生变化了，如何办？这个时候可以考虑在交易合约中放入“重大不利变化”（Material Adverse Change，MAC）来控制风险。当然，能否放入重大不利变化，需要根据交易双方的谈判地位来看，因为此时交易的卖方也很不愿意承担政府或者法律法规变化的风险，往往会要求在MAC条款中加入“法律法规变

化”作为重大不利变化事件的排除项。法律的变化排除也不一定是绝对的。例如，在2009年12月，世界最大的石油公司 Exxon Mobile 宣布以支付股票的方式并购 XTO（算上承担 XTO 的100亿美元债务，该交易金额高达410亿美元）。其中双方经谈判后所议定的重大不利事件条款（MAC/MAE）中有这样一段：

“Company Material Adverse Effect” means a material adverse effect on the financial condition, business, assets or results of operations of the Company and its Subsidiaries, taken as a whole, excluding any effect resulting from, arising out of or relating to (A)...(B) other than with respect to changes to Applicable Laws related to hydraulic fracturing or similar processes that would reasonably be expected to have the effect of making illegal or commercially impracticable such hydraulic fracturing or similar processes (which changes may be taken into account in determining whether there has been a Company Material Adverse Effect), changes or conditions generally affecting the oil and gas exploration, development and/or production industry or industries (including changes in oil, gas or other commodity prices). (C)...

在此，Exxon Mobile 通过“other than with respect to changes to Applicable Laws related to hydraulic fracturing or similar processes that would reasonably be expected to have the effect of making illegal or commercially impracticable such hydraulic fracturing or similar processes (which changes may be taken into account in determining whether there has been a Company Material Adverse Effect)”的写法，将水力压裂非法可能构成重大不利事件的风险转移给了 XTO。此处

的背景是：2009年年末的时候，美国国会正在兴起一股对水力压裂[1]进行规范的风潮，因此如果在交易进行过程中尚未交割的情况下，美国通过了相关的立法使水力压裂技术被认定为非法，则这笔交易没有继续进行的必要。Exxon Mobile 成功地通过交易文本，在逻辑上规避了当时非常规油气行业所面临的最大的风险之一。而在“any change in Applicable Law or the interpretation thereof or GAAP or the interpretation thereof”的文本下，Exxon Mobile 承担了其他法律变化的风险（除开水力压裂），也算是交易双方对风险的交换承受。

当然，在考虑交易双方谈判地位的情况下，辉瑞收购艾尔建的做法可供参考。辉瑞收购艾尔建的交易本质上是为了完成税务身份的迁移，从更高所得税率的美国迁移到低税率的爱尔兰。但鉴于交易进行过程中，美国财政部立法对“税务身份迁移”进行限制的呼声很高，因此双方提前在交易中埋入了所谓的“税法不利变化解除”的选项，即在交易中明确规定当政府法律法规变化使得交易无法实现目的，双方有权解除合约，而辉瑞并不承担政府法律法规变化的风险，仅向艾尔建支付相关的“费用补偿”即可。



## 三、投资合约签署后或者交易双方交易完成后，第三国的法律法规或者政策发生变化，使投资变得不可行或者有风险，如何处理

这需要分投资合同和售卖交易两个层面来进行处理。第一，投资合同层面。在这个层面，除了如前面的第一点中强调的，要将投资国政府法律法规变化考虑进去且在合约中采取“经济稳定性”条款等技术化的手段之外，对于第三国法律法规变化、政策变化或者政治

[1] XTO 公司是非常规油气公司，主要资产是页岩油气。而页岩油气的开采技术主要是采用水力压裂。如果禁止采取水力压裂的方式进行开采，则 Exxon Mobile 公司收购 XTO 的目的就完全达不到了。

风险如何应对？笔者认为，一般来说有这样几种方式：

（一）在交易中利用“不可抗力”的概念来进行处理。即将此种变化放入不可抗力，可以对义务进行暂停，以观后效。一般来说，在国际投资合同中，在不可抗力不是法定事由的国家，可以采取约定这种方式来控制因第三国法律法规变化带来的风险。

（二）采用“违法性”终止的概念。在投资合同中，如果第三国的适用法出现新的法律法规或者政策变化，使投资者的履约变得违法了，那么投资者有权终止。

（三）赔点钱支付违约金终止的安排。

第二，对于售卖交易层面来说，在售卖交易完成之后出现的投资国风险或者第三国法律法规变化或者政治变化的风险，如果未能在交易安排中留有部分款项支付或者后续支付等付款安排和此类风险挂钩的话，那么在交易完成后，此类风险就成了买方自身的风险。因此，在此种情况下，国际仲裁、保险安排、BIT等救济方式就成了后续的可能风险控制手段。

总体来说，在对外投资或者交易项目中，对于未来政府风险的防控，是投资者需要注意的重要事项。尤其是在一些受到制裁、国家风险较高的国家或者地区投资，事先想好退路和风险控制的手段，才是避免发生过高过大损失的良策。当然了，与风险控制相关的，中国还有句老话：富贵险中求。不冒险，动手不快，怎么会获得更高的利润和回报呢？笔者以为，跨境并购交易的实务者无非就是在风险和利益之间找到可能的最佳平衡点而已。

# 64 从中国再保险集团收购桥社（Chaucer）谈交易中如何处理交易先决条件的实务问题



并购交易中通常有一些非常重要的先决条件，常见的有：交易获得政府审批、目标资产或目标公司不产生重大不利变化事项（MAC）[1]、交易获得融资、针对目标公司或者目标资产的陈述与保证事项在交易签署日和/或在交易交割日为真、相关法律意见书的获得、第三方合作伙伴优先购买权的放弃等。

并购交易中的先决条件，也是交易双方互相谈判的一个焦点条款。因为只有交易先决条件满足或者被放弃，交易才能交割。卖方才能获得对价，买方才能获得目标资产或者目标公司的所有权。因此，交易双方在谈判交易先决条件条款时，主要从如下几个方面进行考虑。

## （一）哪些事项作为交易的先决条件？

决定哪些事项成为交易的先决条件主要考虑如下一些因素：

[1] 关于 MAC 条款的实务发展，可参考本书《买方如何使用重大不利变化从交易中脱身？》一文。

1. 交易的尽职调查结果。并购交易的尽职调查过程中，会对目标公司 / 目标资产进行转让所需要的审批、第三方同意权、交易完成前需要解决的问题等进行确认。比如，一个在杰西岛注册成立的公司持有一个在哈萨克斯坦的油气资产，买方要收购这个杰西岛注册公司100%的股权，那么这个交易需要获得的政府审批可能至少有两个，即哈萨克斯坦能源部审批和杰西岛金融管理局审批。因此，交易双方会将这两个审批放入交易的先决条件中；如果在哈萨克斯坦的油气资产合作协议下，合作伙伴对于股权交易在油气资产层面仍然有优先购买权，那么交易双方有可能会将合作伙伴放弃优先购买权放入交易的先决条件；如果尽职调查过程中发现目标公司在哈萨克斯坦有一笔很大的税务争议尚未解决，那么交易双方还有可能将税务争议的解决作为交易的先决条件。

2. 交易双方对于风险的认识。比如，上面提到的在交易尽职调查过程中发现的税务争议问题，如果买方认为该税务争议发生的概率很小，愿意承担这个可能的税务争议，也会选择不将税务争议问题的解决作为交易的先决条件。

3. 交易文本是否对于涉及事项有其他处理机制。再以上面提到的交易尽职调查过程中提到的税务争议为例，如果交易文件中对于该税务争议有交割赔偿的机制，或者有相关的留置价款机制，那么交易的买方可能会同意不将税务争议问题的解决放入交易的先决条件中。

4. 交易双方的谈判地位。比如，在公开招标的方式下进行的交易中，交易的买方希望交易的先决条件中能放入融资，但卖方认为将融资作为交易的先决条件将极大地损害交易的确定性，且买方如需要将融资作为交易的先决条件，也将极大地损害其报价的竞争性。在这样的情况下，买方可能不得不考虑在交易签署之前将融资的确定性向卖方进行证明，从而在交易中不将融资作为先决条件。

5. 交易在不同市场下的惯例。比如，“没有重大不利变化”作为交易的先决条件，在北美交易市场上超过 90% 的交易中都存在；而在欧洲市场的交易中，接受将“没有重大不利变化”作为交易先决条件的不超过 30%。

6. 交易实务的发展。本书曾在《如何处理法律意见书作为交易先决条件？》一文中提到，在 ETE 公司与 Williams 公司的合并交易案中，因为 ETE 公司的外部税务律师无法在交易交割日出具交易免税的税务意见书而诉诸法庭。从该案例后，交易双方对于交易先决条件中放入税务意见书的处理方式就谨慎了很多。实践中因而出现了不将法律意见书作为交易的先决条件、在交易文件签署前取得相关的法律意书、将交易买方税务意见书的签发与反向分手费挂钩等多种处理方式。



### （二）交易的先决条件是单方先决条件还是双方先决条件

这个问题的处理决定了交易的一方或者双方是否有权援引先决条件是否满足来拒绝交割与否。举个例子，如一个并购交易需要获得美国外商投资审查委员会的审批，如果这个审批仅仅作为买方或者卖方的先决条件的话，那么买方或者卖方单方即可以以该交易先决条件未满足而拒绝交易；同样，买方或者卖方单方即可以以该交易先决条件满足而要求交割。同时，买方或者卖方也有权单方放弃该交易先决条件的满足而径行要求交割。如果把上述的美国外商投资审查委员会作为交易的双方先决条件的话，那么只有在交易双方认可该交易先决条件已经满足或者放弃该交易先决条件满足的情况下，交易才能进行交割。

### （三）交易一方或者双方采用何种努力程度去满足交易的先决条件

一般来说，交易市场上有最大努力、合理努力、合理最大努力等不同的努力程度。交易双方会根据交易的管辖法律、先决条件的重要性、双方谈判地位等因素来决定满足交易先决条件的努力程度。需要注意的是，在同一个交易中，对不同的交易先决条件的满足，可以适用不同的努力程度去满足。

### （四）交易的先决条件与交易最终完成日之间的关系

在交易中，一般都会规定，如果在一个规定的最终日到来之际，交易的所有先决条件仍然未能得到满足，则交易双方有权终止交易，从中撤出。这个最终完成日有不同的考虑要点：

1. 交易最终完成日的长度。交易最终完成日的长度是交易双方需要考虑的重要问题之一。这个时间长度不能过短，也不能过长。如果过短，根本无法达到交易先决条件的满足，那显然没有意义；如果过长，交易的先决条件拖延迟迟无法得到满足，那么对于交易双方来说可能也不愿继续该交易。因此，合理的设置交易的最终完成日，是对每个并购交易的要求。

2. 交易最终完成日到期后的后果。无论是交易自动终止，还是使交易各方获得了通知对方终止的权利，还是交易双方或者一方有权将交易最终完成日进行延期？这些问题需要在交易合约中规定清楚。

3. 能否对不同的交易先决条件设置不同的交易最终完成日？笔者曾做的一个交易中，就对不同的先决条件设置了不同的交易最终完成日。中国买方需要注意的一个新动向是，由于外国卖方常常担心中国政府审批的问题，因此在交易市场上出现了一个市场先例，即将中国政府审批的先决条件单独确定一个较早的最终完成日。如果中国买方未能在签署合约后的一个较短时间内锁定中国政府的审批，那么交易的卖方将有权终止交易，获得分手费。

### （五）交易的先决条件未能满足由谁承担风险的问题

比如，交易中，如果目标公司或者目标资产发生了重大不利变化，则买方有权从交易中撤出，这个时候是卖方承担了重大不利变化的风险；如果交易中，美国外商投资审查委员会没有批准，交易先决条件未能满足，此时中国买方需要向外国卖方支付一笔交易的分手费，那么此时是中国买方承担了该交易的先决条件未能满足的风险。

### （六）交易先决条件的客观性的问题

在交易文件中，双方需要对交易的先决条件进行尽量客观的描述。比如，“交易需要获得所有中国政府有权机关的审批”的写法就是模糊不清的，写上“中国商务部反垄断审批、中国发改委的备案”等就要清晰客观得多。“交易双方满意的政府审批”，这样的写法可能也欠缺客观性。

下面我们用中国再保险集团宣布的一个交易，来说明交易中如何处理先决条件的问题。2018 年 9 月 13 日，中再集团花 8.65 亿美元从美国的汉奥威保险集团收购了全球特种险直保和再保险公司桥社（Chaucer）100% 股权。这个交易中，关于先决条件的安排对交易实务很有启发意义，因此笔者特分析如下。

这个交易，双方的先决条件很多，有如下 13 项：

1. 英国审慎监管局批准本公司及任何其他人士（包括其任何附属公司）根据协议获得 CSL 的控制权；

2. 英国金融市场行为监管局批准本公司及任何其他人士（包括其任何附属公司）根据协议获得第一家目标公司的附属公司 Lonham Group Limited 的控制权；

3.Franchise Board 批准且并不反对本公司及任何其他人士（包括其任何附属公司）根据协议获得 CSL 的控制权；

4.Council of Lloyd’s 批准且并不反对本公司及任何其他人士

（包括其任何附属公司）根据协议获得第一家目标集团若干成员公司的控制权；

5.Central Bank of Ireland作出书面通知，表示其同意或并不反对本公司及任何其他人士（包括其任何附属公司）根据协议获得第二家目标公司的控制权；

6.新加坡金融管理局批准或并不反对本公司及任何其他人士（包括其任何附属公司）根据协议获得第一家目标集团的集团成员公司Chaucer Singapore Pte.Ltd.的控制权；

7.以适用法律所规定为限，杜拜金融服务局批准或并不反对本公司及任何其他人士（包括其任何附属公司）根据协议获得第一家目标集团的集团成员公司Chaucer MENA Underwriting Limited的控制权；

8.本公司或本集团任何成员公司已根据1975年澳洲外国收购及并购法取得所有必要批准，包括作为外国政府投资者就本公司及任何其他人士（包括其任何附属公司）根据协议获得Hanover Australia HoldCo Pty Ltd.控制权的批准；

9.就据协议拟进行的交易及据此拟进行事项（不包括，为免存疑，注册成立收购投资控股公司及／或其后将收购投资控股公司转让予本公司或本集团的适用成员公司及／或增加本公司或本集团任何成员公司的任何担保限额，以及卖方的任何完成前重组）而言，本公司取得中国银行保险监督管理委员会批准及完成于国家发改委进行之所有必要备案程序并获国家发改委信纳（“中国监管条件”）；

10.已正式召开及举行临时股东大会，且相关决议案已经由必需的过大半数股东通过（“公司股东批准条件”）；

11.于协议日期至完成日期并无发生MAE（已获卖方更正的MAE除外）（“MAE条件”）；

12.欧盟委员会根据欧盟合并条例颁布决定，宣布交易与共同市场兼容；

13. 于美国或中国境外任何司法权区的机关（包括任何税务机关）概无于完成日期前（i）展开任何重大行动，禁止协议及据此相关文件所建议的重大交易；或（ii）执行任何仍未存在或已公布且其将禁止进行该等交易或其任何重大部分的法令或法规（“非中国违法条件”）。

中再集团在这个交易中，对这 13 项交易先决条件的处理分为几类：

1.“融资没有作为交易的先决条件”。尽管中再集团在交易中宣布要进行 5.5 亿美元的融资，但交易中并没有将融资作为交易的先决条件。中再集团不能够以没钱为理由不交割。因此，融资的风险由中再集团承担。

2. 对于中再集团股东大会审批和交易中涉及的中国政府审批这两个先决条件，交易双方确定了一个较早的交易最终完成日：2018 年 12 月 31 日。从卖方的角度看，此规定是为了交易的确定性，也为更好地控制中国政府审批风险；但是对于此项先决条件的满足，卖方又给了自己一个灵活性：如果中再集团股东大会和中国政府审批在 2018 年 12 月 31 日或之前没有得到满足，则卖方有单方裁量权延长该较早的交易最终完成日至 2019 年 3 月 31 日。当然，在 2018 年 12 月 31 日，卖方如果不选择单方延长较早的交易最终完成日的话，则卖方有权选择拿 5700 万美元的反向分手费。卖方给自己留下了一个选择灵活性的理由在于：（a）毕竟拿反向分手费并不是卖方的目的；（b）如果中再集团能够证明在 12 月 31 日之后的很短时间内能够解决中再集团股东大会和中国政府审批问题，那么卖方可以到时候再衡量交易的风险而做出对自身最有利的决定。中再集团则在这个交易中，承担了中再集团股东大会和中国政府审批两个交易先决的风险。

3. 重大不利变化事件先决条件的处理方式。对于交易过渡期，目标公司发生重大不利变化风险的话，中再集团有权从交易中撤出。这是中再集团保护自己的权利的先决条件，但中再也在其中加入了灵活性。如果重大不利变化事件发生在 2018 年 12 月 31 日前，中再集团有权将该先决条件延长至 2019 年 3 月 31 日。这就留给卖方补正该交易先决条件满足的机会时间。

4. 有权机构采取法令制止交易的先决条件，对交易双方来说都是风险，如果该等风险在 2018 年 12 月 31 日之前发生，则买卖任一方均有权将该等先决条件延长至 2019 年 3 月 31 日，这也是留给交易双方去补正该交易先决条件满足的机会时间。

5. 这个交易里，更有意思的其实是对来自其中两个监管机构先决条件的处理方式。卖方一共卖了三个公司给中再集团，三个公司需要获得不同国家监管机构的审批。其中一个公司在英国，一个公司在爱尔兰，另外一个公司在澳洲。在三个售卖的公司中，英国的公司体量最大，交易价值占到了总价的 90% 以上，而另外两个公司价值较小。最有意思的是，此交易安排体现了交易双方的商业思维方式：尽管三个交易是一个打包交易，但交易双方决定不能让另外两个价值较小公司影响交易的完成，因此交易双方为爱尔兰和澳洲公司的售卖设置了 2019 年 12 月 31 日的最终期限，但两个公司售卖的政府审批先决条件是否满足，并不影响英国公司的交割。

6. 其他的先决条件满足都统一放在了 2019 年 3 月 31 日或者双方一致同意的一个更晚日期。这体现了交易双方对交易整体先决条件重要性、可能满足的时间点的判断。

值得一提的是，作为上市公司，中再集团在这个交易中对所有需要获得审批的交易先决条件都做了披露。对有的交易来说，交易双方往往将交易先决条件中的审批分为两类：一类是关键审批，另一类是非关键审批。交易双方往往倾向于披露关键审批，而对非关键审批申请披露的豁免:这样做的理由是可以让交易双方有机会在交易过程中评估非关键审批而可以采取放弃获取非关键审批的选项,同时不冒披露后警醒非关键审批政府机构的风险。

作为并购交易实务从业者,从中再集团收购桥社(Chaucer)的这个交易中可以看出:交易的先决条件的写法需要配合商业目的、交易双方风险分配、与交易合约的其他机制配合、双方谈判地位、交易中确定性与灵活性的把控等多种因素进行考虑,才能满足交易双方的不同需求

# 65 从万豪集团数据泄露谈并购交易中的数据及网络安全风险防控

2018年11月30日，万豪集团宣布旗下的喜达屋客房预定系统数据泄露，有多达5亿客户的个人信息被无授权访问。这意味着这些客户的个人信息、电子邮件、住宿情况、银行卡号等隐私信息都陷于了危险之中。万豪集团也就此事发布了公告，表示正在评估影响，并向公众表达了歉意。同时，一些集体诉讼的代表律所也宣布起诉万豪，要求高额的索赔。

这次数据泄露问题的直接引发者是万豪2015年收购的公司喜达屋。它给我们从事并购交易的专业人士提出了一个严肃的问题：如何在并购交易中控制数据泄露、网络安全等问题的风险？在过去的并购交易中，并购从业者往往对网络安全、信息数据风险给交易带来的影响认识，不深刻，甚至忽略。全球著名的律师事务所Freshfields曾经就网络安全尽职调查在全球200多个交易的参与者间展开过一个翔实的调查，发现有78%的交易并未对网络安全尽职调查着力，而且约2/3的被调查者认为，从尽职调查偏紧的时间表来看，网络安全风险很难量化。但一系列网络安全事件，尤其是交易过程中和交易后买方所发现的大规模数据泄露及网络安全问题，让所有从事并购实务的交易者都对交易中的数据泄露和网络安全更加重视起来。从某种意义上说，任何被购买的目标公司都存在潜在的网络安全风险问题，员工信息、知识产权、商业保密信息、经销商或者客户名单等都有可能成为泄密的对象。而一旦网络安全风险事件发生，所带来的损害和后果可能是非常严重的，除了政府机构的调查、可能的集体诉讼、聘用外部专家修复系统之外，受到影响的公司还将面临着信誉危机的管理、合作伙伴的质疑、运营受到耽误等问题。因此，并购交易中的各利益相关方，无论是交易双方，还是外部顾问，在目前的交易中都对数据泄露和网络安全风险的问题进行了足够的重视。

并购交易的数据泄露和网络安全，可以分为两个方面来看，第一，交易本身的信息泄露和网络安全的问题；第二，买方对目标公司的数据泄露及网络安全风险控制，以避免交易后产生重大问题的风险控制问题。

第一，交易本身的信息泄露和网络安全问题。并购交易在交易过程中，从接触目标公司，到与目标公司的谈判过程，全程均存在信息泄露、网络数据安全等风险。比如，一些黑客就将目标锁定在经常从事大型并购交易的律所、投行或者公司身上，通过种种方式对这些中介机构或者目标公司进行数据窃取，以便发现可能的并购交易信息。从而利用获知的交易内部信息来提前买入股票进行获利。2016年年底，美国政府就起诉过盗取美国大型律所关于并购交易信息的几名黑客；而根据专业技术机构的跟踪分析，有一些有组织的黑客集团经常采取对并购中介机构内部信息进行盗取的方式，来获得交易信息优势，从而获利。从收购方的角度看，组织参与并购交易的团队成员在网络上大规模地对目标公司的信息进行搜索，可能都需要统一的从网络安全角度进行考量，否则这些活动也有可能被数据分析公司抓取到，从而引发潜在的内幕信息泄露。另外，需要注意在卖方启动招标拍卖流程过程中资料室的网络安全风险。现在的并购交易主要通过招标进行，而在招标过程中，目标公司资料的分享，主要是通过网络资料室的方式来提供的。这种方式可以方便在不同地域的众多潜在兴趣买方同时接触到目标公司的资料并进行尽职调查。而正因为目标公司网络资料室提供了非常多的保密信息，网络资料室的安全性、网络资料室服务商对数据安全的保护水平也是需要交易双方考虑的事项。对许多卖方来说，过于敏感的商业信息，或者受到律师——客户特权保护的诉讼或者仲裁信息，并不会在资料室进行分享。另外一个值得注意的实务动向是未来客户在向外部律所、财务顾问等外部顾问招标的过程中应当有一项要求：所有的外部顾问，都需要向客户说明，其在并购交易过程中，通过何种手段或者流程来保护数据安全，避免敏感信息的泄露。

第二，交易过程中和交易之后，如何来应对所收购公司的数据泄露及网络安全风险问题所引发的责任。对于买方来说，如果在交易过程中发现所收购公司的数据泄露和网络安全风险问题，无疑是最佳的情况。比如，在 Verizon 宣布以 48 亿美元收购雅虎核心资产之后，雅虎披露公司之前出现过 2 次数据泄露事故，Verizon 直接要求修改交易的对价，并对未来的责任进行明确约定——尽管在交易中 Verizon 已经要求了 3.5 亿美元的价格下调，但对第三方索赔雅虎仍需要在交割后承担 50% 的责任。而对万豪来说，由于收购目标喜达屋是上市公司，在并购交易的尽职调查过程中，并未发现数据泄露事件。上市公司在交易完成后不可向股东追索的特性，使万豪无法进行交割后追索。因此，这个被收购公司数据泄露的风险和后果，将完全由万豪进行承担。

并购交易的双方在交易过程中理解并处理好数据泄露和网络安全，对交易双方都有好处。对于并购交易的卖方来说，在将公司出售之前对公司整个网络安全进行评估，对于交易顺利进行有非常大的好处：首先，对公司的数据泄露和网络安全风险进行全面评估之后，有利于卖方公司的整体风险控制；其次，通过加强卖方公司抵御数据泄露及网络风险的能力，能给予潜在买方提供更有吸引力的“低风险”；最后，卖方的行为可能会导致在交易文件中给相关数据泄露及网络安全风险的陈述保证或者交易后的赔偿机制的谈判带来便利。

那么，从买方的角度看，应当如何在并购交易中控制好收购对象的数据泄露和网络安全的风险呢？

第一，买方要加强对交易目标公司的数据泄露和网络安全风险的尽职调查。从广义上说，数据泄露和网络安全风险的尽职调查可以归入IT的尽职调查中去。IT尽职调查和整合也是在并购交易过程中常常被忽视的一个环节。信息系统和信息系统安全这在并购交易一开始即应该予以重视：目标公司或者目标资产使用的何种系统、工具、财务软件、技术软件之类的，要一一查明；如果是收购互联网类的公司，那么在IT、网络安全、数据泄露等方面的尽职调查所花费的时间就更多。在并购交易中，如果买方一开始配有搞IT的成员在团队中，那么会使对于目标公司的数据泄露和网络安全风险的尽职调查变得相对简单一些。另外，对于买方来说，搞清楚购入资产或者公司所使用的软件系统、数据以及相关的风险防范手段，在交易后可以更迅速的使用对方的信息资料、升级安全手段。如果这些问题未能在尽职调查阶段进行处理，接手之后可能会对生产运营带来意想不到的阻碍或者风险。对于目标公司数据泄露和网络安全风险尽职调查，实务中需要注意：(1)对目标公司网络安全情况的全面认识及评估，这个全面评估能够首先从定性上去判断目标公司数据泄露和网络安全风险进行判断；(2)对于目标公司过去是否发生过相关网络安全问题进行落实；(3)识别目标公司的敏感数据及相关数据资产，进行风险重点评估；(4)目标公司的网络安全基础设施建设、日常操作规范、程序；(5)重大合同中关于数据泄露和网络安全的赔偿机制。买方应当在交易团队中放入适当的 IT 专家，甚至专门聘请外部 IT 专家顾问，以便完成对目标公司整体数据泄露和网络安全风险的评估、尽职调查以及采取补救措施。

第二，在交易文件中对于数据泄露和网络安全风险要求适当的陈述与保证。根据不同的交易以及交易中所进行的尽职调查情况，买方可以要求卖方给出适度的陈述与保证。在不同的行业中，买方应当根据具体情况，将涉及数据泄露和网络安全风险的陈述与保证，作为或者不作为关键陈述与保证。[1]此外，对于未知的数据泄露和网络安全，买方也可以考虑对其购买保险来进行风险保障。目前在交易市场上流行的并购交易陈述与保证险可以涵盖卖方所给出的关于数据泄露及网络安全风险的陈述与保证。尽管陈述与保证险有其局限性，在并购交易调查过程中已经知悉的风险不赔偿、有免赔额、有赔偿上限，但也不失为一种风险转嫁的方式；另外，买方也可以结合自己和目标公司的网络风险相关的保险单来综合考虑数据泄露和网络安全风险。

第三，在交易文件中，考虑对数据泄露和网络安全风险交割后的索赔机制。一般来说，索赔机制仅仅在收购非上市公司时适用。索赔期限多长，索赔金额上限多少，都和交易的具体细节相关。考虑一般数据泄露和网络安全风险暴露出来的时间长度相对较长，因此，在交易中设置较长的索赔期限和较高的索赔金额上限对买方的风险控制有利。

[1] 在并购交易实务中，买卖双方往往会在交易文件中约定那些陈述与保证构成交易的关键陈述与保证，从而将对关键陈述与保证与一般的陈述与保证进行区分，从而在交割日是否重述、交割后违反关键陈述与保证的索赔限额或者索赔期限较一般陈述与保证为高、为长。之所以在交易中会对陈述与保证做不同的区分，也是交易双方在风险承担上角力的结果。

第四，在并购交易的过渡期，就应当考虑如何对目标公司的数据泄露和网络安全风险系统进行提升，并提前做好计划和安排。如果买方对目标公司的 IT 系统的计划仅仅在交割日后才开始进行，那就非常晚了。作为有经验的买方，一定是在交易的过渡期，甚至是在交易的尽职调查结束之后，就已经开始筹划对目标公司数据泄露和网络安全风险去进行补强了。

第五，在并购交易的整合期间，对收购过来的目标公司，除数据泄露和网络安全系统堵漏及补强外，买方还应当对目标公司所有的 IT 系统进行综合的提升，以便在交易后，买卖双方的系统能够迅速整合，发挥最大效用。

从并购交易实务的发展角度看，交易的从业者也历经了一个从不重视交易的数据泄露和网络安全风险尽职调查到非常重视的过程。可以确定的是，未来并购交易的各参与方将更加重视这一事项。交易中，买方在引入 IT 外部专家进行数据泄露和网络安全风险尽职调查、交易文件谈判过程中，更多时间将花在数据泄露和网络安全风险之上。更多的关于数据泄露和网络安全风险的保险产品将会出现，也会有更多的公司将在交易一开始就考虑 IT 整合以及数据泄露和网络安全风险降低的问题。万豪数据泄露事件和 Verizon 收购雅虎主要资产两个交易一对比，无疑给所有的并购交易者提了一个醒：如果在并购交易完成后再发现数据泄露和网络安全风险，后续救济是非常困难的，甚至是不可能的，尤其万豪收购的是一个上市公司。因此，将数据泄露和网络安全风险尽量在交易交割前进行调查、评估和量化，是非常重要的事情。

图书在版编目(CIP)数据

并购之道：赢家的65个商业逻辑与实战 / 张伟华著
. -- 北京：法律出版社, 2019（2019.12重印）
ISBN 978-7-5197-3643-9

Ⅰ. ①并… Ⅱ. ①张… Ⅲ. ①企业兼并 – 案例 Ⅳ.
①F271.4

中国版本图书馆CIP数据核字(2019)第136371号

并购之道：赢家的65个商业逻辑与实战
BINGGOU ZHIDAO: YINGJIA DE 65 GE SHANGYE LUOJI YU SHIZHAN
张伟华 著

策划编辑 高 山
责任编辑 高 山 邓颖君
装帧设计 鲍龙卉

**开本** 710毫米×1000毫米 1/16
**版本** 2019年9月第1版
**出版** 法律出版社
**总发行** 中国法律图书有限公司
**印刷** 中煤（北京）印务有限公司

**印张** 30.5 **字数** 385千
**印次** 2019年12月第2次印刷
**编辑统筹** 学术·对外出版分社
**经销** 新华书店
**责任印制** 陶 松

法律出版社/北京市丰台区莲花池西里7号(100073)
网址/www.lawpress.com.cn
投稿邮箱/info@lawpress.com.cn 销售热线/400-660-8393
举报维权邮箱/jbwq@lawpress.com.cn 咨询电话/010-63939796

中国法律图书有限公司/北京市丰台区莲花池西里7号(100073)
全国各地中法图分、子公司销售电话：
统一销售客服/400-660-8393/6393
第一法律书店/010-83938432/8433 西安分公司/029-85330678 重庆分公司/023-67453036
上海分公司/021-62071639/1636 深圳分公司/0755-83072995

**书号：** ISBN 978-7-5197-3643-9 **定价：** 138.00元
(如有缺页或倒装，中国法律图书有限公司负责退换)